藍海文著

今本楚辭

文史哲出版社印行

今本楚辭／藍海文著.--初版.--臺北市:
文史哲，民 80
9,551 面；21 公分
ISBN957-547-047-8(平裝) NT$ 380.00

1.楚辭 - 註釋

832.1 001286

今本楚辭

著者：藍海文
出版者：文史哲出版社
登記證字號：行政院新聞局局版臺業字〇七五五號
發行所：文史哲出版社
台北市羅斯福路一段七十二巷四號
郵撥〇五一二八八一二彭正雄帳戶
電話：三五一一〇二八
印刷者：文史哲出版社

實價新台幣五八〇元

中華民國八十年六月初版

ISBN 957-547-047-8

今本楚辭目錄

目錄

前言

一

〈楚辭〉是中國文學史上極重要的作品。重要程度如何？其在古今文學作品中，究竟佔哪一個位置？

治文學史的丁平兄說：「自我國有史以來，恒河沙數的文學作品中，挑出十部最重要的作品，〈楚辭〉在其中。再從此十部作品中選五部，〈楚辭〉在其中。如果再從這五部中選一部，也祇有選〈楚辭〉。」〈楚辭〉的成就和影響，實在太大了。

〈楚辭〉是屈原開創的、戰國後期在楚國流行的一種劃時代的嶄新的詩體。〈楚辭〉又是詩集的名稱，收集了屈原的主要作品。屈原的作品，代表了整個文學時代的風貌，「楚辭」也就成了這個文學時代的名稱。

〈楚辭〉是繼〈詩經〉之後，又一部光輝燦爛的詩集。〈詩經〉的十五〈國風〉，所收集的大多數是黃河流域的民歌，而〈楚辭〉則是我國古代南方文學的代表作。〈二南〉在〈詩經〉中比較獨特，基本上是楚地的樂歌。屈原是把〈二南〉的餘韻發展提高，打破了〈詩經〉以四言體爲主的限制，其創造性的突破，除了「兮」的運用及每句字數的增加，更重要的是深化了詩的內容，開拓了空前廣濶的想象空間，語言瑰麗生動，感情眞摯奔放，而且運用了大量神話傳說的素材，形式富於變化，因而大大地提高了詩的表現力。爲後世詩歌的發展，創造了堅實的基礎和優良的傳統。

屈原是一位匠心獨運的文化巨人。〔楚辭〕的內容空前廣泛，幾乎無所不包，他以象徵主義手法，塑造了生動的、深具感染力量的藝術形象。把現實主義與浪漫主義完美地結合起來。

屈原是中國「象徵主義」和「浪漫主義」的鼻祖。也是世界「象徵主義」和「浪漫主義」的始祖。

二

屈原是中國最偉大的愛國詩人，屈原的作品，二千多年來，一直在歷史上、文學史上發生深遠的影響。他的愛國精神，高貴的品格，藉着優美的詩篇，一直薰陶著中華民族的性格；他的堅持正義，至大至剛至正，不屈不撓的大無畏精神，凝成中華兒女的精神力量。歷代詩人皆奉屈原爲詩賦的開山祖。每當民族危亡，詩人必爭相起來喚醒國魂，使中華民族浩氣長存，皆爲屈原精神之感召。

屈原又是中國偉大的思想家，和眼光遠大的政治家。早在二千三百年前，就提出以「法度」代替「心治」，以今天的話說，就是建立法制，「以法治代替人治」。這是一個多麼光輝的思想。屈原早在二千多年前提出的，竟是今天大家所追求的。屈原實在太偉大了！

三

屈原，名平（約紀元前三四三年——紀元前二七八年），出生於「寅年寅月寅日」，這是古代認爲一個非常吉祥的日子，屈原也因此一生而負使命感。

屈原是楚王的同宗，是古代帝王顓頊高陽氏的後裔，高陽，是顓頊興起的地方，後來便以「高陽」爲氏。高陽氏有一支，第六代孫「季連」開始姓羋。到了周文王的時候，季連的後裔鬻熊，事周文王，鬻熊的曾孫熊繹，被周成王封於楚，居於丹陽（今湖北省秭歸縣境內），是爲得國之始，楚人即其後裔。沿至春秋，熊瑕（楚武王熊通之子）食采於屈地，其後人遂以屈爲氏。

屈原知識淵博，善於詞令，深懂治亂興衰的道理，年輕時就有盛名。二十五歲作「左徒」（地位僅次於「令尹」），受詔令而「昭詩」，作〈九歌〉。

屈原所處的時代，周室已失去「天下共主」的地位。是七國紛爭並峙的戰國時代，也是長期割據漸趨統一的時代。七國中最強的是秦、楚、齊三國。西方的秦國，自秦孝公重用商鞅變法，漸漸強大起來。南方的楚國，楚悼王時曾用去魏入楚的吳起爲相（令尹），實行社會改革，楚悼王死後，吳起跟著被殺害。楚國的改革被阻，社會矛盾日漸加深，朝政混亂，國力漸衰。東方的齊國，齊威王曾用鄒忌爲相，大力發展漁鹽之利，並用孫臏整軍經武，但是，齊、燕間三十五年曠久的交戰，也削弱了齊國的力量。秦國沒有後顧之憂，而且進可攻，退可守，漸有進取之勢。

此時的屈原，極獲懷王信任，身爲左徒，參與處理內政外交的重大事務。屈原胸懷大志，想做一番事業，輔佐懷王治國、平天下，他說服懷王，建立法制，以法治代替人治（心治），制定一套套法令制度，並提倡「舉賢授能」，計劃培養人材（這就是他說的「美政」），外交上則推行聯齊抗秦的策略，懷王對他極爲欣賞，屈原此時感懷王知遇之恩，二十六歲左右作〈橘頌〉以自勉。

屈原與懷王兩人的政治改革，曾一度付諸實施。很快受到舊勢力的反對和抵制，「舉賢授能」便要淘汰一批舊官吏，嚴重損害了他們的利益，他們便羣起而攻之。「親秦派」的令尹子椒、上官大夫、靳尙等人，朋比爲奸，千方百計破壞懷王對屈原的信任，打擊屈原。上官大夫且胸懷狹窄，嫉妒屈原的才能，搶奪憲令的草稿，屈原不給，上官大夫便在懷王面前毀謗他，說：「大王指派屈原制訂法令，沒有一個人不知道，每當一條法令製訂完成，頒佈出來，屈原就自誇其功，認爲『除了我以外，沒有人能作得出來。』」這是保守的官僚集團反對改革導致的一場衝突。從來沒有帝王願意自己失去至高無上的權力，懷王在令尹子椒、上官大夫、靳尙這批人的包圍之下，漸漸覺悟，知道「法治」終會削弱王權的獨裁統治，便漸漸疏遠屈原，完全放棄了他的政治改革。公元前三一三年（懷王十六年）屈原已被免去「左徒」之要職，改作閑官「三閭大夫」，掌管屈、昭、景王族三姓的宗族事務。屈原是年三十一歲，投閑置散，而作〈離騷〉。

齊、楚合盟，使秦憂慮，秦國要瓦解齊楚聯盟，便派張儀到楚國來，以重禮賄賂上官大夫、靳尙等人，取得懷王的信任，詐稱：「楚國眞能與齊國絕交，秦國願以商於之地六百里獻給楚國。」又說：「如此一來，北方削弱了齊國，西面與秦國友好結盟，又獲商於之地擴大版圖，是一舉而三得。」懷王竟被謊言迷惑，不聽勸告，決定斷絕與齊國的聯盟，並置相璽于張儀。還派將領跟著張儀去咸陽受地。車子將要進城，狡猾的張儀突從車上滾下，從此稱病，三月不出。懷王以爲張儀嫌己與齊斷絕得還不夠，再派勇士宋遺去辱罵齊王。齊王大怒，決定絕楚而合秦。這時，張儀才露面，對前去準備受地的楚將說：「爲什麼還不去收地？從某地到某地，廣袤六里！」楚將回報懷王，懷王氣得發昏，命大將屈匄率大軍向秦發動總攻。公元前三一二年春季（懷王十七年）秦軍與楚軍在丹陽（河南省內鄉縣境，丹水北岸）決戰，楚軍大敗，被斬首八萬，大將屈匄及高官貴族，七十餘人被擄。秦軍再取下漢中郡。懷王氣得發抖，下令徵召全國可能徵召的部隊，再與秦軍決戰於藍田（陝西省藍田縣），韓、魏兩國乘機向楚進攻，齊國憤怒，坐視而不救。懷王恐慌，只好向秦國屈服，割兩城而求和。楚國大傷元氣，從此一蹶不振。懷王因此再起用屈原，使其出使齊國，楚、齊又再復交。

公元前三一一年（懷王十八年）秦國怕齊楚聯盟復活，派使節覲見楚懷王，願把武關以外（包括原來的商於地區）的地方割讓給楚國，以交換楚國的黔中。懷王恨透張儀，表示「不願得地，願得張儀而甘心。」張儀聽到，卻欣然前往，並以重禮餽贈靳尚，以詭詞說動鄭袖。到了楚國，被懷王囚入天牢，就要處斬。懷王卻聽鄭袖之言，把張儀放走。此時屈原使齊歸來，勸懷王說：「爲何不殺張儀？」懷王悔悟，張儀已經遠去，無法追及。

公元前三〇五年（懷王二十四年）秦昭王用大量財物賄賂楚國，楚國再度撕毀與齊國的盟約，與秦國交好，並派人前往秦國迎娶，懷王幼子子蘭做了秦國的女婿，屈原諫而不聽。被放逐於漢北。先作〈惜誦〉，後作〈抽思〉。次年，秦昭王與楚懷王在黃棘（今河南省新野縣）訂立盟約，屈原作〈思美人〉。

公元前三〇一年（懷王二十八年）秦報復楚太子羋橫殺人逃走，會合韓、魏、齊四國伐楚，殺楚將唐昧，取重丘。次年，秦軍再攻楚，殺三萬人，斬楚將景缺，取襄城（今河南省襄城縣），懷王害怕，急送太子到齊國做人質，請求和解。召回屈原，仍爲三閭大夫，再次出使齊國。

公元前二九九年（懷王三十年）秦伐楚，取八城。秦昭王致書楚懷王，約在武關（今陝西省商縣境內）相會。屈原說：「秦國是虎狼之國，不可信任，不要去！」懷王幼子子蘭（以爲有婚姻可恃）卻極力勸他前去。懷王遂決定赴會。秦王早佈好陷阱，懷王一進武關，便立卽閉關，把懷王刼至咸陽，百般凌辱，迫他割讓巫郡（今四川省巫山縣）、黔中（今湖南省沅陵縣），楚大夫乃迎太子羋橫於齊，返國繼位，是爲楚頃襄王。秦王見楚國擁立新君以爲要挾，大怒，次年大舉伐楚，斬首五萬，取十六城。

公元前二九七年（楚頃襄王二年）懷王逃出秦都咸陽（今陝西省西安市），秦國派人追截，懷王無奈，抄小路投奔趙國，趙國拒之，追兵趕到，被押回咸陽。次年，懷王病死於咸陽。屈原哀思，作〈招魂〉。懷王歸喪於楚，楚人皆憐之，如悲親戚。屈原再寫祭文〈大招〉。

楚頃襄王以其弟子蘭爲令尹（宰相），國人痛恨子蘭勸王入秦，屈原也恨他。上次迎婦，屈原力諫懷王，已與子蘭交惡，子蘭恨不得除去屈原，以懾楚人，於是驅使上官大夫在頃襄王面前撥弄是非，屈原遂被放逐江南，是年作〈遠遊〉。

公元前二九三年（楚頃襄王六年）韓、魏伐秦，秦將白起大敗韓魏聯軍於伊闕（今河南省洛陽縣南之龍門），殺二十四萬人，拔五城。秦王寫信威脅楚王：「楚國背叛秦國，秦國將率領諸侯伐楚，居〉。

請你集結大軍，痛快一戰！」楚頃襄王害怕，爲了表示和解，再與秦國通婚。屈原於是年前後作〈卜

次年，楚頃王迎秦王之女爲妻，當時屈原五十二歲寫〈天問〉。

公元前二八八年（楚頃襄王十一年）屈原再被放逐，至此前後九年，作〈九辯〉及〈哀郢〉。次年，屈原自陵陽涉江入辰溆，作〈涉江〉及〈漁父〉。再一年，秦攻魏，取魏國的舊都安邑（今山西省夏縣），把城中魏人全部驅逐。再伐韓，戰於夏山，大敗韓軍。齊滅宋。屈原五十八歲，是年秋天作〈悲回風〉。

公元前二八〇年（楚頃襄王十九年）秦將司馬錯，繞道三百公里，直搗楚國後門，完全佔領黔中郡（今湖南省沅陵縣）。楚國上下震動，獻漢水以北及上庸地區（今湖北省竹山縣）。秦軍此舉，已將戰爭進入更高層次。次年，楚國再失鄢城（今湖北省宜城縣）、鄧縣（今湖北省襄陽縣東北）、西陵（今湖北省宜昌縣西）。楚國無論如何委屈求全，也不能避免秦國的攻擊。

公元前二七八年（楚頃襄王二十一年）秦將白起攻陷楚國首都郢都（今湖北省江陵縣），焚燒楚國的皇家墳墓夷陵（今湖北省宜昌縣境內）。楚國大勢已去，遷都東北境的陳丘（今河南省淮陽縣）。屈原是年六十六歲，自辰溆往東北行，先作〈懷沙〉，至長沙再作絕命辭〈惜往日〉，五月五日自沉於汨羅江，以身殉國。

四

〈楚辭〉是西漢的大學者劉向編纂的，這個本子已無法看到。唐代時，新本、古本尚且並行。宋初仍能看到古本，宋代以後，流行的是東漢學者王逸編的〈楚辭章句〉的注解本。新本流行，古本漸次絕迹。據說〈楚辭章句〉與劉向的本子，篇章大致相同，次序卻有些不同。歷代編印〈楚辭〉的學者，都喜歡把一篇自己的作品附在後面。本書所列，均爲屈原作品。古時所謂「楚辭」，其實就是「屈賦」。

本書使〈九歌〉歸於九篇。〈橘頌〉是一篇獨立的勵志詩。使〈遠遊〉回到〈九章〉裏去。〈九章〉諸篇既然以寫作先後爲序，其餘各篇便不能也不必以寫作先後爲序了。〈離騷〉排之在前，因它是屈原的代表作。〈卜居〉和〈漁父〉置之於後，因與前面的文體出入較大，是散文詩的緣故。

本想在「今注」中，都把「韻」的出處注上。古今之韻，相去甚遠，有些讀音已完全不同。若把「韻」全部注出，成書太厚。惟〈天問〉一篇，錯簡厲害，今將錯簡一一更正，把「韻」全部注出。以說明將錯簡調順，不但合乎邏輯、內容，且調順之簡，皆不脫韻而相合也。

本書「今譯」，力求忠於原著，且盡量一韻到底。「今注」則力求準確詳盡。爲了方便讀者，省去前後翻查的痲煩和時間，有些重複的字句，均不厭其煩地作了重注。

古今所有楚辭注本，都錯得不忍卒讀，離不開資料和理解的錯誤。其實並非這些學者未盡全力，而是楚辭實在太艱深，荊棘滿途，處處陷阱，他們不知不覺栽進陷阱裏去了。我國文學史上最璀璨的經典著作，全靠他們的辛勞得以流傳下來。他們已盡力作出貢獻，都是文化功臣。這些注本，都應放在文化博物館裏，永遠被保存下來。我的任務是把荊棘除去，把陷阱塡平，讓青年學子順利通過，替他們省下一些時間，好做別的事情。

現在的社會，要學的東西太多，青年學子學楚辭，讀本書已經足夠。若有時間研讀，不妨把所有版本找來，對照著讀，另有一番情趣，也是一種快樂。

本書的出版，要衷心感謝「不願做出版商，要做出版家」的文史哲出版社發行人彭正雄兄。他不但投下鉅資，且親自爲本書的編校付出心力。

感謝吾妻郭純華女士，每年三百六十五天爲我案頭設置心香片片的玫瑰，每晚一杯濃郁的凍頂烏龍茶。女兒靜雯，忙於投考大學，尚幫我整理資料、校對文稿。感謝丁平兄以及王祿松兄、文曉村兄等一羣至交好友隔海遙情的鼓勵。

藍海文

一九八八年元月八日

於香港上水造詩樓寓所

離騷

〈離騷〉是屈原的代表作，全詩三百七十三行，兩千四百九十餘言，是我國古典文學史上，最長也是最偉大的詩作。〈離騷〉代表〈楚辭〉，與〈國風〉代表〈詩經〉一樣，人們常以「風」「騷」來代表先秦文學的兩個發展時期。

〈離騷〉的寫作時間，〈史記・屈原列傳〉、〈新序・節士篇〉、班固的〈離騷贊序〉、王逸的〈離騷經序〉、應邵的〈風俗通義・六國篇〉等漢人著作，都說作於懷王時候。〈離騷〉是屈原被貶去「左徒」之職以後，懷王十六年，屈原三十一歲時的作品。

詩人通過自敍性的長篇抒情，抒發了他要求革新的政治抱負，以及失敗後憤懣抑鬱的感情，洋溢著對國家對人民的熱愛，表現了詩人的高尚品格和堅貞不屈的精神。作品想像力豐富，感情眞摯，語言清新，詞藻華美，音節鏗鏘，富有極大的感染力。它對我國歷代詩人以及文學發展，有着巨大的影響。

【今　譯】

我是高陽帝的后裔　　表字伯庸是我父親

正當寅年孟春正月
庚寅那天我便降生
先父見我氣度非凡
便賜我一個美名
取我名叫正則
取我字叫靈均
我既有內在美好品質
又注重修潔而有遠大才能
披上江蘺和白芷
串起秋蘭佩在身邊
趕着修行還來不及
恐怕白白虛度光陰
朝採山崗上的木蘭
夕取水邊的宿莽

日月匆匆不肯留步
春與秋不停輪換
思草木之飄零墜落
恐衰老一事無成
何不趁年壯力强拋棄穢政？
何不改變法度以圖更新？
乘着駿馬馳騁啊
來，我給你引路前進！
古時三王都有無瑕的美德
賢能之人都聚集身邊
也雜集申椒和菌桂
豈止祇把蕙草和香茝相紉
想那堯、舜光明正大
他們遵循正道越走越順

何以夏桀殷紂猖狂邪惡
走邪徑而走進絕境！

那羣小人只會苟且偷安
道路昏暗狹隘而危險
豈是我怕自身受到災禍
我怕君王的車子就要傾翻！

我匆忙在前在後盡力奔走
總想佐你追到先王後面
你不體察我內心的眞情
反信讒言對我大發雷霆

我知忠言直諫令人討厭
可是又忍耐不住欲罷不能
請上天爲我作證
證明我對君王忠心耿耿！

當初旣然和我約定
何以又反悔變心？
我不怕被疏遠離去
祇痛心你主意屢次改變！

我已栽培春蘭九畹
又植秋蕙百畝於田園
把留夷和揭車一畦畦種起來
夾雜着芳芷與杜衡

希望它們枝葉茂盛
願到時會有好收成
卽使枯萎零落又算什麼？
哀一羣芳草在荒蕪中腐敗凋零！

衆人都爲利祿競相鑽營
塞滿私囊還貪得無厭

寬恕自己計算別人
各起壞心嫉妒忠貞
匆匆忙忙爭權奪利
那不是我要做的事情
人生易老時光易過
只怕不能建樹我的聲名
早上吸飲木蘭花上滴下的清露
傍晚餐食秋菊初開的花瓣
只要我情操美好而聖潔
長久臉黃肌瘦又有何要緊？
採細根結紮白芷
拾薜荔的落花穿成花串
拿菌桂聯結蕙草
把胡繩搓成芬芳的花繩

我效法前賢
不爲世俗之人喜歡
雖不合今世人們
願效殷商的彭咸！
長嘆息流淚，內心不安
哀人生多災多難
我雖修潔却遭厄困
早上進諫，晚上就被疏遠
既廢去我蕙草編成的佩帶
我又採來香芷佩在上面
這全是我心甘情願
雖死上九次也不悔恨！
怨你太糊塗昏憒
始終不明我的用心

你身旁的侍女嫉妒我的豐采
造出謠言說我善淫

固然世俗善於投機取巧
不守規矩把措施改變
違背繩墨追求邪曲
爭相苟合取悅，要盡爭寵手段

我煩悶悒鬱憂思重重
惟獨此時遭受窮困
寧願忽然死去，隨着流水漂逝
要我同流合汚絕無可能！

鷹隼不與凡鳥同羣
自古以來就已固然
方的和圓的怎能相合？
志趣相異怎能相安？

壓抑著意志，委屈著心靈
忍受著譴責，容讓著欺淩
保持潔白而死於正義
本是前聖們推崇的美行

後悔沒有把道路看清
停下來想走回程
掉轉車馬走向歸路
趁着迷途未算太遠！

騎着馬在長滿幽蘭的水邊徐行
馳上種滿椒樹的山丘休息一番
進身君前不被容納反而獲罪
退下來再把舊衣重整

上衣用碧綠的荷葉製造
下裳用淨潔的荷花集成

沒有人了解我就算了！
只要我眞正芬芳心地光明！
把我的冠做得高高聳立
把我的環佩加長尺寸
縱使芳香與汚臭會被混淆
可是我潔白的品質不會虧損
忽然回顧縱目四望
我將往四面荒遠之地旅行
佩帶這些繽紛的飾物
淸香遠注，更加迷人
人生各有所好
我獨愛修身潔行
就是五馬分屍也不更改
還有什麼能使我震驚？

女嬃爲我的事情激動
一次又一次將我教訓
「鯀因爲剛直忘身
終於被殛死羽山
「你何以處處耿直，好自修潔
偏有這麼多姱飾掛滿全身？
「這是王蒭當道，枲耳滿室的時節
你却孤高不肯佩戴它們！
「衆人不能挨家挨戶去解說啊
誰能體察我們的本心？
世人都好互相標榜，結黨營私
你何以孤獨，我的話總是不聽！」
依照從前聖人的準則行事
可嘆歷此遭遇，至今悲憤塡膺

渡過沅水、湘水，往南走向零陵
去向舜帝姚重華傾訴衷情

「啓從天上帶回九辯、九歌
夏朝淫樂無度行爲荒誕
不顧危難以防後患
五子因此失去家園

「后羿沉溺游樂與田獵
喜歡射殺大狐顯示本領
淫亂之流本來少有好結果
逄被寒浞殺死並把他妻子侵佔

「寒澆自恃强暴有力
放縱情慾不能自禁
每日歡樂忘其所以
到頭來掉了腦袋丢了性命

「夏桀違背常理暴虐無道
終於敗走南巢做了野鬼遊魂
殷紂把進諫的忠臣剁成肉醬
最後走上鹿臺引火自焚

「商湯和夏禹知所戒懼，尊敬賢臣
周代開國君臣都講道義處處謹愼
能夠擧用賢者和能者
遵循法度不搞邪門

「上帝最是公正無私
看誰有德便助誰人
只有德行才智高邁的聖哲
才能享有天下統率人民

「瞻望前朝，觀察後代
看人們把腦汁絞盡

哪一個不義的人能夠信用？
哪一件不善的事能夠施行？
「我面臨絕境險些死去
回顧初衷並無悔恨
不問鑿孔的大小就削正榫頭
前賢因此而被菹醢！」
我大聲嘆息苦悶憂傷
哀嘆生來未遇良辰
我拿柔輭的蕙草揩抹眼淚
眼淚滾滾濕透衣襟
跪在地上鋪開衣脚上訴衷情
我心光明，我心中正，我心堅定
我要駕起玉虬跨上鳳鳥
穿出滿天塵風向天飛行！

早上打從蒼梧出發
傍晚便到懸圃花園
想在這天帝下都的苑中勾留片刻
無奈日已西沉將近黃昏
我叫羲和放慢車行速度
望着崦嵫而莫迫近
路途漫長而又遙遠
我將上天下地去尋求我的勝境
日浴的咸池飲我的駿馬
扶桑樹上繫我的繮繩
折下若木的枝葉拂拭太陽
聊以休息片刻舒舒精神
叫月御望舒前面開路
叫風伯飛廉跟隨後面

叫鸞凰爲我先行戒備
雷神却告訴我未到時間！

我叫鳳鳥展翅飛騰
夜以繼日不要稍停
旋風聚合向我靠攏
率領雲霓齊來歡迎

雲來雲往，忽聚忽散
忽上忽下，五彩斑爛
我叫天國的守門人把門打開
他却倚着天門呆着眼睛

天色昏暗，人已疲倦
我手結幽蘭久立門邊
天地間混亂汚濁，好壞不分
喜歡掩蓋美德而嫉妒賢能

等到淸晨我將渡過白水
繫我的馬於閬風山頂
忽然回顧而流下眼淚
高丘之上沒有一個美人！

我忽然來到春神之宮
折下瓊枝來加添我的花環
趁着瓊枝上的瑤花還未凋謝
看看世間女子有誰可以相贈

我叫雲神豐隆乘着彩雲而去
替我尋找伏羲的女兒宓妃這洛水之神
解下我身上的佩帶和她訂約
請蹇脩代我前去通情

亂紛紛她若卽若離
忽而變卦不肯答應

晚上她在窮石渡宿
清晨却梳洗在洧盤江濱
她自恃美貌表現驕傲
日夜歡樂，恣意游玩
雖然容顏美麗却禮節全無
我要放棄她，去另求知音！
游遍四極八荒
我又從天上回到人間
但見那座瑤臺高聳
有娀氏的美女就住在裏邊
我叫鴆鳥前去做媒
鴆鳥却說，簡狄不艷
雄鳩一邊叫着一邊飛去
他輕佻花巧不可信任

心中猶豫狐疑不決
想自己前去又於禮不便
鳳凰已把禮物送去
恐怕高辛氏已搶先在前
我想遠投他處却無處羈身
姑且流浪四處飄零
趁如少康還未成家立室
先向有虞氏的二女下聘
派出的使者笨拙，媒人又差勁
恐怕說得不好又白行一遍
世間混亂汚濁，嫉妒賢能
喜歡掩蓋美德讚美惡行！
宮闈已經漸漸深遠
明智的君王又不清醒

滿懷衷情無處發洩
我怎能就此忍受一生！
取來茅草和占卜的竹籤
請卜師靈氛爲我占算
卦辭說：「郎才女貌佳偶天成
誰眞美，値得你去傾心？」
想想天下如此廣大
難道只有這裏才有美人？
靈氛說：「繼續遠行不要狐疑
那個求才之人肯放過賢能？
「天地之大何處沒有芳草？
你何以總把故鄉留戀？
故鄉昏暗而又惑亂
誰能把我們的善惡分辨？

「人們的好惡不盡相同
唯獨這班小人特別怪誕
個個腰間都佩着低賤的艾草
却叫人們莫佩馥郁的幽蘭
「他們連草木的香臭尙且分辨不清
對美玉怎能作出正確的鑑定？
只會取糞土塡滿香囊
反說申椒不香是下品！」
我想聽從靈氛的好卦
可是心裏猶豫不敢全信
聽說巫咸將在黃昏駕臨
我準備好椒香和糈邀他降神
百神遮天蔽日的來了
九嶷山的衆神紛紛出動歡迎

神靈聚集靈光閃閃
巫咸又傳述衆神的聲音
「努力上天下地遠游四方
尋找志向相合忠誠篤信之人
商湯夏禹都曾誠心地求過賢才
伊尹臯陶終於找到協調的人君
「如果內心修潔美好
又何必找人穿針引線
傅說是個囚徒，曾在傅岩築路
武丁用他爲相輔佐朝政
「呂望在朝歌市上鼓刀屠牛
文王拜爲師傳成爲開國重臣
甯戚在東門外敲着牛角謳歌
遇着齊桓公拜他爲客卿

「趕着年歲未晚
趁着時機未盡，
惟恐杜鵑早鳴
一切花草都芬芳消殞！」
何以我的瓊佩如此高貴
他們將它隱蔽使它幽暗？
那些小人混淆黑白，顚倒是非
恐因嫉妒起毀壞之心！
時世紛亂變化無常
我又怎能在此久停？
幽蘭和白芷都失去了芬芳
誰知眼前的茅草，原是蕙草與香荃？
何以昔日的芳草
今天變成蕭艾一樣下品？

難道還有別的理由？
都是不能自愛使然！

我以爲蘭很可靠
誰知它虛有其名
拋棄美好的品質追逐時俗
列於衆芳之中，眞是丟人！

椒巧言諂媚，攬權而傲慢
榝這樣的惡草也想做香包裏的香精
這些人一味貪祿鑽營
又怎能芬芳自振？

世俗本來隨波逐流
誰人能夠保持不變？
看椒和蘭尚且如此
揭車和江蘺更難倖免！

只有我的佩飾至爲可貴
雖然它的美麗一直被人鄙視輕賤
它的芬芳始終無法虧損
它的香氣依然蓬勃旺盛！

還是讓我步調和諧自我歡娛
繼續飄流去尋訪我的美人
趁我的佩飾馨香正盛
我遍游四方上天入地去找尋！

靈氛既告訴我吉利的好卦
擇個好日準備遠行
折下瓊枝作爲珍饈裝在袋裏
搗碎玉屑以爲糧食帶在身邊

給我駕起飛龍
用瓊瑤和象牙裝飾車身

心志不同之人怎能聚在一起？
我將遠遠地離開他們！
把我的路徑轉向崑崙
漫遊的道路多麼遙遠
揚起雲霓的旌旗遮天蔽日
車上的玉鸞發出啾啾的鳴聲
清晨從天河的渡口起程
入暮到那西極之境
鳳凰都在我旗幟下面展翅
在高空中整齊地翱翔
忽然來到西方流沙地帶
沿着赤水遲緩不前
我叫蛟龍架起一道橋樑
請西方天帝將我渡過彼岸

路途遙遠而十分艱險
我叫衆車加倍小心
路過不周山繞道左轉
一直向着西海前進！
聚集我千輛的車子
並排好玉飾的車輪
各駕着蜿蜒如龍的八匹駿馬
載着雲旗迎風招展
我抑着壯志按鞭徐行
讓高邁的精神在晨光中馳騁
身邊奏起「九歌」和「九韶」
暫借時光歡娛我心！
當我在輝煌的天空中飛騰
忽然看見故國的情景

我的僕夫悲傷，馬也眷戀
轉身回顧，再也不肯向前
算了吧！

國中無人，沒有人了解我！
又何必定要把故鄉懷念？
既然不可以實現美政
我將往地下跟隨殷代的彭咸！

【今注】

帝高陽之苗裔兮①，朕皇考曰伯庸②。
攝提貞于孟陬兮③，惟庚寅吾以降④。

①帝：古代君主或氏族社會部族的首領。先秦的「帝」字，直至戰國中期，是指「天帝」或「上帝」，夏以後的人間君主稱「后」或「王」，而不稱「帝」。高陽：顓頊（音專旭）高陽氏，傳說中的古帝，黃帝的曾孫。苗裔：後代。相傳楚國是顓頊的後代。春秋時，楚武王熊通封他的兒子瑕於屈邑，子孫遂以屈爲氏。屈原與楚懷王同宗，都是熊通的後代。

②朕：我。古時人人可以稱朕，秦始皇以後才成爲皇帝自稱的代詞。以上兩句叙世系及父親別號。

③攝提：歲星（木星）的另一個別名。〈史記・天官書〉：「歲星一曰攝提，曰重華，曰應星，曰紀星，營室爲清廟，歲星廟也。」〈石氏星經〉與〈離騷〉爲同一時期的作品，亦云：「歲星他名曰攝提。」古人根據歲星（木星）的運行紀年。把黃道（古人認爲，日、月和金、木、水、火、土五星沿着一個圓周運行，稱這個圓周爲「黃道」）分爲十二等分，叫做十二星次，或十二辰，或十二宮（見〈漢書・天文志〉）。以子、丑、寅、卯、辰、巳、午、未、

申、酉、戌、亥十二地支與它相應。歲星每年行一宮，以此紀年，計有十二個「太歲年」，這十二個太歲年周而復始，它們的名字按次序稱爲：赤奮若、困敦、大淵獻、閹茂、作鄂、涒灘、協洽、敦牂、大荒落、執徐、單閼、攝提格。他本多錯，誤把「攝提」當做「攝提格」的省稱。雖然歲星「會合周期」如在正月，這個月一定是建寅之月，這一年也必是後世所謂「太歲在寅」之年（簡稱寅年），但「攝提」與「攝提格」實在是兩回事情，不可混爲一談。貞：正，正當。孟：初，始。陬：（音鄒）正月。孟陬：孟春正月。古曆法上又稱正月爲寅月。

④惟：發語詞。　庚寅：古代以干支紀日，指庚寅日。　降：降生。　以上兩句叙自己出生年月日。

【大意】我是顓頊高陽氏的後代子孫，先父的字叫伯庸。歲星恰恰出現於孟春正月的那個月、庚寅這天（即寅年、寅月、寅日）我便降生了。

皇覽揆余初度兮⑤，肇錫余以嘉名⑥。
名余曰正則兮⑦，字余曰靈均⑧。

⑤皇：皇考的省文。　覽：看。　揆：估量。　覽揆：端詳忖度。　初度：初生時的氣度。

⑥肇：（音照）開始。　錫：賜，賜給。　嘉名：美名。　以上兩句叙父親之賜名。古時禮俗，很重視命名之禮，（周禮）地官司徒：「凡男女自成名以上，皆書年、月、日、名焉。」注引：「鄭司農云：成名，謂子生三月父名之。」

⑦正則：公正而有法則。屈原名平，「正則」含「平」的意思。

⑧靈均：靈善而均平，意指美好的平地。屈原字原，「靈均」含有「原」的意思。　以上兩句叙名字。

【大意】先父見我生在寅年寅月寅日，覺得氣度不凡，便賜我美好的名字。起我名叫正則，表字叫靈均。

紛吾既有此內美兮⑨，又重之以修能⑩。

扈江離與辟芷兮⑪，紉秋蘭以爲佩⑫。

⑨紛：形容盛多。　內美：內在美好的品質。

⑩重：注重。一作「加之」解。　修：整飾，修潔。　能：才能。古音泥。不能作「態」字解。　以上兩句言自己既具美德，又有長才。

⑪扈：（音戶）披在身上。楚方言。　江蘺：生在濕地的一種香草，又名蘼蕪。他本作江離。　辟：緝續。動詞。〔孟子〕劉熙注云：「緝其麻曰辟。」　芷：白芷，開小白花的香草。　辟亦通僻，一說「辟芷」連用，謂生長在幽僻之處的白芷。

⑫紉：（音任）貫串聯綴。　蘭：香草，種類很多。　秋蘭：秋天開花的蘭草。　佩：佩帶。指佩在身上的飾物。　以上兩句，香草喻德才，扈、紉喻修治，言己雖有德才，仍須修治，使之芳潔。

【大意】我既有這麼多內在美好品質，又注重修潔而有才能。身上披着江蘺和連接起來的白芷，聯綴秋蘭作爲佩飾。

汩余若將不及兮⑬，恐年歲之不吾與⑭。

朝搴阰之木蘭兮⑮，夕攬洲之宿莽⑯。

⑬汩：（音玉）水流迅急的樣子。楚方言，形容時光過得快。　不及：來不及。
⑭與：等待。　不吾與：不等待我。　以上兩句，恐時光易過，修治德才，好不容易！
⑮搴：（音千）取。　阰：（音琵）大土丘。　木蘭：香木，晚春開花，去皮不死。
⑯攬：（音覽）採取。　洲：水中的陸地。　宿莽：紫蘇，經多不凋的香草。　以上兩句，以去皮不死的木蘭，經多不凋的宿莽喻己朝夕修治，意志堅定。

【大意】歲月易過，我勤勉自修還怕來不及，恐怕時光不等待我。早上摘取山崗上的木蘭，傍晚採取洲上的宿莽。

日月忽其不淹兮⑰，春與秋其代序⑱。
惟草木之零落兮⑲，恐美人之遲暮⑳。

⑰日月：指時光。　忽：倏忽，形容時光過得快。　淹：停留。
⑱其：語中助詞。　代序：輪換，更替。古人讀序爲謝。　以上兩句，言歲月不留，人生短促。
⑲惟：思。　零落：飄零衰落。
⑳美人：指壯年的人，美，盛壯之貌。美人，泛指楚王和屈原自己。　遲暮：比喻年老。　以上兩句，恐至老不能施展所學，如草木之凋零。

【大意】時光匆匆不肯停留，春和秋更換不息。想到草木一年一度凋零，恐怕美人徒然衰老。

不撫壯而棄穢兮㉑，何不改乎此度㉒？

乘騏驥以馳騁兮㉓，來吾道夫先路㉔！

㉑不：可作「何不」的省文節，與下文的「何不」相應。含埋怨語氣。有的本子把「不」字刪掉。 撫：持，凭藉，趁着。 壯：壯盛，壯年。 棄：拋棄。 穢：穢政。

㉒度：法度。「此度」：指現行法度。以上兩句，怨懷王不取善棄穢，以圖革新。

㉓騏驥：駿馬。原是良馬之名，此處喻賢才。 乘騏驥：喻任用賢才。

㉔來：召喚語。 道：同導，引導。 夫：語中助詞。 先路：前路。 以上兩句言我願率群賢，引導國家走上正道。

【大意】爲甚麼不趁着年壯力强拋棄穢政？爲甚麼不改變法度，以求革新？乘着駿馬馳騁，來！我在前面引路！

以上第一段。屈原首先自敍家世、出生年月日和命名。表明自己是楚國同一王室系統的「宗臣」。「寅年寅月寅日出生」與衆不同，此事對屈原一生影響至大，影響了他的性格與立身處世。他認為這是他的「內美」，也認為自己旣有美德與長才，還須勤加修治，保持芳潔。他希望楚國革新，願率衆賢為先驅。

昔三后之純粹兮㉕，固衆芳之所在㉖。

雜申椒與菌桂兮㉗，豈維紉夫蕙茝㉘！

㉕昔：從前。 三后：堯、舜、禹。一說指夏禹、商湯和文王。一說指楚先君熊繹、若敖、蚡冒，都不是。熊繹

是楚開國之君，若敖、蚡冒雖然對楚國的開拓有貢獻，對楚有貢獻的當不止若敖、蚡冒。屈原所說的「三后」，是古聖「堯、舜、禹」。屈原一生追求的政治理想是「法治代替人治」（見〔惜往日〕），中國有哪一個帝王肯手上沒有至高無上的權力？屈原知道他的理想難以實現，除非是遇着連天下都可以禪位他人的堯、舜、禹。所以屈原在各章中所提的「三后」，都是指「堯、舜、禹」。純粹：絲不雜曰純，米不雜曰粹。比喻堯舜禹純粹、正大賢明的美德。

㉖衆芳：比喻群賢。在：聚集。古音止。以上兩句，舉三王以勸楚君，言君明衆賢皆願効力。

㉗雜：雜集。申：地名，今河南南陽。椒：花椒。申椒：申地出產的花椒。椒爲灌木，所結果子有香氣。菌桂：卽肉桂，一種香木。一本作「箘」（音俊），菌通箘。申椒、菌桂皆辛辣之物。

㉘維：同惟，獨，唯。豈維：反詰之詞，猶言「豈止唯獨」、「難道祇是……」紉：綴。蕙：蕙蘭，蘭花的一種，一莖多花。茝：同芷，卽白芷。以上兩句，言申椒、菌桂乃辛辣之物，比蕙草、白芷差些，先王皆能用之，言明君用人，豈但大賢，次者也要採用。

【大意】古時三王有純粹無瑕的美德，所以能使羣賢聚集。而且雜着申椒和菌桂，豈獨串綴蕙草和白芷？

彼堯舜之耿介兮㉙，既遵道而得路㉚。
何桀紂之猖披兮㉛，夫唯捷徑以窘步㉜。

㉙彼：那。堯舜：堯帝伊祈放勳，嚳帝的次子，繼其兄摯爲天子，有德政，史稱唐堯。帝舜姚重華，初在歷山耕田，有賢名，堯帝起用他，讓他代行政令，經過三十年的考驗，終於受禪卽帝位，史稱虞舜。堯、舜都是上古的賢明帝王。耿介：光明正大。

㉚遵道：遵循正道。　得路：得到可行的大路。　以上兩句，舉堯舜以勸楚王，言君明則能行正道，能行正道則事事可成。

㉛桀：「夏桀王」姒履癸，夏朝末代暴君，被「商湯王」子天乙所滅。　紂：「商紂王」子受辛，商朝末代暴君，被「周武王」姬發所滅。　猖披：狂悖，品行不正之貌。

㉜夫：彼，他們。　唯：獨。　捷：邪出。　徑：小路。　捷徑：邪出的小路。　窘：窮迫。　窘步：猶言「寸步難行」。　以上兩句，舉桀紂以戒楚王，言君昏則所行邪僻，行邪僻則危亡。

【大意】那堯舜光明正大，遵循正路，因而走上康莊大道。何以桀紂任意胡來？專走邪徑終於走上絕路！

惟夫黨人之偷樂兮㉝，路幽昧以險隘㉞。

豈余身之憚殃兮㉟，恐皇輿之敗績㊱！

㉝惟：思。　黨人：爲了私利結成「朋黨」的小人。指上官大夫、靳尙、子蘭、子椒之流。　偷樂：苟且偷安。

㉞幽昧：昏暗不明。　險隘：危險狹隘。　以上兩句，言子蘭、上官大夫之流，結黨營私，所走的道路黑暗危險，與桀紂一樣邪僻。

㉟憚：畏懼，害怕。　殃：災禍，禍殃。

㊱皇輿：君王所乘的車子，這裡比喻國家。　敗績：翻車，本指軍隊打敗仗，這裡比喻國家的傾覆滅亡。　以上兩句，言所怕者國事敗壞，並非自身之危險。

【大意】想到那班小人只會苟且偷安，道路昏暗狹隘而危險。我哪裏是害怕自己遭到災禍，我擔心君王的車子傾覆！

忽奔走以先後兮㊲，及前王之踵武㊳。

荃不察余之中情兮㊴，反信讒而齌怒㊵。

㊲忽：匆忙。奔走先後：在楚王前後奔走。

㊳及：趕上，追及。前王：先王，上文說的「三后」。踵：脚跟。武：足迹。以上兩句言我前後奔走効力，希望輔佐君王，趕上先王功績。

㊴荃（音全）香草名，卽蓀，又稱水菖蒲，生於溪澗，初夏開花，用來比喻楚懷王。中情：衷情，內心的眞情。

㊵讒：（音蟬）用言語誣害他人，故意說別人壞話。信讒：聽信讒言。齌怒：（齌音劑）暴怒。以上兩句說，楚王不察我心，反信讒言怒我。

【大意】我匆忙在「皇輿」前前後後奔走，追趕着前王的踪迹。可是你不瞭解我內心的眞情，反而聽信讒言，對我大發雷霆。

余固知謇謇之爲患兮㊶，忍而不能舍也㊷。

指九天以爲正兮㊸，夫惟靈修之故也㊹。

㊶固：固然。謇謇：（音簡簡）忠言直諫。爲患：惹來禍患。

㊷忍：堅忍。舍：捨棄，中止。以上兩句說，我明知屢進忠言，會招災禍，可是我堅忍不能放棄進言的責任。

㊸九天：上天。古時以東西南北八方加中央爲九天：中央曰鈞天，東方曰蒼天，東北曰變天，北方曰玄天，西北曰幽天，西方曰顥天，西南曰朱天，南方曰炎天，東南曰陽天。（見〈呂氏春秋・有始篇〉）正：同證。

㊹靈：善。修：美。靈修：本楚神名，此處借指懷王。以上兩句，因君不察我心，所以指天爲證，證明自己忠心耿耿，並無他圖。一本「夫惟靈修之故也」下面有「曰黃昏以爲期兮，羌中道而改路」二句。洪興祖〈楚辭補注〉說：「一本有此二句，王逸無注，至下文『羌內恕己以量人』，始釋『羌』義，疑此二句後人所增耳。〈九章〉曰：『昔君與我成言兮，曰黃昏以爲期，羌中道而回畔兮，反既有此他志。』與此語同。」疑錯簡竄入，今從洪說刪去。

【大意】我固然知道忠言直諫要召來禍患，我心堅忍却不能放棄。敢指上天爲證，只是爲了楚王的緣故！

初既與余成言兮㊺，後悔遁而有他㊻。

余既不難夫離別兮㊼，傷靈修之數化㊽。

㊺初：當初。成言：彼此約定。指「以法治代替人治」的政治理想。（見〈惜往日〉）

㊻後：後來。悔：反悔。遁：遷，指退縮，變化。悔遁：反悔而變卦。他：另外打算。古音拖。以上兩句說，君與我曾有諸言，後來竟然退縮變卦。

㊼難：憚，畏懼。夫：語中助詞。離別：指被疏遠離去。

㊽數：（音朔）屢次。化：變化。數化：包括放棄對內的政治改革和對外交政策的變化。

【大意】起初與我有過約定，後來又反悔變卦，另有他心。我沒有害怕被君王疏遠而離開朝廷，傷心的是君王的主意屢次變化。

以上第二段。舉堯舜禹三王作為典範，勸戒懷王。再舉堯舜的「耿介」，「既遵道而得路」與桀紂的「猖披」，「捷徑以窘步」作對比，勸諫懷王以古帝為鑒，不要聽信「黨人」的讒言，屢次改變外交政策，把國家引向危險的道路。委婉懇切地表現出浩然正氣與對祖國無限熱愛的感情。

余既滋蘭之九畹兮㊾，又樹蕙之百畝㊿；
畦留夷與揭車兮51，雜杜蘅與芳芷52。

㊾滋：栽培。畹：（音宛）古畝制，王逸說十二畝，〔說文〕：「田三十畝曰畹。」還有二十畝或三十步等說法，各時期制度不同。九畹，言其多。

㊿樹：種植。蕙：蕙草。畝：古音米。

51畦：（音其）田壠。這裡作動詞用，是說分壠種植。留夷：香草，一說芍藥。揭車：一名乞輿，或作藒車。黃葉白花。

52雜：摻雜栽種。杜蘅：香草，似葵而香，又名馬蹄香。以上四句，以香草喻衆賢，說自己曾爲國家培植人才。

【大意】我既栽培九畹蘭草，又種植了蕙草百畝，一畦一畦種上留夷和揭車，摻雜着杜蘅和芬芳的白芷。

冀枝葉之峻茂兮[53]，願竢時乎吾將刈[54]。

雖萎絕其亦何傷兮[55]，哀眾芳之蕪穢[56]！

[53]冀：希望。　峻茂：峻，高大，此處用作茂盛。

[54]竢：同俟，等待。　時：指眾芳成長成熟之時。　乎：語中助詞。　刈：（音義）收割。　以上兩句說，等到人才成長之後，好用他們來治理國家。

[55]萎絕：枯萎死絕。　其：語中助詞。　傷：妨礙。

[56]哀：悲哀。　眾芳：指蘭、蕙、留夷、揭車、杜衡、芳芷等。　蕪：荒蕪。　穢：野草叢生。　蕪穢：荒蕪雜亂，喻人才變質。　以上兩句說，不怕這些賢才因潔身而受摧折，可悲的是這些人竟也腐敗變節！

【大意】希望枝葉長得高大茂盛，但願到成長之後我將收穫它們。即使是枯萎凋零又有何妨，最傷心是眼看著許多芳草荒蕪而腐敗凋零。

眾皆競進以貪婪兮[57]，憑不猒乎求索[58]。

羌內恕己以量人兮[59]，各興心而嫉妒[60]。

[57]眾：指靳尚、子蘭、子椒這班結黨營私的群小。　競進：競相鑽營，追逐利祿。　貪婪：貪得無厭。　婪音籃。

[58]憑：（音憑）滿。楚方言。　猒：同厭。　乎：同「于」。　求索：貪求索取。　以上兩句指「蕪穢」之事。

[59]羌：（音羌）發語詞，有「乃」或「且」的意思。　恕己：寬恕自己。　量人：量度別人。

(60)興心：起不良之心，使用心計。　嫉妒：害賢曰嫉，害色曰妒。指危害別人。

【大意】那些「黨人」競相鑽營，貪得無厭，雖然私囊已滿，還向別人求索不已。而且寬恕自己，以小人之心揣度別人，各起壞心嫉妒賢才。

忽馳騖以追逐兮(61)，非余心之所急(62)。
老冉冉其將至兮(63)，恐修名之不立(64)。

(61)忽：形容急速。　馳騖：（騖音霧）馬亂跑的樣子。　追逐：指追逐權勢利祿。

(62)所急：急於去做的事。　以上兩句說，那群人急急忙忙追逐名利，非我所急。

(63)冉冉：漸漸。

(64)修：美。　修名：美名。　立：建立。　以上兩句說，我之所急，恐美政之不成也。

【大意】他們匆匆忙忙紛紛馳逐，這不是我所追求的，老境漸漸臨近，我擔心美名樹立不起來。

朝飲木蘭之墜露兮(65)，夕餐秋菊之落英(66)。
苟余情其信姱以練要兮(67)，長顑頷亦何傷(68)！

(65)木蘭：香木。　墜露：欲滴的露水。

(66)餐：吃。〔說文〕：「餐，吞也。」　落：初。〔爾雅・釋詁〕：「落，始也。」　英：花。　落英：初開的花朵。

(67)苟：如果。　情：情操。　信：眞，確實。　姱：（音夸）美好。　以：同「而」。　練：精純潔白。　要：

精要。 練要：潔白精粹，意指純潔。

(68)顑頷：（音砍罕）因饑餓而面黃之貌。 以上四句，說朝飲夕餐，修潔之淸苦，但願能使操守堅定專一。

【大意】 早上喝飲木蘭樹上滴下的露水，傍晚餐食秋菊初生的花瓣。只要我的情操確實美好而潔白精粹，卽使長期臉黃肌瘦又有何妨？

擥木根以結茝兮(69)，貫薜荔之落蕊(70)；
矯菌桂以紉蕙兮(71)，索胡繩之纚纚(72)。

(69)擥：（音覽）同「攬」，採。 木根：或云木蘭之根，此處泛指香木或香草之細根。 結：結紮。 茝：通芷，白芷。

(70)貫：貫串。 薜荔：（音閉力）香草，開小花，蔓生，常綠。 蕊：花心。 落蕊：初生的花蕊。

(71)矯：舉，拿起。 菌桂：卽肉桂，香木。 紉：綴。 蕙：蘭蕙，蕙草。

(72)索：繩索，此處作動詞用，指搓繩索。 胡繩：香草名，蔓生，可製繩。 纚纚：（音履履）形容詞，連接不斷的樣子。 以上四句，說自己時時在修身潔行。

【大意】 採集香草的細根用以結紮白芷，貫串起薜荔嬌嫩的花蕊；拿起菌桂聯綴蕙草，把胡繩搓成花繩。將它們佩在身上。

謇吾法夫前修兮(73)，非世俗之所服(74)。
雖不周於今之人兮(75)，願依彭咸之遺則(76)。

(73)謇：發語詞，楚方言。法：效法。夫：語中助詞。前修：前賢，泛指堯、舜、禹、湯、文王、楚之「三后」及彭咸等。

(74)服：用，佩帶。以上兩句，說被讒的原因。我效法前賢，不合他們的氣味。

(75)周：合。今之人：當今世俗之人。

(76)依：依從。彭咸：殷的賢臣。王逸注：「殷賢大夫，諫其君，不聽，自投水而死。」王逸此注可信。不能解作「巫彭、巫咸」，巫彭、巫咸、巫抵、巫陽、巫履、巫凡、巫相都是古代神話中的巫師。遺則：遺留下來的法則，榜樣。則，古音卽。以上兩句，表現屈原不與世浮沉和寧死不屈的高貴品格。

【大意】我效法前賢，非世俗之人喜歡佩用，雖不合於今之人，但願依從彭咸的遺則。

長太息以掩涕兮(77)，哀民生之多艱(78)。
余雖好修姱以鞿羈兮(79)，謇朝誶而夕替(80)。

(77)太息：嘆息。長太息：長嘆。長字含有無可奈何之意。掩涕：掩面拭淚。涕：眼淚。

(78)哀：哀傷。民生：泛指人生。艱：古字作「囏」，音喜。艱苦。以上兩句，從自身的感受慨嘆人生的艱難。下文續說「艱難」。

(79)雖：唯。好：喜愛、崇尙，讀去聲。修：修潔。姱：美好。鞿：（音機）馬韁繩。羈：（音機）馬籠頭。鞿羈：作動詞用，指遭困阨，似馬被束縛一樣。

(80)謇：發語詞。誶：（音碎）諫。替：廢。以上兩句，言變化之迅速。

【大意】長嘆息流淚，哀人生多災多難。只因喜愛修潔美好，才遭受困阨，早上進諫，晚上就被廢黜。

既替余以蕙纕兮⑧①，又申之以攬茝⑧②。

亦余之所善兮⑧③，雖九死其猶未悔⑧④。

⑧①替：廢。以：因。纕：（音香），佩帶。蕙纕：蕙草編成的佩帶。

⑧②申：重，復加，加之，加上。攬茝：採來的香芷。以上兩句，用香草佩帶裝飾身上，以避除汚穢，比喻修身自愛。被廢蕙纕，喻忠貞直諫的美德被擯棄。

⑧③亦：也是。善：愛好。

⑧④九：泛指多。九死：猶言「萬死」，死了多次。誇張强調的意思。未悔：不悔。九死未悔：猶言「萬死不辭」或「死而無憾」。以上兩句，說明屈原心中崇尚正義，不妥協的精神。

【大意】既因我用蕙草的佩帶而遭廢棄，我偏偏再佩上採來的香芷。只要是我所愛好，就是死一萬次也不後悔！

以上第三段。寫自己為國家培植賢才，準備和他們一起協助楚王革新政治，勵精圖治。不料這些人又中途變志，令人哀嘆。揭露群醜們奔走鑽營，貪得無厭，懷王又不鑒諒自己。闡明自己信守先賢遺則的高尚志節，以及執守清白，萬死不辭的決心。

怨靈修之浩蕩兮⑧⑤，終不察夫民心⑧⑥。

衆女嫉余之蛾眉兮⑧⑦，謠諑謂余之善淫⑧⑧。

㊇靈修：喻懷王。浩蕩：本義形容水大的樣子，此處是說漫無邊際，用來形容懷王的糊裏糊塗。

㊈終：始終。　察：體察。　夫：語中助詞。　民心：人心，指詩人自己。　以上兩句，是說懷王不辨忠奸，不知好醜。

㊉衆女：指懷王周圍的一群小人。　嫉：嫉妒。　蛾眉：蠶蛾一樣細長彎曲秀麗的眉毛，此處以眉毛之美代替容貌之美，轉喻自己的美德與才能。

⑻謠諑：造謠毀謗。　諑：（音啄）誣告，楚方言。　善：專長。　淫：淫蕩，邪惡無度。　善淫：專長於淫邪之事。　以上兩句以女子被妒爲喻，被妒不足怪，惟君輕信可怨也。

【大意】可恨君王糊裏糊塗，始終不考察我的內心。衆女嫉妒我的美麗，造謠毀謗說我善爲淫邪之事，你竟相信！

固時俗之工巧兮⑻，偭規矩而改錯⑼。

背繩墨以追曲兮⑼，競周容以爲度⑼。

⑻固：本來，誠然。　時俗：指世俗之人。　工巧：善於取巧。

⑼偭：（音緬）違背，背棄。　規：畫圓形的工具。　矩：畫方形的工具。　規矩：喻法度。　錯：同「措」，措施。　以上兩句說，群小投機取巧，反常妄爲。

⑼背：違反。　繩墨：畫直線的工具，與以上「規矩」同義，此處比喻正道。　追：追求，追隨。　曲：邪曲。

⑼競：爭相爲之。　周容：苟合求容（苟合於世，求容於人）。　度：方法，準則。　以上兩句斥責佞臣，並寫

出他們的醜態。

【大意】世俗之人本來善於投機取巧，背棄法度妄改措施。放棄正道，追求邪曲，爭相苟合求容以爲準則。

忳鬱邑余侘傺兮93，吾獨窮困乎此時也94！

寧溘死以流亡兮95，余不忍爲此態也96！

93忳：（音屯）憂悶的樣子。鬱邑：同鬱悒，抑鬱不伸，煩惱苦悶。侘傺：（音詫斥）悵然佇立，失意的樣子。楚語。

94窮困：猶言「走頭無路」或到了山窮水盡的地步。此上兩句，自嘆所遇窮困，已到死門絕路。

95寧：寧願，寧可。溘：（音克）忽然。溘死：忽然死去。以：與。亡：去。流亡：被水淹沒，且隨流水而去。此處不可作「流放」解。

96忍：容忍。此態：指投機取巧、苟合求容的醜態。以上兩句自勉，寧可死去，決不同汚合流。

【大意】煩悶苦惱，失意悵悵，我唯獨在此時走頭無路！寧可忽然死去，被水淹沒，隨着流水而去，也不願做這種事情！

鷙鳥之不群兮97，自前世而固然98。

何方圜之能周兮99，夫孰異道而相安100？

97鷙鳥：（鷙音志）鷹隼之類的猛禽，此處以鷙鳥自喻。不群：不與燕雀等凡鳥同群。自喻剛正高尙，不屑與邪惡小人爲伍。

⑱前世：歷代，自古以來。　固然：本來如此。

⑲何：怎麼。　圜：同「圓」。　周：合。　此句以「方」喻行爲方正不阿的君子，以「圓」喻作風圓滑猥瑣的小人。

⑳夫：發語詞。　孰：義與「何」同。　異道：不同道，志趣相異。　相安：相容，互相安處。　以上四句是自寬之詞，言忠佞不相爲謀，自古已然也。

【大意】鷙鳥不與凡鳥同群，從來就是如此。方的和圓的怎能相合？志趣不同的人，怎能相處下去呢？

屈心而抑志兮⑩，忍尤而攘詬⑩。

伏淸白以死直兮⑩，固前聖之所厚⑩。

⑩屈：委屈。　抑：壓抑。　屈心抑志：心志受到委屈壓抑。

⑩尤：罪過。　忍尤：忍受別人妄加的罪咎。　攘：同「讓」，容忍，包容的意思。　詬：（音够）恥辱。　以上兩句是說，懷王昏庸不察，助長了邪氣，自己只有委屈心志，忍辱含詬。

⑩伏：同「服」，保持。　淸白：指淸白的操守。　死直。死於正義。

⑩前聖：前代的聖人，猶言「前賢」。　厚：重視，推崇，嘉許。　以上兩句說，決不改變志向，寧可淸白，死於正義。

【大意】心志受委屈和壓抑，忍受譴責和凌辱。這算得了什麼！保持淸白，是前聖們推崇的美行！

以上第四段。寫因懷王胸無定見，昏庸不察，群小更投機取巧，胡作妄爲。詩人無法與之相容，反受毀謗誣陷。屈原寧可死於正道，也決不變心志，表現了無法動搖的堅定意志。

悔相道之不察兮⑩⑤，延佇乎吾將反⑩⑥。
回朕車以復路兮⑩⑦，及行迷之未遠⑩⑧。

⑩⑤悔：後悔，悔恨。　相：（音像）觀看，選擇。　道：道路。察：考察清楚。
⑩⑥延：長久。　佇：站立。　延佇：長久地站着，躊躇不進。　反：同返。
⑩⑦回：掉轉。　朕：我。　復路：走回頭路。
⑩⑧及：趁着。　行迷：迷路。　以上四句，寫出屈原在備受打擊，極度窮困之時，意欲急流勇退的情緒。

【大意】後悔沒有把道路看清楚，躊躇久立我將回返。掉轉我的車子走回頭路，趁着迷路未算太遠。

步余馬於蘭皐兮⑩⑨，馳椒丘且焉止息⑪⓪。
進不入以離尤兮⑪①，退將復修吾初服⑪②。

⑩⑨步：漫步，徐行。　皐：（音高）水濱。　蘭皐：長着蘭草的水邊。
⑪⓪馳：奔跑（與上句的「步」成對文）。　丘：山丘。　椒丘：長着椒樹的山丘。　且：暫且。　焉：猶言「於

此」。且焉止息：暫且於此休息。此上兩句，即言「回車」之路，蘭皋、椒丘皆芳潔之路，可見退隱歸去的快樂。

(111)進：進身君前，指做官。不入：不被所用，不被容納。以：因而。離：同罹，遭受。尤：罪過。離尤：獲罪。

(112)退：退出官場，退下來。復：再，重新。修：修整。初服：當初的衣服。服：古音逼。以上兩句說，既然不被所用，反而遭禍，不如歸去重新修身潔行。以德才喻衣飾，下文即言修整初服。

【大意】騎著馬在長滿蘭草的水濱慢行，奔馳上長滿椒樹的山丘，暫且在此歇息。既在君前不被所用反而獲罪，那就退出官場，重新去修整我當初的服飾。

製芰荷以爲衣兮(113)，集芙蓉以爲裳(114)。

不吾知其亦已兮(115)，苟余情其信芳(116)。

(113)製：裁製。芰荷：（芰音記）〈本草〉：「貼水者藕荷，出水者芰荷。」藕荷是生藕的，芰荷是生花的，這裡指荷葉。衣：上衣。

(114)集：綴集。芙蓉：荷花。裳：下衣。以上兩句，以出汚泥而不染的芙蓉爲喻，芰荷爲衣，芙蓉爲裳，比喻品行之高潔。

(115)不吾知：不知我，不瞭解我，是「不知吾」的倒裝句法。其：語中助詞。已：罷。亦已兮：就罷了。

(116)苟：只要。情：內心。信：眞正。芳：芳潔。

【大意】裁製荷葉以爲上衣，綴集荷花以爲下裳。不瞭解我就罷了，只要我的內心眞正芳潔。

高余冠之岌岌兮⑪，長余佩之陸離⑱。
芳與澤其雜糅兮⑲，唯昭質其猶未虧⑳。

⑪高：作動詞用。冠：帽子。岌岌：（音及及）高聳的樣子。
⑱長：作動詞用。佩：佩帶、佩劍，泛指佩在身上的佩飾。見下文之「佩繽紛」，此處應作玉佩解。陸離：長長的樣子。以上兩句，高冠長佩，表示與衆不同，可見情操高潔，昂然自得的樣子。
⑲芳：芳香。澤：集水的洼地，這裡指集水散發出來的汚臭之氣。不應解作「潤澤」或「光澤」，看下面的「雜糅」及下文「唯昭質其猶未虧」，此處當作「汚臭」解。雜糅：（糅音柔）混雜在一起。
⑳唯：唯有。昭：明。昭質：潔白的品質，指內美。猶：還。虧：虧損，古音苛。以上兩句，寫出昂然自得的原因。

【大意】讓我的帽子高高聳立，把我的佩飾加長尺寸。芳香與汚臭混雜在一起，唯有我潔白的品質不會虧損。

忽反顧以游目兮㉑，將往觀乎四荒㉒。
佩繽紛其繁飾兮㉓，芳菲菲其彌章㉔。

㉑忽：忽然。反顧：回顧，回頭看。游目：縱目四望。
㉒四荒：四方荒遠之地。以上兩句說，我既然內外俱美，天地之大何處不能容我！我可以去別處看看有沒有人

賞識我。

⑫③佩：佩帶，動詞。繽紛：形容盛多。其：同「而」。繁飾：繁多的飾物。

⑫④芳菲菲：香氣濃郁。彌：更加。章：同彰，顯著。以上兩句說，我雖被擠迫出來，我的品質更如美好，我的美名更加遠揚。

【大意】忽然回頭縱目四望，我將去四方荒遠之地。佩帶着繽紛繁富的飾物，香氣更加遠注迷人。

民生各有所樂兮⑫⑤，余獨好修以爲常⑫⑥。

雖體解吾猶未變兮⑫⑦，豈余心之可懲⑫⑧。

⑫⑤民生：人生。樂：愛好。

⑫⑥好修：愛好修身潔行。以爲常：習以爲常。以上兩句說，人生各有各的愛好，別人愛爭權逐利，我唯獨愛好修身潔行，培養高尙的品格，並且已經成了習慣。

⑫⑦體解：肢解，古時割去四肢的酷刑，這裡猶言「五馬分屍」或「粉身碎骨」。未變：不變。

⑫⑧懲：恐懼，害怕，又作威脅解。古音長。以上兩句說，卽使五馬分屍，也不向惡勢力低頭屈服。

【大意】人生各有所好，我唯獨愛好修身潔行以爲習慣。就是五馬分屍還是不變，難道我的心可以威脅。

以上第五段。承上文寧可死於正道，決不改變心志之後，想到自己的自處，「悔相道之不察」，在憤懣的情緒中，想「回車」「復路」退出官場，獨善其身；甚至「將往觀四荒」離開楚國，遠去他國，希望能找到真正能用他的明君，作朝秦暮楚的游士。可是「人生各有所樂，余獨好修以為常，雖體解吾猶未變，豈余心之可懲」，一再反復體現了他高尚的品格，和不低頭、不改變的思想。

女嬃之嬋媛兮⑫⑨，申申其詈予⑬⓪。
曰：「鮌婞直以亡身兮⑬①，終然殀乎羽之野⑬②。

⑫⑨女嬃：（嬃音須）屈原的姊姊。　嬋媛：與「嘽咺」同，楚國南部江淮之間的方言。喘息哭泣的樣子。

⑬⓪申申：反復地，一次又一次。　詈：（音立）責備，勸誡，〈韻會〉：「正斥曰罵，旁及曰詈。」　此上兩句說，姐姐爲我的事情激動擔心，反復勸我明哲保身。以下爲老姊責備的話。

⑬①曰：說。　鮌：（音滾）同鯀，姓姒名鯀，古代傳說中堯帝的臣子，夏禹的父親。　婞直：（婞音幸）剛直。亡：通忘。　亡身：忘記自身的安危。

⑬②終然：終於。　殀：（音夭）死於非命。　羽：羽山，古地名，傳說在今山東蓬萊縣東南。　之野：地方。羽之野：羽山地方。　歷史傳說中，姒鯀性情剛愎，奉堯命治水，九年無功，被舜殺死在羽山。神話傳說中，鯀是一匹白馬，是天帝的孫兒，偷了天帝的「息壤」（一種能生長不息土壤的寶物）去治洪水，天帝命祝融用吳刀把他殺死在羽山之野。　這裡屈原採用的是「歷史傳說」。把鯀作爲剛直的正面人物來寫。　此上兩句，老姊舉姒鯀爲例，剛直忘身，終於被殺，以之爲戒。

【大意】女嬃爲我的事情十分激動，一次又一次地教訓我。說：鯀因爲太過剛直而忘記自身的安危，終於被殺死在羽山地方。

汝何博謇而好修兮（133），紛獨有此姱飾（134）。

薋菉葹以盈室兮（135），判獨離而不服（136）。

（133）汝：你，稱屈原。博：多。謇：忠直。博謇：過於忠直，處處忠直。好修：愛好修潔。

（134）紛：盛名的樣子。姱飾：美好的佩飾。指美好的志行節操。他本有作「姱節」，意思相同。「飾」與下文的「服」同韻，應以「姱飾」較妥，亦較有詩味。

（135）薋：（音資）同茨，堆積。菉：（音綠）王蒭，草名，又名藎草，汁黃可作染料。葹：（音施）又名枲耳，果小而多刺。菉葹：泛指惡草，喻奸佞小人。盈室：堆滿其室，喻充滿朝廷。

（136）判：偏。盧照鄰〈長安古意〉：「意氣由來排灌夫，專權判不容蕭相。」判字乃偏字之借。獨離：獨自遠離，指性情孤高。不服：不佩帶。以上四句，責屈原過於忠直，以致被衆人嫉害。而今滿朝都是奸佞，你却孤高遠離他們。

【大意】你何以處處忠直，愛好修潔，有這盛多美好的佩飾掛在身上？王蒭和枲耳堆滿了房子，你偏獨自走開不肯佩用它們！

衆不可戶說兮（137），孰云察余之中情（138）？

世並舉而好朋兮（139），夫何煢獨而不余聽（140）？」

（137）衆：衆人，這裡指一般人。戶說：挨家挨戶去說，逐戶解說。

(138) 孰：誰。云：說。孰云：誰人敢說。察：體察，諒察。余：這裡是「我們」的意思，女嬃站在屈原一邊親切的口氣。中情：內心。

(139) 世：世人，周圍的人。並舉：互相抬舉，互相標榜。好朋：愛好結黨營私。朋：朋黨，朋比爲奸。

(140) 夫：發語詞。何：何以。煢獨：（煢音瓊）孤獨，楚方言。余：女嬃自稱。不余聽：不聽我的話。以上四句說：周圍的人都說你不好，你怎樣逐家逐戶去解釋？你何以一意孤行，不聽我的話！

【大意】衆人不能挨家挨戶去解說，誰人敢說體察我們的本心？世人都好互相標榜結黨營私，你何以孤孤獨獨的一個人，總是不聽我的話！

此上第六段。寫老姊女嬃反復教訓屈原，以姒鯀為戒，勸他明哲保身，以免殺身之禍。此時屈原的處境，實在已很惡劣，除了朝中奸佞對他排擠嫉害，一般人也不同情他，連老姊女嬃也頻頻責罵。本節設為女嬃的責難，以下是屈原的答辭。

依前聖以節中兮(141)，喟憑心而歷茲(142)。
濟沅湘以南征兮(143)，就重華而陳辭(144)。

(141) 依：依照。前聖：前朝的聖人，指前賢。以：可以。〔文選〕作「之」。節：讀作「折」。不能作「節制」之節解。

(142) 喟：（音愧）感嘆的樣子。憑：憤懣。憑心：憤懣的心情，楚方言。歷茲：至今。以上兩句說，我曾按照前賢的準則作爲行爲標準，可是遭受讒言毀謗，不再被懷王信任，憤懣至今。

⑭濟：渡過。沅：沅水。湘：湘水。沅湘二水都在今湖南省境內。南征：南行。

⑭就：投向。重華：舜帝姚重華，傳說死後葬於九嶷山（卽蒼梧山）的零陵，今湖南寧遠縣南。陳辭：陳述心裡的話。以上二句說，我要去稟告舜帝，請他評理。

【大意】依照從前聖人的準則行事，可嘆憤懣的心情直到如今。渡過沅水湘水向南行，到重華面前向他傾訴衷情。

啓「九辯」與「九歌」兮⑮，夏康娛以自縱⑯。

不顧難以圖後兮⑰，五子用失乎家巷⑱。

⑮啓：夏啓，夏禹的兒子。神話傳說中的夏啓，曾三次到天帝那兒去作客，把天樂「九辯」和「九歌」悄悄記住，帶回人間，把它修改爲可以配以舞蹈的「九韶」，在大運山北方叫「大運」的地方表演，恣意享樂起來。九辯、九歌：樂曲名，神話傳說中的天樂。

⑯夏：夏代，這裡所指的是夏啓和他的兒子太康這兩代。康娛：安逸娛樂。自縱：放縱自己。

⑰不顧難：不顧危難。圖後：考慮後果。

⑱五子：夏啓的五個兒子，跟隨太康一起去打獵的五位兄弟，作「五子之歌」。用：因。失：失去。乎：語助詞。家巷：家園。失乎家巷：指太康失國。

夏啓是受父親的庇蔭才做了天子的。喜歡歌舞打獵，還喜歡出巡。夏啓時發生過諸子爭繼的事情，最小的兒子武觀也想繼帝位，可是哥哥不讓，夏啓就遣他到黃河西岸去住。夏啓十五年，武觀在河西叛亂，成立一個獨立的小王國。夏啓命彭伯壽領兵征討，武觀終於完全屈服。這就是「武觀之亂」。

夏啓死後，由兒子姒太康繼位，太康比夏啓更會享樂，更喜歡飲酒打獵，行爲荒誕。有一次帶着大隊人馬，從首都安邑出發，打過中條山脈，渡過黃河，一直到洛水南面，打了一百天的獵，（上文「夏康娛以自縱」除了部分指夏啓的淫樂，主要是指太康的這些行爲。）有窮氏一直掌握夏代的兵權，此時酋長后羿突然領兵切斷後路，發生政變。太康隻身逃到斟鄩去了。后羿却讓太康的弟弟仲康繼位做傀儡，自任宰相掌實權，十四年後才正式登上帝位。跟姒太康一起去打獵的還有他的五個兄弟，眼見宗社危亡骨肉分離，寫下悲怨的「五子之歌」。「五子用失乎家巷」是指太康失國，五子因而有國歸不得的這段事情，不是指「武觀之亂」。

【大意】啓得到「九辯」、「九歌」，夏朝就安逸娛樂放縱自己。不顧危難以防後患，終於弄到太康失國，五子因而有國歸不得的狼狽局面。

羿淫游以佚畋兮(149)，又好射夫封狐(150)。
固亂流其鮮終兮(151)，浞又貪夫厥家(152)。

(149)羿：（音義）人名，原爲農家子，善射，崇拜天神后羿，故自己改名亦叫羿。後來做了有窮國國君，本爲夏臣，掌握夏兵權，乘太康出外打獵，發動政變，奪得夏朝姒家的政權。　淫游：過度沉迷於游樂。　佚：（音逸）同逸，放縱。　畋：（音田）打獵。

(150)夫：語助詞。　封狐：大狐，泛指大野獸。

(151)固：本來。　亂：叛亂。　流：之流。　亂流：邪亂之流。　其：他。　鮮：少有。　終：善終。　鮮終：少有好結果。

(152)浞：（音濁）寒浞。夏朝屬國寒國國君（酋長）寒伯明花言巧語的兒子，被父親趕出寒國，後來做了夏朝「后羿」的宰相，掌握夏朝的兵權。后羿的歷史重演：寒浞乘后羿出去打獵的時候，發生政變，殺死了后羿並佔了他的妻子。厥：其，他的。家：家室，指妻子。古音姑。此上兩句說，后羿邪亂，終被歷史重演，被寒浞所滅。

【大意】羿過度淫樂沉溺田獵，又好射殺大狐以顯示自己的本領。本來這些淫亂之輩少有善終的，寒浞又貪掉了他的政權和妻室。

澆身被服張圉兮(153)，縱欲而不忍(154)。

日康娛以自忘兮(155)，厥首用夫顛隕(156)。

(153)澆：（音傲）同奡，寒澆，寒浞之子，力大勇猛，能陸地行舟，后羿使他滅了斟灌、斟尋，殺死廢帝姒相，滅姒姓皇族，封之於過邑。姒相的妻子從牆洞裡爬出逃回有仍國娘家，生下遺腹子姒少康，少康長大後，率五百敢死之士，奇兵突襲皇宮，殺死寒浞，奪回姒家天下，史稱「少康中興」。寒澆雖勇，且善於「蕩舟」，終於被少康殺死。被服：同披服，即穿着。這裡引伸爲依仗、自恃之意。圉：（音語）禦。强圉：强禦，猶言勇武，强暴有力。

(154)縱欲：放縱情慾。不忍：不能節制。以上兩句說，寒浞取得政權後，他的兒子寒澆，又自恃强暴，盡情縱慾。

(155)日：日日。康娛：逸樂，安逸娛樂。自忘：把自己也忘記了。意指忘記自身的安危。

(156)厥：其。首：首級，腦袋。用：因而。夫：語助詞。顛隕：（隕音允）墜落。以上四句說，寒浞得了政權，他的兒子自持勇武，縱慾不忍，結果還是被殺。

【大意】寒浞的兒子寒澆一身披服强暴，自恃勇武，放縱情慾不能節制，日日貪圖逸樂，忘記自己安危，他的腦袋因此掉下來。

夏桀之常違兮⑮⑦，乃遂焉而逢殃⑮⑧。

后辛之菹醢兮⑮⑨，殷宗用而不長⑯⓪。

⑮⑦夏桀：姓姒名履癸，夏代亡國之君。常：常理。常違：違背常理。

⑮⑧乃：於是。遂：終於。焉：語助詞。遂焉：猶言「終然」。逢：遇。殃：禍殃。

⑮⑨后辛：殷紂王，姓子名受辛，殷代亡國之君。菹：切細的醃菜。醢：肉醬。菹醢：（音租海）把人剁成肉醬的酷刑。

⑯⓪宗：宗廟。殷宗：殷的宗廟，指殷朝天下。用而：因而。不長：不能長久。以上四句，再舉桀紂爲例，桀違常理，紂逞威嗜殺，均亡於無道。

【大意】夏桀違背常理，終於招至禍殃。殷紂王把大臣剁成肉醬，殷朝的天下因而不能久長。

湯禹儼而祇敬兮⑯①，周論道而莫差⑯②。

舉賢而授能兮⑯③，循繩墨而不頗⑯④。

⑯①湯禹：商湯，夏禹。儼：知所戒懼，矜持莊重的樣子。祇：恭，與敬同義。祇敬：恭敬，指尊敬賢臣。

⑯②周：指周代的周文王、周武王。論道：講論道義。莫差：不敢差錯，處處謹愼。

⑯③舉賢：選拔推舉賢才。授能：把職位授予有才能的人。

⑯④繩墨：法度、正道。頗：偏邪。以上四句，言禹、湯、文、武恭敬賢臣，舉賢用能，遵循正道。「舉賢用

能」是屈原的主張之一。

【大意】商湯夏禹知所戒懼，而能尊敬賢臣，周文王周武王他們講究道義，處處謹愼不敢差池。選拔賢才，把職位授予能者，遵循法度不偏不邪。

皇天無私阿兮⑯，覽民德焉錯輔⑯。

夫維聖哲以茂行兮⑯，苟得用此下土⑯。

⑯皇天：上帝。私阿：偏私袒護。

⑯覽：觀察。民德：人的德行。錯：同措，施予。輔：輔佐。以上兩句說，上帝無私，或廢或輔，由人的行爲來決定。

⑯維：唯，只有。聖哲：指聖德明智的帝王。以：與。茂：盛，大，傑出。茂行：大德，傑出的德行。

⑯苟：庶幾。苟得：庶幾得以。用：享。下土：下方的土地，指「天下」。以上兩句說，只有具有聖哲的君主，上天才會幫他得到國家。

【大意】上帝沒有偏私袒護，看誰有德就施予輔助。只有品格高尙、聰明睿智與大德之人，庶幾能夠享此天下。

瞻前而顧後兮⑯，相觀民之計極⑰。

夫孰非義而可用兮⑰，孰非善而可服⑰。

(169)瞻：觀看。　前：指前朝，卽上文說的湯、禹、啓，羿、澆、浞、桀、紂、周文武等。　後：指後代。　瞻前顧後：觀看古今史實。

(170)相觀：相看。仔細地看看。民：人們，泛指歷代不循法度，不走正道之人。　計：謀慮。　極：盡。　計極：猶言絞盡腦汁。

(171)孰：誰，哪個。　非義：不義，指不義之人。　用：信用。

(172)非善：不善，指不善之事。　服：施行。　以上四句，是瞻前顧後，揆之眞理作的總結。　細察前前後後那些投機取巧，追求邪曲，不仁不義的奸佞之徒，哪一個眞正可以信用？哪些胡作非爲之事行得通呢？

【大意】瞻前顧後，相看那些人絞盡腦汁，哪個不義的人可以信用？哪件不善的事可以施行？

阽余身而危死兮(173)，覽余初其猶未悔(174)。

不量鑿而正枘兮(175)，固前修以菹醢(176)。

(173)阽：（音店）臨近危險。　危死：險死，險些死去。

(174)覽：觀，指回顧。　初：初衷，指當初草擬憲令改革政治。　猶：仍。　以上兩句，由瞻望歷史再言及自身，屈原告訴女嬃，雖至危死邊緣，我還是不變初衷。

(175)量：度量。　鑿：卯眼（孔眼），榫（音筍）頭揷入的卯眼。　量鑿：量準卯眼的大小。　枘：（音鋭）榫頭。正枘：削正榫頭，使它和卯眼的大小相合。

(176)修：賢。　前修：前賢。　以上兩句，以不問卯眼的方圓而作榫頭，喻不問君主的賢愚而進諫，說明前賢惹禍的原因。

【大意】面臨險境，險些死去，回顧初衷我並無後悔。不量準孔眼的大小，就削正榫頭，這是前賢所以遭菹醢的原因。

曾歔欷余鬱邑兮⑰，哀朕時之不當⑱！
攬茹蕙以掩涕兮⑲，霑余襟之浪浪⑳。

⑰曾：通增，一再地，屢次。　歔欷：（音虛希）嗟嘆抽泣聲。　鬱邑：苦悶憂傷。
⑱哀：哀嘆。　朕時：我所處的時代。　當：適合。　時之不當：猶「生不逢時」。　以上兩句說：我爲此哀嘆，生不逢時。
⑲攬：拿。　茹：柔弱。　茹蕙：柔弱的蕙草。　攬茹蕙：不變芳潔的意思。　掩涕：掩面拭淚。
⑳霑：浸濕。　浪浪：眼淚多的樣子，卽「滾滾」。　以上兩句，想到這裡，悲從中來。以上四句是陳詞後的感慨。

以上第七段。是屈原虛擬向古聖舜帝姚重華的陳詞。歷數夏殷兩代的昏亂以及禹湯文武的舉賢授能，說明得道者昌，失道者亡，從正面勸懷王效古聖賢的法則修治國政。寫出詩人痛苦的心情，極其懇切感人。

跪敷衽以陳辭兮㉑，耿吾既得此中正㉒。
駟玉虬以乘鷖兮㉓，溘埃風余上征㉔。

(181)敷：舖開。　衽：（音任）衣襟，掩裳部分。　陳辭：稟告。

(182)耿：光明。　中正：中正的道理。　以上兩句說，陳辭後心中明亮，知道自己所行皆合乎中正之道。

(183)駟：本指駕車的駟馬，這裡作動詞用，猶「駕」。　虬：（音求）虯字的俗寫。神話中，龍除飛龍（應龍）之外有三種，即虯龍、蛟龍和螭。虯龍雙角，蛟龍獨角，螭無角。這裡是指雙角龍。他本解作無角龍，是錯的。　玉虬：身如白玉的虯龍。　鷖：（音衣）鷖鳥，神話中有鳳鳥、凰鳥、鷖鳥，是說鳳凰一類的神鳥，這裡是指鳳形的車子。

(184)溘：（音克）忽然，迅速地。　埃：塵埃。　塵風：塵風，卷起滿天塵埃的風。喻楚國政治的烏烟瘴氣。「埃」不能作「俟」字解。　溘埃風：喻擺脫這些烏烟瘴氣。　上征：向天飛行。　以上兩句說，我要擺脫這些烏烟瘴氣向天飛去。此爲文章的轉折處，下述事君的往事。

【大意】恭敬地跪在地上展開衣襟，陳辭稟告，我心裡明亮，所行皆合乎中正之道，心裡更加堅定。我要駕起白色的虬龍，乘着五彩鳳凰，穿出刮起滿天滾滾塵埃的大風向天飛行。

朝發軔於蒼梧兮(185)，夕余至乎縣圃(186)。

欲少留此靈瑣兮(187)，日忽忽其將暮(188)。

(185)發：起。　軔：車輪上制止車輪轉動的木頭。　發軔：拔去軔木，即出發。　蒼梧：即九嶷山，舜葬於蒼梧。上文「就重華而陳辭」，這句正好從蒼梧出發。

(186)夕：傍晚。　乎：於。　縣圃：懸圃，又叫平圃、玄圃。縣通懸。神話中，天帝下方的花園，在天帝下都崑崙山東北四百里的槐江山上，因爲太高，好像懸在天上，故名懸圃。

⑱靈：神靈。瑣：古時宮門上鏤作連瑣紋，後稱宮門曰瑣。靈瑣：神靈的宮門，指懸圃。

⑱忽忽：形容時間過得快。以上兩句說，本來想到懸圃這個天帝下都的御花園去一趟，可是時間已暮，也沒有心情。

【大意】早上從蒼梧出發，傍晚到了崑崙山東北四百里槐江山上的懸圃花園。想在這神靈的門前逗留片刻，可是太陽匆匆下山，已近黃昏。

吾令羲和弭節兮⑱，望崦嵫而勿迫⑲。

路曼曼其修遠兮⑲，吾將上下而求索⑲。

⑱羲和：神話中給太陽駕車的女神，東方天帝俊帝的妻子，她是太陽的母親。每天早上駕着六條龍拉的車子，載着太陽出發。弭：停止。節：同策，馬鞭。

⑲崦嵫：（音奄玆）神話中的山名，太陽落下的地方。迫：迫近。此上兩句，令羲和按節徐行，隱言我耿介亦如太陽一樣光明。

⑲曼曼：同「漫漫」，長遠的樣子。修遠：長遠，楚方言。

⑲上下：指天地上下。求索：上天下地尋求。以上四句說，我將以耿介之身，去遨遊天地四方，繼續去尋求我的理想。

【大意】我令羲和停鞭慢行，望着崦嵫山不要迫近。路途漫長而又遙遠，我將上天下地去尋找我的理想。

飲余馬於咸池兮(193)，總余轡乎扶桑(194)。
折若木以拂日兮(195)，聊逍遙以相羊(196)。

(193)馬：指上文的「玉虬」。　咸池：神話中的天池，太陽洗澡的地方。

(194)總：繫。　轡：繮繩。　乎：於。　扶桑：神話中的樹名。長在湯谷中央，太陽洗完澡在樹上休息，然後從它上面出來。

(195)若木：神話中的樹名，長數千丈，青葉紅花，生長在太陽落下的地方。　拂：拂拭。

(196)聊：姑且，暫且。　相羊：同「徜徉」，與「逍遙」同義，自由自在地徘徊。　以上四句，是寫從東到西，又從西到東的求索。上文「望崦嵫而勿迫」已至西方，「飲馬咸池，總轡扶桑」已是回到東方，「折若木以拂日」又到了西方，以極快的跳躍表現反復求索。

【大意】飲我的馬於咸池，繫我的繮繩於扶桑。從東到西，從西到東，又從東到西，反復的尋找，累了，便折下若木青色的枝葉抹抹太陽，聊以休息休息舒暢舒暢。

前望舒使先驅兮(197)，後飛廉使奔屬(198)。
鸞皇爲余先戒兮(199)，雷師告余以未具(200)。

(197)望舒：替月亮駕車的神。〔淮南子〕：「月御曰望舒，亦曰纖阿。」　先驅：前面開路。

(198)飛廉：風神，長相是雀頭，鹿身鹿角，八條腿，滿身豹斑，蛇尾。　奔屬：（屬音主）後面奔跑，跟隨。　此上兩句，在令「羲和弭節」之後，再使「望舒爲先驅」，「飛廉作殿後」，以增行色。

(199)鸞皇：鸞鳥、凰鳥，鳳凰一類的鳥。皇通凰。鸞鳥、鷖鳥、鳳鳥、凰鳥，五彩鳥，都是神話中美麗的大鳥。這一類的鳥統稱「鳳凰」，各種鳥都有雄有雌。「鸞凰」不能解作「雌鳳」。先戒：前頭警戒。

(200)雷師：雷神，名豐隆。《淮南子》：「季春三月，豐隆乃出。」注：「豐隆，雷也。」未具：未曾具備。指未到出發的時候。這裡應作「形勢未具」解，他本作「行裝尚未齊備」解，不妥。以上兩句說，我叫鸞、凰先行警戒，看看情況，雷神告訴我未到出發的時候，阻我之行。暗示屈原改革政治的形勢未曾具備。

【大意】使望舒在前面開路，使風伯飛廉在後面奔走相隨。鸞、凰做我的警戒，先行探看情況，雷神告訴我未到時候。

吾令鳳鳥飛騰兮(201)，繼之以日夜(202)。
飄風屯其相離兮(203)，帥雲霓而來御(204)。

(201)鳳鳥：指鳳車，鳳形的車子。與上文的「鷖」的意思相同。

(202)夜：古音豫。

(203)飄風：旋風。《爾雅·釋天》：「廻風爲飄。」注：「旋風也。」屯：聚合。離：通麗，附着。

(204)帥：率領。霓：（音尼）雨後空中出現的弧形彩帶，比虹淡，亦叫副虹。雲霓：泛指雲霞。御：（音亞）同迓，迎接。以上四句，雷神告訴我未到時候，而仍令鳳鳥飛騰，而且夜以繼日地求索，表現屈原的急切心情。旋風向我猛吹，滿朝共事者都來阻我。

【大意】我叫鳳鳥飛騰，夜以繼日地前進。旋風紛紛聚合向我靠攏，率領雲霓齊來歡迎。

紛總總其離合兮㉀⑤，斑陸離其上下㉀⑥。

吾令帝閽開關兮㉀⑦，倚閶闔而望予㉀⑧。

⑳⑤紛：盛多。　總總：形容雲霓盛多聚集的樣子。　離合：忽離忽合，指雲的忽聚忽散。

⑳⑥斑：斑爛。　陸離：光彩奇麗。　上下：忽上忽下。下，古音戶。　以上兩句，寫風雲變化，暗指奸佞之徒，勢力龐大。

⑳⑦帝：天帝。　閽：（音昏）看門人。　帝閽：天帝的看門人。　開：打開。　關：門栓。　開關：把門打開。

⑳⑧閶闔：（音昌合）門，楚方言。這裡指天門。〔說文〕：「楚人名門曰閶闔。」〔淮南子·原道〕：「排閶闔，淪天門。」注：「閶闔，始升天之門也。」　予：我，屈原自稱。　以上兩句，言「上征」之難，欲入天廷向天對申訴，而門神也不理睬，眞是投訴無門。

【大意】雲霓盛多，紛紛聚集，忽聚忽散，光彩斑爛奇麗，忽上忽下。我叫天帝的看門人把門打開，他卻倚着天門不理不睬地望着我。

時曖曖其將罷兮㉀⑨，結幽蘭而延佇㉁⓪。

世溷濁而不分兮㉁①，好蔽美而嫉妒㉁②。

⑳⑨時：天色，指日光。　曖曖：昏暗的樣子。　罷：盡。

㉁⓪結：編結。　延佇：長久地站立。　以上兩句說，日已將盡，我亦疲倦，眼望天門而無法進入，無可奈何手結幽蘭長久佇立，暗示我的品德如蘭，惟有一如既往修潔以等待時候。

(211)世：世俗。溷：同混。溷濁：混亂汚濁。不分：不分好歹，不分善惡，不分美醜。

(212)好：愛好。蔽：遮蓋。蔽美：遮蓋別人的美好品質和才華。以上兩句，慨嘆天上也和人世一樣混濁，好遮蓋別人的美好品質，嫉妒別人的才華，暗示自己不能親近君王，係因時俗的混濁好妒。

【大意】大色昏暗，日已將盡，手結幽蘭長久佇立。世俗混濁不分善惡，愛好遮蓋別人美好品質，嫉妒別人的才華。

以上第八段。記出仕君王的往事。屈原運用想象，假托駕龍乘鳳「上下求索」，而以「飄風」、「雲霓」把黨人的阻撓，形象出來。

朝吾將濟於白水兮(213)，登閬風而緤馬(214)。

忽反顧以流涕兮(215)，哀高丘之無女(216)。

(213)濟：渡。白水：神話中的水名，出自昆侖山。以下說他尋求賢才輔佐君王之事。

(214)閬風：（閬音狼）神話中的山名。在昆侖山上。緤：（音謝）同紲，繫住。馬：古音母。以上兩句說，從白水登閬風，一望故國情景。

(215)反顧：回首四望。流涕：流淚。

(216)高丘：一說楚山名，實錯，這裡並無實指，意思是指高位。女：美女。高丘無女：是說高位沒有一個美女，都是一些醜婦。以上兩句是說，回顧國中，高位無賢。

【大意】清晨我將渡過白水，登上閬風山頂繫住我的馬繮。忽然回首四望流下眼淚，可憐那高丘之上，竟然沒有一個美女！

溘吾游此春宮兮㉑⑦，折瓊枝以繼佩㉑⑧。
及榮華之未落兮㉑⑨，相下女之可詒㉒⓪。

㉑⑦溘：忽然。　春宮：春神之宮。
㉑⑧瓊：赤玉。　瓊枝：玉樹之枝。神話中有玉樹，故有「瓊枝」。　繼：續，加添。　佩：佩飾。
㉑⑨榮華：盛開的花，這裡指瓊枝上的花朵。　落：衰落，凋謝。
㉒⓪相：看。　下女：世間女子。　詒：（音怡）同貽，贈送。　以上託言遊春神之宮，折瓊枝加添佩飾以贈下女，表示高丘皆是醜婦，我要求下位的賢才而用。

【大意】我忽然游此春神之宮，折下玉樹之枝來加添我的佩飾。趁著枝上的花朵還未凋落，看看下界女子誰可相贈。

吾令豐隆乘雲兮㉒①，求宓妃之所在㉒②。
解佩纕以結言兮㉒③，吾令蹇修以爲理㉒④。

㉒①豐隆：雲神。
㉒②宓妃：（宓音伏），伏羲氏美麗的女兒，在洛水渡河淹死，做了洛水之神，後來做了河伯（河神）馮夷的妻子。以上兩句說，我令風神去訪尋宓妃所在，宓妃卽爲上文所說的「下女」，指那些隱居下位的賢才。

(223)佩纕：（纕音壤）佩帶。結言：訂盟約。

(224)蹇修：神話傳說中東方天帝大昊伏羲氏的臣子。理：媒。以上兩句說，如果找到宓妃，就請蹇修爲媒，與她結盟，將我的佩帶作爲禮物。

【大意】我叫雲神豐隆乘彩雲而去，尋求宓妃看她現在何處。解下我的佩帶作爲結盟的信物，請蹇修前去致意。

紛總總其離合兮(225)，忽緯繣其難遷(226)。
夕歸次於窮石兮(227)，朝濯髮乎洧盤(228)。

(225)紛總總：猶言亂紛紛。離合：忽離忽合。此句雖與上文「斑陸離其上下」之前一句相同。這裡却不能機械地作宓妃的「儀仗之盛」解。這裡是指情況混亂，宓妃的態度若即若離，變幻不定。

(226)緯繣：（音韋畫）乖戾，態度彆扭。難遷：難以遷就。此上兩句說，所求難成，宓妃彆扭，其人變幻不定。

(227)次：住宿。窮石：相傳是羿的住地。宓妃原是河神馮夷的妻子，却與后羿有過愛情關係。

(228)濯：洗。洧盤：神話中的水名，出於崦嵫山。以上兩句寫她乖戾的行爲。朝夕不同住所，遠離君國，實指那些遠離社會的隱士。

【大意】亂紛紛，她的態度忽離忽合，忽然彆扭起來，令人難以遷就。晚上住宿於窮石，早上卻在洧盤江邊洗髮。

保厥美以驕傲兮(229)，日康娛以淫游(230)。
雖信美而無禮兮(231)，來違棄而改求(232)。

(229)保：恃仗。　厥：其。

(230)日：每天，日日。　康娛：貪安逸樂。　淫游：過度游樂。　此上兩句，責他們仗美驕傲，只顧自己快樂，不顧國家危困。

(231)信：確實，眞正。

(232)來：來了。　違：違背，指與意願相違。　棄：拋棄。　改求：另求，指改求知音。　以上兩句說，這種人雖然美好，但禮節全無，來而無用，只好又放棄。

【大意】自恃美好而驕傲，天天恣意地淫逸游樂。雖然美好但是無禮，來與願違，只好放棄，另求知音。

覽相觀於四極兮(233)，周流乎天余乃下(234)。
望瑤臺之偃蹇兮(235)，見有娀之佚女(236)。

(233)覽相觀：三字同義連用，如重語氣，認眞仔細觀望之意。　四極：四方極遠的地方。

(234)周流：遍游。　乎：於。　下：下降到人間。　上文說登閬風，故此處言下天。　因上文說到楚國高位無賢，下位者雖賢却不可用。以上兩句乃說觀察四方，想得異國之賢而用之。

(235)瑤臺：美玉築成的樓臺。　偃蹇：（音演簡）高聳的樣子。

㊱有娀：（娀音松）有娀氏，古代部落名。佚女：（佚音易）美女，指有娀氏的美女簡狄。以上兩句，於是望見有娀氏高臺上的簡狄。以有娀氏的美女喻異國的賢者。

【大意】游遍四方極遠的地方，又從天上下來，望見那高聳的瑤臺，裡面住著有娀氏美麗的女兒。

吾令鴆為媒兮㊲，鴆告余以不好㊳。

雄鳩之鳴逝兮㊴，余猶惡其佻巧㊵。

㊲鴆：（音振）傳說中的毒鳥，羽有毒，稍置酒中即能殺人。這裡喻奸險小人。

㊳不好：指女子不美。以上兩句喻小人對賢者障蔽與誣蔑。

㊴鳩：斑鳩，善鳴，因鳩佔鵲巢，被視為惡鳥，喻奸惡之徒。鳴逝：一邊飛一邊叫。

㊵惡：（音悟）厭惡。佻：（音挑）輕佻。佻巧：輕佻花巧。以上兩句說，我再使雄鳩前去，鳩鳥的輕佻花言巧語使我不敢信任。

【大意】我叫鴆鳥為媒，鴆鳥卻說有娀氏的女兒一點也不美麗。雄鳩一邊叫著一邊飛去，我厭惡牠的輕佻花巧。

心猶豫而狐疑兮㊶，欲自適而不可㊷。

鳳皇既受貽兮㊸，恐高辛之先我㊹。

㉑猶豫、狐疑：均指遲疑不決。

㉒適：往。自適：自己前往。不可：於禮不可，指不合禮法。以上兩句說，心裡遲疑不決，託言無媒，無法與女通言，喻異國賢士，無介紹無法相見。

㉓鳳皇受詒：指「玄鳥生商」的故事。見〈天問〉：「玄鳥致貽，女何喜？」玄鳥本指燕子，此處把玄鳥（燕子）改作鳳凰，是藝術形象上的一種誇張轉換的手法，鳳凰的形象要比燕子美麗得多。如果眞的把「玄鳥生商」的玄鳥解作鳳凰就錯了。受：同授，致送。詒：同貽，禮物。

㉔高辛：嚳帝高辛氏，古代帝王，史稱「帝嚳」。傳說高辛爲帝嚳所興之地，因以爲號。神話傳說中，有娀氏有兩個漂亮的女兒，一個叫簡狄，一個叫建疵，住在一個九層高的高臺裡，天帝常派燕子去看她們，後來簡狄做了嚳帝高辛氏的第二個妃子。有一天，到河邊洗澡，飛來一個燕子，在水濱生下一個蛋來，簡狄檢來吃了，因此懷孕，生下「契」，契就是商民族的始祖，他的第十四代孫成湯，建立了商朝天下，這就是「玄鳥生商」的故事。楚爲高陽之後，此處亦暗示高辛爲異國。先我：在我之先。以上兩句說，異國的賢才，亦爲異國先得也！

【大意】心中猶豫，狐疑不定，欲自己去找簡狄，沒有媒，於禮不可。鳳凰已把禮物送去，恐怕高辛氏已搶在我前面！

欲遠集而無所止兮㉕，聊浮游以逍遙㉖。

及少康之未家兮㉗，留有虞之二姚㉘。

㉕集：鳥羈木上曰集。遠集：遠投他處。無所止：沒有地方居留。

㉖聊：姑且。浮游：游蕩。逍遙：徜徉，自由自在地徘徊。以上兩句說，所求都不遂，只好暫且游蕩徘徊。

㉔⑦及：趁着。少康：夏代的中興之主，夏后啓的曾孫，夏后相的兒子。未家：未成家，未曾娶妻。

㉔⑧留：聘下。有虞：夏代的部落，舜帝姚重華的後代。二姚：有虞君主姚思的二位女兒，被嫁給姒少康，夫婦一起在諸綸村農耕，少康在諸綸秘密號召祖上的遺民，後來結集五百敢死之士，奇兵突襲，殺死寒浞，恢復了姒姓政權，史稱「少康中興」。以上兩句說，趁少康未娶，我先求得二姚，自言求賢輔君，希望如少康中興。

【大意】想遠往他處，卻無處羈身。姑且游蕩，自由自在地徘徊。趁少康還未成立家室，聘下有虞君主姚思的兩個女兒。

理弱而媒拙兮㉔⑨，恐導言之不固㉕⓪。
世溷濁而嫉賢兮㉕①，好蔽美而稱惡㉕②！

㉔⑨理：與媒同義。弱：無能。媒：媒人。拙：笨拙。這句說，使者辦事無能，媒人又很笨拙。

㉕⓪導言：傳言，傳遞言語。不固：不够牢固，這裡是說不够力量，不能成功。這句說，恐怕這些媒人傳達說合之詞不能成功。

㉕①世溷濁：世俗混亂汚濁。嫉賢：嫉妒賢能。

㉕②好蔽美：喜歡遮蓋別人的美好品質和才華。稱：稱讚。惡：（音務）可惡的事。以上兩句說「導言不固」的原因。

【大意】使者無能，媒人笨拙，恐怕傳言說合不能成功。世間混亂汚濁，嫉妒賢能，喜歡掩蓋美德而稱讚惡劣的行徑。

閨中既以邃遠兮(253)，哲王又不寤(254)。

懷朕情而不發兮(255)，余焉能忍與此終古(256)！

(253)閨：宮中的小門。〔爾雅‧釋宮〕：「宮中之門謂之闈，其小者謂之閨。」閨中：這裡是指朝廷，不能解作女子居住的地方。

(254)哲：智的意思。哲王：明智的君王，指楚懷王。不寤：不覺醒，不清醒。以上兩句，慨嘆君門既深且遠，君王昏憒，已知危亡將至。

(255)懷：心裡懷着。情：泛指忠貞憂國之情，心中的怨憤之情。發：抒發。不發：無處發洩。

(256)焉：安、何，怎麼。焉能：怎能。忍：忍受。此：這些。終古：永遠。以上兩句說明屈原已經走投無路，痛苦絕望的心聲。

【大意】朝廷已經漸漸深邃幽遠，明智的君王又不清醒。滿懷的怨憤與忠貞之情無處發洩，我怎能就這樣忍受下去終此一生！

以上第九段。記屈原在朝求賢輔佐君王的往事，以「高丘無女」（高位上沒有美女，盡是醜婦）喻高位無賢，而想到下位的美女（下女），以宓妃的「保美無禮」，說明苦心培養之人，終亦變節，國人無望；乃思有娀的「佚女」，轉求異國賢者；以「解佩纕以結言」等象徵訪求的殷勤與重視。以「紛總總其離合」，「緯繣其難遷」來說事情的紛亂，人的乖戾，難以遷就。而楚國士風的頹廢放逸，令人失望痛心，只好「棄而改求」。詩人以鴆和雄鳩喻朝中某些人，這些人都不會是詩人的同道者。「鳩告余以不好」，「雄鳩之鳴逝」，「恐其佻巧」等，都隱有所示，蘊藏着詩人與這些奸佞小人鬪爭的故事。然而異國之賢，必為異國之君先得，故「恐高辛之先我」，繼之希望得賢如「有虞之二姚」以輔君王，盼楚國能有「少康中興」。此節寫出屈原在朝求賢心切及其曲折經過。

索藑茅以筳篿兮(257)，命靈氛爲余占之(258)。

曰：兩美其必合兮(259)，孰信修而慕之(260)。

(257)索：取。　藑茅：（藑音窮）用作占卜的一種茅草　以：同與。　筳：（音廷）占卜用的竹籤。　篿：（音專）楚人稱占卜爲篿。

(258)靈氛：古代卜師（卽神巫）的名字。　以上兩句，屈原假設請卜師爲自己占卜前途。

(259)曰：以下兩句是靈氛卜得的卦的繇辭。　兩美：本指漂亮男女，這裡是指良臣明君。　兩美必合：美麗的男女一定會找到理想的對象。這裡是說，良臣一定會遇着明君。

(260)孰：誰。　信修：眞美。　慕：愛慕，傾心。　以上兩句，是繇辭中用男女相悅來說明屈原所問去國之事是否可行。

以上四句為前後過脈，亦為文章之轉折。上文的「美人」是指賢才，「求女」是求賢；下文的「美人」，是指「兩美」中的美人，是指屈原心目中理想的「明君」，「求女」是求君，求能與詩人同氣相求的明君。

【大意】取來藑茅和占卜用的竹筳，請卜師靈氛爲我占卜。靈氛卜得的卦繇辭上說：郎才女貌，佳偶天成，誰人眞正美麗，值得你去爲她傾心？」

思九州之博大兮㉖，豈唯是其有女㉖！

曰：勉遠逝而無狐疑兮㉖，孰求美而釋女㉖？

㉖思：想。九州：古時大禹（姒文命）治水，劃天下（全國）爲九州（九大行政區域），後以九州泛指天下（指全中國）。博大：廣大。

㉖豈：難道。唯：只有。是：此，此地，指楚國。女：美人，這裡是指「兩美」中郎才女貌之女，詩人理想中，能與他同氣相求，使他施展抱負的明君。

㉖曰：以下是靈氛對屈原的申釋。勉：勉力，盡力。以上兩句，是看見屈原後的感慨，是欲問卜去國的心理寫照。遠逝：遠行，暗喻去別的國家。無：無需。狐疑：猶豫不定。

㉖求美：尋求賢才的人。這裡的「美」，是指「兩美」（良臣與明君）。釋：放棄。女：同汝，你。以上兩句，靈氛勸屈原遠走高飛，到外國去求仕。

【大意】想想天下這麼廣大，難道只有此地才有美人？靈氛說：「你勉力遠去不要猶豫不定，哪個求才之人會放過像你這樣的賢能？

何所獨無芳草兮㉖，爾何懷乎故宇㉖？

世幽昧以昡曜兮㉖，孰云察余之善惡㉖！

㉖何所：何處。芳草：香草。是上文「美人」（女）的轉換，仍指「明君」。
㉖爾：你，指屈原。懷：懷念。故宇：故國，指楚國。以上兩句，靈氛說：何處沒有明君，你何以要留戀楚國？
㉖世：世間，指楚國。幽昧：昏暗。眩曜：惑亂。
㉖孰云：誰說。察：體察。余：我們，猶「咱們」，是靈氛站在屈原的立場上，替屈原說話，表示親熱的語氣，如上文女嬃「孰云察余之中情」的「余」字同義。以上兩句，仍是靈氛的勸說之辭。亦即太史公司馬遷所說「以彼其材游諸侯，何國不容」。

【大意】哪裡沒有芳草，你何以祇懷念故國？世間昏暗惑亂，誰能明察我們是善是惡？

民好惡其不同兮㉖，惟此黨人其獨異㉗。
戶服艾以盈要兮㉗，謂幽蘭其不可佩㉗。

㉖民：人，人們。惡：（音務）憎惡。民好惡：人們的好惡。其：語助詞。以下八句爲屈原的答辭。
㉗惟：唯獨。此：這些。黨人：指楚國的群奸。獨異：特別不同。以上兩句說，人們好惡本難一致，但這幫傢伙格外特殊！
㉗戶：家家戶戶，猶言「個個」。服：佩帶。艾：（音愛）艾草，此處作爲賤草。盈：滿。要：古腰字。盈要：滿腰。
㉗謂：說。佩：古音譬。以上兩句說其獨異之處。

【大意】人們的好惡不盡相同，唯獨這班奸佞小人特別怪異。個個腰間佩滿艾草，反說幽蘭不可佩帶。

覽察草木其猶未得兮(273)，豈珵美之能當(274)。

蘇糞壤以充幃兮(275)，謂申椒其不芳(276)。

(273)覽察：觀察。 其：指那些「黨人」。 猶：還。 未得：不得當。

(274)珵：（音呈）美玉。 當：得當，正確的鑑定。王逸說：「觀衆草尚不能別其香臭，豈當知玉之美惡乎？以爲草木易別於禽獸，禽獸易別於珠玉，珠玉易別於忠佞，知人最爲難也！」

(275)蘇：取。 糞壤：糞土。 充：塡。 幃：（音維）佩帶的香囊。

(276)申椒：花椒，果子有香氣。 以上四句，屈原以比興手法，進一步寫出楚國朝廷之美惡不分，群小無知，楚國實在無法住下去，但是怎能輕易離開祖國，於是再去問神。

【大意】那些小人觀察草木還不得當，難道對美玉能作正確的鑑定？他們取糞土塡滿香囊，反說申椒不香！

以上第十段。敘述問卜於靈氛之事。屈原「求女」不成，假托占卜說出自己的心事。靈氛勸他不要懷戀楚國，趕快遠走高飛。

欲從靈氛之吉占兮(277)，心猶豫而狐疑(278)。

巫咸將夕降兮(279)，懷椒糈而要之(280)。

㉗從：聽從。吉占：好卦。指上文靈氛占卜的結果。

㉗猶豫、狐疑：均指遲疑不決，是同義詞連用。這裡既含有對祖國的留戀而猶豫，又含有對靈氛的話的疑慮。

㉗巫咸：古代著名的神巫。巫是職稱，咸是名字。據說是殷中宗時代人（見朱熹〔楚辭集注〕）。夕：黃昏。降：自天而下。

㉘懷：懷藏，這裡是準備的意思。椒：祭神用的香草，如後來燒的香。糈：（音許）精米，用來祭神用的。要：同邀，邀請。此上兩句說，神巫巫咸將於黃昏降臨，我將祈神為我解決疑慮。

【大意】我想聽從靈氛的好卦，可是心中懷疑，猶豫不定。巫咸將於黃昏駕臨，我準備好椒香和糈邀他降神。

百神翳其備降兮㉘，九疑繽其並迎㉘。
皇剡剡其揚靈兮㉘，告余以吉故㉘。

㉘百神：衆神。翳：（音意）遮蔽。備：全都。

㉘九疑：九嶷山，這裡是指九嶷山之神。繽：繽紛，盛多的樣子。並：齊。迎：古音魚，故與魚部「故」字叶韻。以上兩句說，衆神與巫咸一齊降到九疑山，九疑山衆神一齊去迎接他們。上文想象從九疑山出發，求女不成，想象仍落到九疑山，在此降神。

㉘皇：同煌，輝煌。皇剡剡：（剡音焰）即煌焰焰，大放光芒的樣子，猶言光閃閃。其：指百神。揚靈：顯靈。此句言衆神降落的情形。

㉘告余：告訴我。以：所以。吉故：吉利的緣故。此句說：靈氣替我占了吉利的卦，這次衆神到來，更告

訴我那吉利的緣故。

【大意】百神遮天蔽日的全部降臨，九嶷山的衆神都紛紛去迎接。百神神光閃閃地顯靈，並告訴我靈氣的卦所以吉利的緣故。

曰：勉升降以上下兮㉘㉕，求榘矱之所周㉘㉖。

湯禹嚴以求合兮㉘㉗，摯咎繇而能調㉘㉘。

㉘㉕曰：以下是巫咸把百神的話傳告於屈原。勉：勉力。升降、上下：上升至天，下降至地，前文所說「上下求索」的意思。

㉘㉖求：尋找。榘：（音擧）同矩，畫方形的工具。矱：（音獲）量長短的工具。榘矱：猶法度，行爲準則。周：忠信。他本作同字。同，調不叶韻，周、同形近，古書中致誤者甚多，不勝枚擧（孫詒讓曰：「同當作周，與下調叶韻。〔淮南子・氾論訓〕云：『有本於中，以榘矱之所同者也。淮南王嘗爲〔離騷〕傳，氾論所云必此文。然知西漢本固作周矣。」）以上兩句是巫咸所述衆神的話，勸勉屈原盡力去訪求與自己志向相合的人君。

㉘㉗嚴：嚴肅眞誠。求合：訪求與自己志同道合之人。

㉘㉘摯：商湯賢相伊尹的名。出身於有莘氏的御膳房，後來有莘氏的女兒嫁給商湯，他作了陪嫁的臣子，做過商湯的膳臣，後爲賢相，佐湯滅夏。咎繇：（音高搖）即臯陶，禹的賢臣，司掌刑法。調：和諧，協調。以上兩句，續擧湯與伊尹，禹與臯陶爲例，是爲君臣協調的正道。

【大意】努力上天下地，到各處去尋求志向相合而又忠誠篤信的人君。商湯夏禹都曾嚴肅誠心誠意地訪求賢才，伊尹臯陶也終於找到明君，彼此協調，共治天下。

苟中情其好修兮㉘⑨，又何必用夫行媒㉙⓪。
說操築於傅巖兮㉙①，武丁用而不疑㉙②。

㉘⑨苟：如果。中情：內心。其：語中助詞。好修：愛好修身潔行。

㉙⓪夫：語中助詞。行媒：媒介。以上兩句，承靈氛所占之卦的繇辭「兩美其必合」而言。暗示「兩美必合」有時不必待媒介也能彼此「感應」。

㉙①說：（音悅）卽傅說，殷高宗武丁的賢相。操：掌。築：築墻用的木杵。操築：指從事築牆的工作。傅巖：地名，在今山西省平陸縣東。傅說以地爲姓。

㉙②武丁：殷高宗的名字。傳說武丁夢見得到一個賢人，記住相貌，在百官中找不到，就到民間去尋找，終於在傅巖地方找到正在築路的囚徒傅說，武丁就用他爲相，殷朝大治。以上兩句卽說此事。說明君臣「感應」的遇合。

【大意】只要內心修潔美好，又何必通過媒介。傅說在傅岩築路，武丁任用他，信而不疑。

呂望之鼓刀兮㉙③，遭周文而得舉㉙④。
甯戚之謳歌兮㉙⑤，齊桓聞以該輔㉙⑥。

㉙③呂望：卽姜太公，姓姜名尙，祖上助禹治水有功，被封在呂，故又叫呂望。鼓刀：敲打着屠刀，屠夫的一種形象。姜太公曾在朝歌集市上賣牛肉。

㉙④遭：遇。周文：周文王。舉：起用。得舉：姜太公鼓刀屠牛之時，巧遇文王，文王很欣賞他肢解牛體的技術，便與之交談，姜太公以「下屠屠牛，上屠屠國」一席話說得文王心花怒放，便把他接回朝中，舉以爲師。另一

說是姜太公時運不濟，老妻下堂求去，最後到渭水的蟠溪去釣魚，而遇見文王。這裡屈原是採用前說。以上再擧姜尙遇文王，也是一種「感應」的遇合。

(295)寗戚：春秋時代的衞國人，曾在齊國東門外販牛，夜間喂牛時，敲着牛角唱他自作的〈飯牛歌〉，慨嘆懷才不遇，歌曰：「南山矸（岸），白石爛。生不逢堯與舜禪，短布單衣適至骭（音幹，脛骨）。從昏飯牛薄夜半，長夜漫漫何時旦。」巧遇齊桓公，齊桓公立卽拜爲「客卿」（卽「外藉顧問」）。謳歌：（謳音歐）唱歌。

(296)齊桓：齊桓公姜小白，春秋五霸之第一人。聞：指齊桓公聽見寗戚的歌聲，發現賢才。以：用以。該：備，充當。輔：輔佐，指大臣。以上兩句，擧寗戚遇齊桓公爲例，說明君臣遇合，有時不必定要媒介，有時要講機緣。

【大意】姜太公在朝歌市上敲刀屠牛，遇着周文王，擧以爲師。寗戚在東門喂牛，敲着牛角唱〈飯牛歌〉，遇着齊桓公，立卽拜爲客卿，以備輔佐。

及年歲之未晏兮(297)，時亦猶其未央(298)。
恐鵜鴃之先鳴兮(299)，使夫百草爲之不芳(300)。

(297)及：趁。年歲：年華，歲月。晏：晚。

(298)時：時節，這裡指時機。猶其：像他們（猶如上文所擧的傳說、姜尙、寗戚等）。未央：未盡，意思是還未絕望。以上兩句，神說趁你還未算老，趕快遠走高飛，時機未盡，還未至絕望。

(299)鵜鴃：（音提決）卽杜鵑鳥。先鳴：提早鳴叫。

(300)夫：語中助詞。百草：泛指各種花草。不芳：不再吐露芬芳。杜鵑在春末夏初啼叫，其時衆芳皆謝。以上兩句，以杜鵑早鳴，百草荒謝來警告屈原，切莫蹉跎歲月，時機一失，不可再得。

【大意】趁年歲未算太晚，趁着時節未盡。惟恐杜鵑早鳴，使花草凋零，不再芬芳艷麗。

以上第十一段。屈原聽了靈氛的占卜，猶疑之際，再借巫咸降神，巫咸更明白地勸他遠離楚國，快去擇君，再展所長。並舉傳說、呂望、甯戚為例，這些人出身卑微，無人引薦，坐談之間，立刻為卿為相。屈原藉巫咸之辭，寫出他的矛盾心情。

何瓊佩之偃蹇兮(301)，衆薆然以蔽之(302)。

惟此黨人之不諒兮(303)，恐嫉妒而折之(304)。

(301)瓊佩：瓊玉作的佩飾，屈原自喻。偃蹇：（音演簡）華盛高貴的樣子。

(302)衆：指群小，黨人。薆：（音愛）草木茂盛貌，引申爲隱蔽的樣子。〔詩〕曰：「薆而不見。」蔽：障蔽。以上兩句，屈原聽完巫咸降神的話之後而自思。我所以不得志，是因群小的阻隔與破壞我和楚王的關係。

(303)黨人：群小，上文之「衆」。諒：信。〔論語〕：「友直友諒。」

(304)恐：恐怕。折：摧折，毀壞。之：指「瓊佩」。以上兩句說，那些黨人無信用，不會以放逐屈原爲滿足，恐怕會進一步置之於死地。

【大意】何以瓊佩如此華盛高貴，衆人却像茂盛的草將它障蔽。那些結黨營私的小人沒有一點信用，恐怕因嫉妒而將之摧折。

時繽紛其變易兮㉟，又何可以淹留㊱。

蘭芷變而不芳兮㊲，荃蕙化而爲茅㊳。

(305)時：時世。繽紛：紛亂。變易：變化無常。

(306)淹留：久留，指久留故國。以上兩句說，時世紛紜變化，楚國怎可久留。以下便說紛紜變化之事。

(307)蘭、芷、荃、蕙皆香草名，這裡用來泛指原來的賢士（並未實指誰人）。

(308)茅：惡草，比喻小人，古音謀。以上兩句說，情況越變越壞，蘭芷不芳，荃蕙化茅，衆賢變節，不變者，祇屈原一人。

【大意】時世紛亂，變化無常，又怎能久留？蘭芷都變得不香，荃蕙也都化爲茅草了。

何昔日之芳草兮(309)，今直爲此蕭艾也(310)。

豈其有他故兮(311)，莫好修之害也(312)！

(309)芳草：香草，喻君子。

(310)直：竟。蕭、艾：此處以爲賤草，比喻小人。以上兩句痛惜衆芳變質，明智之士皆佯爲愚狂之徒，推想其變質原因。此亦說明楚國形勢越來越壞。

(311)豈：難道。其：表示測度。他故：別的緣故。

(312)莫：不。以上兩句說，非有他故，不好修使然。

以上四句，又回應第三節「余既滋蘭之九畹兮，又樹蕙之百畝。畦留夷與揭車兮，雜杜衡與芳芷。冀枝葉之峻茂兮，願竢時乎吾將刈。雖萎絕亦何傷兮，哀衆芳之蕪穢。」

【大意】何以昔日的芳草，今天竟變成蕭艾一類的賤草？難道有別的緣故？不愛好修身自潔的惡果！

余以爲蘭可恃兮(313)，羌無實而容長(314)。
委厥美以從俗兮(315)，苟得列乎衆芳(316)。

(313)蘭：蘭和下文的椒，以及下文的榝、揭車、江蘺等，均泛指與屈原同朝共事的人，及往日曾受屈原培育或曾寄以希望，以後變質隨俗的人。一說蘭指懷王的小兒子子蘭，椒指楚大夫司馬子椒。屈賦中雙關語甚多。可恃：可靠。

(314)羌：乃。　無實：沒有實際，虛有其表。　容長：外表好看。　以上兩句說到自己竟跌眼鏡，無限嘆息。

(315)委：棄。　厥：其，指蘭。　美：美質。　從俗：返逐時俗。屈原反復提到的「俗」，是指張儀以連橫游說楚國，發生效果，屈原主張聯齊抗秦的政策徹底破壞後，在國策大變中，所有意志不堅的人都遠離屈原，而趨附子蘭，這時所產生出來的是「頹廢放逸的思想」與不思奮發圖強，祇思「苟且偷安的政策」。

(316)苟：苟且。　列乎衆芳：忝列衆芳之中。　以上兩句，指責其自甘墮落，有辱於衆芳。

【大意】我以爲蘭很可靠，誰知它竟虛有其表，拋棄美好品質竟與世俗合流，苟且忝列於衆芳之中。

椒專佞以慢慆兮(317)，榝又欲充夫佩幃(318)。
既干進而務入兮(319)，又何芳之能祇(320)？

(317)椒：指朝廷中某種人。專：專橫，攬權獨斷。佞：巧諂善辯。慢慆：（慆音滔）傲慢。

(318)榝：（音殺）惡草，似茱萸（音朱於）。充：裝滿。夫：語中助詞。佩幃：佩帶在身上的香囊。以上兩句說，椒本來是香草（君子），亦變得專橫諂佞傲慢，榝這種惡草也想鑽進香囊。喻這些人為謀取權勢，奔走鑽營。

(319)干：求。干進：謀求進身。務：趨赴。務入：鑽營奔走。干進務入：指爭官奪權，謀營祿位。

(320)祇：（音支）振，振作。以上兩句說，這些人貪祿營鑽，其心不正，還有什麼芬芳能够自振？

【大意】椒攬權獨斷，巧諂而傲慢，榝又想裝進香囊。既然這些人謀求進身而鑽營奔走，又怎能自振芬芳？

固時俗之流從兮(321)，又孰能無變化(322)？
覽椒蘭其若茲兮(323)，又況揭車與江蘺(324)！

(321)固：本來。時俗：世俗。流從：隨波逐流。

(322)變化：指好變壞，美變醜。化，古音訛。以上兩句，是香草不能自振的原因。世事不能不變，賢者不免。

(323)覽：看。若茲：像這樣。

(324)況：何況。揭車、江蘺：比較普通的香草，這裡用來比喻稍次的人才。以上兩句，嘆蘭、椒尚且如此，何況不如蘭椒的其他！可見楚國的情況已經非常惡劣。

【大意】本來世俗隨波逐流，又有誰人能無變化？看椒和蘭尚且如此，又何況揭車與江蘺！

惟茲佩之可貴兮㉕，委厥美而歷茲㉖。
芳菲菲而難虧兮㉗，芬至今猶未沬㉘。

㉕惟：同唯。　茲佩：指上文的「瓊佩」，屈原喻自己的品德。
㉖委：拋棄，指被人鄙棄。　歷茲：直至今天。
㉗菲菲：香氣氤氳貌。　虧：虧損。
㉘芬：馨香。沬：（音昧）消失。古音密。　以上四句說，自己高尚的品質，雖經惡劣環境，至今仍然不變。

【大意】只有這個佩飾可貴，雖然它的美質被人鄙棄至今。它的芳香難以虧損，芬芳至今還未消失。

和調度以自娛兮㉙，聊浮游而求女㉚。
及余飾之方壯兮㉛，周流觀乎上下㉜。

㉙和：和諧。　調：指掛在身上的玉佩相碰時發出的聲調。　度：指步伐。　和調度：步調和諧，走路時步子和着玉佩發出的聲調，構成節奏。　自娛：自我娛樂。
㉚聊：姑且。　浮游：飄游。　求女：尋求美女。回應上文，是「求君」的意思。　以上兩句，設辭自寬，決計聽百神的勸誡，遠去尋找明君。
㉛及：趁。　方壯：正盛。意思是說大有作爲之時。
㉜周流：周游，遍游四方。　觀：觀察，指尋訪。　上下：上天下地。　以上兩句說，趁我大有可爲之時，去周

流上下。

【大意】讓我身上的玉佩節奏和諧，姑且飄流去尋求我的美人。趁我的佩飾馨香正盛，我要遍遊四方，上天入地去找尋。

以上第十二段。寫屈原聽了巫咸轉述百神的話，感慨萬分，想到羣小專橫，楚王昏庸，楚國的形勢日益惡劣，昔日的芳草，變成了蕭艾。回應上文所說「余旣滋蘭之九畹兮，又樹蕙之百畝；畦留夷與揭車兮，雜杜衡與芳芷。」而今蘭、椒都變了，更何況揭車與江蘺，唯有自己芬芳仍未虧損，楚國不宜再留，決意遠走他方去求明君。

靈氛既告余以吉占兮㉝，歷吉日乎吾將行㉞。

折瓊枝以爲羞兮㉟，精瓊爢以爲粻㊱。

㉝吉占：好卦。　上文說「欲從靈氛之吉占」，但「心猶豫而狐疑」，現在聽過了巫咸轉述百神的話（「告余以吉故」）此處再提靈氛的吉占，表示疑慮已釋。

㉞歷：選擇。　吉日：好日子。　此上兩句說，聽了百神的話，不再懷疑靈氛的好卦，我將擇日動身。

㉟瓊枝：玉樹的枝條。　羞：美味的食品。

㊱精：動詞，精舂，搗細。　爢：（音迷）糜爛，引申爲碎粒。　瓊爢：玉屑。　粻：（音張）糧。　以上兩句以「瓊枝爲羞」，以「瓊爢爲粻」，又展開了詩人的豐富想象，下文的「飛龍爲駕」，「瑤象爲車」皆爲設想。

【大意】靈氛既然告訴我卜得好卦，選擇一個好日子我將動身。折下玉樹的枝條作爲精美的食品，精舂好玉屑作爲糧食。

爲余駕飛龍兮㉝㉗，雜瑤象以爲車㉝㉘。
何離心之可同兮㉝㉙，吾將遠逝以自疏㉞⓪。

㉝㉗駕：駕車。　飛龍：以飛龍爲馬。
㉝㉘雜：混雜，兼用。　瑤：美玉。　象：象牙。
㉝㉙離心：離異之心，指楚王上下沒有和自己同心的人。　同：合，聚在一起。
㉞⓪遠逝：遠去。　自疏：自動疏遠。以上兩句又點明去國的原因，離異之心無法結合，只好自動疏遠。

【大意】飛龍爲我駕車，兼用瓊瑤和象牙裝飾車子。心志不同的人怎能聚在一起，我將遠行自動與他們疏遠。

邅吾道夫昆侖兮㉞①，路修遠以周流㉞②。
揚雲霓之晻藹兮㉞③，鳴玉鸞之啾啾㉞④。

㉞①邅：（音沾）轉，楚方言。　夫：語助詞。　昆侖：崑崙山。以下所說的地方都是神話中的地名。
㉞②修遠：遙遠。
㉞③揚：揚起。　雲霓：指旌旗，此處是以雲霓爲旌旗。　晻藹：（音掩矮）旌旗蔽日的樣子。
㉞④玉鸞：玉鈴，用玉作成鸞鳥狀的車鈴，掛在車轅端橫木上，馬動則鸞鳴。　啾啾：鈴聲。

【大意】我轉道朝着崑崙，漫遊的道路十分遙遠。揚起雲霓的旌旗遮天蔽日，車轅端橫木上的玉鸞發出啾啾的鳴聲。

朝發軔於天津兮(345)，夕余至乎西極(346)。

鳳凰翼其承旂兮(347)，高翱翔之翼翼(348)。

(345)發軔：出發。拔開軔木使車開行。　天津：漢津，天河所經，在箕星和斗星之間。

(346)西極：西方的邊極。　以上兩句說起程西行。

(347)翼：翅膀，這裡作動詞用，展翅。　承：奉持，從下面捧着。　旂：繪着交加雙龍並有數顆小鈴的旗叫旂。

(348)高：高空中。　翱：（音遨）兩翼齊拍地飛。　翔：（音祥）張開兩翼滑着飛。　翱翔：自由地飛翔。　翼翼：形容飛得整齊而有節奏。　以上兩句說，有靈鳥來歸我護我。

【大意】早上從天河的渡口起程，傍晚便到達西方極邊遠的地方。鳳凰展翅奉持着旗幟，在高空中整齊地飛翔。

忽吾行此流沙兮(349)，遵赤水而容與(350)。

麾蛟龍使梁津兮(351)，詔西皇使涉予(352)。

(349)流沙：神話中的地方，指西極的沙漠地帶。沙流如水，故曰流沙。又西極有流沙國，彭祖曾騎驢最後在此地經過。

⑳遵：循着，沿着。赤水：神話中水名，發源於昆侖山東南隅，流向東北。容與：從容舒閑的樣子，此處作遲緩不前解。以上兩句說經過的地方。

㉑麾：（音揮）手敎曰麾。通揮，指揮。蛟龍：獨角之龍。梁：橋，這裡作動詞。津：渡口。梁津：渡口架橋。

㉒詔：命令。西皇：西方天帝少昊金天氏。涉：渡。以上兩句說，我叫蛟龍爲橋，使少昊渡我。

【大意】忽然來到流沙地帶，沿着赤水遲緩不前。我揮手叫蛟龍橫跨津渡架作橋樑，令西方天帝渡我過河

路修遠以多艱兮㉓，騰衆車使徑待㉔。
路不周以左轉兮㉕，指西海以爲期㉖。

㉓以：而。艱：艱難險阻。

㉔騰：傳，叫。〔說文〕：「騰，傳也。」衆車：衆隨從乘的車子，這裡指衆隨從。徑：路。待：備。古音帝，與期叶韻。徑待：路上稍待，含有小心警備之意，蓋下去卽是不周山也。

㉕路：取道，路過。不周：神話中的名山，在昆侖西北。共工與顓頊（音專旭）爭帝，曾怒觸不周山。

㉖指：直指。西海：神話中最西方的海。期：目的地。以上兩句說，取道不周山，以期會於西海之上。

【大意】路途遙遠，十分艱難險阻，我傳令衆人小心稍待。路過不周山向左轉彎，直指西海以爲最終的目的地。

屯余車其千乘兮(357)，齊玉軑而並馳(358)。
駕八龍之婉婉兮(359)，載雲旗之委蛇(360)。

(357)屯：聚集。　千乘：千輛。

(358)齊：排列整齊。　軑：（音代）裹在車轂外端的鐵帽。　玉軑：玉飾的車輛。　並馳：並駕齊驅。　以上兩句是說屯聚千乘，整齊行列。

(359)八龍：周穆王八匹來歷非凡的駿馬：驊騮、綠耳、赤驥、白犧、渠黃、踰輪、盜驪和山子，號稱「八龍」。指上文的「飛龍」。　婉婉：（音宛宛）同蜿蜿，龍身游動的樣子。

(360)載：指載在車上。　雲旗：卽上文的「雲霓」。　委蛇：（蛇音移）旌旗隨風舒卷的樣子。　以上兩句說我車隊的威儀，如此壯觀。

【大意】聚集我成千的車輛，排列好玉飾車輪，並駕齊驅。駕着非凡的八龍蜿然前進，車上載着的雲旗隨風招展。

抑志而弭節兮(361)，神高馳之邈邈(362)。
奏「九歌」而舞「韶」兮(363)，聊假日以媮樂(364)。

(361)抑志：抑制着心志。　弭節：停鞭。

(362)神：心神。　高馳：高遠飛馳。　邈邈：（音秒秒）遙遠無際貌。　此上兩句說，我收心抑志，按鞭徐行，神馳高遠。

㊸九歌：九歌與九辯都是天樂。韶：卽九韶，又叫九招，使用簫、笙等細樂器演奏，故又叫「簫韶」。傳說是上古嚳帝的樂師咸黑的作品，舜帝姚重華曾命其樂師質作過修改，夏啓時，又命其樂師改爲舞樂。

㊹假日：假借時日。媮：通愉。媮樂：猶娛樂。

【大意】我控制着自己，按鞭徐行。我雖未行，却神馳高遠。奏起「九歌」跳起「韶」舞，姑且假借時日寬娛忘懷。

陟陞皇之赫戲兮㊺，忽臨睨夫舊鄉㊻。

僕夫悲余馬懷兮㊼，蜷局顧而不行㊽。

㊺陟陞：（陟音秩）二字同義，升上的意思，陞卽升字。皇：皇天。這裡指天空。赫：顯。戲：同曦。赫戲：光明輝煌的樣子。

㊻臨：居高臨下。睨：（音溺）旁視。臨睨：從高處往下看。夫：語助詞。舊鄉：卽故鄉，指楚國。以上兩句說，我在光明的高空，忽然看見祖國。

㊼僕夫：役夫，僕人，指御者。懷：懷戀。

㊽蜷局：（蜷音拳）亦作蜷蝸，拳曲不伸。顧：回顧。行：古音杭。以上兩句，藉僕夫和馬的悲感，來寫出屈原懷戀祖國，不忍離去的悲痛心情。

【大意】飛騰在皇天燦爛的光輝裡，忽然看見下面故鄉。僕夫悲傷，馬也眷戀不捨，拳曲着身子回顧，不肯前行。

以上第十三段。寫屈原聽見百神的話竟和靈氛的話一致，於是決定駕龍遠行，另覓明君。這是他的「遠逝而自疏」，車輛千乘，雲旗蔽日，浩浩蕩蕩，儀容鼎盛，好不壯觀，正當奏九歌跳韶舞，指西海以為期，齊玉軑而並馳，寫至最熱鬧之時，忽然在晨光中，看見了故國，僕夫悲傷，馬也戀戀不捨，潛藏深處的眷戀故土，熱愛祖國的感情，一下迸發出來。徹底寫出屈原想要遠離楚國，又對祖國無限眷戀的矛盾心情。文章到此已可結束。

亂曰：已矣哉[369]！

國無人莫我知兮[370]，又何懷乎故都[371]？

既莫足與爲美政兮[372]，吾將從彭咸之所居[373]！

[369]亂：古代樂曲中的用語，樂曲最末一段叫「亂」；古代詩歌亦常用「亂」詞收尾。是「尾聲」，有總括大意，作爲結論的意思。已：停止，完畢。矣哉：都是語末助詞，表示感嘆。已矣哉：算了吧！是極度憤慨的絕望之詞。

[370]國：指楚國。無人：指無賢人。莫：不。知：理解，了解。莫我知：不了解我。莫知我的倒文。

[371]懷乎故都：懷念故國。此句是爲反言。

[372]莫足：不足，不可以。爲：做，實行。與爲：與其共同實現。美政：善政，指屈原理想的政治。

[373]從：追隨的意思。彭咸：殷代的賢臣，諫君不聽，投水而死。居：歸宿的地方。以上亂詞說，國內無人，無人了解自己，美政又無實現之望，可是自己又不願離開故國，如此唯有一死。

【大意】算了吧！國中無賢人，不了解我，又何必懷念故都？既然不可以實現美政，我將跟隨彭咸，去他歸宿的地方。

以上是末段。五句亂詞為全篇的總結。最後點出「美政」二字。屈原「求女」是為了實現美政，也就是「以法治代替人治」，可是舉國上下沒有人了解他，留也不是，去又不忍，對楚國局勢的絕望中，早已決心以死殉國，與國家同歸於盡了。

九歌

〈九歌〉是屈原年輕時代進用朝中早期的作品。戰國時代，楚國巫風盛行，各地都有祭神的樂歌，這些祭歌的歌詞，大都粗俗鄙陋。有鑑於此，楚懷王遂詔令年輕而極負文名的屈原，整理祭歌。屈原收集民間祭歌，就在原有的基礎上，進行藝術的再創作。使其詞意淸麗，結構更加完整，音韻更加鏗鏘和諧。這些經過屈原再創作的祭歌，就是「九歌」。

〈九歌〉、〈九辯〉均爲古代傳說中的天樂，屈原襲用爲篇名。

〈九歌〉純粹是祠神的樂章。屈原寫〈九歌〉及〈橘頌〉之時，與懷王的關係至爲融洽，正是「蜜月」時期。歷代注家搞不淸楚〈九歌〉的寫作時期，竟將屈原被放逐後的感情强加進去，這些都被糾正。

〈九歌〉的藝術成就很高，是中國文學史上的優秀詩篇。描寫了祭祀中歌舞娛神的場面，寫出所祀之神的性格和特點。表現人們對愛情和美好生活的熱烈追求。語言淸新優美，感情眞摯而濃烈，歷來爲人傳誦，極富浪漫主義色彩，對後代文學有深遠的影響。

東皇太一

太一，是楚人最尊貴的天帝，卽上帝。祠廟在楚東，故稱東皇太一。〔星經〕：「太一星在天一南半度，天帝神，主十六神。」〔史記・封禪書〕：「天神貴者太一，太佐曰五帝。古者天子以春秋祭太一東南郊。」其位至尊，所以〔九歌〕裡排首位。

【今譯】

當此吉日良辰
恭敬地娛樂上皇
手按玉珥長劍
琳瑯叮叮噹噹
光潔的神枱供着玉圭
把把鮮花散發芬芳
香蕙裹肉，薦以蘭草
奠上桂酒椒漿

揚起鼓槌，敲響鐘鼓
節拍疏緩，徐徐歌唱
吹笙鼓瑟，管絃嘹亮
神靈矯健，服飾輝煌
香氣菲菲滿堂
衆樂齊奏五音錯雜
欣然來享快樂安康！

【今注】

吉日兮辰良①，穆將愉兮上皇②。

撫長劍兮玉珥③，璆鏘鳴兮琳瑯④。

①吉日：吉利的日子。辰：時辰。辰良：卽「良辰」，爲叶韻作倒文。以上兩句說，擇好吉日良辰，以迎東皇太一。

②穆：恭敬。將：將要。愉：動詞，娛樂。上皇：上帝，指東皇太一。

③撫：按、持。珥：（音耳）劍鼻，劍把兩側，如兩耳突然的部分。玉珥：玉做的劍珥。指以玉鑲的劍柄。

④璆鏘：（音求槍）佩玉相擊聲。琳瑯：（音林郎）美玉。以上兩句，叙主祭者登場。

【大意】當此吉日良辰，恭敬地將娛樂東皇太一。手按鑲着玉珥的長劍，身上的佩玉發出璆鏘的聲音。

瑤席兮玉瑱⑤，盍將把兮瓊芳⑥。

蕙肴蒸兮蘭藉⑦，奠桂酒兮椒漿⑧。

揚枹兮拊鼓⑨，疏緩節兮安歌⑩，

陳竽瑟兮浩倡⑪。

⑤瑤：美玉，這裡喻光明潔白。席：座，泛指神檯，或祭檯。他本均作「草編的席子」解，錯。觀下文「芳菲菲兮滿堂」，「滿堂」兩字說明有祭堂，這「席」自然是泛指神檯或祭檯。玉瑱：（瑱音振）卽玉圭，一種玉製的古代祭神用的禮器。他本解作「玉鎭」以爲壓「席子」的用具，亦錯。這句先寫供圭，是說祭檯上已獻上隆重的祭器玉圭。

⑥盍：（音合）集，合。把：數詞，許多束才能成爲把，這裡作動詞用。將把：集束成把的意思。瓊芳：美玉般的花朶，泛指各種鮮花。次寫供花。意思是收拾各人或各處送來的鮮花，一把一把的供在神檯上。

⑦蕙、蘭：均是香草。肴蒸：祭祀用的肉。藉：薦，以草墊底。這句再寫供牲。

⑧奠：獻祭。桂、椒：都是香料。桂酒，椒漿：以桂、椒浸的酒。這句再寫供酒。

⑨揚：擧起。枹：（音扶）鼓槌。拊：（音府）擊。這句寫起鼓。

⑩疏緩：稀疏緩慢。節：節拍，指節樂的鼓點。安歌：安詳地唱歌。這句寫唱祭歌。

⑪陳：陳列。竽：（音于）古時的簧管樂器，笙類，有三十六簧。瑟：古時的弦樂器，有二十五弦。浩：聲高而宏亮。倡：通唱。浩倡：大聲歌唱。這句寫奏樂。

【大意】美玉般光潔的神檯上獻上玉圭，再獻上一束一束鮮花。獻上香蕙包的祭肉，蘭草墊著底。獻上桂酒和椒漿。擧起鼓槌擊鼓，在場的人跟着舒緩的節拍安詳地唱起祭歌。接著陳列於前的竽和瑟，奏起洪亮的鐘鼓管弦的交響。

靈偃蹇兮姣服⑫，芳菲菲兮滿堂⑬。

五音紛兮繁會⑭，君欣欣兮樂康⑮。

⑫靈：由巫扮的神靈，在與祭者心中，是神的化身，與眞神無異。偃蹇：（音演簡）此處形容舞姿矯健，婉轉靈活。姣服：漂亮的衣服。這句寫神降於巫身上之時，靈巫突然翩翩起舞。這裡被歌頌的對象是「神靈」，而非靈巫。⑬芳菲菲：形容香氣濃郁。堂：指祭堂。這句說神降之時滿室芬芳。⑭五音：古代音樂的五種音階：宮、商、角、徵、羽，相當如現在的1、2、3、5、6。紛：盛多。繁會：錯雜。這句寫神降之後，大家交響合奏。⑮君：指東皇太一。欣欣：喜悅的樣子。樂康：快樂安康。這句寫東皇太一欣然來享。

【大意】神靈突然降在靈巫身上，靈巫翩翩起舞，舞姿婉轉靈活，服飾漂亮。突然香氣充滿祭堂。各種樂器一齊合奏，音調紛然錯雜。東皇太一欣然來享。

這是一首祭歌。詩中沒有對東皇太一的刻劃與描寫，主要寫迎神、享神的陳設，以及歌舞娛神的場面。全篇沒有提出禮神者的祈求，更顯出禮神的誠意。先寫擇日迎神，次寫主祭者登場，再寫供圭、供花、供牲、供酒；再寫起鼓、唱祭歌、奏樂，最後寫神靈降在靈巫身上，滿室芬芳，全面奏樂向神靈致敬，神靈欣然來享。層次十分分明。

雲中君

雲中君卽雲神。神話中，雲神名叫豐隆。雲與農業的關係密切，雲能化雨，雨水的多寡，影響年成的好壞。古人祭祀雲神祈賜豐年。本篇是楚人祭祀雲神的祭歌，反映出古代人民對雲神眞摯的贊頌。

【今譯】

沐浴過蘭湯芬芳
華麗衣裳花朵一樣
神靈回環欲下，已待天上
明亮無盡燦爛輝煌
安靜住在天宮
你與日月齊光
坐著龍車穿著五彩衣服
聊以翺翔周游四方

靈光閃閃神靈已降
迅卽乘狂飆飛回天上
你俯瞰九州一覽有餘
橫絕四海何處是邊疆？
想你念你禁不住嘆息
心裡憂煩無限悵惘！

【今注】

浴蘭湯兮沐芳①，華采衣兮若英②。
靈連蜷兮既留③，爛昭昭兮未央④。

①浴：洗身，沖涼。湯：熱水。蘭湯：香湯，指加香料的熱水。沐：洗頭。芳：與上文之「蘭」互文，

都是指香湯。

②華彩衣：華麗色彩的衣服。若英：如花。英，古音央。以上兩句說，女巫以香湯沐浴身體，穿如花美麗的衣服迎神，等神降於身上。

③靈：指雲中君。連蜷：（蜷音卷）回環蜷曲，寫雲的情狀。既留：已留，指雲神已經留在空中。這句說雲神已徘徊空中。

④爛：燦爛。昭昭：明亮。未央：未盡，未已，無盡。這句寫雲神的神采燦爛輝煌。

【大意】女巫沐浴過芳香的熱水，穿着華麗如花的衣裳，雲中君回環蜷曲，已經等待在天上。燦爛明亮，未有窮盡。

蹇將憺兮壽宮⑤，與日月兮齊光⑥。
龍駕兮帝服⑦，聊翱游兮周章⑧。

⑤蹇：（音簡）同「謇」，發語詞，楚方言。將：將要。憺：（音淡）安，安處。壽宮：雲中君天上的宮室。這裡是指祭壇上爲雲中君佈置的神宮。在祭祀的進行中，巫扮的神、神在天上的宮室，與祭壇上的神宮是渾然難辨的。

⑥齊光：同光。雲與太陽、月亮一同在天上，故云「與日月齊光」。

⑦龍駕：龍車，龍駕的車子。帝：天帝。服：衣服。帝服：天帝穿的五彩衣服。這句寫雲神的車駕、服飾。

⑧聊：聊以，姑且。翱游：翱翔的意思。周章：周游，四方瀏覽。這句寫雲神游覽四方，未立卽降落到人間。

【大意】安靜地住在天宮上，你與日月同光。坐着龍駕的車子，穿着天帝五彩的衣服。降下人間之前，聊以翺翔，周游一趟。

靈皇皇兮既降⑨，猋遠舉兮雲中⑩。

覽冀州兮有餘⑪，橫四海兮焉窮⑫？

⑨靈：指雲中君。皇皇：同煌煌，光彩奪目。既降：已經從天上降到地上。

⑩猋：（音標）同飆，暴風從下而上，引伸爲去得迅速的樣子。遠舉：遠揚高飛。猋遠舉：乘着狂飆遠揚。

以上兩句，寫雲神來饗，姍姍而來，匆匆而去。

⑪覽：看，指雲神所見。冀州：舊地在黃河以北，今河北省一帶。大禹治水，把中國劃爲九州（九大行政區域）。正中冀州，稱爲中土，爲九州之首，此處代指全中國。有餘：指雲神居高臨下，視野超出中國範圍。

⑫橫：橫跨。四海：古時稱九州在東南西北四海之內。這裡指九州之外的地方。焉窮：哪有止境。與上文「有餘」爲對文。以上兩句說，雲神飄忽無常，無所不往，他的光輝普照九州，橫絕四海。寫出雲神形象。

【大意】雲神靈光閃閃從天而降來領祭祀，迅卽又乘狂飆遠遠地飛回雲中。他俯瞰九州，一覽而有餘，橫絕四海，哪有止境？

思夫君兮太息⑬，極勞心兮𢥞𢥞⑭！

⑬夫：語助詞。君：對雲神的尊稱。太息：嘆息。

⑭勞心：憂心，憂煩。𢥞𢥞：（音沖沖）同忡忡。心憂貌。以上兩句說，雲神姍姍而來，匆匆而去，思之憂傷。

【大意】想你啊，不禁爲之嘆息，極其勞心，心緒不寧，忡忡不安！

湘君・湘夫人

古代楚國南方沅、湘一帶，有祭祀湘水之神的風俗。楚地的湘水之神，有男神「湘君」和女神「湘夫人」，他們之間有一段美麗的愛情故事，在楚人心中是一對「愛情之神」。楚人之祀湘水愛神，如後人之拜月光、拜七姐。

戰國以來，舜死蒼梧，二妃死於湘水之說，流傳甚廣。相傳舜巡視南方，死於蒼梧，用瓦棺葬於九疑山，他的兩個妃子娥皇和女英趕去奔喪，眼淚奔湧不停，灑在南方的竹林上，竹上斑斑點點就成了「湘妃竹」，來到湘水遇著風浪，船被大浪打沉，她們溺死水中，就做了湘水之神。她們出入總是帶着狂風暴雨，許多踏着怪蛇的怪神跟隨身旁，怪鳥飛騰，愁雲慘霧，令人心驚。楚人崇舜，漸漸把舜與二妃的故事與湘水愛神的故事附會，化而爲一了。

屈原對舜更是崇拜，却有意把舜的故事與湘水愛神的故事分開，使湘君與湘夫人回復他們愛神的面貌。

本篇是娛湘水愛神的上下場的連續歌舞，是一首優美的戀歌。故事因這對湘水愛神不知爲何弄錯了約會時間而展開，上段〔湘君〕描寫湘夫人赴約未遇，對湘君苦候的深切哀怨，塑造出感情熾熱、性格倔强而潑辣的湘夫人的形象。下段〔湘夫人〕描寫湘君赴約未遇的惆悵心情，塑造出性格爽朗、愛情堅貞的湘君的形象。

【今　譯】

一、湘　君

你猶豫不決還不動身　駕着飛龍向北馳去
爲誰還留在洲上？　在洞庭湖中拐彎轉向——
我容顏美好，修飾得宜　薜荔編的簾，蕙草織的帳
悠然駕着桂舟飄蕩　蓀草飾的槳，蘭草旌旗隨風蕩漾

我令沅、湘勿起風波　望着涔陽遙遠的水濱
我使長江安靜流淌　横過大江，顯揚靈光
盼望夫君，不見你來　顯揚靈光，你終未至
吹起排簫，將誰思想？　侍女也爲我們嘆息憂傷

涕淚縱橫，滔滔不絕
心裏想你，無限惆悵
桂木爲槳，木蘭爲舵
冰川積雪怎能將我阻擋！

採薜荔，竟自水中
摘荷花，却於樹上
心不同，媒人徒勞
恩不深，愛難長！

亂石灘頭，淺水橫流
飛龍翩翩四處闖
交不貞誠，長相怨恨
不守信約，又以無空撒謊！

早上奔馳江邊
晚息北面的沙洲旁
鳥在屋上棲息
水繞堂下流淌

拋我的玉玦於江中
棄我的玉佩澧水旁
芳洲上採來的野薑花
贈與你的侍女欣賞
美好時光不再來
姑且逍遙，放寬心腸！

二、湘夫人

妳是否已降臨北面沙洲上？
望眼欲穿，令我惆悵！
秋風嫋嫋吹過身邊
洞庭揚波，黃葉飄揚

踏着白蘋縱目眺望
與妳幽會，晚上我已準備妥當
鳥雀何以聚在蘋草之中？
魚網何以張在樹上？

沅有香芷，澧有幽蘭
我獨想妳，不敢講！
恍恍惚惚，迷惘遠望
祇見江水緩緩流淌

麋鹿覓食何以來到庭中？
蛟龍爲何來到水邊游蕩？
早上我騎馬奔馳江邊
晚上我渡河到西岸上
聽說佳人啊你在喚我
我將騰起車駕與你同往——

水中築起一座房子
荷葉蓋頂分外漂亮
蓀草作牆壁，紫貝砌庭壇
香椒和泥粉飾殿堂

桂木作棟，木蘭作椽
辛夷作門楣，白芷飾臥房
編結薜荔作幔帳
蕙草的隔扇分開放

白玉鎮着坐席
散佈的石蘭吐露芬芳
香芷再蓋荷屋上
杜衡圍繞屋宇四方
滙集百草種滿庭院
檐下門前一片馨香

九嶷衆神前來雙雙迎接
神靈飄飄如雲下降
抛我的外衣於江中
棄我的單衫澧水旁

洲上採來的野薑花
所贈之人在遠方
美好時光不常有
且自逍遙，放寬心腸！

【今注】

一、湘君①

君不行兮夷猶②，蹇誰留兮中洲③？
美要眇兮宜修④，沛吾乘兮桂舟⑤。

①〔湘君〕係「湘夫人」迎「湘君」之辭。由女巫一人主唱。
②君：指湘君，湘夫人對湘君的尊稱。不行：不動身。夷猶：猶豫。
③蹇：（音簡）發語詞，楚方言。誰留：爲誰而留。洲：水中的陸地。中洲：洲中。以上兩句，寫湘夫人懷疑湘君。
④要眇：（音腰妙）亦作「要妙」，形容姿容秀美。宜修：修飾合宜，恰到好處。
⑤沛：水流急速之貌，此處指船行輕快。吾：指湘夫人。桂舟：桂木做的船。

【大意】你還不動身，猶豫不決，爲誰留在洲中？我容顏美好，修飾適宜，飄然駕着桂舟。

令沅湘兮無波⑥，使江水兮安流⑦。
望夫君兮未來⑧，吹參差兮誰思⑨？

⑥令、使：同義。沅：沅水。發源於貴州雲霧山，經湖南西北，注入洞庭湖，是湖南境內第二大江。湘：湘水。發源於廣西海洋山，穿過湖南，注入洞庭湖，是湖南境內第一大江。沅水和湘水的中下游是楚國的南疆。無波：不起波浪。

⑦江：長江。沅湘二水注入洞庭湖流入長江。安流：安靜地流動。以上兩句，因沅湘與長江相通，故有「沅湘無波」與「江水安流」之對文。「無波」與「安流」可使桂舟安穩而行也。

⑧夫君：指湘君。此處「夫」字不可與「君」字拆開而作語助詞解。未來：還沒有來。

⑨參差：（差音雌）一作篸差，古簫，由竹製成，小的十六管，大的二十三管，參差不齊，故名參差。誰思：「思誰」的倒文。思，古音細。盼望不見夫君到來，於是吹起排簫，以遣思念之情。

【大意】我令沅湘不起波浪，使長江平靜地緩流。盼望夫君，不見到來，吹起排簫在想誰？

駕飛龍兮北征⑩，邅吾道兮洞庭⑪。
薜荔柏兮蕙綢⑫，蓀橈兮蘭旌⑬。

⑩駕飛龍：駕着飛龍，以龍引的桂舟。北征：順着湘水北上。

⑪邅：（音沾）轉彎，楚方言。吾：湘夫人自稱。洞庭：洞庭湖。以上兩句，寫湘夫人赴約未遇，便繞道

往洞庭湖，燃燒着火樣的熱情，失魂落魄地沿江狂奔，去尋找湘君。

⑫薜荔：（音閉利）常綠的藤本植物，開小花。柏：（音泊）箔的借字，船上門窗所掛的簾子。薜荔柏：薜荔編的簾子。蕙：香草名，又名佩蘭。綢：（音愁）幬的借字，帳子。蕙綢：蕙草織的帳子。

⑬蓀：（音孫）香草名，同荃。橈：（音鐃）船槳。蓀橈：蓀草裝飾的槳。蘭旌：蘭草裝飾的旌旗。以上兩句說，舟中的飾物都很香潔。

【大意】駕着飛龍，順着湘水北征，我繞道往洞庭湖。船艙裡掛著薜荔編的簾子，蕙草織的帳子。蓀草裝飾的槳，蘭草裝飾的旌旗。

望涔陽兮極浦⑭，橫大江兮揚靈⑮。

揚靈兮未極⑯，女嬋媛兮爲余太息⑰。

⑭涔陽：（涔音岑）地名，在今湖南澧縣涔水北面。浦：水邊。極浦：遙遠的水邊。

⑮橫：橫渡。大江：長江。揚靈：猶言「顯靈」。以上兩句是說，我望着涔陽遙遠的水邊，你來應該會從那裡來的，我橫過長江向你顯出靈光，讓你知道我已經來了。寫出湘夫人等得焦急的心情。

⑯極：至，到。未極：未至。這句是說：儘管我揚靈，但你始終沒有到來。

⑰女：指湘夫人的侍女。卽下文所說的「下女」。嬋媛：心中不安情緒激動的樣子。余：湘夫人自稱。太息：嘆息。這句說，侍女也忍不住爲我嘆息。

【大意】望着涔陽北面遙遠的水邊，我橫過大江對你顯露靈光，儘管我顯露靈光，你依然不至，侍女也忍不住爲我嘆息悲傷。

橫流涕兮潺湲⑱，隱思君兮陫側⑲。

桂櫂兮蘭枻⑳，斲冰兮積雪㉑。

⑱橫流涕：涕淚縱橫。 潺湲：（音纏元）水徐流的樣子。

⑲隱：暗地裡，含而不露。 君：指湘君。 隱思君：暗地裡想你。 陫側：（音匪測）即悱惻，心內悲苦悽切。

以上兩句，寫湘夫人因湘君失約而涕淚橫流，無限傷情。

⑳櫂：（音卓）又作「棹」，船槳。 桂櫂：桂木船槳。 枻：（音義）船舵，古音泄。 蘭枻：蘭木船舵。

㉑斲：（音濁）同「斫」，砍開，鑿開。 斲冰積雪：形容船行飛快，似斫冰前進，激起浪花，似堆起白雪。

以上兩句，寫湘夫人尋找湘君的急切心情。

【大意】我涕淚橫流，思念你，心內悲苦而悽切。桂木作槳，蘭木作舵。船行迅速，浪花翻騰，似堆起的白雪。

采薜荔兮水中㉒，搴芙蓉兮木末㉓。

心不同兮媒勞㉔，恩不甚兮輕絕㉕。

㉒這句說薜荔本來生長在地上，却到水中去採摘。

㉓搴：（音牽）採摘。 芙蓉：荷花。 木末：樹梢。 以上兩句說，尋找湘君簡直似鏡中折花，水裡撈月，徒費精神，語中含有責備的意思。

㉔心不同：彼此不同心。 媒勞：媒人也是徒勞。

㉕恩不甚：恩愛不深。　輕絕：輕易決絕。　以上兩句，寫湘夫人因湘君失約而表示不滿，痛斥不已。

【大意】 我却像水中採薜荔，樹頂摘荷花，彼此不同心，媒人徒勞，恩愛不深，容易決絕。

石瀨兮淺淺㉖，飛龍兮翩翩㉗。

交不忠兮怨長㉘，期不信兮告余以不閒㉙！

㉖石瀨：（瀨音賴）石灘上的湍急的水流。　淺淺：（音濺濺）水流急速的樣子。

㉗飛龍：指湘夫人所乘的船，卽上文「駕飛龍」之飛龍。　翩翩：飛行輕快迅速的樣子。

㉘交不忠：相交不忠誠。　怨長：怨深。

㉙期不信：期約不守信。　余：湘夫人自稱。　不閒：沒有空閑。　以上兩句，寫湘夫人等不到湘君來赴約，正在發洩無休止的怨氣，反襯出對湘君的摯愛。

【大意】 亂石灘上，淺水奔流，我駕着飛龍四處尋找你的影子。相交不眞誠，怨深，期約不守信啊，到時又說我沒有空閑！

朝騁騖兮江皋㉚，夕弭節兮北渚㉛。

鳥次兮屋上㉜，水周兮堂下㉝。

㉚：騁：直馳。　騖：（音務）亂跑。　騁騖：猶奔馳，意指四處奔走，尋找湘君。　江皋：（皋音高）江邊。

㉛弭：停止。　節：鞭子。　弭節：這裡是放慢速度而停息的意思。　渚：水中的小洲。　北渚：江北面的沙

洲。以上兩句，寫湘夫人尋找湘君，早上奔馳江濱，晚上徘徊洲渚的焦急心情。

㉜次：棲宿。屋：指湘夫人住的地方。

㉝周：環繞。以上兩句，寫湘夫人來到北渚，也許就是他們約會之處，看見一片凄凉的景象。

【大意】我早上在江邊四處奔馳，晚上徘徊北面的洲渚。衹見鳥在屋上棲宿，水在堂下環流。

捐余玦兮江中㉞，遺余佩兮澧浦㉟。
采芳洲兮杜若㊱，將以遺兮下女㊲。
時不可兮再得㊳，聊逍遙兮容與㊴！

㉞捐：拋棄。余：湘夫人自稱。玦：（音決）環形而有缺口的玉器。余玦：湘夫人口吻「湘君他贈我的玉玦」。

㉟遺：丢。佩：玉佩。余佩：湘君贈我的玉佩。澧：（音理）又作醴，水名，源出湖南桑植縣，滙涔水流入洞庭湖。浦，水邊。「捐玦」「遺佩」表示決絕，寫湘夫人心中的惱怒，湘君不來赴約的怨情，亦寫出湘夫人倔强潑辣的性格。

㊱芳洲：長滿香草鮮花的洲堵。杜若：香草名。

㊲遺（音慰）贈與。下女：侍女，這裡是指湘君身邊的侍女。以上兩句說，湘夫人雖然「捐玦」「遺佩」非常惱怒，但以爲湘君還會前來，因此仍往芳洲採來杜若，却說是用來送給湘君身邊的下女，不說送給湘君，更表現湘夫人熾熱而堅貞的愛情。

㊳時：指歡會的機會。

㊴聊：聊且，姑且。　逍遙：優游自得的樣子。　容與：自適從容的樣子。　以上兩句，是湘夫人的自我寬慰之詞。而內心則對湘君念念不忘。

【大意】拋我的玉玦於江中，丟我的玉佩於澧浦。芳洲上採來的杜若，將贈與你身邊的侍女。歡會的機會不可再得，姑且逍遙，悠閒自在。

二、湘夫人㊵

帝子降兮北渚㊶？目眇眇兮愁予㊷！
嫋嫋兮秋風㊸，洞庭波兮木葉下㊹。

㊵〈湘夫人〉是「湘君」迎「湘夫人」之辭，由扮「湘君」的男巫主唱。

㊶帝子：對湘夫人的敬稱。（如「白帝子」「赤帝子」的「帝子」，此處不解作「天帝的女兒」，二千多年來的專家、學者、教授一直把「湘君」「湘夫人」與「舜和二妃」附會一起，主要關鍵在此。）降：降臨。　北渚：江北面的沙洲。　這句是盼望之詞，寫湘君一直在等，而不見湘夫人到來的焦急心情。

㊷眇眇：（音秒秒）極目遠望。　目眇眇：望眼欲穿的樣子。　愁予：令我愁苦。　這句寫湘君苦候之中禁不住的嘆息。「帝子」是否弄錯，爲何現在還不來？

㊸嫋嫋：（音鳥鳥）又作「嬝嬝」，微風吹拂的樣子。

㊹波：作動詞用，這裡指揚起波浪。　木葉：樹葉。　下：落。落下的意思。　以上兩句，以景抒情，寫湘君的思念。

波，樹葉紛紛飄下。

【大意】帝子啊，妳是否已降在江北面的洲渚？極目遠望啊，令我愁苦！秋風嫋嫋吹過，洞庭生

登白薠兮騁望㊺，與佳期兮夕張㊻。

鳥何萃兮蘋中㊼，罾何爲兮木上㊽？

㊺白薠：（薠音煩）薠草，秋天生長，葉似莎草。 登白薠：踏着薠。 騁望：縱目眺望。

㊻與：同。 佳：佳人。 期：約會，指與湘夫人的幽會。 夕張：指爲晚上張羅。 以上兩句說，我翹首企望，我爲晚間的幽會，已準備妥當。

㊼萃：（音翠）動詞，聚集。 蘋：多年生的水草，生淺水中。

㊽罾：（音增）捕魚工具，一種支撐式的用一根竹收放的魚網。 何：何以。 爲：動詞。 木上：樹上。 以上兩句，「鳥萃蘋中」「罾爲木上」是說事與願違，這裡與上篇〈湘君〉中，湘夫人苦望湘君時，發出的「采薜荔兮水中，搴芙蓉兮木末」的嘆息相呼應。 含有責備對方的意思。

【大意】踩著白薠縱目眺望，只等妳的到來，與妳幽會，我爲晚上張羅好了。鳥雀何以聚集在長着蘋草的水中，魚罾何以張在樹上？

沅有茝兮澧有蘭㊾，思公子兮未敢言㊿。

荒忽兮遠望(51)，觀流水兮潺湲(52)。

㊾沅：沅水。茝：（音止）同芷，卽白芷。澧：亦作醴，澧水。蘭：蘭草。

㊿公子：指湘夫人，對湘夫人的另一個尊稱，猶言「帝子」，古時稱女子有時亦稱「公子」或「子」。未敢言：眞情內蘊，不敢言宣。以上兩句，以「茝」「蘭」喻美人，意思說，沅澧各地都有美人，可是我獨思妳，却又不敢說出口也。

51荒忽：同恍惚。迷惘，隱約看不淸的樣子。

52潺湲：水緩緩流淌的樣子。以上兩句，寫出湘君「思極神迷」的樣子。

【大意】沅有香芷，澧有幽蘭，我獨想妳，却說不出口來，思極神迷，恍惚遠望，祇見江水在緩緩流着，而不見妳來。

麋何食兮庭中53，蛟何爲兮水裔54。
朝馳余馬兮江皐55，夕濟兮西澨56。
聞佳人兮召予57，將騰駕兮偕逝58。

53麋：（音迷）獸名，卽麋鹿，似鹿而大。

54蛟：蛟龍，獨角龍。水裔：水邊。以上兩句說，麋鹿不在深山而來庭中，蛟龍不在深淵而到水邊，比喩自尋煩惱，我本不該來！這是湘君發洩心裡的牢騷。

55江皐：（皐音高）江邊。

56濟：渡。澨：（音逝）水涯的高岸。西澨：西岸。以上兩句說，湘君繼續再去尋找。與上篇〔湘君〕中湘夫人「朝騁鶩兮江皐，夕弭節兮北渚」，又是一個呼應。

(57)聞：聽說。佳人：指湘夫人。召：召喚。予：湘君自稱。

(58)騰駕：飛騰起車駕。偕逝：同往。以上兩句寫湘君凝神之中，忽然聽見湘夫人的召喚，於是立即飛駕把她接去。以下十六句，爲設想會見湘夫人之後的美麗幻想。

【大意】麋鹿不在深山，爲何要來庭中覓食，蛟龍不在深淵，爲何要游來水邊。早上我馳馬江邊，晚上我渡過西岸。聽見佳人召喚我，我將飛騰起車駕偕妳前去。

築室兮水中(59)，葺之兮荷蓋(60)。

蓀壁兮紫壇(61)，播芳椒兮成堂(62)。

(59)室：宮室，房子。

(60)葺：（音緝）修葺。蓋：屋頂，古音計。荷蓋：用荷葉做的屋頂。

(61)蓀：香草名。蓀壁：蓀草做的牆壁。紫壇：紫貝砌的庭壇。

(62)播：敷布。芳椒：香椒。成：讀「盛」，塗抹或批盪的意思。成堂：批盪粉飾殿堂。把花椒粉加進灰泥中，和成椒泥塗牆，古人認爲可除惡氣，並取其溫暖多子之意。以上四句說築室，全以香潔之物建成。

【大意】在水中建造華麗的宮室，用荷葉蓋起屋頂，蓀草來作牆壁，紫貝砌成庭壇，用芳香的椒泥塗飾殿堂。

桂棟兮蘭橑(63)，辛夷楣兮藥房(64)。

罔薜荔兮爲帷(65)，擗蕙櫋兮既張(66)。

(63)棟：屋的正樑。　桂棟：桂木做的正樑。　橑：（音僚）屋椽。　蘭橑：木蘭木做的屋椽。

(64)辛夷：香木，初春開花，又名「迎春」、「木筆」。　楣：（音眉）門框上的橫木。　辛夷楣：辛夷木做的門楣。　葯：即白芷，楚方言。　房：臥室。　葯房：白芷做的臥房。

(65)罔：同網，編結。　薜荔：常綠的籐木植物。　帷：幔帳。

(66)擗：（音匹）分開。　蕙：香草名。　櫋：（音棉）室內的隔扇。　擗蕙櫋：分開蕙草做隔扇。　既張：已經張設好了。

【大意】桂木做的正樑，木蘭木做的屋椽，辛夷做的門楣，白芷做的臥房。編結薜荔做幔帳，分開蕙草做隔扇，已經張設好了。

白玉兮爲鎭(67)，疏石蘭兮爲芳(68)。
芷葺兮荷屋(69)，繚之兮杜衡(70)。

(67)鎭：又作瑱，壓坐席用的東西。古人席地而坐，富貴人家以美玉來壓坐席。

(68)疏：分散放置。　石蘭：蘭草的一種。　這句說，散置石蘭，取其芳香。

(69)芷葺荷屋：是說再用香芷覆蓋在荷葉的屋頂上。

(70)繚：纏。　杜衡：香草名，亦作杜蘅。衡，古音杭。

【大意】白玉的鎭子壓着坐席，散置的石蘭吐着芬芳。再用香芷覆蓋在荷葉的屋頂上面，又用杜衡圍繞在屋宇周圍。

合百草兮實庭⑪，建芳馨兮廡門⑫。

九嶷繽兮並迎⑬，靈之來兮如雲⑭。

⑪合：滙集。百草：各種花草。實：充實。實庭：佈滿庭院。

⑫建：陳放。馨：（音興）很遠都能聞到的香氣。芳馨：指馨香的花花草草。廡：（音午）堂屋周圍的廊屋。廡門：廡與門，這裡指檐下與門前。以上十二句說，已建成一個愛情的香巢。

⑬九嶷：（嶷音疑）同九疑。舜死後葬在蒼梧的九疑山南面，九疑山因有九條形勢相同的溪澗而得名。這裡是指九疑的衆神。繽：形容衆多。並迎：雙雙迎接。這句說，九疑山的舜，知道他們在此建起香巢，便派衆神前來邀請他們（湘君和湘夫人），雙雙前去作賓客。

⑭靈：指九疑山的神靈。如雲：形容來迎接的神靈多得像天上的雲團一樣。這句說神靈來迎的盛況。

【大意】滙集各種花草充實庭院，使檐下門前都充溢着馨香。舜派九疑山的衆神來此香巢，雙雙迎接湘君和湘夫人前去作客，神靈衆多，多得像天上的雲團一樣。

捐余袂兮江中⑮，遺余褋兮澧浦⑯。

搴汀洲兮杜若⑰，將以遺兮遠者⑱。

時不可兮驟得⑲，聊逍遙兮容與⑳！

⑮捐：拋棄。余：湘君自稱。袂：（音妹）衣袖。這裡指外表。這句說，湘君從思極神迷中突然醒來，始終不見湘夫人到來，激憤之下，脫下衣袖，把湘夫人縫的外衣丟進江中。

⑯遺：丟。　褋：（音諜）禪衣，楚方言。亦叫單衣。　澧浦：澧水邊。　這句說，再脫下她做的單衣，丟在澧水邊。「捐袂」「遺褋」，是說拋棄定情之物，表示決絕。

⑰搴：採。　汀洲：洲渚，水中平地。　杜若：香草名。　這句說，湘君剛丟棄定情之物表示決絕，旋卽又在洲渚採摘杜若，準備送給湘夫人。說明他們的愛情忠貞專一，始終不渝。

⑱遺：贈與。　遠者：遠方的人，指湘夫人。　這裡說「遠者」而不說湘夫人，表現他心裡的怨氣，也表現他的癡情。

⑲時：指歡會的時機。　驟：屢次。

⑳以上六句與上篇〈湘君〉中「捐余玦兮江中」以下六句前後呼應，更現出他們愛情的美麗。最後把約會弄錯了一天的時間，也無形中交代清楚了。

【大意】抛我的外衣於江中，丟我的單衫於澧浦，汀洲上採來的杜若，將贈與遠方的人。歡會的機會，不可時時得到，姑且逍遙，悠閑自在。

大司命

「大司命」是古代傳說中掌握人類生死壽夭之神。本篇是祭祀大司命的唱詞。由扮大司命的男巫與扮迎神者的女巫對唱。

【今譯】

「敞開天門
我乘著滾滾烏雲
令旋風爲我先驅
使暴雨爲我灑塵」

「你盤旋而下
越過空桑跟你飛騰！」
「九州芸芸衆生
壽命都由我掌管！」

「你高高地徐徐飛翔
乘著清氣，駕御陰陽運行
我和你一樣飛快
把上帝威靈引至九州山鎮！」

「神衣披披，隨風飄擧
珠玉佩帶光彩斑爛
變幻莫測忽陰忽陽
衆人不知我的行徑！」

「折下神麻美玉似的白花
獻給離我們遠居的神靈
衰老漸漸來臨
不稍親近，會愈疏遠！

「你乘着龍車轔轔
高高地一飛沖天！
我編著桂枝佇望
越想越是愁人！

「愁人啊無可奈何　本來人命有定
願似今平安無損　離合豈可由人！」

【今　注】

廣開兮天門①，紛吾乘兮玄雲②。
令飄風兮先驅③，使涷雨兮灑塵④。

①廣開：大開。　天門：上帝所居紫微宮之門。
②紛：盛多的樣子。　吾：大司命自稱。　玄雲：烏雲。
③令：命令。　飄風：旋風。　先驅：在前開路。
④使：指使、驅使。　涷雨：暴雨。　灑塵：洗塵。　此上四句爲男巫扮大司命唱

【大意】（大司命）大開天門，我乘着滾滾烏雲。喝令旋風爲我開路，驅使暴雨爲我灑塵。

君迴翔兮以下⑤，踰空桑兮從女⑥。
紛總總兮九州⑦，何壽夭兮在予⑧。

⑤君：指大司命。　迴翔：回旋飛翔，盤旋。　以下：從天而下。
⑥踰：越過。　空桑：神話中的山名。　從：追隨，迎而從之的意思。　女：同「汝」，你。　以上兩句，爲女巫扮迎神者唱。

⑦總總：衆多的樣子。紛總總：形容九州人口盛多。九州：大禹治水劃天下爲九州（九大行政區域），後人便常以九州泛指天下。

⑧何：指何人，誰。壽：長壽。夭：短命早死。予：我，大司命自稱。在予：全都在我。以上兩句，爲男巫扮大司命唱。說出大司命的權威，是操生死之神。

【大意】（迎神者）你盤旋着自天而下，我越過空桑，跟隨着你。（大司命）普天之下，誰人長壽，誰人短命，全都在我！

高飛兮安翔⑨，乘清氣兮御陰陽⑩。

吾與君兮齊速⑪，導帝之兮九阬⑫。

⑨安翔：徐徐飛翔。

⑩乘、御：都是駕馭的意思。清氣：天地間清明之氣。陰陽：指陰陽二氣，古人以爲陰陽二氣化生萬物。

以上兩句是女巫稱頌大司命的話。

⑪吾：女巫自稱。君：指大司命。齊速：一樣快。

⑫導：引導。帝：上帝。之：往。九阬：（阬音崗）亦作「九坑」。九州的山脊。〔周禮·職方氏〕：「九州山鎮，曰：會稽（山）、衡山、華山、沂山、岱山、嶽山、醫無呂（山）霍山、恆山也。」以上四句，爲女巫扮迎神者唱。

【大意】（迎神者）你高高地徐徐飛翔，乘着清氣，駕御着陰陽。我和你一樣迅速，把上帝的威靈引到人間。

雲衣兮被被⑬，玉佩兮陸離⑭。

壹陰兮壹陽⑮，衆莫知兮余所爲⑯。

⑬雲衣：雲霓之衣，神衣。　被被：同披披，衣長隨風飄擧的樣子。

⑭玉佩：佩在身上的珠玉飾物。　陸離：光彩斑爛。　以上兩句，寫大司命的服飾。

⑮壹陰壹陽：一時陰一時陽，時陰時陽，忽隱忽現。

⑯衆：衆人。　莫知：無法知道。　余：大司命自稱。　余所爲：我的變化與行爲擧動。　以上兩句寫大司命的神力，或隱或現，變幻莫測。以上四句爲男巫扮大司命唱。

【大意】（大司命）雲衣披披，隨風飄擧，玉佩衆多光彩斑爛。忽陰忽陽，變化莫測，誰也不知我的行藏！

折疏麻兮瑤華⑰，將以遺兮離居⑱。

老冉冉兮已極⑲，不寖近兮愈疏⑳。

⑰此句以下都是女巫扮迎神者唱。　疏麻：神麻。　瑤華：白玉似的花朵。指神麻花白似玉，傳說服食神麻的花可以長壽。

⑱以：以之。　遺：贈與。　離居：離此遠居的人，指剛離開神壇遠去的大司命。　以上兩句，寫神去之後，迎神者對大司命的眷戀。折花送神表示誠敬，以祈求長壽。

⑲冉冉：漸漸的意思。　極：至，到。　已極：已至。

⑳寖：（音浸）同浸，漸漸，逐漸。寖近：稍稍親近，指與神親近。疏：疏遠。以上兩句，寫出迎神者盼望長壽，恐懼死亡。與神親近，希望獲神庇佑，得到延年。

【大意】（迎神者）折下神麻美玉一樣的白花，拿來送給離我們遠居的大司命。老境漸漸來到，不逐漸親近神，就會更加疏遠，更難求神了。

乘龍兮轔轔㉑，高馳兮沖天㉒。

結桂枝兮延竚㉓，羌愈思兮愁人㉔。

㉑龍：指龍車。 轔轔：（音粦粦）車聲。

㉒高馳：高高飛馳。 沖天：向天上直飛而去。 以上兩句說，大司命突然乘龍車直上雲霄回天而去。

㉓結桂枝：編結桂枝。 延竚：久久地佇立。竚卽佇。

㉔羌：發語詞。 愈思：愈是思念。 愁人：令人發愁。 以上兩句，寫迎神者對大司命的思念。

【大意】（迎神者）大司命乘的龍車，響着轔轔的聲音，高馳沖天，回天上去了。我茫然結着桂枝，久久地竚立而望。越是思念，越是令人發愁。

愁人兮奈何㉕，願若今兮無虧㉖。

固人命兮有當㉗，孰離合兮可爲㉘！

㉕這句說，神已回天上去了，發愁有甚麼用！

㉖若今：似今，像現在。無虧：平平安安，沒有虧損。
㉗固：本來。人命：人的壽命。有當：有定。
㉘孰：豈。離合：非指與大司命的「離合」，本句是上句「本來人命生死有定」的引伸，是指命運臧否（音痞）中的悲歡離合。可爲：指人爲。以上寫大司命突然回去後的感嘆與自解。

【大意】（迎神者）令人發愁又怎樣？但願像現在一樣平平安安沒有甚麼虧損。本來人的壽命有定數，悲歡離合，又豈能由人？

小司命

「小司命」是古代傳說中主宰人間子嗣和兒童生命的女神。本篇是楚人祭祀少司命的頌歌，配以舞蹈以娛神人。塑造了小司命美麗、溫柔、善良、聖潔和勇敢的形象。寫出古代婦女求子的情形。

【今　譯】

秋蘭蘼蕪
生滿堂前
綠葉白花
香氣襲人

人們自有好兒女
你何以要擔心！

秋蘭青青

綠葉紫莖
滿堂美人
忽與我傳送問候的眼神
來不說話去不辭行
乘著旋風載著雲旗
悲莫悲於生別離
樂莫樂於交新朋
穿著荷衣佩著蕙帶
倏然前來忽然不見
晚間住宿天國的郊野

你爲等誰，站在雲端？
想和你在咸池洗頭
在向陽的山凹把髮曬乾
望你却未見美人前來
我臨風悵然，放歌呼喚
孔雀的車蓋，翡翠的旌旗
登上九天按撫彗星
手執長劍護衞小孩
唯有你能統率人民！

【今注】

秋蘭兮麋蕪①，羅生兮堂下②。
綠葉兮素華③，芳菲菲兮襲予④。
夫人自有兮美子⑤，蓀何以兮愁苦⑥？

①秋蘭：蘭花秋天開花，故叫秋蘭。蘪蕪：（蘪音迷）又作蘼蕪，或䕷蕪，亦叫芎藭，葉小莖細，秋日開小白花。本句以秋蘭蘪蕪象徵那些求子的女人。

②羅：羅列，分佈。是說滿堂都是求子的女人。

③素：白色。華：花。他本亦作「枝」。素華：白色的花。素華對，素枝不對，能「芳菲菲襲予」者，當然是「華」而不是「枝」。

④芳：香。菲菲：形容香氣陣陣。襲，侵及。予：主祭者自稱。襲予：言香氣襲人。以上四句寫祭堂芳氛。

⑤夫：發語詞。人：人人，猶言衆人。美子：好兒女，這裡是指肥肥白白的小孩。此句有人以爲兮字置於「自有」之下不順。非也，屈原行文習慣如此。取下發語詞「夫」字，是「人自有兮美子」，若爲「人兮自有美子」，頓失韻味。

⑥蓀：（音孫）香草，這裡用來尊稱少司命。愁苦：這裡是憂心的意思。以上兩句暗寫祭堂上那些求子的女人，意思是說，這些人，個個好人好樣，一定會有孩子生的，何勞你操心？

【大意】秋蘭和蘪蕪，生滿堂前。綠葉白花，香氣陣陣襲人。人人都會有肥肥胖胖的孩子，你何必替她們操心？

秋蘭兮青青⑦，綠葉兮紫莖⑧。

滿堂兮美人⑨，忽獨與余兮目成⑩。

⑦青青：同「菁菁」，草木茂盛貌。

⑧紫莖：紫色的花莖。

⑨滿堂美人：指參加祭祀的，滿堂都是婦女。這些都是來向小司命求子的人。

⑩忽：忽然，意指驟然發現。余：主祭者自稱。目成：以目通意。絕對不能解作「以目傳情」，否則整篇都錯。朱熹以下，所有譯注都把「小司命」解錯，關鍵就在這裡。這句是說，小司命忽然到來，只是與我「以目通意」(猶如點點頭)，好似在說：「又是你呀！」或「今年又見面啦！」，這裡的「目成」寫出主祭者與小司命年年祭壇見面，已是相識，也寫出小司命是位和靄可親之神。我常說，「心術不正之人不能解楚辭，心邪之人不能解楚辭，悟性不够之人不能解楚辭。」此為一證。若把「目成」解作「以目傳情」，便像郭沫若把屈原的老姊「女嬃」，變作屈原的「女朋友」一樣，鬧出大笑話。而會錯得不忍卒睹，鬧出個「人神之戀」來。

【大意】 秋日的蘭草，鬱鬱青青，綠色的葉子，紫色的莖。堂上擠滿求子的美人，你忽然到來，一聲不響，只是和我以目通意，好像在說，我們又在這裡見面！

入不言兮出不辭⑪，乘回風兮載雲旗⑫。
悲莫悲兮生別離⑬，樂莫樂兮新相知⑭。

⑪辭：言詞，告別的話。不辭：沒有辭別。與「不言」同義，這裡都是「不說一句話」的意思。

⑫回風：卽飄風，旋風。雲旗：這裡是指以雲為旗。以上兩句寫小司命來時與離去的情形。她來一來就馬上走了，來時與離去都沒有說過一句話，乘着旋風，車上載着雲旗。

⑬生：活著。生別離：活著時候的別離，卽「生離死別」的「生離」。

⑭新相知：新相識的朋友。指每年都有新來求子的婦人。以上兩句說，這次來，見了許多舊時相識的人，也見

了許多新相織的人。寫小司命乘旋風離時，刹那間，內心高興又不忍離去的感受。

【大意】你來時沒有出聲，去時也沒有說話。悲，悲不過生離；樂，樂不過有新相識的朋友。

荷衣兮蕙帶⑮，儵而來兮忽而逝⑯。
夕宿兮帝郊⑰，君誰須兮雲之際⑱。

⑮荷衣：荷葉做的衣服。　蕙帶：蕙草作的衣帶。　荷衣、蕙帶，寫神的裝束。
⑯儵：（音書）同倏。　儵、忽：同義，都是迅速的意思，有時連用。　逝：去。
⑰帝：天帝。　郊：城外。　帝郊：指天國的郊野。
⑱君：指小司命。　須：等待。　誰須：等誰。　雲之際：雲端。

【大意】穿著荷葉作的衣裳，佩著蕙草作的衣帶，倏然而來，忽然而去，晚上住在天國的郊野，你在雲間等誰？

與女沐兮咸池⑲，晞女髮兮陽之阿⑳。
望美人兮未來㉑，臨風怳兮浩歌㉒。

⑲女：同汝，指小司命。　沐：洗髮。　咸池：卽天池。神話傳說中，太陽沐浴的地方。
⑳晞：（音希）曬乾。　陽：太陽。　阿：曲隅。　陽之阿：太陽照得到的山凹。　以上兩句說，我眞想和你一起在咸池洗髮，在太陽照得到的山凹曬髮啊！

㉑望：盼望。美人：這裡仍指小司令。未來：沒有來。

㉒怳：（音恍）失意的樣子。浩歌：大聲歌唱。以上兩句，寫女巫盼望神回來帶她一同前去，神却不來的失望心情。

【大意】我想和你一起在咸池沐浴，一起在太陽照得到的山凹曬髮，望你回來帶我一起前去，你却不來，我臨風悵然，大聲高歌，以解憂悶。

孔蓋兮翠旍㉓，登九天兮撫彗星㉔。

竦長劍兮擁幼艾㉕，蓀獨宜兮爲民正㉖。

㉓孔：指孔雀。蓋：指車蓋。孔蓋：孔雀羽毛做成的車蓋。翠：指翡翠鳥。旍：（音京）古旌字。翠旍：用美麗的翡翠鳥羽毛裝飾旌旗。

㉔九天：這裡指天最高的地方。撫：按。慧星：俗稱「掃帚星」，象徵凶穢的「妖星」。撫慧星：意思是按著掃帚星，使它不能爲害。以上兩句，寫小司命的威儀。

㉕竦：（音聳）同聳，執。擁：抱，保護的意思。艾：（音愛）美好。幼艾：這裡泛指小孩。

㉖蓀：指小司命。獨：唯獨。宜：適合。民：人民。正：古時一官之長謂之「正」，卽「主管」，這裡延伸爲「主宰」的意思。以上兩句，是對小司命的讚美，也寫出小司命的地位和職責。

【大意】張着孔雀毛的車蓋，打着翡翠羽毛的旌旗，登上九天，按撫着掃帚星，不許它給人間帶來災害，手挺長劍，護衞天下的小孩，你最適合做人民的主宰。

東　君

東君卽太陽神，太陽從東方升起，故稱日神爲東君。漢代以前，迎日是重要祭典之一。太陽是人類光明、生命與溫暖的泉源，本篇卽是祝頌日神之歌。全詩對日神的大公無私、普照萬物、廣布德澤、運行不息的精神作了熱情的禮贊，塑造了日神正直與雄健的形象。生動地刻劃了古代人民歌舞繁盛，人神同樂，莊嚴肅穆的場面。也表現了人們對日神的崇敬。

【今　譯】

朝暾將出東方
照我欄杆扶桑
我撫著馬兒徐行
夜皎皎已天亮

駕著龍車，乘著風雷
載著雲旗舒卷飄揚
長嘆一聲將上天去
心裡徘徊，依戀悵惘
樂歌舞色都很迷人
觀者癡迷，把歸意遺忘

緊彈琴瑟，交相擊鼓
撞得鐘架搖搖晃晃
奏起橫笛，吹起大竽
思神保佑，把妙舞獻上

青色雲衣，白色霓裳
舉起長箭射天狼
手持天弓下西方
取北斗，酌桂漿
抓緊韁繩高馳飛翔
深幽夜中回轉東方

小飛輕揚似翠鳥展翅
舞姿妖嬈，展詩歌唱
應着音律，合着節奏
衆神翩翩，蔽日而降

【今注】

暾將出兮東方①，照吾檻兮扶桑②。
撫余馬兮安驅③，夜皎皎兮既明④。

①暾：（音吞）旭日的光輝。

②吾：東君自稱。檻：（音劍）欄杆。扶桑：神話中的樹名。古代神話傳說中，太陽住在東方海外湯谷的扶桑樹上，扶桑樹長在湯谷的碧海中，樹長數千丈，一千餘圍。每天清晨，太陽母親羲和便駕六條無角的黃龍（六螭）拉着的太陽車，來接太陽出去工作。本篇卽根據這個故事來寫太陽的初昇。此處，詩人把扶桑樹想象成東君殿前的欄杆了。

③撫：安撫。余：東君自稱。馬：指拉太陽車的六條無角的黃龍（六螭）。安驅：徐行。

④皎皎：（音絞絞）光明貌。既：已。以上四句寫太陽初昇的景象。

【大意】太陽將出東方，照我的欄杆扶桑。我按着馬兒徐行，夜色皎皎，天已明亮。

駕龍輈兮乘雷⑤，載雲旗兮委蛇⑥。
長太息兮將上⑦，心低佪兮顧懷⑧。
羌聲色兮娛人⑨，觀者憺兮忘歸⑩。

⑤輈：（音舟）車轅，楚方言。這裡指車。龍輈：龍車，指六龍拉的太陽車。乘雷：形容太陽車的車輪發出雷聲滾滾，像駕着風雷似的。

⑥載：揷。雲旗：詩人把太陽周圍的雲霞，想象成揷在太陽車（龍車）上的旌旗。委蛇：（音威夷）同逶迤，舒卷自如貌，形容旌旗（雲旗）舒卷蜿蜒的樣子。

⑦長太息：長長地嘆息，猶言「長嘆一聲」。將上：將昇上天去。這句寫東君將離家出發時的慨嘆。

⑧低佪：徘徊留連，不想上天出勤的樣子。顧懷：回顧懷戀，戀戀不捨。懷古音恢。

⑨羌：發語詞。聲色：指樂舞。娛人：樂人，使人快樂。

⑩觀者：觀禮者，與祭者。憺：（音淡）安樂中帶着貪戀的樣子。

【大意】駕起龍車，乘着風雷，揷着雲旗，舒卷自如。長嘆一聲，將上天去，心裡留戀，遲疑不進。樂聲舞色使人快樂，看的人着迷，忘了歸程。

緪瑟兮交鼓⑪，簫鍾兮瑤簴⑫。
鳴鯱兮吹竽⑬，思靈保兮賢姱⑭。

⑪緪：（音亘）急張弦。　瑟：古代一種撥弦的樂器，形似古琴。　緪瑟：急促地彈瑟。　交鼓：鼓手交相擊鼓。

⑫簫：（音消）敲擊的意思。　鍾：同鐘。　瑤：同搖。　簴：（音巨）懸掛鐘、磬的木架。

⑬鳴：吹響。　鯱：（音持）同篪，古代樂器，竹管製成，如笛，單管橫吹。　竽：（音于）古代一種簧管樂器，多爲三十六簧，似笙稍大。　以上三句寫迎神音樂的熱鬧。

⑭思：想。　靈：神靈，指東君。　保：佑，保佑。　靈保：神靈保佑。舊解作「女巫」解。　賢姱：指美好的舞姿，這裡引伸爲舞蹈。舊解作對女巫的讚美之詞，錯。要讚美祇有讚美「東君」，無需讚美「女巫」。更不可以把本句解作「女巫美貌如花惹人喜愛」或「舞者（卽「靈保」，卽女巫）妖嬈動人思」。這是一篇莊嚴的敬神曲，當然不允許這些解人的邪念。這句的意思應爲：思神靈保佑啊，把妙舞獻上！以下接着寫女巫的舞姿。

【大意】緊彈着弦瑟，交相擊鼓。敲擊大鐘，鐘架也搖晃。鳴起大篪，吹起大笙，想神保佑啊，趕快跳舞！

翾飛兮翠曾⑮，展詩兮會舞⑯。
應律兮合節⑰，靈之來兮蔽日⑱。

⑮翾：（音喧）輕揚貌。　翠：翠鳥。　曾：（音增）通翻，展翅的意思。　翠曾：像翠鳥展翅。

⑯展詩：陳詩。　會舞：合舞。　以上兩句，寫以歌無樂神。

⑰應律合節：應和着音律，合着節奏。　這句寫音樂美妙，節奏和諧，誠心等待。

⑱靈：指東君和他的隨從。　蔽日：遮天蔽日，形容東君的隨從之多。　這句寫神靈感動，率領隨從蔽日而來。

【大意】翾然輕揚，像翠鳥展翅。陳詩而歌，會合而舞。應和着音律，合着節奏。爲誠所感，東君率領隨從遮天蔽日而來。

青雲衣兮白霓裳⑲，舉長矢兮射天狼⑳。
操余弧兮反淪降㉑，援北斗兮酌桂漿㉒。
撰余轡兮高馳翔㉓，杳冥冥兮以東行㉔。

⑲衣、裳：古時衣服，上衣爲衣，下裙爲裳。　青雲衣：青雲爲衣。　白霓：白霓爲裳。霓，虹的一種，亦叫副虹。　東君既降，這句寫東君的衣服。象徵藍天白雲。

⑳矢：與下文的「弧」同指弧矢星，弧矢星由九顆星組成，形似弓箭，又名天弓，在天狼星東南，箭頭常指天狼星。　這句寫東君之威武。

㉑操：持。　余：東君自稱。　弧：指天弓。　反：同返。　淪：沒。　降：下。　這句寫東君射天狼之後，手持天弓降落西方。

㉒援：拿起。　斗：舀酒的杓子。　北斗：北斗星，由七星組成，形似舀酒的杓子，位於正北，故名北斗。　酌：酌飲。　桂漿：桂花酒。　這句想象日神忙了一天，晚上以北斗爲杓，舀飲桂花酒，以舒疲勞。

㉓攢（音贊）抓着。轡：（音配）繮繩。高馳翔：高馳飛翔。

㉔杳：（音咬）深遠貌。冥冥：昏黑幽深。杳冥冥：形容幽深的夜色。東行：向東行。以上兩句說，日神又高馳飛翔，在幽深昏暗的夜中返回東方，準備明朝再從東方昇起。

【大意】青雲爲衣，白霓爲裳，擧起長箭射天狼。拿起我的天弓返向西方降落，拿來北斗酌飲桂酒，抓着繮繩高馳飛翔，在深幽的夜中回去東方的湯谷扶桑。

〔東君〕寫朝暾初昇，人們感念太陽的光熱而迎祭日神，祭場上樂鼓喧天，輕歌曼舞，寫太陽初昇，也寫太陽西下；寫太陽從早到晚，又從晚上趕回朝晨。本篇可由神巫獨唱，也可由衆人合唱，從頭到尾，配以舞蹈和樂隊伴奏。其中「擧長矢兮射天狼」還隱含着對秦國的敵意。

河伯

「河伯」卽河神，黃河之神。黃河是衆河之君，黃河之神，是統率天下衆水之神的神。他是衆河之「伯」，故稱「河伯」。

神話傳說中，有河伯馮夷的妻子、湘水之神宓妃，與天神后羿私通的故事，因此就有注家把本篇附會爲馮夷爲此對宓妃的思念。這就太煞河伯的風景，對他太不恭敬，非「禮神」之道了。

本篇是祭祀河伯時，歌舞表演的一首歌詞。全篇由祭巫演唱，描述神巫遠迎河伯到來的情景。

【今譯】

與你巡遊九河
暴風掀起大浪
乘着荷葉爲蓬的水車
駕着兩龍，兩螭驂其身旁
登上昆侖極目四望
心意飛揚激情浩蕩
日之將暮安逸忘歸
是遙遠的水面吸住了目光——
魚鱗做的屋，龍鱗做的堂
紫貝做的闕，宮殿都以珍珠裝潢
你這神靈何以住在水中央？
乘白色的大鱉，追逐斑采的飛魚
與你游蕩在黃河的小洲上
流水紛紛從天降！
你拱手說要向東行
我是迎你送你到南方！
波浪滔滔來迎接
密密的魚羣伴隨我們前往

【今注】

與女游兮九河①，衝風起兮横波②。

乘水車兮荷蓋③，駕兩龍兮驂螭④。

①女：古汝字，你，指河伯。九河：泛指衆水。舊說指黃河下游的九條支流：徒駭、太史、馬頰、覆鬴、胡蘇、簡、絜、鉤盤、鬲津。

②衝風：暴風。橫波：揚波。以上兩句，神巫迎神之時說，願與河伯遊於九河之上，因而設想風浪洶湧的情形。

③水車：水神所乘之車，故稱水車。荷蓋：荷葉做的傘蓋。

④驂：（音參）古人用四匹馬駕車，中間兩匹叫「服」，兩旁的兩匹叫「驂」。螭：古代傳說中的無角龍。以上兩句，設想河伯駕着兩龍兩螭，乘着水車起程。

【大意】我和你遊於九河之上，暴風驟起，揚起大波，乘著水車，張著荷葉的傘蓋，駕着兩龍，以兩螭爲驂。

登崑崙兮四望⑤，心飛揚兮浩蕩⑥。
日將暮兮憺忘歸⑦，惟極浦兮寤懷⑧。

⑤昆侖：同崑崙。昆侖山，黃河的發源地。這句設想，從黃河之發源地昆侖山出發。

⑥心飛揚：心意飛揚。浩蕩：形容心神開朗。這句寫登昆侖的興奮心境。

⑦憺：（音淡）安然。他本作「悵」，不通，錯。

⑧惟：這裡是「是」的意思。不能作「思念」或「只有」解，他本都錯。極浦：遙遠的水濱，這裡是指「遠處

的水平線上」。寤：醒。懷：胸懷，胸襟。寤懷：醒覺了我的胸懷 上面一句是說：日之將暮，安然忘歸。本句便說忘歸的原因：是遙遠的水面上，吸引了我的視線。是什麼使我「寤懷」——吸了我的視線呢？就是下面要說的「魚屋」、「龍堂」、「貝闕」和「珠宮」。

【大意】登上昆侖，極目眺望，心意飛揚，激情浩蕩。日之將暮，安然忘歸，是遙遠的水邊醒起我的胸懷。

魚鱗屋兮龍堂⑨，紫貝闕兮朱宮⑩。
靈何爲兮水中⑪？

⑨魚鱗屋：魚鱗做的屋。 龍堂：龍鱗做的堂。
⑩紫貝：紫色斑紋的貝殼。 闕：（音缺）宮門兩旁的高臺，上有觀樓。 紫貝闕：紫貝殼作的闕。 朱宮：即珠宮，珍珠作的宮。因「貝闕」與「珠宮」是對文，故朱通珠，作顏色解則錯。 以上兩句，說出上文，使人「寤懷」的是什麼，就是這些使人突然睜大眼睛，醒人胸懷。
⑪靈：指河伯。 何爲：爲什麼。 這句是說，這原來是河伯水中的宮殿！

【大意】魚鱗做的屋，龍鱗做的堂。紫貝做的闕，珍珠嵌的宮，你這位神靈爲何居在水中？

乘白黿兮逐文魚⑫，與女遊兮河之渚⑬。
流澌紛紛兮將來下⑭！

⑫白黿：（黿音元）白色的大鼈。逐：追隨，這裡是說「追逐」，不是「後面跟着」。文魚：身上有斑紋的飛魚，一說是鯉魚。〔山海經・中山經〕：「睢水東注江，其中多文魚。」注：「有斑采也。」即是傳說中有斑采的飛魚。乘着白色大鼈，去追逐躍出水面的飛魚極富詩意。

⑬女：同汝，你，仍指河伯。河：指黃河。渚：水中的小塊陸地。

⑭流澌：（澌音斯）即流水。他本多從洪興祖解作「流冰」。本句是寫「滾滾黃河」，寫黃河的氣勢，「流澌紛兮將來下」，直如李白的「黃河之水天上來」。〔淮南子・泰族篇〕：「雖有腐髊流澌，弗能汙也」，許注：「澌，水也。」從文義上看，解作「流水」更合理，也更富詩意。紛：紛紛，盛多貌。將：動詞，持。下：傾下，倒下。

將來下：意謂從天上倒下。本句描寫黃河的意象，非常成功。

【大意】乘着白色大鼈，追逐有斑采的飛魚。與你巡遊在黃河的小洲上，看流水從天上倒下來！

子交手兮東行⑮，送美人兮南浦⑯！
波滔滔兮來迎⑰，魚陵陵兮媵予⑱。

⑮子：指河伯。交手：拱手，古時見面或告辭的禮節。東行：謂河伯順流東行。本句以河伯拱手告辭，要繼續東行，來說明黃河東流入海。

⑯美人：指河伯。南浦：南面的水邊，意指南方楚人祭祀的水邊。本句是說，你要「東行」，不成！我是特地來迎接並送你到南方水邊去接受祭祀的。

⑰波滔滔：波浪滔滔。迎：指迎接河伯。本句是說：你看，波浪滔滔已經來迎接你了！

⑱隣隣：同鱗鱗，衆多的樣子。媵：陪嫁叫媵。這裡「伴隨」的意思。予：我們，指祭巫與河伯。本句是

說：衆多的游魚都伴隨着我們。

【大意】你拱手想要告辭順流東行，我是特地來迎接並送你到南方水邊的！波浪滔滔來迎你了，河裡的游魚也伴隨着我們。

山鬼

「山鬼」就是山神。近代山神形象是威武的男性；古代山神中有女性。古代神話傳說，炎帝的一個女兒瑤姬，剛到出嫁的年齡就夭折了，牠的精魂去到姑瑤山變成瑤草，瑤草茂盛，開着黃花，結着蔓絲般的果子，吃了可以媚人，天帝憐憫她，就封她爲巫山的雲雨之神。她就是最早有記載的「山神」。巫山之神熱情浪漫，關不住蕩漾的春心。

巫山在楚境內，「山鬼」寫的就是巫山之神。全篇由女巫扮山鬼獨唱。描寫山鬼的愛情，纏綿悱惻，等人時的焦灼心情，失戀時的憂傷痛苦，一波三折，入木三分，刻劃出對愛情忠貞專一的山鬼的形象。語言洗煉，描寫細膩，委婉動人，情景交融，是屈原又一篇經典的上乘佳作。

【今譯】

彷彿有人在山邊　披着薜荔把女蘿繫在腰間

眼睛微視又含笑
你愛慕我嫺淑嬌艷！

駕著赤豹，後面跟著文狸
辛夷做的車，桂枝編的旌
披著石蘭，把杜衡繫在腰間
採來香花，贈我思念的人

我居竹林深處，終日不見天
路途險阻，唯獨來得晚
孤獨地立在高山之上
浮雲滾滾脚下邊！

杳杳冥冥，白晝昏暗不明
東風飄起雨陣陣
本想和你快樂得忘記歸去
及至年暮，誰再年輕我們？

我採三秀於山間
山石磊磊，葛籐蔓蔓
怨你不來，悵然忘記歸去
你是想我，祇是沒有空閑！

山中的我像杜若一樣芳潔
飲石上的清泉，撫蔭也在松柏下面
你想我，眞是半疑半信！

雷聲塡塡，山雨濛濛
猿聲啾啾，狖又徹夜悲鳴
風聲颯颯，樹木蕭蕭
想念你啊，徒然憂心！

【今　注】

若有人兮山之阿①，被薜荔兮帶女羅②。

既含睇兮又宜笑③，子慕予兮善窈窕④！

①若：彷彿，好像。　山之阿：這裏是指山邊。〔穆天子傳〕：「天子飲於河水之阿（河邊）。」一說是山的曲隅。開頭這句是寫，山鬼看見，好像有人走進山來。

②被：同披。　薜荔：（音閉利）常綠藤本植物，開小花。　被薜荔：披薜荔以爲衣。　女蘿：蔓生植物。山間多松，纏松樹而上，又名松蘿。　帶女蘿：以女蘿爲帶。　本句寫出山鬼所思念的情人的裝束。

③睇：微視，楚方言。〔說文〕：「目小視也，南楚謂眄曰睇。」　含睇：含情微視。　宜笑：笑得自然，此處作微笑或含笑解。　本句寫山鬼的情人的笑貌，你是時常對我含情微視而笑的。

④子：指山鬼心中所思的情人，彷彿在「山之阿」的人。　慕：愛慕。　予：山鬼自稱。　善：美。　窈窕：（音咬眺）形容女子體態美。　這句是山鬼心裡說：你是喜歡我身材苗條，長得嬌艷呀？　以上四句，是寫山鬼來赴約會，却不見自己所愛的人到來，眼前浮起情人往日對她含情微笑的影子。

【大意】彷彿有人在山邊，披著薜荔的衣裳，把松蘿當做衣帶繫在腰間。眼睛微視而對我微笑。你愛慕我的嬌艷和窈窕的身材！

乘赤豹兮從文狸⑤，辛夷車兮結桂旗⑥。

被石蘭兮帶杜衡⑦，折芳馨兮遺所思⑧。

⑤乘：騎的意思。赤豹：皮毛赤而有黑色斑紋的豹。從：隨從。文狸：有花紋的狸。

⑥辛夷：香木，又名木筆，木蘭科，落葉喬木。辛夷車：以辛夷木做的車。結桂旗：以桂枝編結爲旗。

⑦被：同披。石蘭：香草名，蘭的一種。杜衡：亦作杜蘅，香草名，又叫馬蹄香。

⑧折：採。芳馨：泛指馨香的花草。遺：贈給。所思：所思念的人，愛人。以上四句，寫山鬼騎着赤豹，坐着香車，拿着鮮花，趕來會她的情人。

【大意】我騎着赤豹，後面跟着文狸，辛夷做的車，桂枝編的旗。披着石蘭的衣裳，把杜衡繫在腰間，採來香花送給我思念的情人。

余處幽篁兮終不見天⑨，路險難兮獨後來⑩。

表獨立兮山之上⑪，雲容容兮而在下⑫。

⑨余：山鬼自稱。處：居。幽：深。篁：（音皇）竹林。幽篁：幽深的竹林。終：始終，或終日。

⑩險難：險阻難行。後來：來遲，遲到。山鬼心裡不願是他失約，而寧願是自己遲到。以上兩句是解釋她遲到的原因，也是因「遲到」而見不到情人的嘆息。

⑪表：孤特，兀自。表獨：孤獨。

⑫容容：同「溶溶」，本爲水流盛大的樣子，這裡用來形容雲海。以上兩句，寫不見情人，獨自兀立山上，一片蒼茫景象。

【大意】我深居竹林，終年不見天日，路途險阻難行，因此獨獨來遲。我孤獨地立在高山之上，脚下茫茫一片雲海。

杳冥冥兮羌晝晦⑬，東風飄兮神靈雨⑭。

留靈修兮憺忘歸⑮，歲既晏兮孰華予⑯。

⑬杳：（音咬）深遠。　冥冥：昏暗的樣子。　羌：語助詞，楚方言。　晝晦：白晝晦暗不明。

⑭飄：飄然而起。　神靈雨：神靈在降雨。　以上兩句，寫山鬼獨立蒼茫，白晝變得晦暗不明，而東風竟又飄來陣雨，天氣如此變幻無常。景物的營造，均為抒寫山鬼此時的心情與境況。寫景以抒情，情與景結合得天衣無縫。

⑮靈修：這裡用來美稱山鬼所思念的人，有「君」的意思，與下文的「公子」同義。　憺：（音淡）安然。　這句是說，本來我想留君一起玩到入迷而忘記歸去。

⑯歲：年歲。　晏：晚。　歲晏：指年老。　孰：誰。　華：同「花」，此處作動詞用。　予：我們。　這句是說，年紀老了，誰能再使我們年輕，意思是說，行樂須及春。

【大意】山中幽暗，白晝變得晦暗不明，東風飄然而起，神靈又在降雨。本來我想留君，讓我們入迷得忘記歸去，年歲老了誰能再年輕我們。

采三秀兮於山間⑰，石磊磊兮葛蔓蔓⑱。

怨公子兮悵忘歸⑲，君思我兮不得閑⑳！

⑰采：同採。　秀：成蕾開花。　三秀：靈芝的別名，傳說靈芝一年開花三次，故名。　於：在，古音讀無。不可因與「巫」字同音，就作「巫」字解。　於山間：就是「在山間」，別無他義。　巫山之神不出山門。「采三秀」

之山自然是巫山。

⑱磊磊：（音壘壘）亂石堆積貌。葛：葛籐。蔓蔓：蔓延綿長貌。以上兩句是說，因等情人不來，又不願離去，遂一邊採靈芝一邊等他，而山間山石磊磊，葛籐蔓蔓。孤冷寂杳。

⑲公子：仍指山鬼所思念之人。悵：（音漲）悵然，悵惘，失意的樣子。忘歸：這個「忘歸」，含有不肯歸去的意思。這句說，心裡怨你不來，悵然不忍歸去。寫出她此時的憂怨交織。

⑳君：仍指山鬼所思念之人，與上文的「靈修」、「公子」同指一人。思：想念。我：山鬼自稱。不得閑：不得空閑。這句是山鬼的怨言，意思是說：你根本就沒有空閑來想我！

【大意】我採靈芝於山間，山石磊磊，葛籐蔓蔓，心裡怨你，我悵然不肯歸去，你根本就沒有空閑時間來想我！

山中人兮芳杜若㉑，飲石泉兮蔭松柏㉒。

君思我兮然疑作㉓。

㉑山中人：山鬼自稱。杜若：香草名。芳杜若：像杜若一樣芳潔。這句是山鬼自贊之詞。

㉒飲石泉：飲岩間的泉水。蔭松柏：以松柏爲蔭。擗蔭也要選在松柏之下。本句以「飲石泉」「蔭松柏」喻自己的高潔與堅貞。

㉓君：指山鬼所思念之人。然：是。肯定之詞。疑：懷疑。然疑：半信半疑，疑信參半，將信將疑。作：生。

【大意】山中的我，像杜若一樣芳潔。掬飲石上的淸泉，擗蔭也要選在松柏下面。你想我、我是半疑半信！

雷塡塡兮雨冥冥㉔，猨啾啾兮狖夜鳴㉕。

風颯颯兮木蕭蕭㉖，思公子兮徒離憂㉗！

㉔塡塡：雷聲。　冥冥：猶「濛濛」，細雨迷濛貌。　這句說：等不到你，却等來塡塡的雷聲與濛濛的細雨。

㉕猨：同猿，猿的異體字。靈掌類動物，似猴而大。　狖：（音又）黑色長尾猿。　啾啾：猿、狖的叫聲。

㉖颯颯：（音薩薩）風聲。　蕭蕭：風吹樹木發生的聲音。

㉗思：思念。　徒：徒然。　離：通罹（音離），遭受的意思。　憂：憂愁。

【大意】雷聲塡塡，山雨濛濛，猿聲啾啾，狖又徹夜悲鳴。風聲颯颯，樹木蕭蕭。思念公子，只有徒然憂傷。

本篇全篇都是山鬼的自述。一開始就寫山鬼趕到約會的地點，不見所思念的情人到來。心裡想念情人，眼中彷彿出現情人的身影，「若有人兮山之阿」以下四句，很自然的描繪出情人的形象。然後說自己「乘赤豹」「折芳馨」而來。失望中却假設他已來過，也許是走了。不願說他沒有來，寧願說是自己「路險難兮獨後來」，是自己遲到了。情人不來，隻身獨立高山之上，脚下雲海茫茫，營造出一片蒼茫景象。繼續等待，仍不見情人到來，却等來變化莫測的風雨。而風雨中，山鬼仍在繼續等待，而且還幻想和情人一起快樂得忘記歸去。情人不來，無可奈何地一邊採三秀，一邊繼續苦等，等急了，心裡開始埋怨他，從「留靈修兮憺忘歸」，變成「怨公子兮悵忘歸」，雖怨情人不來，仍然悵然地等着，不肯歸去。心裡悵然，無可奈何地說「君思我兮不得閑！」你是想我的，只是沒有時間！是否真的想我？真的沒有時間？心裡既有原恕他的心意，也懷着怨意，還有莫名的醋意！想想自己並無行差踏錯，「山中人兮芳杜若，飲石泉兮蔭松柏」，可是，你為何不來？「君思我兮然疑作」！你想我，我真是不敢相信！一等，二等，三等四等，終於等得「雷填填兮雨冥冥」，雷聲填填，雨色昏暗，猿啼啾啾，而狖長夜悲鳴，「風颯颯兮木蕭蕭」，悽苦之情已至極點，突以「思公子兮徒離憂」！作結，把心中的悽苦之情，一下宣洩出來。層次分明，層層深入，一氣呵成，意象的塑造，意境的營造都非常準確，情景交融得天衣無縫。

國殤

國殤（音傷）是指為國戰死的人。

本篇是追悼陣亡將士悲壯的祭歌。寄托對死難將士的哀思，歌頌楚國將士誓死衞國的英雄氣概，慷慨赴義的愛國精神，激勵將士繼續為祖國而戰，也體現出屈原高尚的愛國情操。又是一篇文學史上的經典之作。

【今譯】

手操吳戈，身披犀甲
車輪交錯，短兵交鋒
旌旗蔽日敵如雲
箭矢紛飛往前衝！
闖我陣地，踐我行列
左馬剛戰死，右馬被刺中
兩輪深陷，四馬騰空
擂起戰鼓響咚咚
天昏地暗神靈怒
尸橫遍野滿地紅
出不回，往不返
原野茫茫路重重
佩著長劍挾秦弓
身首異處意從容
忠心勇敢又威猛
威武不屈志如虹
身軀雖死，精神永在
死了也要作鬼雄！
（禮魂）
敬禮敬禮，鑼鼓喧動
傳上鮮花，舞影憧憧
美女獻唱，從容歌頌
春蘭秋菊，長享祭祀
千秋萬代，永世無窮！

【今注】

操吳戈兮被犀甲①，車錯轂兮短兵接②。
旌蔽日兮敵若雲③，矢交墜兮士爭先④。

①操：持。戈：古代一種尖端有横刄的長兵器，又稱「平頭戟」。吳戈：吳國出產的戈。這裏泛指鋒利武器。春秋時吳國冶煉技術高，出產精良兵器。吳國都城在今蘇州。被：同披。犀甲：（犀音西）犀牛皮製的鎧甲。這裏泛指堅韌的鎧甲。
②車：戰車。錯：交錯。轂（音谷）車輪中心揷軸的部份，如現在的軸承。車錯轂：古時車軸穿出車轂，露出軸頭，這裏形容兩軍混戰，彼此車軸頭與車轂互相碰撞交錯。短兵：短的兵器，刀劍之類。短兵接：戰車貼近時長兵器已用不上，而用刀劍短兵器交鋒。以上兩句，言兩軍交戰之時。
③旌：（音精）旗杆頂端有旄牛尾及鳥羽的旗，這裏泛指一切的旗。蔽日：遮蔽天日。若雲：如雲，盛多的樣子。
④矢：箭。交墜：交相墜落，紛紛墜落的意思。士：戰士。士爭先：戰士爭先殺敵。以上兩句，言將士勇敢赴戰。

【大意】手持吳戈，身披犀甲，敵我雙方戰車的輪轂交錯，短兵相接。旌旗遮天蔽日，敵軍如雲湧至，流矢交墜，將士奮勇，爭先殺敵。

凌余陣兮躐余行⑤，左驂殪兮右刄傷⑥。

霾兩輪兮縶四馬⑦，援玉枹兮擊鳴鼓⑧。
天時墜兮威靈怒⑨，嚴殺盡兮棄原野⑩。

⑤凌：侵犯。余：我，我方。陣：陣地，陣列。躐：（音列）踐踏，這裏是衝擊的意思。行：行列。

⑥驂：（音參）古時用四馬駕一輛戰車，中間兩匹叫「服」，外頭兩匹叫「驂」：左邊的叫「左驂」，右邊的叫「右驂」。殪：（音一）死。右：指右驂。刄傷：殺傷。以上兩句，言敵人進攻，戰事激烈。「凌陣」「躐行」是謂陷陣，「左殪」「右傷」是言敗陣。

⑦霾：通埋。薶之借字，薶是埋的異體。此處作「陷」解。縶：（音執）用繩絆住。這句是說，兩輪陷進泥裏，四馬像被繩子絆住，無法前進。

⑧援：拿起。玉枹：（枹音浮）鑲上玉飾的鼓槌。鳴鼓：擂響戰鼓。以上兩句，「埋輪縶馬」是說車陷，「援枹擊鼓」是說雖敗仍奮勇前進。

⑨天時墜：日月星辰都墜落，形容天昏地暗的樣子。威靈：威嚴的神靈。

⑩嚴殺：鏖戰痛殺。盡：殺盡、死盡之盡，指楚軍全軍陣亡。棄：遺棄。棄原野：棄尸布滿原野。以上兩句說，殺得天昏地暗神靈發怒，戰事慘烈，楚軍全軍陣亡，尸橫遍野。

【大意】敵軍闖我陣地，踐我行列，左邊的馬戰死，右邊的馬又被刺傷。兩輪陷進土裏，四匹馬像被繩絆住。可是我軍仍然拿起鑲有玉飾的鼓槌，擂起戰鼓繼續前進。殺得天昏地暗，日月無光，神靈震怒，鏖戰痛殺，終於全軍陣亡，棄尸原野。

出不入兮往不反⑪，平原忽兮路超遠⑫。

帶長劍兮挾秦弓⑬，首身離兮心不懲⑭。

⑪出：指出征。　入：指生還。　反：同返。　「出不入」與「往不反」同義，都是「一去不復還」的意思。這句寫戰士抱必死決心出征，表現出視死如歸的英雄氣概。

⑫忽：（音物）通伆。渺茫遼闊的樣子。　超遠：遙遠。　這句寫戰場之廣濶遙遠，亦爲死者棄尸荒野歸不得而哀傷。

⑬帶：帶着。　挾：（音協）挾持。夾在胳膊下。　秦弓：秦國出產的弓。這裏泛指好弓。

⑭首身離：身首異處。　不懲：不屈服的意思。　以上兩句說。戰士雖然死了，身上還佩着劍，手還挾着弓，心裏沒有屈服。寫出戰士的英武堅貞。

【大意】出不回，往不返，英雄一去不復還，原野茫茫路遙遠。佩着長劍挾秦弓，雖然身首異處，可是心永不屈服。

誠既勇兮又以武⑮，終剛強兮不可凌⑯。

身既死兮神以靈⑰，魂魄毅兮爲鬼雄⑱。

⑮誠：誠然，實在是。　勇：指精神勇敢。　武：指富有武藝力量。

⑯終：從始至終。　不可凌：不可凌辱。　以上兩句說，這些戰士眞正既勇又武，從始至終，志不可奪。

⑰神以靈：爲神以靈，指精神不死。

⑱魂魄：靈魂。　毅：剛毅。　鬼雄：爲鬼以雄，鬼中的英雄。　以上兩句，是向死難英靈的祝詞。

【大意】眞正勇敢而又武藝高超，自始至終，剛强而不可欺凌，雖然身死，精神永在，靈魂剛毅，成爲鬼中的英雄。

（禮魂）⑲

成禮兮會鼓⑳，傳葩兮代舞㉑。
姱女倡兮容與㉒。
春蘭兮秋菊㉓，長無絕兮終古㉔。

⑲禮魂：向死亡將士的靈魂獻禮。

⑳成禮：行禮，敬禮。二千多年來，古今注家全錯解爲「禮成」。成禮就是成禮，不是倒文；「成禮」是「現在進行」，「禮成」是祭禮「已經完成」，天淵之別，不容再錯。　會鼓：一齊擊鼓。　「禮魂」所記對死者的祀禮，與現在的祀禮並無多大不同。「成禮」即「行禮」，向死者三鞠躬也，「會鼓」即「奏樂」。

㉑傳：傳遞。　芭：即葩字，香花。　傳芭：傳上鮮花。　代舞：輪番起舞。　「傳芭」即「獻花」，「代舞」即「獻舞」。

㉒姱女：美女。　倡：同「唱」。　容與：從容的樣子。　這句是說「獻歌」。

㉓春蘭、秋菊：春蘭與秋菊開花的時節。　這句是說春秋兩祭。

㉔長：長久，永遠。　無絕：無斷絕。　終古：猶言「千古」。　這句是說千秋萬代，千古不絕。

【大意】（向靈魂獻禮）：行禮致敬（一鞠躬！再鞠躬！三鞠躬！），一齊擊鼓（奏樂！），傳上鮮花（獻花！），輪番跳舞（獻舞！），美女唱歌（獻歌！），春蘭秋菊（春秋兩祭），長久不絕，千秋萬世（千古永享）！

橘頌

〈橘頌〉和〈九歌〉一樣，是屈原年輕時期的作品。屈原的才華受楚懷王的器重，受命詔以「昭詩」，整理和改寫了當時楚國的各種祭歌，卽本書的「九歌」。年輕的屈原，胸懷大志，心感懷王的知遇之恩。昭詩之餘，見橘而作頌，用以自勉。所頌之橘，是高尙人格品德的象徵，屈原對此追求不渝。本篇雖是屈原早期作品，對其一生影響至鉅。

這是一篇詠物寄情，體物寫志的佳作，對後世有深刻影響。

【今　譯】

天地間有美好之樹　根深柢固，秉性難移
在適合他的地方生長　意志專一堅貞非常
生來不能移植　綠的葉，白的花
祇能生在南方　茂盛紛披令人讚賞

層層枝條，尖長的銳刺
圓圓菓子掛在枝上
青實之間雜着黃果
文采章明，燦爛輝煌
秀外慧中，內裡瑩潔
像有修爲的賢士一樣
繁枝茂盛修飾得宜
美好合度並不誇張

驚嘆你少年志行
與衆完全不一樣
獨立超羣，堅定不移
怎不令人激賞！
根深柢固，秉性難移
與世無求，心胸坦蕩

蘇醒地在人世獨立
橫逆來時，不改志向

清心寡欲，謹慎自守
始終未有過失和妄想
操持美德，沒有偏私
期與天地相配，日月齊光

願年歲一同謝去之後
能長做朋友相伴身旁

你堅挺優美，沒有淫妖之態
梗直堅强而敢擔當

你年歲雖小
却可爲人師長
品行好比伯夷
永遠名留世上！

【今　注】

后皇嘉樹①，
橘徠服兮②。
受命不遷③，
生南國兮④。

①后：后土。　皇：皇天。　后皇：猶言「天地」。　嘉：美好。　嘉樹：美好之樹，對橘樹的讚美。

②徠：同「來」。　服：習慣，這裡是說適應，適應水土。

③命：生命。　受命：受天地之命，秉性。　不遷：不能移植，本性不移。

④南國：指楚國。

【大意】天地間有美好之樹，橘樹服我們的水土。生來不能移植，只能生在南國。

深固難徙⑤，
更壹志兮⑥。
綠葉素榮⑦，
紛其可喜兮⑧！

⑤深固：根深柢固。　難徙：秉性難移。〔晏子春秋〕：「橘生淮南（淮河之南）則爲橘，生於淮北則爲枳。」

⑥更：更加。壹：專一。壹志：意志堅貞專一。以上六句，讚橘樹之本性。
⑦素榮：白花。榮：這裡是花的通稱。
⑧紛：茂盛。以上兩句，讚橘樹花、葉。
【大意】根深柢固，秉性難徙，更是意志堅貞專一。綠葉白花，茂盛紛披可喜。

曾枝剡棘⑨，
圓果摶兮⑩。
青黃雜糅⑪，
文章爛兮⑫。

⑨曾：同「層」。曾枝：層疊的枝條。剡：（音掩）銳利。棘：指橘樹上的刺。《方言》：「凡草木刺人，自關而西謂之刺，江湘之間謂之棘。」此句讚橘枝。
⑩圓果：指橘子。摶：（音團）同「團」，圓的意思。
⑪青、黃雜糅：指橘子熟與未熟的顏色，青的、黃的、青中帶黃、黃中帶青的，混雜在一起。
⑫文章：文采。爛：燦爛。以上三句讚橘子外表。
【大意】層層的枝條，銳利的刺，圓圓的果子，青黃交雜，文彩燦爛。

精色內白⑬，
類任道兮⑭。

紛縕宜脩⑮，
姱而不醜⑯。

⑬精色：指菓皮上有鮮明的色澤。內白：內瓤潔白。以上兩句，將之與有道的君子相比。讚其果實。
⑭類：類似。任道：擔任道義，這裡指有修爲的賢士。
⑮紛縕：紛然茂盛，是指繁枝密葉。宜脩：修飾得宜。
⑯姱：美好。不醜：合度。美而不醜：美得合度。以上兩句，對橘樹整個外觀的讚美。
以上第一段。將橘子擬人化，從橘樹的特性，花、葉、枝、果、色澤等方面作了讚美。

嗟爾幼志⑰，
有以異兮⑱。
獨立不遷⑲，
豈不可喜兮⑳！

⑰嗟：感嘆詞，讚嘆的意思。爾：你，指橘樹，屈原自況。幼志：幼年的志行。
⑱有以異：與衆不同。
⑲獨立：超羣的意思。不遷：堅定不移。
⑳豈不可喜：令人激賞，誠可喜也。

【大意】讚嘆你的少年志行，與衆不同。獨立超羣，堅定不移，豈不可喜！

深固難徙㉑，
廓其無求兮㉒。
蘇世獨立㉓，
橫而不流兮㉔。

㉑與第五行同。
㉒廓：豁達。無求：與世無求。
㉓蘇：蘇醒。蘇世獨立：蘇醒地在人世獨立。
㉔橫：橫逆。不流：不隨波逐流。這句是說，不因橫逆而隨波逐流。

【大意】根深柢固，秉性難徙。豁達胸懷而無他求。蘇醒地在人世間獨立，橫逆來時，也不隨波逐流。

閉心自愼㉕，
終不失過兮㉖。
秉德無私㉗，
參天地兮㉘。

㉕閉心：關閉心扉，不讓外界的濁穢汚染內心的清白，「淸心寡慾」之意。自愼：謹愼自守。

㉖終：始終。　不：不會。　失過：過失。　終不失過：始終不會有過失。　以上兩句由橘皮包着潔白的內瓤聯想而來。

㉗秉：操持。　德：美德。　無私：沒有偏私。

㉘參：參配。　天地：語云：「天無私覆，地無私載。」指天地大公無私。　參天地：與天地的無私之德相配。

【大意】關閉心扉，謹愼自守。始終不曾有過失。操持美德，沒有偏私，與天地的無私之德相配。

願歲並謝㉙，

與長友兮㉚。

淑離不淫㉛，

梗其有理兮㉜。

㉙歲：年歲，指年壽。　並謝：俱謝，一同謝去。

㉚長友：永遠作爲朋友。

㉛淑：善。　離：通「麗」。　淑離：美麗，指橘樹的姿態優美。　不：沒有。　淫：惑亂淫妖之態。　淑離不淫：這裡是說橘樹堅挺獨立，姿態優美，沒有惑亂淫妖之態。

㉜梗：梗直，指正直堅强。　有理：正當，合乎正道，堅眞持理。

【大意】願長大後，與你一同謝去，能與你永遠做朋友。你堅挺獨立姿態優美，沒有一點淫妖之態。梗直堅强而合乎正道。

年歲雖少㉝，
可師長兮㉞。
行比伯夷㉟，
置以爲象㊱。

㉝寫橘樹之「年少」，是說自己亦正年輕。
㉞師長：爲人師表。
㉟行：品行。　伯夷：孤竹君之子，殷末義士，周滅殷後，與其弟叔齊二人耻食周粟，一齊餓死於首陽山。
㊱置：植，樹立的意思。　象：榜樣。　爲象：作爲榜樣。

【大意】你年歲雖少，可以爲人師表，品行高尚好比伯夷叔齊，樹立起學習榜樣。

以上第二段。讚美橘樹的特性，賦予橘樹美好的品格，以橘樹自比和自勉。

天問

〈天問〉是中國文學史上的瑰寶。

輯訂楚辭的王逸認爲，〈天問〉是屈原看見楚先王太廟及公卿祠堂的壁畫，按圖發問，「呵而問之」，集而成篇的。絕非想像之詞。

太廟裏自然沒有這麼多壁畫。屈原是受了壁畫的啓發，以這些「呵而問之」而成詩句爲基礎，經過添頭續尾，使內容充實成爲一首史詩的。作爲感情豐富，才思敏捷的詩人，見圖發問，「呵而問之」，是很自然而平常的。

〈天問〉，不但含有「人在問天」，而且也含「天在問你」的意思。

〈天問〉是一首非常奇特的詩，全部由問句組成，全詩三百七十六行，一百六十八問，幾乎每問都是一個故事，由天地初開，至屈原身邊的歷史。前人給〈天問〉極高的評價。清代注家說，「其創格奇，設問奇，窮幽極渺奇，不倫不類奇，不經不典奇……奇氣縱橫，獨步千古。」現代注家說它「是光焰奪目的〈離騷〉之外，不易爲人鑒識的荆山璞玉，是當之無愧的傳國至寶。」

〈天問〉的確是中國文學史上一篇很重要的作品。〈天問〉是一部史詩。

從混沌初開，天宇形成，日月星辰，天帝下都，說至雨師、風伯、歧母、疫神、惠氣；說到歸墟的神山、西王母的住處；再說到伏羲、女媧、羿射九日、羿除九怪、嫦娥奔月；說到堯、舜、鯀禹治水，以及夏、商的興亡，周武王伐紂，周公蒙寃，周昭王死於覆舟，周穆王周游天下，褒姒進宮，周幽王烽火戲諸侯；再由齊桓公說至吳越，至楚懷王。

〈天問〉的情節，按照歷史順序概括地發問，很有層次地勾勒出歷史的輪廓。中國歷史，最早的就是神話與傳說，然後才進入信史。面對莽莽神話，屈原以「呵而問之」的手法，猶乘一葉輕舟，竟然直下通過波濤壯闊的歷史長河，這不但是屈原的天才，也正是屈原的聰明之處。

二千多年來，〈天問〉一直被視爲天書，許多人窮畢生精力研究，而一無所得。原因是〈天問〉中所問的神話傳說，多已失傳，這些資料，異常零碎地分散在古籍中。〈天問〉又經過非常嚴重的脫簡，加上後來傳抄中出現的錯字，〈天問〉給人的感覺是雜亂無章。被視爲經典的〈天問〉，就一直以雜亂無章的面目傳流下來。淸代陝西蒲城人屈復，曾想將錯簡整理，但遭許多人反對，理由是經典性的東西，不容隨便更動。

要瞭解〈天問〉，須對天地初開至周代以前的中國古代神話傳說，有過全面研究和系統整理，並進一步弄淸神話傳說和歷史的關係，才能從錯簡中辨出它的順序，在類似的、似是而非的歷史故事中，找出作者的本意來。否則，〈天問〉眞是無法閱讀的天書。我近年撰寫「中華史詩」，系統整理神話與傳說，當完成「中華史詩」的序書、五千餘行的「神話與傳說」，「中華史詩」進入二萬行以後，再讀〈天問〉，才豁然貫通。再看古今學者所注所譯，全錯得不忍卒睹。於是決心撰寫本書。

本篇除將錯簡全部更正之外，並將所問神話傳說全部敘述，以增加讀者對〈天問〉的瞭解和閱讀興趣。將更正後的原文稱爲「順簡」，更正前的「錯簡」附錄於書後，錯簡上面以數字標示它在順簡上的順序。並在「今注」中，例外將「韻」列出，以示「順簡」之正確。

【今譯】

誰能證明宇宙的誕生？
天地未分誰曾看見？
誰曾考究混混沌沌？
所謂元氣如何分辨？

時間何以要晝夜交替？
陰陽天道如何滲合演變？
天有九重誰曾量度？
這偉大工程是誰完成？

何處是天軸？何處是天頂？

八根天柱如何分佈？何以東南偏短？
九重天宇如何安放如何相連？
參差數字誰曾數過一遍？

天何以重疊？十二辰何以劃分？
日月何以安穩？衆星何以列陳？
太陽從湯谷升起，暮入蒙水邊
從早到晚走了多少路程？

日落何以昏黑，日出却燦爛光明？
星星回去之前，太陽在何處藏身？

月亮何德於天，死而能夠復生？
玉兎有何好處，在它腹中擣藥不停？
崑崙山的懸圃，如何懸在半天？
山高九重，多少里才到最頂的增城？
四面八方各有九重大門，誰在看守？
欲納不周之風，常開西北之門？
太陽照不到的地方，要燭龍銜燭而照？
羲和還未駕車起程，若木花何以燦爛光明？
雨師屏翳像隻飛鼉，如何興雲佈雨？
雀頭鹿身的風伯飛廉，如何與他相應？
岐母無夫，何以生下九子？
禺强住在哪裏？惠風覊在何境？
巨龜背負五座神山，如何使它安穩？
倘使爬上岸來拋在地上，如何把它搬遷？

何處多天溫暖？何處夏天陰涼？
何處玉樹成林？何處野獸會說人言？
黑水、玄沚、三危山今在何處？
吃了延壽木禾，長壽到什麼年齡？
伏羲登位爲帝，他有什麼修行？
女媧人面蛇身，最初由誰造形？
人面手足的陵魚，食人的鬿雀何在？
羿何以射日？金烏何以毛羽四散？
建木九道枝莖，不結實的花開在哪裏？
巴蛇吞下大象，究竟身大幾尋？
挽起紅弓，扳動玉搬指，射殺豬精
何以用豬膏獻祭，天帝並不領情？
天帝派羿下凡幫助夏民
何以射瞎河伯左眼又與洛神有染？

白霓裳戴首飾的嫦娥偷偷地做什麼？
羿求得靈藥，何以交給這個女人？

舜在家孤苦伶仃，父親何以不給他娶親？
堯不通過瞽叟，二女如何過門？
順從他的弟弟，終於弄出事情
何以那豬狗不如的人，反而不敗其身？

鯀既不會治水，衆人何以推薦？
都說不用擔心，何不讓他試驗？
貓頭鷹和烏龜何以洩露天機？
順大家的意思去做，何以要處極刑？

道路險阻，如何西行越過岑巖？
巫師無能使他復活，遂化黃熊沉入羽淵？
水土已平，大衆在雜草地上播種黑小米
何以衆人並投來歸之時，卻對鯀恨得要命？

沉寃羽山，何以暴尸三年？
鯀腹生禹，何以對禹又如此信任？
夏禹繼承父志，完成未竟功業
究竟治水方法有何改變？

洪水極深，拿什麼來塡？
地廣九州，用什麼加高地面？
應龍導水，何以用尾巴畫地？
可有虬龍背黃熊去看治水情形？

夏禹奉天命治水，來看下方情景
何以竟與塗山女在臺桑成親？
匆匆結合，祇爲延續後代
何以嗜好不同，卻飽一朝之情？

哪些鯀所經營？哪些禹所完成？
共工怒觸西北的不周山，地何以東南斜傾？

九州安放在什麼上面？川谷何以低陷？
百川東流何以總不能把大海流滿？
東西和南北，誰長誰短？
東西長些，長有多寬？
九頭凶蛇出沒無常，何以轉眼不見？
何處是不死之鄉？長人在等何人？
夏啓代伯益爲王，終於被益拘禁
何以能脫拘而出，反敗爲勝？
同是禪讓，無需你死我活
何以伯益賠了生命，夏禹却子孫昌盛？
夏啓三次作天帝賓客，帶下九歌、九辯
何以要了孩子毀了母親，嵩山下裂石誕嬰？
寒浞私通后羿妃子純狐，佈置陰謀
何以后羿武勇善射，竟遭暗算？

自然法則橫豎分明，陽氣離體必死無生
何以不見后羿屍身，只見一隻大鳥悲鳴？
寒澆到嫂嫂女歧房裏有何所求？
少康放犬咬澆，何以咬着她的粉頸？
女歧替澆縫衣，同被共枕
何以弄錯頭顱，還是她願作替身？
寒浞有心篡位，后羿何以還對他寵信？
寒澆覆舟斟尋，少康何以取勝？
桀征蒙山得二美人，何以把妹喜疏遠？
妹喜何以肆無忌憚，成湯何以要她性命？
伊尹原是陪嫁臣子，後爲膳臣
成湯何以用他爲相，完成滅夏重任？
成湯出觀風俗尋訪賢人，遇着伊尹
何以放桀於南巢，人人高興？

簡狄深居高臺，何勞嚳帝操心？
玄鳥何以下蛋，引她處女懷孕？

王亥秉承王季基業，以父親爲典範
何以帶着牧夫牛羊竟在有易罹難？
有易王緜臣，何以日日歌舞飲宴？
何以把王亥兄弟養得肥肥胖胖？
牧童怎能看見王亥與緜臣的妻子通姦？
那衞士在床上把王亥砍成七塊，受誰命令？
王恒逃回做了新王，何以不忘失去的牛隻？
何以親去討回牛羊，一去竟無回程？
糊塗的上甲微追尋王恒下落，有易鷄犬不寧
何以亡了有易，還要把人殺盡？
何以兄弟都與她通姦，弟弟却將哥哥暗算？
何以在族人面前撒謊，反而子孫富貴長遠？

成湯東巡，一心去到有莘國境
爲了一個小臣，竟與公主成親？
伊水邊空心桑樹中拾來的嬰兒
有莘王何以瞧他不起，把他當作媵臣？
成湯從夏臺的重泉獲釋，其實他有何罪過？
本來無心伐夏，是誰使他下了決心？
紂王始用象牙筷子，箕子有何預言？
璜臺建到十層，誰知它的止境？

誰使紂王縱慾昏亂？
何以厭惡重臣，偏聽讒言？
比干何罪，何以要受剖腹剜心？
雷開只知奉承，何以高官厚祿黃金？
何以聖人德行如一，結局各異？
梅伯何以被醢肉片，箕子裝成瘋瘋癲癲？

上天把權力集中給人君，人君應當如何謹愼？
受天子之禮不修君德，就用另一個朝代把他更
換！
伊尹是成湯開國重臣，靠他輔佐幾朝人君？
何以始終安於臣位，子孫歷代榮耀興盛？
彭祖常以鷄羹獻祭天帝
何以活了八百歲，依然還嫌命短？
后稷是元妃姜嫄的首子，天帝何以厚愛這乳嬰？
他被棄在寒冰之上，大鳥何以用翅膀給他取暖？
何以除了教稼還能彎弓射箭，衆人都聽調遣？
他的子孫敬天不絕，何以太久才把天下給了他
們？
文王號召於衰世，在雍州執鞭持政
何以壯大岐下，取代殷商政權？

百姓嚮往岐下，文王何以值得親近？
紂王有惑婦妲己，有誰還敢譏諫？
紂王以伯邑考肉羹賜文王下嚥
何以文王祭告上天懲罰自己，上天却降罪於
殷？
姜太公在朝歌鼓刀屠牛，文王何以相識？
何以一席話，文王不盡歡欣？
武王姬發欲誅殷紂，何以不能久忍？
載着文王棺柩，何以急急起兵？
八百諸侯何以如期滙集孟津？
蒼鷹羣飛，是誰使他們趕來上陣？
白魚躍入王舟，周公請將計劃改變
何以武王親自調度，勇往直前？
上帝授殷以天下，何以敗德壞行？

反成功之道乃亡，其罪何其深沉？

何以伯夷叔齊愧採周薇，白鹿何以要來餵乳？
來到回水邊的首陽山，有何値得高興？
統一天下之後，武王何以封存武器放馬華山？
周公的兄弟並駕向他夾擊，叫他如何主政？

管叔吊死北林，究竟是何原因？
周公蒙寃何以感動天地，誰人膽戰心驚？
昭王喜歡遊玩，直往南方越裳國境
到底有何好處？爲幾隻白野鷄喪失性命？

穆王嗜好旅行，何以貪游天下勝景？
造父替他駕着八匹駿馬，何以不怕艱辛？
那賣山桑弓的夫婦何以在市上出現？
幽王何人誅殺？褒姒如何進入宮廷？

天命常會改變，保佑何人？又罰何人？
齊桓公九合諸侯一匡天下，猝然屍蟲爬上宮
門！
四海之內共處，君王何以許多怨恨？
蜂蟻般微小的生命，何以那麼堅靭？

秦景公的猛犬，弟弟鍼何以死都要爭？
欲以百輛車交換，連爵祿也不見！
太伯、仲雍逃避王位來到南嶽衡山
吳人奉爲君王，可是命裏注定？

壽夢的長孫吳王闔閭自小離散
何以能夠壯大勳業，樹起威名？
藏身荒野何以說起？狼狽處境何以造成？
楚莊王當年稱霸南方，何以兵强領先？

昭王覺悟前非改行正道，我又有何言？

闔閭殺了王僚爭得王位，久已勝過我們！
從王族中，從百姓中，從京城以至荒山野嶺
是淫是蕩也再出個令尹子文！
我敢說君王昏憒下去不會長久
何必定要證實我的預言，增加我的賢名？
日暮黃昏，電閃雷鳴，歸去何用憂心？
君王不重視自己尊嚴，何必再求上天！

【今注】

曰遂古之初①，誰傳道之②？
上下未形③，何由考之④？

①曰：發語詞，先秦文學體例的一種。　遂古：遠古。　初：始。
②傳道：傳說。
③上下：指天地。　未形：尚未形成。
④考：考究。

【韻】道、考，古音同有韻。
【大意】古時開天闢地的故事，是誰傳說下來的？天地未分何從考定？

冥昭瞢闇⑤，誰能極之⑥？
馮翼惟像⑦，何以識之⑧？

⑤冥昭：幽明，指晝夜。瞢闇：混沌暗昧，隱晦不明。瞢，音蒙，同曚。闇同暗。

⑥極：窮究。

⑦馮翼：元氣盛滿之貌。〔廣雅·釋訓〕：「馮馮翼翼，元氣也。」 惟：虛字，語助詞。 像：仿佛。

⑧識：認識。

【韻】極、識，同職韻。

【大意】天地混混沌沌，誰能考究？氤氳的元氣衹能想像，怎樣識別？

明明闇闇⑨，惟時何爲⑩？

陰陽三合⑪，何本何化⑫？

⑨明：指白天。 闇：指黑夜。 明明闇闇：黑夜交替。

⑩時：時序。朱熹、戴震將時字作是字解。

⑪三：讀作參。

⑬本：根源。 化：變化。

前句言晝夜交替，後句言陰陽參合生化萬物。

【韻】爲，古音于訛切；化，古音呼戈切；同歌韻。

【大意】晝夜循環爲了什麼？陰陽參合，如何生化萬物？什麼是它的源本？什麼是它的變化？

圜則九重⑬，孰營度之⑭？

惟茲何功⑮，孰初作之？

⑬圜：同圓，指天宇。〔說文〕：「圜，天體也。」〔易，說卦〕：「乾爲天，爲圜。」則：均匀劃分。〔說文〕：「則，等畫物也。」九重：卽九天，天高九重。〔淮南子・天文篇〕：「天有九重。」

⑭孰：誰。營：經營。度：量度。

⑮茲：此。功：功業。

【韻】度，入聲，音鐸。度，作同藥韻。

【大意】天有九重，是誰量度的？這樣偉大的工程是誰興建的？

斡維焉繫⑯？天極焉加⑰？

八柱何當⑱？東南何虧⑲？

⑯斡：指天軸。維：繩子。焉：疑問詞，怎麼。

⑰天極：天體正中的最高處。加：同架，安放。

⑱八柱：八根天柱。〔淮南子・地形篇〕：「天地之間，九州八柱。」當：分佈。（見〔周禮・鄉師〕）

⑲虧：虧缺，虧損。

古時傳說，天體像大傘一樣，中間高，四周低。〔淮南子・天文篇〕：「帝張四維，運之以斗。」上帝操北斗星的斗柄，使天體旋轉，天地的四角繫上四根繩子，四根繩子的名字叫「東北爲報德之維，西南爲背陽之維，東南爲常陽之維，西北爲蹄通之維。」繩子一端繫於斗柄，斗轉則維動，天體隨之旋轉。又以地上八座高山分佈八方，爲擎天柱。

【韻】加，古音居何切；虧，古音去戈切，同在歌韻。

【大意】天軸在何處？天頂在哪裡？天地四角何以用繩子繫着？天頂又是怎麼架了上去？八根天柱如何分佈？爲什麼東南那根會短了一段？

九天之際⑳，安放安屬㉑？

隅隈多有㉒？誰知其數？

⑳九天：古時以東西南北八方加中央爲九天；九重言其高，九野言其廣。際：邊際。

㉑安：疑問詞，怎樣。放：依（見〔廣雅・釋詁〕四）。屬：連結。

㉒隅：角。隈：曲。隅隈：拐彎抹角。

古代神話，天有九天：中央曰鈞天，東方曰蒼天，東北曰變天，北方曰玄天，西北曰幽天，西方曰顥天，西南曰朱天，南方曰炎天，東南曰陽天。（見〔呂氏春秋・有始篇〕）又說，天有九千九百九十九隅。（見〔淮南子・天文篇〕）

【韻】屬，古音朱戍切。屬、數同遇韻。

【大意】天分九重，又分九野，層層叠叠，如何放置？如何相連？參差錯落，拐彎抹角，誰知它的數目？

天何所沓㉓？十二焉分㉔？

日月安屬？列星安陳㉕？

㉓沓：重疊。

㉔十二：指十二辰。洪興祖〔補注〕引〔左傳·昭公七年〕：「日月之會謂之辰。」杜預注：「一歲日月十二會，所會謂之辰。」

㉕列星：衆星。陳：陳列。

古人認爲，日、月和金、木、水、火、土五星，沿着一個圓周運行，這個圓周爲「黃道」。將黃道分爲十二等分，叫做十二辰，或叫十二星次，（見〔漢書·天文志〕），以子、丑、寅、卯、辰、巳、午、未、申、酉、戌、亥十二地支與它相應。

【韻】分，文韻；陳，眞韻；古韻文、眞同韻。

【大意】天地爲什麼要重疊？黃道爲什麼要把十二辰劃分？太陽、月亮和二十八宿，爲什麼安穩地陳列在黃道之上？

出自湯谷㉖，次于蒙汜㉗，

自明及晦㉘，所行幾里？

㉖湯谷：神話中，日出的地方。

㉗次：止。蒙：蒙谷，日入的地方。汜：音似，水涯。蒙汜：蒙谷之涯。

㉘明：天明。晦：天黑。

太陽從湯谷出來，到咸池裡洗個澡，就從扶桑樹下升到扶桑樹頂，這段時間叫「辰明」。然後坐上太陽女神羲和（太陽的母親）準備好的，六條龍拉的車子出發，這個時候叫「朏明」。到了阿曲地方，叫「旦明」。羲和一直送到悲泉下車，駕着空車回去，這個地方就叫做縣（懸）車。太陽下車後，走到虞淵叫做「黃昏」，到了蒙谷叫做「昏定」。

【韻】汜、里同紙韻。

【大意】太陽從湯谷起來，到蒙谷落下，從天明到天黑，走了多少里路程？

何闔而晦㉙？何開而明？

角宿未旦㉚，曜靈安藏㉛？

㉙闔：閉。

㉚角宿：二十八宿之一，東方蒼龍七星之第一星宿，共左右兩星，傳說兩星之間爲天門，日月五星從這裡經過（見〈五行大義〉四引〈天官訓解〉）。旦：明，亮。

㉛曜靈：太陽。〈廣雅・釋天〉：「曜靈，日也。」〈文選・歸田賦〉：「於時曜靈俄景。」

【韻】明，古音芒。明、藏同陽韻。

太陽來到蒙谷已是昏定，於是想到天黑，天門的開闔和角宿。

【大意】何以天門關了，太陽的光芒就消失？何以天門開了，太陽就燦爛光明？天門未開之前，太陽藏身何處？

夜光何德㉜，死則又育㉝？

厥利維何㉞，而顧菟在腹㉟？

㉜夜光：指月亮。德：品德、盛德。

㉝育：生。

㉞厥：其。維：通爲。

㉟顧菟：月兎名，一說「蟾蜍」。菟爲兎字異體。

【韻】育、屋同屋韻。

【大意】月亮何德於天，死了又能夠復生？顧菟對月亮有什麼好處？月亮要讓牠在腹裡擣藥？

崑崙縣圃㊱，其凥安在㊲？

增城九重㊳，其高幾里？

㊱崑崙：同昆侖。崑崙山是天帝下方的帝都。縣圃：就是懸圃。縣，古懸字。又叫平圃、玄圃。因爲太高，好像懸掛在半天，所以叫做懸圃。

㊲凥：古居字。

㊳增城：卽層城，九重之城。〔說文〕：「增，益也。一曰重也。」神話傳說中，中央天帝（上帝）四張臉的黃帝，在崑崙山頂上有一座華麗的宮殿，這是上帝的行宮，由人臉虎身、拖着九條尾巴名叫陸吾的天神管理。從崑崙山的天帝下都向東北走去，四百里便到槐江山，這裡就是上帝在下方最大的花園「懸圃」。管理懸圃的，是人頭馬身、通身虎斑、長著一雙翅膀名叫招英的天神。

崑崙山其高無比，有九重一層一層的山重疊起來的城闕。從山脚至山頂，共一萬一千里一百一十四步二尺六寸。

【韻】在，古音且里切。在、里同紙韻。

【大意】崑崙山的懸圃，座落何處？山巒重疊，層城九重，高達幾里？

四方之門㊴，其誰從焉㊵？

西北辟啓㊶，何氣通焉㊷？

㊴四方之門：天帝下都，四方八面每面各有九門。

㊵從：治，守護。

㊶西北：指西北方的大門，〔淮南子・地形篇〕：「西北方曰不周之山。」又：「北門開以納不周之風。」辟：同闢，開。

㊷氣：指元氣。

神話中，天帝下都的崑崙山頂上，四周圍繞着玉欄杆，每一面有九口井，九扇門。宮殿的大門正對東方，叫開明門，由長着九個人頭，老虎身子威風凛凛的開明神獸守護著。進入內門，就是由五座城十二座樓組成的巍峩的帝宮。

【韻】從，多韻；通，東韻；冬、東同屬一部。

【大意】崑崙山天帝下都，四方的門誰在看守？西北方敞開大門，是元氣所通，要納不周之風？

日安不到？燭龍何照㊸？

羲和之未揚㊹，若華何光㊺？

㊸燭龍：鍾山之神。〔山海經・大荒北經〕：「西北海外，赤水之北，有章尾山。有神，人面蛇身而赤，直目正乘，其瞑乃晦，其視乃明。不食不寢不息，風雨是謁。是燭九陰，是謂燭龍。」

㊹羲和：給太陽駕車的女神。

㊺若華：若木的花。

神話傳說，在西北海外，赤水以北，章尾山上有人面蛇身，滿身通紅的燭龍，直目合起來像船縫。閉眼睛馬上天昏地暗，張眼睛立刻大放光明。不吃不睡也不呼吸，一呼吸就招來大風大雨。他能燭照地底最陰暗的地方，他是鍾山之神，名叫燭陰。

在西極，太陽下去的地方，有長數千丈的大樹若木。青色的葉子，開着紅花，太陽落到若木下，若木花就發出光芒。

【韻】到，號韻；照，嘯韻；古韻號、嘯同屬一部。揚、光同在陽韻。

【大意】太陽也有照不到的地方？燭龍怎樣把它照亮？羲和還沒有起程，若木花爲何大放光芒？

蓱號起雨㊻，何以興之㊼？

撰體協脅㊽，鹿何膺之㊾？

㊻蓱：同萍。萍號：雨師叫萍號，又叫屏翳。

㊼興：起。

㊽撰體：撰通纂，聚集。神話中風伯飛廉的身體，是拼湊起來的身體，故曰撰體。脅：腋下。協脅：每兩條腿擠在腋下，故曰協脅。

㊾膺：通應。

神話中，雨師屏翳像一隻蠶子，一使法，天空就烏雲滿佈，頃刻就傾盆大雨。風伯飛廉，長着雀頭，鹿身鹿角，八條腿，蛇的尾巴，滿身豹子斑紋。

【韻】與、膺同蒸韻。

【大意】雨師屏翳如何興雲佈雨？鳥頭鹿身的風伯如何相應配合？

歧母無合㊿，夫焉取九子(51)？

伯強何處(52)？惠氣安在(53)？

㊿歧母：歧通岐，朱本、柳集作歧，洪本作岐。神名，爲二十八宿之尾宿。他本作「女歧」，〈天問〉中另有「女歧」，此處係抄錯，今更正。合：交配。

(51)夫：發語詞。九子：九子星，尾宿由九顆星組成。〈史記・天官書〉：「尾爲九子。」

(52)伯：古代習慣的敬語，如稱禹爲伯禹。伯强：即風神兼海神的禺强。

(53)惠氣：和順之氣，即和風，指和順的風神。

尾宿九子，後來演變成九子母的故事，與此處無關。

神話中，禺强是上帝的孫兒，既是北海海神又兼風神。當他是海神的時候，性情和善，形像似神話中的陵魚那樣，魚的身子，有手有足，駕着兩條龍。當他是風神的時候，就變得非常威猛，形像是人臉鳥身，耳朵上掛着兩條青蛇，扇起大翅膀，鼓起猛烈的巨風，風裡帶着大量的疫癘和病毒，人當著這股風，就會生病或死亡。禺强住在北海的「北極天櫃」山上。

【韻】在，古音且里切。子、在同紙韻。

【大意】歧母沒有丈夫，怎麼生下九子？帶着疫癘的禺强住在何處？和順的惠風又在哪裡？

鼇戴山抃(54)，何以安之？

釋舟陵行(55)，何以遷之(56)？

(54)鼇：通鰲，大海龜。戴：一作載，載、戴古通用。抃：（音卞）兩手相擊，這裡是說手舞足蹈。

(55)釋：放棄。陵：陸地。

(56)遷：移動。

神話中，渤海東邊幾十萬里的地方，有一個無底的大壑，名叫歸墟。大地八方甚至銀河的水都流到這裡。歸墟的水既不增加也不減少。

歸墟裡有五座神山，第一個叫岱輿，第二個叫員嶠，第三個叫方壺，第四個叫瀛洲，第五個叫蓬萊。神山的高下四周都是三萬里，山頂平坦九千里。山與山之間相距七千里。住在山上的神仙，早晚在山上飛來飛去，就像鄰居一樣。可是這五座神山都浮在水上，山脚沒有生根，常常隨着浪潮顚簸。

天帝恐怕神山會流向北極，於是命海神兼風神的禺强，使十五隻大烏龜去把五座神山背起來。每三隻負責一座，六萬年換班一次。神山總算安穩下來了。

可是龍伯國的大人走來，一連釣走了六隻烏龜，於是岱輿、員嶠，漂到北極，沉沒海底。天帝非常憤怒，就用神力縮小了龍伯國的疆土，並把龍伯國的人也縮小了。

【韻】安，寒韻；遷，先韻。古韻寒、先同屬一部。

【大意】大龜在海中背着五座神山，牠們高興起來，手舞足蹈，怎麼能安穩？如果牠們不當船用，爬上岸來，把山放下，怎樣搬回去？

何所冬暖(57)？何所夏寒？

焉有石林(58)？何獸能言(59)？

(57)所：所在，地方。

(58)石林：指珍珠和美玉的樹。

(59)獸：泛指神山上的飛禽走獸，這些神獸大都能够說話。神山多暖夏涼。山頂上，有黃金的宮殿，白玉築成的欄杆，飛禽走獸都是素色的，到處長着珍珠和美玉的樹，好像玉石的樹林一樣。

【韻】寒，寒韻；言，元韻。古韻寒、元同屬一部。

【大意】什麼地方冬天溫暖？什麼地方夏天陰涼？什麼地方玉樹成林？什麼地方野獸能說人言？

黑水、玄趾(60)，三危安在(61)？

延年不死(62)，壽何所止？

(60)黑水：水名，出自崑崙山。玄：黑中帶紅色。玄趾：又叫玄阯或玄沚，黑水中的島名。

(61)三危：山名，西王母座下三隻青鳥居住的地方。

㉒延年不死：黑水附近有一種木禾，吃了可以延壽。

神話中，黑水出自崑崙，黑水中有一個鳥，叫玄沚。附近有木禾，吃了可以長壽，那裡出產玄鳥、玄蛇、玄虎、玄豹和玄狐。

三危山在崑崙山的西方，有三座峯巒高聳入雲，故名三危。山上住著三隻青鳥，一隻叫大鵹（音黎），一隻叫小鵹，一隻就叫做青鳥。都是紅腦袋，青身子，黑眼睛，善飛的猛禽。牠們從三危山飛到西王母常住的玉山的巖洞裡，（西王母有三個不同的住處：崑崙山的瑤池，盛產美玉的玉山和太陽下去的崦嵫山。）三隻青鳥輪流去找尋食物。西王母替天帝看管不死之藥。

【韻】在，古音且里切。趾、在、死、止同紙韻。

【大意】黑水、玄趾、三危這些地方現在何處？延年不死，到底能活多久？

登立爲帝㉓，孰道尚之㉔？
女媧有體㉕，孰制匠之㉖？

㉓登立：登位。立：古通位。傳說中，伏羲爲古帝。

㉔道：道德，修行。尚：上。

㉕女媧：創造人類的大神。體：指形象。

㉖制：創造。匠：製作。

神話傳說中，伏羲是雷神與華胥氏的兒子。華胥氏在雷澤中踩了雷神巨大的足印，而感生了伏羲。後來做東方的天帝，與他的屬神木神句芒一同掌管春天。他又是人間上古的帝王，發明了瑟，創作了「駕辯」歌曲，畫八卦，教人結網捕魚，教民取天然之火以熟食。

女媧是一位化育萬物的大神，一天能變化七十次。女媧造人、補天、除去妖禽怪獸，將人類從災禍中拯救出來之後，便坐了雷車，乘龍駕雲去朝見天帝，然後靜悄悄地歸隱了。傳說女媧人頭蛇身。

【韻】尙、匠同漾韻。

【大意】伏羲登上帝位，他有什麼德行？創造人類的大神女媧，她那人頭蛇身的形像，又是誰人創造的？

陵魚何在⑹？鬿雀焉處⑹？

羿焉彈日⑹？烏焉解羽⑺？

⑹陵魚：亦作鯪魚。人手人足魚身。

⑹鬿雀：鬿音祈，鬿雀白首鼠足食人。舊本作「鬿堆」，堆係雀字錯抄，今更正。

⑹羿：天上大神，善射，曾射落九日。彈：音畢，射。

⑺烏：金烏，金黃色的三足烏鴉，太陽精魂的化身。解：脫落。

神話中，陵魚長着人的臉，魚的身子，有手有脚像人一樣，既能住在海裡，又能住在陸上，所以叫做陵魚。非常凶猛，背上和肚子都長着鋒利的三角形的尖刺，發起狠來，能把船吞下肚子裡去。當牠在海面上出現，就有大風大浪相隨。一個名叫女丑的神巫，常常駕着牠駕霧騰雲，到處漫遊。東山的鬿雀，西山的窮奇，南山的蠱雕，北山的諸懷，中山的犀渠，都是發出嬰兒哭叫，形狀怪異，性情凶猛，吃人的怪物。

堯帝時，十個太陽一齊出來，莊稼枯焦，土地龜裂，民無所食。人間擧行隆重的祈雨儀式：把著名的名叫女丑的神巫扮成旱魃，抬到山上暴曬，女丑曬死，亦不見效。堯帝每天苦苦向天禱告，終於傳到天帝的耳朵裡。天帝遂派叫羿的大神下凡去教訓他那十個頑皮的孩子，並幫助堯帝除去害人的山精水怪。賜羿一張紅色的弓一袋白色的箭。羿帶着弓箭和妻子嫦娥降到人間，一口氣射下九個太陽。

【韻】處，語韻；羽，麌韻。古韻語、麌同屬一部。

【大意】人面手足魚身的陵魚在哪裡？白首鼠足食人的鬿雀在哪裡？羿何以要射日？金烏何以要毛羽散落？

靡蓱九衢㉑，枲華安居㉒？

一蛇吞象㉓，厥大何如？

㉑靡：古字通䕷。蓱：凡草木複葉駢生皆謂蓱。靡蓱：指建木。衢：分叉。

㉒枲：（音希）牡䕷。華：花。

㉓蛇：指傳說中的巴蛇。

神話中，在西南方廣都（又叫都廣）的地方，據說是天地的中心，就在這天地中心有九座山丘，九座山丘的中央，長着一棵幾千里長的天梯「建木」。太陽當頂時，看不見樹影，站在樹下吶喊也沒有半點廻響。紫色細長的樹幹，兩旁不長枝條，筆直地插入雲端，直至樹的頂端，才盤曲地長出九根枝條，開着黑色的花，果實似黃色的䕷子，葉子像芒木。地上露出九條臃腫的巨根，像水牛一樣躺在地上。只要拉它一下，就有軟綿綿的樹皮剝落下來，像是纓帶，又似黃蛇。

羿射落了九日，大地上還有種種惡禽猛獸爲害，便又除去中原一帶爲害最烈的、人臉蛇身的「猰貐」。到疇華之野去殺了獸頭人身，嘴裡吐着一隻五六尺長牙齒的怪物「鑿齒」。然後到北方的凶水去殺長着九個腦袋、既能噴火又能噴水的怪物「九嬰」。再到東方的青丘之澤，去殺性情凶悍、傷害人畜的「大風鳥」。然後再到南方的洞庭湖去殺「巴蛇」。

巴蛇黑身子，青腦袋，能把一頭大象吞進肚裡，消化三年才吐出骨來。羿殺死了巴蛇，後來人們把蛇骨撈起來，堆成一座山陵，據說就是後來的巴陵。

從羿殺死巴蛇，而想起那附近的天梯建木。

【韻】居、如同魚韻。

【大意】建木有九道盤曲的枝莖，其樹有點像麻，麻有（結實的）苴麻和（不結實的）枲麻之分，而不結實的建木又在哪裡？巴蛇竟能吞下大象，牠的身子究竟有多大？

瑪珧利決⑭，封豨是䠶⑮，
何獻蒸肉之膏⑯，而后帝不若⑰？

⑭馮：大。珧：嵌有貝殼的弓。馮珧：大而華麗的弓。利：吉利。決：射箭時戴在右手大姆指上，用以鈎弦的搬指。利決：吉利的玉搬指。

⑮封：大。豨：（音希）猪，楚方言。封豨：神話中的巨獸，即野猪精。

⑯獻：進。膏：脂。

⑰后帝：天帝。若：順，好意相待叫若。

羿殺了九嬰，回來時，經過北方的奚祿山，突然遇見山崩，從山崩處得到天賜的堅利的玉搬指。殺了大風鳥和巴蛇後，便到扶桑去捉叫「封豨」的野猪精。宰了封豨，剁得細細，蒸成肉膏，滿懷高興的獻給天帝，豈知天帝並不高興，不吃蒸肉。天帝命他下凡，是叫他去嚇嚇十個太陽兒子，要他「手下留情」，羿竟一下射死九個太陽，天帝不悅，羿從此便留在地上，被天帝革除了神籍。

【韻】射，古音時若切。射、若同藥韻。

【大意】有這樣大而華麗的弓，又有天賜的吉利的玉搬指，封豨那有不死之理！何以這樣好的肉膏獻給天帝，天帝一點也不歡喜？

帝降仁羿(78)，革孽夏民(79)，

胡䠶夫河伯(80)，而妻彼雒嬪(81)？

(78)帝：東方天帝，俊帝。仁羿：仁慈的羿。仁字古文與夷字都寫作着𡰥，本爲一字。他本作「夷羿」，乃仁字之誤，今更正。〔山海經・海內西經〕：「非仁羿莫能上崗之岩。」

(79)革孽：解除憂患。

(80)䠶：古射字。河伯：黃河之神，名叫馮夷。

(81)妻：作動詞用，娶。雒嬪：雒古洛字，洛水之神，洛神。

羿被天帝革除神籍，連累妻子嫦娥不能再上天，常常受她抱怨和責怪，羿受不住她的絮聒不休，心裡抑鬱不樂，結果逃出家門，到處漫遊。他在原野奔馳，在山林打獵，與野獸搏鬥，以消除心中的痛苦，終於在洛水遇見了洛神。洛神是伏羲美麗的女兒，名叫宓妃，在洛水渡河淹死，就做了洛水的女神。後來却做了河伯（黃河之神）的妻子。河伯名叫馮夷，也是渡黃河淹死做了河神的，也有說是吃了仙藥，遇水成仙的。河伯風流瀟灑，白臉長身。當他以本來的面目出現時，下半段的身子就有一條魚的尾巴。出巡時乘着荷葉做蓬的水車，駕着龍螭，擁着女郎們，遨遊在九河之上。

風流成性的河伯，與洛神的感情也常常發生風波。當宓妃和女伴們在河上遊玩，獨自一人暗自傷心的時候，却和羿相遇了，一個是曠古美人，一個是蓋世英雄，遂相憐而相愛。

此事傳到河伯耳朵，河伯想親自看看，可是害怕羿，不敢公然露臉，於是化做一條白龍，游上水面。羿見他那副尊容，知他就是河伯，於是一箭射瞎他的左眼。河伯哭哭啼啼去向天帝告狀，天帝說：「誰叫你不好好住在水國裡，變成一條龍幹什麼？龍不過是水族動物，當然要給人射的，羿有什麼罪？」

【韻】民、嬪同眞韻。

【大意】天帝叫仁慈的羿下來解除夏民痛苦，爲什麼他射瞎了河伯的眼睛，與他的妻子洛神私通？

白蜺嬰茀(82)，胡爲此堂(83)？
安得夫良藥(84)，不能固臧(85)？

(82)蜺：同霓，義同雲。白蜺：白色的霓裳，指嫦娥的衣裳。〔東君〕：「青雲衣兮白霓裳。」嬰：繞。茀：音弗，首飾。嬰茀：頸飾。

(83)堂：藏藥之堂。

(84)良藥：指不死之藥。

(85)臧：通藏。〔漢書〕：「輕微易臧。」

洛神見河伯因爲自己而傷了一隻眼睛，不免有點內疚，便與羿中止了這段關係。羿也終於回到嫦娥身邊。爲了解除死亡的威脅，決定去崑崙山，向西王母求取不死之藥。跨過了火焰山，躍過弱水，終於來到瑤池邊的巖洞，西王母叫三足神鳥取來葫蘆，把最後一粒不死藥慷慨地給了羿，告訴他：「此藥你夫婦兩人一同吃了都可以不死，一人吃就可以昇天。」

羿回到家裡，把不死藥交給嫦娥收藏，要等一個好日子一同吃，慶祝他們重新獲得永生。可是，嫦娥却生了私心，心裡暗打主意，趁羿不在家中，悄悄去找著名的名叫有黃的巫師預卜凶吉。有黃占卜後告訴他：「有個美麗的女人，她將單獨地西行，毋需驚慌毋需恐懼，注定以後大昌大盛！」

在一個羿不在家的夜裡，嫦娥獨自將不死之藥吃光，奇怪的事情果然發生，嫦娥的身子輕輕飄蕩，身不由主地飄出窗口，終於飄到月宮上。

【韻】堂、臧同陽韻。

【大意】嫦娥穿戴得這麼漂亮，在藏藥的堂上做些什麼？羿辛辛苦苦得來的靈藥，何以不好好的收藏起來？

舜閔在家⑧⑥，父何以鱞⑧⑦？
堯不姚告⑧⑧，二女何親⑧⑨？

⑧⑥舜：舜帝姚重華。閔：憂懼。
⑧⑦鱞：即鰥，古時三十不娶稱爲鰥夫。
⑧⑧堯：堯帝伊放勳。姚：指舜的父親姚瞽叟。
⑧⑨二女：堯帝的二位女兒，娥皇和女英。

親：成親。

傳說中，舜生下來就死了母親，父親瞽叟是個瞎子，另外娶了個妻子，生下弟弟姚象。繼母心腸惡毒，性情凶悍，弟弟桀敖不恭，瞽叟頑劣糊塗。舜常常受到父母無理的毒打。遇着小棍子，他就以身承當，遇見大棍子，他就逃到田裡去。可是他對父母還是一樣孝順，對弟弟盡量照顧周到，以取得後母歡心。鄉間傳揚着舜的孝名。

舜到歷山耕種，歷山的農人受到德行的感召，都爭着來讓田界，舜到雷澤打魚，漁夫也爭來讓魚場；舜到河濱作陶器，河濱的陶器都做得美觀耐用。舜住的地方，大家都喜歡接近，一年就成了村莊，二年就成了城鎭，三年簡直成了都市。

堯帝伊祈放勳尋找天下賢人，以繼承帝位，四位諸侯首領就一致推薦舜。都說姚重華既賢孝又有才能，可擔重任。於是，堯就把他的兩個女兒娥皇和女英嫁給舜做妻子。又叫他的九個兒子和舜同在一起，以看他是否有眞的才幹。

【韻】鰥，古音巾。鰥、親同眞韻。

【大意】舜在家裡孤苦伶仃，他的父親何以不肯給他娶妻？堯不得到瞽叟的答應，就把二個女兒嫁給舜，他們又如何能夠成親？

舜服厥弟⑩，終然爲害⑪，

何肆犬體⑫，而厥身不危敗⑬？

⑩服：服侍，順從。厥：其。

⑪終然：終於。

⑫肆：肆行無忌。犬體：犬豕之體，猪狗一樣的人。

⑬不危敗：指舜封象於有庳。

堯帝將兩個女兒嫁給舜，又給他一些牛羊，葛布衣裳和琴，又叫人替他修了幾間穀倉，瞽叟一家嫉妒得咬牙切齒。姚象更對兩位美麗的嫂嫂垂涎。於是合謀，設下圈套對舜加害：瞽叟叫舜給他修理倉庫，趁舜爬上屋頂，姚象便抽梯縱火，舜因穿上妻子給他畫了鳥紋的衣服，遂化成一隻大鳥飛去。瞽叟又叫舜給他淘井，當舜下到井底時，姚象便與母親拼命推下石頭和泥土，舜因穿了妻子給他畫的龍紋的衣服，遂化成游龍自地底游去。姚象以爲哥哥已死，便把牛羊田地穀倉分給父母，把弓、琴和兩個嫂嫂分給自己。正當象在舜的房子裡彈琴的時侯，舜突然回到家裡。天性篤厚的舜，對父母和弟弟還是一樣的孝順友愛。瞽叟又叫舜去他家裡飲酒，門後已藏好一把磨得鋒利的板斧，可是舜用妻子給他的藥洗過澡才去，竟然豪飲不醉，終於在勸飲的人醉得顛三倒四之後，安然離去。

堯知道發生了許多事情，就把舜接了過去，經過許多考驗，最後把帝位禪讓給舜。舜不計較父母的惡行，登上帝位就回鄉去迎接父親，又把桀敖難馴的姚象封到有庳去做諸侯。姚象受哥哥仁愛精神的感動，從此改掉惡習做了好人。

【韻】害、泰韻；敗，卦韻。古韻泰、卦同屬一部。

【大意】舜百般順從他的弟弟，終於受到他的謀害，何以這種肆無忌憚、豬狗不如的禽獸竟不危亡，反而封他去有庳作諸侯？

不任汩鴻㉔，師何以尙之㉕？

僉曰何憂㉖，何不課而行之㉗？

㉔任：勝任。汩：音骨，治。鴻：通洪，洪水。汩鴻：治水。

㉕師：衆人。尙：擧，推薦。

⑯僉：咸，皆。

⑰課：試。〔說文〕：「課，試也。」

堯帝時候天降洪水，濁浪滔滔，無邊無際。堯帝問四岳諸侯：「誰可以去治洪水？」四岳諸侯一齊推薦姒鯀。堯帝說：「不可，我這位叔輩，好違命令，摧殘同類，怎能上體天心，下全民命！」四岳諸侯說：「在我們當中，說到治水，沒有比鯀更有才能，既然如此何不讓他試試！」堯帝無可奈何說：「去雖然去，但從此要痛改前非，恭恭敬敬的順着水性！」（見〔書・堯典〕）

按，〔堯典〕出於周代人之手，與夏民族原始的神話傳說有些不同。神話傳說中，鯀是一匹白馬，是天帝的孫兒，天上一位顯赫的大神，他勸上帝把洪水收回天廷，上帝始終沒有答應，於是鯀決心自己去平息洪水，以拯救絕望的人民。（見〔山海經・海內經〕）

屈原受了周人正統傳說影響，〔天問〕此處用了〔堯典〕關於姒鯀的歷史傳說故事，而在下面的「鴟龜曳銜」「化爲黃熊」「伯鯀腹禹」「應龍何畫」等用的却又全是神話故事。

【韻】行，古音核浪切。與尙同漾韻。

【大意】鯀既然治不了水，四岳諸侯何以要推薦他？都說「不用擔心，何不讓他試試！」

鴟龜曳銜⑱，鯀何聽焉⑲？

順欲成功⑳，帝何刑焉㉑？

⑱鴟：鴟鴞，猫頭鷹。曳：同洩。銜：口含物曰銜。曳銜：作洩露秘密解。

⑲聽：聽信。

⑩順欲：順從大家的意思。

⑩帝：因上句「鴟龜曳銜」係出自神話傳說，此處的「帝」是指天帝。刑：殺。

神話傳說中，鯀決定自己去平息洪水，恐怕自己力量不够，猫頭鷹和龜就向他洩露一個秘密：只要偸得天廷的「息壤」，一定能把洪水陻塞塡平。

鯀就偸來息壤，息壤果然靈妙，立刻生長不息的土壤，堆土成山，積山成堤，大地上漸漸不見洪水的踪跡。威嚴的上帝非常震怒，就派火神祝融來奪回息壤，並把鯀殺死在羽山地方。

神話傳說與歷史傳說是兩條並行的脈胳。前句「鴟龜曳銜」是純粹的神話傳說，後面一句「順欲成功」仍含着歷史傳說中鯀九年治水不成，舜把鯀殺死羽山的意思。作者非常同情姒鯀的遭遇。

【韻】聽、刑同青韻。

【大意】貓頜鷹和龜洩露了天機，鯀爲什麼要聽信？鯀順着大家的期望去做，爲什麼要受到誅罰？

阻窮西征⑩，巖何越焉⑩？

化爲黃熊⑩，巫何活焉⑩？

⑩阻：險阻。窮：窮絕。西征：西行。

⑩越：度。

⑩黃熊：三足鼈。熊，能字下三點，音賴。傳說鯀死後化爲三足鼈。黃熊舊本作黃熊，一說鯀死後化爲黃熊，一說化爲黃龍，如〔山海經・海內經〕注引〔啓筮〕：「鯀死三歲不腐，剖之以吳刀，化爲黃龍。」〔史記・夏本紀〕

正義：「鯀之羽山，化爲黃熊，入于羽淵，熊，音乃來反，能下三點三足也。東晰〔發蒙記〕云：『鼈三足曰熊。』鯀原爲白馬，死後鯀腹生禹（見下句）已經有了一條虯龍兒子禹，生命已獲延續，屍身就化爲鼈，爲熊，爲龍都不重要，而化爲三足鼈似更獲人同情。按〔天問〕舊本作熊字，當然不是龍，而熊非水族，再看下面「焉有虯（同虯）龍負熊以游」，因此以「熊」最合理。〔史記〕正義頗是，今更正。

(105)活：救活。

神話中，蛇身人臉的貳負神，有個心術很壞的臣子，名字叫危，危教唆貳負神，一起把也是蛇身人臉的天神猰貐殺死，上帝震怒，把危反縛着雙手和頭髮，枷了他的右脚，綑縛在西方的疏屬山頭的大樹下。叫人把猰貐搬到崑崙山去，命巫彭、巫抵、巫陽、巫履、巫凡、巫相幾個巫師各拿不死藥救他。猰貐被救活了，却迷失了本性，跳到崑崙山脚下的弱水去，變成吃人的怪物。

想像鯀被舜放逐羽山，西行走過那險阻窮絕的岑巖，被殺在羽山，傳說後來鯀變成黃熊，想像救過猰貐的那些巫師是否也來救過鯀了？

【韻】越，古音讀胡末切，與活同曷韻。

【大意】鯀被流放羽山，路途險阻，怎樣越過那些窮絕的山巖？死後化成黃熊，巫師是怎樣將他復活的？

咸播秬黍(106)，莆雚是營(107)，

何由幷投(108)，而鯀疾脩盈(109)？

(106)咸：都。秬：（音巨）黑黍。秬黍：泛指糧食。

⑩莆雚：蒲草和蘆葦。營：經營。
⑩并：擯棄，流浪。投：棄逐。
⑩疾：罪惡。脩：長。盈：滿。
作者以爲鯀有耘莆雚種秬黍之功，對鯀的遭遇莫大同情。
【韻】營、盈同在庚韻。
【大意】水土已平大家都忙於清除水草，播種糧食，爲什麼在衆人並投來歸之時，鯀却惡貫滿盈？

永遏在羽山⑩，夫何三年不施⑪？
伯鯀腹禹⑫，夫何以變化？

⑩永：長久。遏：禁絕。羽山：古地名，傳說在山東蓬萊縣東南。
⑪施：施行。
⑫腹禹：指鯀腹生禹。洪本作愎，朱本、柳集作腹。
神話傳說中，天帝派祝融殺死鯀，奪回息壤後，鯀的屍體三年不腐，以他的精血和心魂，在肚子裡孕育了他的兒子禹。上帝知道這件事情，恐怕變成精怪，就派一個天神帶着叫「吳刀」的寶刀，去把鯀的屍體剖開。
當天神用吳刀剖開鯀的屍體的時候，奇蹟突然發生：長着一雙利角的虯龍，忽然從鯀的肚子裡跳出來，盤曲騰向天空。他就是鯀的兒子禹。而鯀的屍體也突然收緊，變成一隻三足的黃熊（能字下面三點，音賴，即三足鼈），跳進了羽山旁邊的羽淵。

上帝非常震驚，當禹請求上帝賜給他息壤的時候，不但馬上答應，而且乾脆命他去下方治水，還派應龍前去幫助。（在周人正統的傳說中，舜把鯀放逐羽山，以致死在那裡，舜舉鯀的兒子禹，繼續鯀的治水事業。）

【韻】施，古音詩歌切；化，呼戈切；同歌韻。

【大意】鯀長期沉寃羽山，爲什麼死了三年也不理他的屍體？直至鯀腹生禹，對鯀的兒子竟如此信任，何以會有這樣大的變化？

纂就前緒⑪，遂成考功⑭，
何續初繼業⑮，而厥謀不同⑯？

⑬纂：繼。就：因，承接的意思。緒：本義絲頭，指一切事物的頭緒。
⑭考：父死稱考。功：事業。
⑮續初：續是連綴，初是開端。
⑯謀：辦法。

【韻】功、同都在東韻。

【大意】夏禹繼續前人遺下的工作，完成他父親未竟的功業。何以先前治水的和後來治水的，各人辦法不同？

洪泉極深⑰，何以寘之⑱？
地方九則⑲，何以墳之⑳？

⑰洪泉：大泉眼，卽洪水淵藪。〔淮南子・地形篇〕：「凡洪水淵藪，自三百仞以上，二億三萬三千五百五十（里），有九（淵）。禹乃以息土塡洪水，以爲名山。」

⑱窴：同塡。

⑲地方：古人相信天圓地方之說。九則：指九州。

⑳墳：作動詞用，聚土爲墳。

神話傳說中，禹叫一隻大黑烏龜背着息壤，跟在他的後面，這樣就把極深的洪泉塡平，把居住的土地加高了。

【韻】窴，古音陳，眞韻；墳，文韻；古韻眞、文同在一部。

【大意】洪水極深，拿什麼來塡？地廣九州，以什麼加高地面？

應龍何畫㉑？何歷何流㉒？

焉有虬龍㉓，負熊以游㉔？

㉑應龍：神話中有翼的龍，曾戰蚩尤，受上帝之命助禹治水。畫：指應龍以尾畫地。〔易林・大壯之鼎〕：「長尾蜲蛇，畫地成河。」洪興祖注引〔山海經圖〕：「夏禹治水，有應龍以尾畫地，卽水泉通流。」〔灌縣舊志〕載有黃龍助禹開江事。

㉒歷：通達。〔論衡・超奇〕曰：「上通下達，故曰洞歷。」流：流通。各本作「河海應龍？何盡何歷？」一本作「應龍何畫？河海何歷？」別本又作「河海應龍，何畫何歷？」皆不通；應爲「應龍何畫？何歷何流？」旣貫通，且叶韻。

㉓虬龍：卽蚪龍，這裡指禹，鯀腹生禹卽生出蚪龍。

⑫負：背負。　熊：三足鼈，這裡指鯀。

神話中，應龍助禹治水，以尾畫地，左撥右撥，向前導水，禹就跟着牠一直向東開鑿大江大河。

【韻】流、游同尤韻。

【大意】應龍何以用尾巴畫地？江河怎樣通達起來？可有蚪龍背着三足鼈去看治水情形？

禹之力獻功⑫，降省下土四方⑫，

焉得彼嵞山女⑫，而通之于台桑⑫？

⑫之：出，〔說文〕：「之，出也。」之力：出盡全力。　獻功：獻出治水的功績。

⑫降：從天而下叫降。　省：細察。　下土：天下。

⑫嵞山：卽塗山，在會稽，近九尾白狐獻瑞的「青邱國」，卽今浙江紹興縣西北。　嵞山女：塗山人的女兒，禹妻，夏后啓的母親。

⑫通：私通幽會。　台桑：地名。

禹治水直到三十歲仍未娶妻，當他來到塗山，心想，再不娶就怕遲了，於是說：「上天如果要我娶妻，就給我一點顯示吧！」果然就有一匹九尾白狐狸來到他面前，向他搖擺尾巴。禹想起當地一首民歌，「見了九尾白狐可以爲王，娶了塗山的女兒家道興旺」，於是想在塗山成親。

塗山有個姑娘名叫女嬌，長得很美，禹很喜歡，可是忙於治水，又到南方去了。女嬌知道禹的心意，她也很愛禹，便打發她的使女到塗山南麓去等他。一等再等，等不到禹回來，女嬌心裡煩悶，便作了一首歌：「等人啊，好長喲！」據說這就是南國最早的一首詩歌。

禹終於從南方回來，和女嬌一見傾心，便在台桑地方成親。結婚僅四天，禹便離開妻子到別處去治水了。

【韻】方、桑同陽韻。

【大意】禹竭盡全力獻出治水功績，受上天之命下來視察四方。怎麼又與塗山女成婚在台桑？

閔妃匹合⑫⑨，厥身是繼⑬⓪，

胡維嗜不同味⑬①，而快朝饑⑬②？

⑫⑨閔：憂念。妃：妻子，古時不分貴賤，均可稱妻爲妃。閔妃：想老婆。匹：配。匹合：配合。

⑬⓪厥身：其身，指禹。繼：續，繼承香火之繼。

⑬①胡維：何爲。嗜：嗜欲。同味：情投意合。

⑬②朝饑：舊本作朝飽，爲古代隱語，指性要求。朝飽不叶韻，疑爲道學先生擅改或傳抄錯誤。禹和女嬌匆匆結合，四天之後又匆匆離家治水，女嬌懷孕而有了啓。

【韻】繼，霽韻；饑、微韻，古韻霽、微同屬一部。

【大意】擔心沒有配偶，爲的是延續後代，爲什麼嗜好不同，却快一朝之情？

鯀何所營⑬③？禹何所成？

康回馮怒⑬④，地何故東南傾⑬⑤？

⑬③營：經營。

(134)康回：水神共工之名。　憑怒：大怒。

(135)地：舊本作墜，古地字。　傾：傾斜。

神話中，水神共工名康回，想與顓頊爭帝位。顓頊就派火神祝融去收拾他。共工人臉蛇身，紅頭髮，性情愚蠢凶暴。他有一個長着九個腦袋，也是人臉蛇身，却渾身青色，殘酷貪婪的臣子名叫相柳，另一個暴躁的臣子名叫浮游，還有共工一個害怕紅豆的鬼兒子，三個都是他的幫兇。

人臉獸身，坐着兩條龍駕的雲車的祝融，是共工的父親。這一仗眞是水火不容，父子無情，打得天昏地暗。最後代表光明的祝融勝利了。共工慘敗，性急的浮游一氣跳了淮水；共工那個害怕紅荳的鬼兒子，也氣死了；相柳却逃到崑崙山北邊去了。共工又羞又惱，一頭向不周山撞去，竟然沒有撞死，後來甦醒過來，不周山這個撐天的柱子却給他撞斷了。這便天地改變了原來的模樣，天的西北坍塌下來，出現一個窟窿。地的東南也陷落破裂。世界發生可怕的災禍，山林炎炎大火，洪水從地下湧出。接着就是「女媧補天」。

【韻】營、成、傾同庚韻。

【大意】鯀禹兩人都治水，哪些是鯀做的？哪些是禹完成的？共工與顓頊爭帝，觸的是西北的不周山，地爲什麼會東南陷裂傾斜？

九州何錯(136)？川谷何洿(137)？

東流不溢(138)，孰知其故？

(136)九州：冀州、兗州、青州、徐州、揚州、荆州、豫州、梁州和雍州。（見〈尚書・禹貢〉）　錯：置，分佈。

(137)洿：（音戶）水深。

⑬⑧溢：滿。

歷史傳說，禹治水決定導水入海，首次將天下劃分爲九州（九個行政區域）：河內和山西爲冀州，黃河下游爲兗州，山東半島爲青州，河淮平原爲徐州，長江下游爲揚州，長江中游爲荊州，中原一帶爲豫州，秦嶺以南、四川盆地爲梁州，關中與隴西爲雍州。作者此處則以九州爲天下，問九州安置在什麼上面？後兩句則涉及神話中，渤海東邊的無底大壑歸墟的故事。

【韻】洿、故同遇韻。

【大意】九州安置在什麼上面？川谷何以那樣低陷？百川東流入海總不能把大海塡滿，誰知什麼緣故？

東西南北⑬⑨，其修孰多⑭⓪？

南北順墮⑭①，其衍幾何⑭②？

⑬⑨東西：指大地的寬度。南北：指大地的長度。

⑭⓪修：長。孰多：哪個多。

⑭①順：循。墮：同橢，狹長。

⑭②衍：多出的部份。

洪水平息之後，禹命手下兩位天神太章和豎亥去丈量大地，太章從東極走到西極，豎亥從北極走到南極，彼此所量得的都是二億三萬三千五百里七十五步（見〈淮南子·地形篇〉）。那時認爲大地是四方的。秦漢先民之居地，北不及塞漠，南不踰長江，故諸書所記地形廣袤之數，皆東西長而南北短。（見〈山海經·中山經〕、〔開元占經·地占篇〕引〔河圖括地象〕都說「東西二萬八千里，南北二萬六千里。」〔太平御覽〕七十八引〔春秋命厤序〕：「東西九十萬里，南北八十一萬里。」）

【韻】多、何同歌韻。

【大意】大地的東西和南北，到底誰長誰短？都說東西長，長有多少？

雄虺九首⑭③，儵忽焉在⑭④？

何所不死⑭⑤，長人何守⑭⑥？

⑭③虺：（音悔）蛇的別名。

⑭④儵忽：倏本字，同倏忽。迅疾。

⑭⑤不死：神話傳說中，有不死國，不死民。

⑭⑥長人：神話中的巨人。

共工的臣子，九首蛇身的相柳，逃到崑崙附近，禹治水的時候又出來搗亂。這個九頭怪物行動迅速，貪婪無饜，九隻腦袋同時吃着九隻動物，給他噴一噴的地方馬上成爲水澤，水澤裡的水又辣又苦，附近的人和鳥獸都無法活命，於是禹便用神力把相柳殺死在崑崙山北邊。巨蛇的血像瀑布一樣傾瀉下來，氣味腥臭難聞，血流過的地方，五穀不生，整個地方無法住人。禹就以泥土堙塞，可是塡了三次，地仍然陷了下去，禹乾脆將它闢做池子，各方天帝就在池邊築起一個鎭妖臺。（見〔山海經·大荒北經〕）

大荒西北有「無𦜯國」，無𦜯是沒有後嗣的意思。他們沒有男女的分別，長年住在山洞裡，無需工作，只要喝喝空氣，或撈幾條小魚，有時乾脆吃泥土，死後埋在地下，心臟不停止跳動，過了一百二十年後又從土裡爬起來，一樣的活了又死，死了又活，是著名的不死之國。（見〈山海經．海外北經〉）又在南方的荒野，有「不死民」的部族，所有人都是黑色的皮膚，住在員邱山附近，員邱山有一種「甘木」，吃了甘木的果子就可以不死，山下有一個「赤泉」，喝了赤泉的水也可以長生。（見〈山海經．海外南經〉）

禹奉上帝之命治水，水神共工很不服氣，故意把水「振滔」，一直淹到空桑。禹決心與共工一戰，便在會稽會合天下羣神，大家都到了，只有防風神驕自大，遲遲後至，禹便把防風神殺了。過了一兩千年，春秋時候，吳王夫差攻打越王勾踐住的會稽山，戰事非常猛烈，後來從毀壞的山裡掘出一塊巨大的骨頭，整整裝了一部車子。請教博學的孔子，孔子說出這段故事，大家才知道是防風氏的骨頭。防風氏既是天神，又是防風部族的祖先。洪水平息之後，天上降下兩龍來，禹就派臣子范成光駕這兩條龍，到海外各國去巡視，這時，居住在南海的防風氏部族，兩個臣子一直守候禹到來，要替他們的國君報仇，未等范成光降下，他們就發箭向雲瑞射去，立即行雷閃電，兩龍帶着使臣騰雲而去。兩個臣子大驚，知道闖下大禍，拔出短刀把自己胸口戳了一個大洞，自殺死去。禹哀憐他們，拔去他們的短刀，敷上不死之藥。他們雖然活轉過來，但胸口仍然留有碗大的洞口，後來他們的子孫就自成一個國家，叫做貫胸國。（見〈博物志．外國〉）

【韻】首、守同有韻。在，古音且里切；在、死同紙韻。

【大意】雄的九頭凶蛇出沒無常，爲何轉眼不見？何處是不死之鄉？長人在等待什麼？

啓代益作后(147)，卒然離蠥(148)，
何啓惟憂(149)，而能拘是達(150)？

(147)啓：姒啓，禹和塗山氏所生的兒子，史稱夏后啓。益：禹的輔佐之臣。后：歷史上早期的君主許多稱爲

后，與後來的帝、王同義。

⑱卒然：突然。　離：通罹，遭遇。　蠥：（音孽）憂。

⑲惟：語助詞。

⑳拘：指啓被益拘禁。　達：出。

傳說夏禹登上帝位時，已是九十三歲，在位八年，當他一百歲時，以爲啓不足以任天下，便把帝位傳給益。但是政府部門裡都是啓的人，不久啓便和友黨攻益而奪得天下。

【韻】蠥，屑韻；達，曷韻。古韻屑、曷同屬一部。

【大意】啓奪取益的王位，終於遭到被拘禁之憂，爲什麼啓在憂患的時候，而能脫拘而出，反敗爲勝？

皆歸䠶𥷎⑮，而無害厥躬⑯，

何后益作革⑰，而禹播降⑱？

⑮皆歸：都是。　𥷎：同鞠。　䠶𥷎：選拔，這裡指禪讓。

⑯躬：身。

⑰后益：益，史稱伯益。　革：死亡。　作革：作古。〔禮記・檀弓〕：「衞有太史曰柳莊，寢疾。公曰：『若疾革，雖當祭，必告。』」

⑱播降：蕃衍下去。

堯把天下禪讓給舜，舜又禪讓給禹，禹又禪讓給益。禹和益的天下都是禪讓得來，不必經過你死我活的鬬爭。益的功勞僅於次禹。禹到處奔走治水，益也到處奔走，及時給人民以鳥獸的肉作爲食物，使人民免於餓死。所有史籍均稱「伯益」，唯獨〈天問〉稱他爲「后益」，可見作者對他賦予極大的同情。

【韻】降，古音胡公切；降與躬同東韻。

【大意】禹和益的天下都是從禪讓得來，何以益賠了老命？禹却能蕃隆播延？

啓棘賓商(155)，九辯九歌(156)，
何勤子屠母(157)，而死分竟地(158)？

(155)棘：屢次。　賓：作客。　商：宮商的商，指音樂。
(156)九辯、九歌：天上樂曲的名稱。
(157)勤：愛惜。　屠：裂。
(158)死：通屍。　竟地：滿地。

啓是禹的兒子，所以身上也充滿神性。神話中的啓，耳朶上掛着兩條青蛇，身上佩着玉璜，駕兩條龍，三層雲簇擁着，左手一把羽傘，右手拿一個玉環。他曾三次上天帝那兒去作客，就把天樂「九辯」和「九歌」悄悄記住，帶回人間，把它修改成「九韶」，然後集中最好的樂師，在一萬六千尺高叫做「大穆」的地方作第一次演奏。成績很好，又叫人編寫舞劇，在大運山北方叫「大樂」的地方表演起來。（見〈山海經・大荒西經〉和〈海外西經〉）

下兩句是女嬌生啓的故事。禹治水到了轘轅山，（今河南偃師縣東南），要把山打通，便在山崖上掛了一面鼓，告訴在山後做飯的妻子女嬌，聽見鼓響就把飯送來。然後變成一頭毛茸茸的大黑熊去開山，不小心爬起的石頭把鼓打響，女嬌便把飯送過來，看見自己的丈夫竟是一頭黑熊，羞愧得丟下飯籃回身拚命逃跑，禹一直追到嵩山脚下，女嬌

急得變成一塊石頭。禹大叫：「還我的兒子來！」於是，石頭向北破裂，生下兒子啓。

【韻】地，古音徒二切；古音歌、地同韻。

【大意】啓屢次作天帝賓客，把九辯九歌帶到人間，他的父親何以祇愛惜兒子，塗山氏如何屍分滿地？

浞娶純狐(159)，眩妻爰謀(160)，

何羿之䠶革(161)，而交吞揆之(162)？

(159)浞：寒浞，后羿的臣子。純狐：黑狐狸。

(160)眩妻：卽玄妻。〔左傳·昭公二十八年〕：「昔有仍氏生女黰黑而甚美，光可以鑒，名曰玄妻，樂正后夔取之，生伯封，實有豕心，貪婪無饜，憤戾無期，謂之封豕。有窮后羿滅之，夔是以不祀。」爰：與。謀：陰謀。

(161)射革：卽貫革之射。

(162)吞：滅，吞吃。揆：算計。

夏后啓死後，傳位給兒子太康，太康行爲荒誕，喜歡打獵，有一次帶領大隊人馬從首都安邑出發，打過中條山脈，渡過黃河，沿着邙山向東邊追逐，離開首都一百天，一直打到洛水南面。有窮氏一直掌握夏代的兵符，酋長后羿突然領軍切斷後路，發生政變，衞隊潰散，太康隻身逃往斟鄩。后羿不立卽黃袍加身，却讓太康的弟弟仲康繼位，自任宰相掌握實權。十四年後仲康逝世，后羿又讓仲康兒子姒相繼位，兩年後姒相被罷黜，放往八百里外的斟灌，后羿正式登上帝位，償了心願。這就是中國歷史傳說中的「后羿篡位」。

這位「后羿」，與神話傳說中那位射下九個太陽的「羿」不同，羿是天神，后羿却原本是農家子弟，因仰慕爲民

除害的天神羿，自己又喜歡射箭，便也取名叫羿。後來跟義父楚狐父學得一手好箭法，終於做了有窮氏的酋長。夏朝有個屬國叫寒國，寒部落的酋長寒伯明，有個善於花言巧語的兒子寒浞，闖下大禍被父親趕出家門。此時后羿正在招兵買馬，寒浞便前往投奔。后羿登上帝位，天下諸侯只有叫伯封的不服。伯封是堯帝手下的樂官后夔的兒子。后夔有個少妻名叫「玄妻」，是有仍氏的女兒，皮膚稍黑長得十分漂亮迷人，外號叫「黑狐狸」。生下伯封，不久后夔就死了，玄妻變成年輕的寡婦。后羿偶然看見她，立刻意亂情迷，決心把她弄到手，寒浞便獻計，說伯封搜刮無道，貪婪無饜，像山上的大野豬，后羿就將伯封殺死，納玄妻爲妃。寒浞遂成爲后羿的親信，終於做了宰相掌握兵權。

寒浞常常趁后羿出去打獵時，與玄妻廝混，兩人終於搭上。玄妻想報殺子之仇，寒浞想取后羿而代之，於是兩人商量謀害后羿。寒浞慫恿后羿打獵，當后羿打獵回宮時，發生歷史重演。后羿的衞士突然叛變，寒浞帶着軍隊及時趕到，后羿喜出望外，以爲來了救兵，寒浞却下令將他捉住，活活打死。

【韻】謀，古音讀佩切，隊韻；挨，紙韻。古韻同屬一部。

【大意】寒浞與后羿的妻子合謀，殺了后羿娶了「黑狐狸」，后羿武勇善射，竟然被害？

天式縱橫⑯³，陽離爰死⑯⁴，
大鳥何鳴，夫焉喪厥體⑯⁵？

⑯³式：法則。縱橫：無所不包，無所不在。
⑯⁴陽：陽氣，指靈魂。爰：乃。
⑯⁵體：身體。

寒浞捉住后羿，活活將他打死，然後將尸體抬回宮中，用鼎鍋煮成肉糜，逼他的兒子吃，兒子不肯吃，便把他兒子殺死於「窮門」。傳說中，后羿死後，靈魂化成一隻大鳥飛鳴而去。

【韻】死，紙韻；體，薺韻。古韻紙薺同屬一部。

【大意】自然的法則橫豎分明，陽氣離體有只死亡，后羿死後何以化成一隻大鳥飛鳴，不見了他的尸身？

惟澆在戶⑯，何求于嫂⑰？

何少康逐犬⑱，而顛損厥首⑲？

⑯惟：發語詞。　澆：寒浞的長子。　戶：家。

⑰嫂：女歧，后羿兒子的妻子。

⑱少康：夏代的中興之主，夏后啓的曾孫。

⑲顛：折斷。　隕：墜落。

寒浞費了最大的機心，終於完成了心願，玄妻替他生下兩個兒子寒澆和寒豷，分別封在過邑和戈邑。等他們長大後，寒浞命長子寒澆領兵東征，消滅姒姓皇族，此時太康早已死去，寒澆在斟灌把姒相殺死，姒相的妻子從牆洞裡逃回娘家有仍，生下遺腹子少康。姒少康長大後，在蒲阪集結五百名敢死之士，奇兵突襲皇宮，殺死寒浞，奪回姒家天下，這就是著名的「少康中興」。

寒浞死了，寒澆仍在封地過邑。傳說他與后羿的媳婦私通，（就是那位不肯吃后羿肉糜，而被斬首窮門的兒子的名叫女歧的妻子）。寒澆的母親玄妻曾經是后羿的妻子，故澆稱后羿之媳女歧，當呼爲「嫂」。

【韻】嫂，古音蘇后切，與首同在有韻。

【大意】寒澆在他的嫂嫂房門口，向她求什麼？何以少康跟着犬追踪到來，結果砍掉他嫂子的頭，寒澆竟逃了？

女歧縫裳⑰，而館同爰止⑰，

何顚易厥首⑰，而親以逢殆⑰？

⑰女歧：寒澆的「嫂嫂」，也是寒澆的情婦。裳：這裡是指下身所穿的鎧甲。

⑰館：房舍。爰：乃。止：指寒澆與女歧同房住宿。

⑰易：替換。

⑰殆：被滅。〔荀子〕：「兵殆于垂沙。」

【韻】止與殆同在紙韻。殆，古音徒以切。

【大意】女歧經常替寒澆縫衣服，同被共枕，是少康弄錯了，還是女歧爲救情夫，有意替死？

浞謀易旅⑰，何以厚之⑰？

覆舟斟尋⑰，何取道之⑰？

⑰浞：舊本作湯，係浞字之誤，古時抄書，常有抄錯，今更正。易旅：篡位之意。

⑰厚：厚待。

(176)斟尋：即斟鄩，小國名。浞封澆於過，即在原來的斟尋地方建方新的諸侯過國。

(177)道：既指進軍路線，也指策略。　取之：指滅斟尋。

寒浞是個大野心家，想盡辦法接近后羿，隨時留意后羿的舉動，見后羿迷着玄妻，便獻計殺伯封奪取玄妻，后羿厚而待之，作爲親信，更命爲宰相。寒浞更進一步利用玄妻欲報殺子之仇，與之合作，在朝中施行賄賂，收買人心，培植自己的勢力。自己裝成好人，把一切過錯都推在后羿身上。玄妻故意製造不順心的事，撩撥他的脾氣使隨從侍衞時常受到無辜的打罵，漸漸懷恨在心。又剷除后羿身邊的四位賢臣，后羿完全蒙在鼓裡，還把大權交給寒浞。寒浞死後，少康突襲寒澆，寒澆的情婦有意替死，救了寒澆一命。寒澆披上堅甲與少康會戰，使出看家本領「蕩舟」，竟遭覆舟滅頂，少康終置澆於死地。

【韻】取，古音此苟切；厚、取同有韻。

【大意】寒浞一心簒位，后羿何以看不出他的陰謀，竟把大權交給他？寒澆最本領的就是蕩舟，少康用什麼辦法使他覆舟，置他於死地？

桀伐蒙山(178)，所何得焉？

妹喜何肆(179)，湯何殛焉(180)？

(178)桀：夏桀姒履癸，夏代亡國之君。　蒙山：既是地名，也是夏代的小國名。

(179)妹喜：又叫妹嬉，夏桀的正妃。　肆：過失。

(180)湯：商湯，成湯王，子天乙。　殛：誅。

夏代最後一位帝王夏桀，只顧吃喝玩樂盡情淫蕩，宮中製造肉林酒池，養着戲子、侏儒、馬屁精和狎客，在位三十四年時，山東有施部落突然觸怒君王，夏桀出動大軍進攻有施，有施部落抵擋不住願意投降，酋長獻上妹妹施妹喜。妹喜國色天香，夏桀遂立爲正妃。妹喜進宮後，夏宮更加荒唐。西南小國岷（蒙）山的姑娘漂亮出名，夏桀命岷山諸侯進貢美人，被拒，遂伐岷山。岷山戰敗，只好獻上兩位美人，一個叫琬，一個叫琰。夏桀寵愛兩個新來的妃子，把她們的名字刻在玉佩帶在身邊，妹喜從此便住在洛水的冷宮裡。

妹喜滿腹憤怨，要夏滅亡才能洩恨，遂與伊尹打交道，自動把夏朝的機密告訴伊尹。妹喜於湯亡夏有功，成湯敗桀後，把妹喜殺了。有說把妹喜和桀一起放逐於南巢。

【韻】得、殛同職韻。

【大意】夏桀征蒙山，得到什麼？妹喜有什麼過失，成湯何以要誅罰這位於他有功的女人？

緣鵠飾玉⑱，后帝是饗⑱，

何承謀夏桀⑱，終以滅喪？

⑱緣：因。　鵠：鵠鳥，卽天鵝。　飾玉：用玉修飾宮中烹調的銅鼎。

⑱后帝：上帝。　饗：以酒食奉神。

⑱承：奉命。　謀：圖謀。

伊尹是成湯有莘氏妃子隨嫁的臣子，初爲膳臣。成湯把他帶到廟堂，拿茯葦的青煙薰他，用祭祀的爟火熛他，再用豬牛的血塗在他身上，舉行除災祈福的儀式，叫伊尹祭祀天地。然後再在朝堂見他。伊尹那套進取天子勳業的計劃，令成湯心嚮神往，遂將興商滅夏的大事委託給他。

【韻】饗，養韻；喪，漾韻。古韻同屬一部。

【大意】伊尹守着一個鼎鍋，一塊砧板，因緣烹鵠鳥之羹，修玉鼎以事成湯，何以成湯竟將滅夏興商的大事付託在他身上，而終於達成了願望？

帝乃降觀⑱，下逢伊摯⑱，

何條放致罰⑱，而黎民大說⑱？

⑱帝：指成湯。　降觀：下去觀察。

⑱伊摯：成湯的宰相伊尹，姓伊名摯。

⑱條：鳴條的簡稱。成湯伐桀，桀走鳴條，流放而死。　致罰：招致懲罰。

⑱黎民：舊本作「黎服」，服字古隸省寫作𠬝，係傳抄時抄錯，今更正。　說：通悅。

傳說成湯出觀風俗，尋訪賢人，發現了伊尹。

成湯的軍隊攻破夏桀的行都斟尋，夏桀逃回首都，在西南十公里的鳴條佈陣。成湯迅速攻破首都，夏桀趕緊逃往鳴條。成湯精選七十輛戰車，六千精兵，乘勝追擊，兩軍相接，夏軍未等交戰已自崩潰。夏桀帶着妹喜一班寵妃，領着殘兵，坐着幾個破船，順流南下逃往南巢去了。成湯網開一面，不再追趕，夏桀精神頹喪，不久就悒悒而死。

【韻】摯，置韻；說，霽韻；古韻置、霽同屬一部。

【大意】成湯出觀風俗，尋訪賢人，終於遇到了伊尹。何以在鳴條把夏桀放走，行天之罰，讓他自生自滅，而天下百姓都很高興？

簡狄在臺⑱，嚳何宜⑱？

玄鳥致貽⑽，女何喜⑾？

⒅簡狄：有娀氏的女兒，嚳帝第二個妻子，生了契。臺：高屋。

⒆嚳：嚳帝高辛氏，神話傳說中古代的帝王。宜：喜愛。

⑽玄鳥：古代稱燕子爲玄鳥。致貽：致送禮物。

⑾喜：這裡指懷孕。

傳說中，有娀氏有兩個漂亮的女兒，一個叫簡狄，一個叫建疵，住在一個特爲她們建造的九層高的高臺裡，天帝常派燕子去看她們。簡狄後來做了嚳帝第二個妃子。有一天，她和兩個女人到河邊洗澡，突然飛來一隻燕子，在她們身邊飛來飛去，然後在水濱生下一個蛋來，簡狄便把這個蛋吃了。因此懷孕生了契。這就是「玄鳥生商」的故事。契長大後助禹治洪水有功，舜封他在商這個地方，賜他姓子氏，他就是商民族的始祖，成湯王子天乙是他的第十四世孫。

【韻】宜，支韻；喜，紙韻；支紙同屬一部。

【大意】簡狄深居在高臺，嚳帝何以喜愛？燕子送來禮物，何以使她懷孕？

該秉季德⑿，厥父是臧⒀，

胡終弊于有扈⒁，牧夫牛羊？

⑿該：卽殷王亥，殷（商）的祖先。亥是正寫，該與亥通。〈史記〉作振，〈世本〉作胲，都是指亥。秉：承受。季：亥的父親（〈史記・殷本紀〉作冥）。德：德澤。

⒀臧：善，這裡作榜樣解。

(194)弊：通斃。有易：古國名。舊本作「有扈」，金文「易」字寫作「沪」故訛作扈，今更正。殷的始祖契，被舜封於商。至十四代孫成湯滅夏，建都在亳（音播），定國號爲商，幾次遷都，到了盤庚遷於殷（現在河南偃師西部），並改國號爲殷，因此殷卽是商。「王」是殷代對他們祖先的尊稱。

成湯的第七世祖王亥，繼承父親王季的事業，商族人一直在黃河北岸過着遊牧生活，王亥對飼養牲畜很有研究，所以他族中的牛羊總是又肥又壯。後來和弟弟王恒帶着牧夫趕着一大羣牛羊去到西方的有易族去做生意，因與有易國王綿臣的妻子通姦，而被殺死，斬爲七段。

【韻】臧、羊，同陽韻。

【大意】七世祖王亥繼承父親王季的事業，以父親爲典範，怎麼會帶着牧夫牛羊，死在有易？

干協時舞(195)，何以懷之(196)？

平脅曼膚(197)，何以肥之？

(195)干：盾，古時亦作舞蹈道具，這裡指干戚舞。　協：和。　時：時常。

(196)懷：懷戀。

(197)平：平正。　脅：〈禮經釋例〉：「脊兩旁之肋謂之脅。」　平脅：肌肉豐滿，不見肋骨。　曼：潤澤細嫩。

有易國王綿臣，聽見商國王兄弟趕着大隊牛羊前來，趕緊帶了人馬遠去迎接，以最好的珍饈美釀欵待，綿臣請他們安住下來，請他們先把有易的歌舞美食好好欣賞，然後再談生意。王亥王恒兄弟一住就好幾個月，個個養得肥肥胖胖。

【韻】懷，佳韻；肥，微韻。古韻佳、微同屬一部。

【大意】有易王綿臣日日歌舞飲宴，王亥何以安於享受？何以要把王亥兄弟養得肥肥胖胖？

有易牧豎⑲⁸，云何而逢⑲⁹？

擊床先出⑳⁰，其命何從。

⑲⁸牧豎：牧童。

⑲⁹云何：說什麼。　逢：遇見。

⑳⁰擊床：在床上擊殺。　先出：走脫。

王亥好吃，什麼東西都吃得起勁，弟弟王恒却比哥哥多些心眼，他饑餓的眼睛到處搜尋美色，竟與有易國王綿臣美麗的妻子通姦。過了一段日子，風流成性的王后，覺得王恒已經不再新鮮，對老實敦厚，坐着像一段搖不動的大樹樁子，宴席上旁若無人、狼吞虎嚥的王亥更感興趣，她把王亥的慾火挑動起來，王亥無法逃出她的陷阱。

王亥不知道王恒與她的事情，還在弟弟面前訴說自己與她的戀情，因此燃起王恒的嫉恨。王亥兄弟未曾到來之前，王后與御前一位年輕的衞士早有愛昧關係，衞士欲向國王告密，可是沒有掌握眞憑實據，恐怕國王不信，反而害了自己。於是暗中留意王亥行動，竟然與王恒常常碰見，兩個情場失意的人結成聯盟，尋找機會洩憤。有一天晚上，王恒叫一個牧童悄悄地告訴衞士，王亥帶着七八分醉意歪歪倒倒進入了王后臥房。於是衞士迅速攀過宮廷的圍牆，推開虛掩的房門，祇見王亥躺在床上，手起斧落把王亥斬成七段。王后一見勢頭不對，早已不知去向。

【韻】逢、從同多韻。

【大意】有易的牧童，怎知道王亥與有易的王后在何處通姦？那年輕的衞士在床上把王亥斬成七塊，受了誰的指使？

恒秉季德[201]，焉得夫朴牛[202]？

何往營班祿[203]，不但還來[204]？

[201]恒：王恒，王亥的弟弟。

[202]朴牛：種用的牛，山西地方叫配種用的公牛爲朴牛。

[203]營：謀。　班祿：指取回財產。

[204]但：徒手。漢代沒有樂器伴奏的徒歌叫「但歌」（見〈宋書・樂志〉），這裡作空手解。　還來：回來。

有易王綿臣氣炸胸膛，立刻下令驅逐王恒出境，並沒收全部牛羊。王恒狼狽逃回商國，繼承了哥哥王亥的王位。王亥被殺，商族人民憤恨萬分，促請王恒向有易進軍。王恒心懷鬼胎，恐被人揭露謀害哥哥的事，決定先禮後兵，親自去有易索還牛羊，尤其是那些良種的朴牛。綿臣見王恒做了商王，祇帶少數隨從而來，知道商國有準備，趕緊迎接，一等王恒開口，就將人畜全部交還。王恒得回這大批財產，却不想回去，就在有易逍遙自在的住了下來，一住幾年。

【韻】牛，古音魚其切；來，古音陵之切。牛、來同支韻。

【大意】王恒意外地繼承王位，也算是繼承父親王季的基業，還想得回失去的牛隻？何以親去討回財產，一去幾年，眞是不空手回來？

昏微遵迹[205]，有狄不寧[206]，

何繁鳥萃棘[207]，負子肆情[208]？

(205)昏：作「糊塗的」解。微：上甲微，王恒的兒子（〔史記〕錯作王亥之子）。遵：遵循。迹：踪迹。

(206)有狄：卽有易。狄爲易的假借字，古時狄、易二字通用。

(207)繁：多。萃：聚。棘：有刺的權木叢。

(208)負：恃。〔史記〕：「武安負貴而好權。」子：指上甲微。肆：縱兵。〔大雅・大明〕：『涼彼武王，肆伐大商。』注：『肆，縱兵也。』肆情：縱兵發洩憤恨之情。

商族人不見王恒回來，便擁王恒的兒子上甲微爲王。年輕的上甲微，沒有弄淸眞相，恨有易人殺害了伯父又扣留父親，便決心把有易掃平，大軍叢集，蒼鳥羣飛。素無戰鬪準備的有易怎敵得過草原上驃悍的騎兵。綿臣在混戰中丟了老命。商軍進入王城，王恒被憤怒的有易人殺死，上甲微更相信父親被扣是實情，於是縱容軍隊大肆屠殺擄掠，殺得有易幾乎斷絕人煙，到處只見一些怪模樣的野鳥，望着地上的屍體啞啞悲鳴。

【韻】寧，靑韻；情，庚韻。古韻靑、庚同屬一部。

【大意】糊塗的上甲微沒有弄淸眞相，就把有易攪得雞犬不寧。何以蒼鳥羣飛，大軍壓境，恃自己是王恒的兒子，爲報父仇滅了有易，還要把人殺盡？

眩弟並淫(209)，危害厥兄，

何變化以作詐，而後嗣逢長(210)？

(209)眩：惑亂，見利忘義。弟：指王恒。並淫：王亥王恒都和有易王綿臣的妻子通姦。

(210)逢：大，猶盛。〔尚書・洪範〕：「子孫其逢。」馬注：「逢，大也。」

上甲微呑併有易後，商族興旺開始，上甲微至成湯約二百年，成湯滅夏，統治中國約六百年。被周取代後，他們的子孫仍受周室敕封，保留一個宋國又達六百餘年。

【韻】兄，古虛王切。兄、長同陽韻。

【大意】那個蠱惑的弟弟與哥哥都有份去淫人之妻，還害死哥哥。何以這種變化多端而詭詐之人，他的子孫却長發其祥？

成湯東巡，有莘爰極㉑，

何乞被小臣㉒，而吉妃是得㉓？

㉑有莘：古國名，或作有侁，在伊水一帶。爰：於。極：最終的地方。

㉒乞：求。小臣：指伊尹，當時在有莘國御膳房作膳臣，並無地位。

㉓吉：指有莘王的女兒，成湯娶了她，得到伊尹，後來成爲天子，故曰吉妃。

【大意】成湯出巡東方，一直來到有莘國，爲了得到伊尹，竟然去娶有莘王的女兒？伊尹在有莘作廚師，成湯聽說他很有才幹，便借打獵，一直來到有莘國，請有莘王割愛相贈。有莘王沒有答應，成湯便要娶有莘王的女兒爲妻。

【韻】極、得同職韻。

水濱之木㉔，得彼小子，

夫何惡之㉕，媵有莘之婦㉖？

㉔水濱：伊水之濱。木：這裏指桑木。

⑮惡：厭惡。

⑯媵：（音映）古代陪嫁的男女。

關於伊尹出世，有段傳奇的故事：伊水岸邊，有個懷孕的有莘氏姑娘，有天晚上，夢見神人告訴她：「舂臼出了水就向東走，千萬不要回頭看！」第二天舂米臼果然出了水，她就趕緊叫鄰居們離開村莊，一直向東走了十幾里，却忍不住回頭望望家園。只見家園淹沒在茫茫大水裡，身後的洪水正在洶湧而來，她嚇得擧手驚呼，就在此時，她的身體突然變成一株空心的老桑樹，洪水也就在她跟前退了。過些日子，採桑的姑娘在這株空心桑樹的肚子裡，發現一個赤裸裸的小男嬰，便抱回來獻給她們的有莘國王。

有莘王叫廚子帶去撫養，長大了也就做了御膳房的廚子。不但能烹調一手好菜，還勤奮自學，很有學問。後來又兼做有莘王女兒的教師。伊尹又矮又黑，不長眉毛，有莘王一點也不喜歡他，但也不願意就送給成湯。後來聽說成湯要娶他的女兒，有莘王知道成湯是個賢君，非常高興，就把伊尹當做陪嫁的臣子送了過去。

【韻】婦，古音扶委切。子、婦同紙韻。

【大意】水邊的空心桑樹裡拾來的男嬰，有莘王何以瞧他不起，讓他作女兒陪嫁的臣子？

湯出重泉⑰，夫何罪尤⑱？

不勝心伐帝⑲，夫誰使挑之⑳？

⑰重泉：在夏臺內，夏桀在夏臺（又叫鈞臺）修了一個關押重犯人的監獄，重泉是夏臺監獄裡的水牢。

⑱罪：舊本作辠，古罪字。尤：過。

⑲勝：作克制解。帝：指夏桀。

(220)挑：挑動。

夏桀荒淫無道，築瑤臺，設肉林酒池，製造炮烙酷刑，殺死賢臣關龍逄，妄自尊大，自稱「天父」。玩得昏天地黑，竟把宮苑裡養的老虎放縱到鬧市上，看見人們狂奔逃命以爲娛樂，臣下敢於諫諍的，輕的定罪，重的殺頭。成湯同情他們，派人去弔祭這些無辜的死難者。夏桀以爲成湯故意收買人心，聽信讒臣趙梁的話，用詔書把成湯召來，把他關在夏臺監獄內叫做重泉的水牢裡。後來商國派人以大量財物，上下疏通，夏桀看在財寶份上，才把成湯放了。傳說伊尹向成湯說了七十次，成湯還未下定決心伐夏，直到第七十一次才正式下定決心。

【韻】尤，古音云其切。尤、之同支韻。

【大意】成湯從夏臺監獄的重泉水牢獲釋出來，其實他有何罪過？終於不能克制自己的心去討伐桀帝，是受了誰的挑動？

厥萌在初(220)，何所億焉(221)？

璜臺十成(222)，誰所極焉(223)？

(220)萌：萌芽。　初：始。

(221)億：料度。

(222)璜：近似玉的美石。　璜臺：玉（美）石建造的高臺。　成：重。

(223)極：止境。

商代的亡國之君，第三十一任帝紂王，幾乎是夏桀的翻版。商紂王荒淫無道步着夏桀的後塵。當初紂王作象牙筷子老叔箕子就有一種不祥的預感，嘆道，「用了象牙筷子，必然會用玉杯，有了玉杯，就會要熊掌豹胎，然後必然會大建宮殿。繼續下去，不知如何善後！」

果然不出箕子所料，紂王奢侈荒唐，以七年時間建造三里寬，高千尺的「鹿臺」，再造更大的「傾宮」和「瓊室」，全部玉石爲門，用美玉裝成。又在鉅橋建最大的倉庫，不惜苛捐雜稅，橫歛暴徵。刻意擴大沙丘的花園，搜求怪獸珍禽，宮中也以酒爲池，懸肉爲林，命樂師作淫曲配以淫舞，叫男女脫得一絲不掛，互相追逐表演。

【韻】億，古音乙力切，億、極同職韻。

【大意】從紂王開始作象牙筷子所露出的端倪，箕子確非虛臆。璜臺建到十層，誰知它的止境？

彼王紂之躬㉔，孰使亂惑？

何惡輔弼㉕，讒諂是服㉖？

㉔躬：身。

㉕惡：憎惡。輔弼：輔佐帝王的宰相大臣。

㉖讒：說人壞話。諂：獻媚奉承。服：用。

妲妃進宮以後，紂王更加暴虐，恢復六百年前的炮烙酷刑，無緣無故砍下老翁的足脛，看他的骨髓是否不實，何以怕冷。對孕婦發生興趣，下令剖開肚子看看胎兒長得怎樣。嫌九侯的女兒不够淫蕩，殺了她還把九侯也剁成肉醬，鄂侯出面阻止，連帶把鄂侯殺了，把他的肉一片片割下做成脯乾。西伯姬昌（文王）嘆息一聲，紂王聽信崇侯虎的讒言，立刻把他抓來關進羑里的牢裡。

【韻】服，古音必墨切。惑、服同職韻。

【大意】誰使紂王縱慾昏亂？何以憎惡輔國的三公大臣？而用那些阿諛奉承的小人？

比干何逆[227]？而抑沉之[228]！

雷開何順[229]？而賜封金[230]！

[227]比干：王子，名干，封於比，紂王的叔父，諫紂被殺，歷史上作爲忠臣的典範。　逆：並紂王之心。

[228]抑沉：按下使之沉沒，置於死地。

[229]雷開：紂臣，善於阿諛而得寵。　順：順紂王之心。

[230]封：指封爲諸侯。　金：指賜之金玉。

西伯的勢力不斷擴大，滅了黎國，一直向東擴展，紂王繼續淫樂胡爲，微子再三勸他不聽，於是與子啓，祖尹等逃走。比干說：「爲人臣子不能說走就走，就是殺頭挖心也得據理力爭。」於是繼續苦勸，勸得紂王爆火：「聽說聖人的心有七孔，我想看你到底是不是！」武士立刻把比干的心剜出，血淋淋地獻到紂王面前。

雷開在朝中的地位本來不高，因能順紂王之心，乃賜之金玉封爲諸侯。

【韻】沉、金同侵韻。

【大意】比干有什麼罪，要將他剖腹剜心？雷開順紂王之心，就賞賜金玉　封爲諸侯？

何聖人之一德[231]，卒其異方[232]？

梅伯受醢[233]，箕子佯狂[234]！

[231]聖人：見識極其卓越，行爲極其高尚的人。　一：同。　一德：有同樣的品德。〔孟子〕：「先聖後聖其揆一也。」

㉜卒：終，結局。　異方：不同的方法。

㉝梅伯：紂時諸侯。　醢：（音海）肉醬，古代暴君把罪犯剁成肉醬的酷刑。

㉞箕子：姓子名胥餘，紂王的叔父受封於箕。　佯狂：假裝瘋癲。

看見比干被紂王剖腹剜心，梅伯被醢成肉片，老叔箕子知道厄運難逃，趕緊裝成瘋瘋癲癲，可是紂王也沒有將他放過，仍把箕子囚禁起來。

【韻】方、狂同陽韻。

【大意】何以聖人德行都那樣如一，彼此的結局各不相同？何以梅伯被醢成肉片？老叔箕子要裝成瘋瘋癲癲？

皇天集命㉟，惟何戒之㊱？
受禮天下㊲，又使至代之㊳！

㉟皇天：上天。　集命：集大命於人君。〔尚書・太甲上〕：「天監厥德，用集大命。」

㊱戒：警惕。

㊲禮：與理通。　受禮：此爲雙關語，作「受天子之禮」及「受天命治理」解。

㊳使至：使到。　代：替換。

這是作者對夏、商兩代都出現桀、紂同樣的暴君而發出的感嘆。

【韻】戒，卦韻；代，隊韻。古韻卦、隊同屬一部。

【大意】上天集大命於人君，人君應當如何警惕謹愼，以保帝位？雖受命治理天下，上天仍然可以使到他被替換！

初湯臣摯(239)，後茲承輔(240)，

何卒官湯(241)，尊食宗緒(242)？

(239)初：起初，指湯在世之時。　臣摯：以伊尹爲臣。

(240)後：指湯去世之後。　茲：則。　承輔：繼續輔佐成湯的子孫。

(241)卒：終。　官湯：做湯的官。

(242)尊食：在祖廟受子孫祭饗。　緒：旁及。　宗緒：附在祖宗（成湯）之旁。

伊尹是成湯開國重臣，可以說沒有伊尹也就沒有成湯的天下。成湯死後，他又繼續輔佐商朝幾代君主：帝外丙（成湯之子，太子太丁早死，故由外丙繼位）、帝仲壬（外丙之弟）、帝太甲（太丁之子）。尤其對太甲的嘵嘵不休，懇懇切切，那番苦心，實在令人感動。能够如此教訓帝王的，伊尹之後沒有第二人。太甲爲帝三年，昏暗不明，不遵成湯法度，彰彰劣跡，於是伊尹在成湯的墳墓旁邊造了一座桐宮，把太甲放逐桐宮，使他切近祖父墓地，盼爲哀思所動。太甲在桐宮住了三年，終於善念復生，深責自己，努力向善，伊尹遂親自奉上天子冠冕，迎接太甲回都，並把政權歸還。其實伊尹可以取而代之，可是，他始終專一於湯。沃丁八年，伊尹死了，大霧三日，沃丁葬以天子之禮，祀以大牢，親自主持喪禮三年，以報大德。並入祀商朝祖廟，附祭在成湯之旁，永受商朝子孫祭祀。

【韻】輔，虞韻；緒，語韻。古韻虞、語同屬一部。

【大意】成湯在世之時，以伊尹爲臣，成湯死後，他繼續輔佐成湯的兒孫，何以致死做成湯的官，始終安於臣位，死後入祀祖廟，附在成湯之旁，一同受到祭祀？

彭鏗斟雉㉔③，帝何饗㉔④？
受壽永多㉔⑤，夫何悵㉔⑥？

㉔③彭鏗：彭祖，姓籛名鏗，被堯帝封於彭城，傳說活了八百餘歲。斟：獻上。雉：指野雞湯。
㉔④帝：天帝。饗：享用。
㉔⑤永：長。
㉔⑥悵：悵惘。舊本誤抄作長。

傳說中彭祖是顓頊帝的玄孫，〈世本・氏姓篇〉說他的父親是陸終，娶了鬼方氏的女兒，名叫女嬇，懷孕三年，生不下孩子，只得剖開左腋下面，取出三個兒子，剖開右腋下面，又取出三個兒子，彭祖就是其中一個。

彭祖從堯帝時代，一直活到周朝初年，據說當殷朝末年，彭祖已經活了七百六十七歲，仍不見衰老，殷王派了一個采女向他請教延壽方法，彭祖說：「我是遺腹子，三歲死了母親，後來遭犬戎之亂，流離西域，過了一百多年。至今死去四十九個妻子，連夭折共失去五十四個兒子，自幼身體不好，幾經憂患，缺乏調養，和氣折傷，看我滿身枯瘦，恐怕不久於人世了，哪有經驗可談！」從此不見彭祖踪影。七十年後，有人在流沙國的西方見他騎着一匹駱駝慢慢走着。傳說彭祖擅長烹調美味的野雞湯，把湯奉獻天帝，天帝很喜歡，就賜他八百歲。可是，彭祖臨死時還不滿足，覺得自己太短命了。

作者將伊尹一生安於臣位，與彭祖八百歲猶嫌命短，作強烈鮮明的對比。將之安排在「皇天集命，惟何戒之？受禮天下，又使至代之！」之下，更有意義。

【韻】饗、悵同養韻。

【大意】彭祖斟他最擅長烹調的野雞湯去奉獻天帝，天帝何以覺得滋味不錯接受祭饗？何以天帝一高興就賜給他壽命八百年，他仍嫌命短，還想再長？

稷維元子㉔⑦，帝何竺之㉔⑧？
投之于冰上，鳥何燠之㉔⑨？

㉔⑦稷：后稷，周的始祖。元子：長子，稷是嚳帝的第一個妻子生下的第一個兒子。
㉔⑧帝：上帝。竺：厚。〔爾雅．釋訓〕：「竺，厚也。」
㉔⑨燠：音郁，暖。

周的始祖后稷，名棄，她的母親是有邰氏的女兒姜嫄，姜嫄做了嚳（音酷）帝的元妃。有一天，姜嫄到野外去，看見一個巨人的足迹，便高興地用脚去踩它，誰知道這一踩，身子有了感動，竟然懷起孕來，後來嫁了嚳帝，生下一個兒子。嚳帝以爲不祥，把他棄在狹巷，來往的牛馬牲畜都避開不敢踐踏他。把他弄去山林裡抛棄，又遇着山林裡許多人在伐木，只好把他抛棄在溝渠中的寒冰上。一隻大鳥突然飛來，以一隻翅膀蓋着他，另一隻翅膀墊着他，給他取暖。嚳帝感到神奇，便把孩子抱回來撫養，給這個原想抛棄的孩子，起了一個名字叫棄。

此時傳說中的嚳帝已是人王，他的前身是神話中的俊帝（見拙著〔神話與傳說．俊帝與嚳帝〕）。古代婚姻制度未確定時，妻生首子，往往疑其挾他種而來，故有殺首子之風。〔漢書．元后傳〕：「羌胡尙殺首子。」注：「言婦初來所生之子，或他姓。」

因此后稷的出世也和伏羲相似，華胥氏女兒是在雷澤遊玩時，踩了地上的大脚印，因而感生了雷神的兒子伏羲。后稷卻沒有伏羲那麼幸運。姜嫄當是處女懷孕，然後才做了嚳帝的元妃，嚳帝不想「挾他種而來」，才有后稷見棄之事。

作者特別提出后稷是個元（首）子，這個元子既然被棄，天帝何以要厚愛於他？不讓他被牛羊踏死，不讓被冰凍死。原來要在他子孫身上傳下一個周朝來！

【韻】竺、燠同屋韻。

【大意】后稷是嚳帝元妃姜嫄生下的首子，天帝何以不讓他死去，而且處處保護他？他被拋棄在溝渠的寒冰上，而派大鳥來溫暖他？

何馮弓挾矢㉕⓪，殊能將之㉕①？
既敬帝切激㉕②，何逢長之㉕③？

㉕⓪馮弓：張弓。　挾矢：持箭。
㉕①殊能：極能。　將之：統率之。
㉕②敬帝：祀天。別本作驚帝，義不順。　切激：殷切。
㉕③逢長：久長。

后稷小時候就喜歡種穀子，種荳種麥，長大後做了堯帝的農師，教導人民農耕。傳說他還善射，並作過堯的司馬。后稷祀天殷切，他的後代一直到了周文王父子才取得天下。

【韻】將，去聲；長，古音直亮切。將、長同漾韻。

【大意】何以后稷除了教稼之外，竟擅長武功，衆人都願聽他調遣？從后稷開始，周民族就殷切祀天，希望得有天下，何以上帝讓他們等了這麼久的時間？

伯昌號衰㉔，秉鞭作牧㉕，

何令徹彼岐社㉖，命有殷國？

㉔伯昌：周文王姓姬名昌，殷紂時爲西伯。號衰：號令於衰世。

㉕秉鞭：喻執政。作牧：文王執鞭持政爲雍州之牧（州長）。

㉖徹：修建。岐：岐山，在今陝西省，周滅殷之前在此立國。社：土地神社。

周文王姬昌，是紂王的臣子，封西伯，岐山是周民族的發祥地。后稷以來，周民族祀天殷切，漸有欲王天下的趨勢，這段歷史，〔竹書紀年〕有載：「太丁二年，周人伐燕京之戎。四年，周人伐余無之戎，克之。七年，周人伐始呼之戎，克之。十一年，周人伐翳徒之戎，捷其三大夫。」到了文王姬昌，更加不斷擴張，以岐山爲根據地，終於取得殷紂天下，周武王遂將土地神社擴爲大社，周之政令遂行於天下。

【韻】牧，古音莫逼切；牧、國同職韻。

【大意】文王號召於殷朝衰世，執鞭持政爲雍州州長，何以不斷擴張勢力，終於取代了殷商？

遷藏就岐㉗，何能依㉘？

殷有惑婦㉙，何所譏㉚？

㉗遷藏：暗中轉移，指諸侯轉變了向心。就岐：嚮往岐下。

(258)依：親近。

(259)惑：迷惑。　惑婦：指妲己。

(260)譏：諫。

紂王暴虐，諸侯離心，大家以為天命已經轉移，商紂快要亡國，西伯姬昌，非常仁愛，善養老者，葬死人之骸，請除炮烙之刑，諸侯暗中傾向於他。紂王聽信崇侯虎之言，西伯在諸侯中最具影響力，姬昌在暗中收買人心，便把西伯姬昌關在羑里的牢房。妲己不斷迷惑紂王，在九侯、鄂侯、梅伯、比干這些三公重臣都被剁成肉醬，醢成脯乾，剖腹剜心之後，誰還敢進諫？

他本前兩句有作「古公亶父自邠遷岐，百姓隨之」解。但與下面「殷有惑婦」不貫通。

【韻】依、譏同微韻。

【大意】百姓都嚮往岐下，文王有什麼值得大家親近？紂王有惑婦妲己，三公重臣連續被剁成肉醬，有誰還敢譏諫？

受賜茲醢(261)，西伯上告(262)，

何親就上帝罰(263)，殷之命以不救(264)？

(261)受：紂王姓子名受辛，歷史了大家都習慣稱他「紂王」，意思是殘害忠良的帝王。此處作接受。受賜：被賜。茲：此。醢：（音海）肉醬，指文王之子伯邑考的肉羹。

(262)上告：告祭上帝。

(263)就：受

(264)不救：不可挽救。

西伯姬昌被關在羑里的時候，他的兒子伯邑考還在首都朝歌做人質，負責紂王的車馬。紂王把他活活煮死，叫人把肉羹送給西伯，對人說：「聖人是不吃自己兒子的！」西伯對兒子的肉羹，不能不吃，他覺得罪孽深重，禱告上天，請把一切懲罰降在自己身上。紂王聽見西伯把肉羹吃得乾乾淨淨，還讚肉羹煮得鮮美，便非常高興，對西伯消除了戒心：「誰說西伯是聖人，呸！簡直是狗屁！」

【韻】告，古音居侯切。告、救同有韻。

【大意】紂王煮死了西伯的兒子伯邑考，西伯被賜食兒子的肉羹。何以西伯向上帝禱告，請把一切懲罰降到自己身上，上天却降罪紂王，使殷滅亡？

師望在肆(265)，昌何識(266)？

鼓刀揚聲(267)，后何喜(268)？

(265)師望：周文王姬昌非常敬重呂望，以呂望爲師。肆：買賣貨物的地方，市場，這裡指呂望操刀賣肉的肉肆。

(266)識：知道。

(267)鼓刀：敲打着刀子。

(268)后：指文王姬昌。

姜太公姓姜名尙，祖上助禹治水有功，被封在呂，故又叫呂望。滿腹經綸得不到舒展，因爲家貧，被老妻趕出家門。曾在朝歌賣肉，時運不濟，老妻下堂求去，傳說他最後到渭水的蟠溪，垂下無餌之釣，希望能遇明王，一展所長。終於得償所望，遇見文王。文王親自駕車接他回城拜爲國師，並對他說：「我那去世的太公常說，會有聖人來幫助周室興旺！」因此尊他爲「太公望」。

另一種傳說，說他在朝歌集市上賣牛肉，鼓刀屠牛之時巧遇文王，文王對他高明的肢解牛體的手藝很欣賞，親自問他，他說：「下屠屠牛，上屠屠國。」一席話把文王說得非常高興，便把他接了回來。作者採用後一說法。

【韻】識，式史切；喜，許記切。識、喜同置韻。

【大意】姜太公在朝歌市上賣牛肉，文王何以會知道他？鼓刀屠牛時說了哪些話，令文王那麼高興？

武發殺殷㉖⑨，何所悒㉗⓪？

載屍集戰㉗①，何所急？

㉖⑨武發：周武王姬發。殺：滅。

㉗⓪悒：不安。

㉗①載尸：車上載着文王棺柩。集戰：會戰。

文王姬昌回到西方後，第六年突然出兵滅崇，把崇侯虎吊死，整個殷朝爲之震盪。第二年文王病逝，太子姬發繼位爲武王，以姜太公爲師，此時內部意見並不一致，武王心感不安。文王尸骨未葬，武王急着出兵伐紂，出師前照例叫太史卜上一課，兆象大凶，百官猶豫。姜太公突然一手把龜殼蓍草掃落地上，說道：「枯骨死草知道什麼吉凶！出兵出兵！誰也不能阻擋我們！」武王就把文王的棺柩帶在軍中，以文王名義號召天下諸侯出兵伐紂。

【韻】悒、急同緝韻。

【大意】文王姬昌死了，武王伐紂何以不安？何以用文王的名義號召諸侯，載着文王的棺柩去會戰，急些什麼？

會朝爭盟㉗，何踐吾期㉗？
蒼鳥羣飛㉗，孰使萃之㉗？

㉗會朝：會師那天。爭盟：爭赴盟誓。
㉗踐：赴。吾期：武王定下的日期。
㉗蒼鳥：蒼鷹。
㉗萃：聚集。

武王以文王名義號召諸侯出兵伐紂，八百諸侯紛紛嚮應，各派精兵按照武王選定的日期赴約，大軍雲集孟津，蒼鷹羣飛，浩浩蕩蕩，開赴戰場。

【韻】期、之同支韻。

【大意】會師那天，諸侯都爭着參加盟誓，何以都照武王選定的日期滙合孟津？大軍雲集，蒼鷹羣飛，是誰使他們結成戰鬬的同盟？

列擊紂躬㉗，叔旦不嘉㉗，
何親揆發㉗，足周之命以咨嗟㉗？

㉖列擊紂躬：諸侯的聯合大軍向紂進擊。
㉗叔旦：周公姬旦，武王的弟弟。不嘉。不贊成。
㉘親：親自。揆發：指揮調度。
㉙足：作奠定解。周之命：周的天下。咨嗟：讚嘆。

傳說八百諸侯的聯軍出發向紂進軍，剛出孟津渡口，就有白魚跳上武王乘的大船，大家都說：壞了！周公以爲是不祥之兆，請武王還師，武王親自調度軍隊，勇往直前。又說武王伐紂的大軍來到黃河岸上，突然大雨大雷，周公急忙龜卜，可是龜殼不裂紋理，占筮不吉，妖而不詳，星變又凶。周公認爲天時不順。請武王還師，武王聽從姜太公的話，親自調度軍隊，不肯改變計劃，繼續勇往直前。終於一擧滅了殷紂。

【韻】嘉，古音居何切；嗟，古音遭何切。嘉、嗟同歌韻。
叔旦不嘉，指白魚躍舟事。武王伐紂，史傳二次起兵，與楚人傳說稍有出入。

【大意】正當諸侯大軍進擊殷紂之時，船出孟津渡口，白魚跳入武王的大船，周公請將計劃改變，何以武王親自指揮若定，終於令人讚嘆，一擧奠定周的天下。

授殷天下㉘，其德安施㉛？
反成乃亡㉜，其罪伊何㉝？

㉘授：給予。
㉛施：行。
㉜反成：反成功之道。

(283)伊何：如何。

回顧歷史，作者又看見一個暴君的滅亡。上天給予成湯天下，是因夏桀暴虐無道，有違天意，成湯仁慈，能行天之罰。成湯的子孫，是否能保有天下，要看他在位如何行事，「皇天集命，惟何戒之？受禮天下，又使至代之！」紂王不尊祖訓，走上與成湯相反的道路，就像夏桀一樣只有滅亡。看滿身罪惡的紂，如何悲慘收場——

武王渡過孟津，軍威更盛。不久在朝歌西南三十里的牧野紮下大營。紂王親自點了十七萬兵馬前來牧野，與武王的四萬五千人決戰。殷軍陣前叛變，調轉槍頭追殺暴君。大勢已去，紂王逃回都城，跑上鹿臺的摘星樓，引火自焚。武王親自向他再射三箭，然後以劍砍下他的人頭，跟一面白旗高懸起來。

【韻】施，古音詩歌切。施何同歌韻。

【大意】上帝是否繼續給殷這個天下，要看他們在位如何行事。既然喪失取得天下時所有的德行，反成功之道而行只有滅亡，他的收場如何？

驚女采薇(284)，鹿何佑(285)？

北至回水(286)，萃何喜(287)？

(284)女：這裡指村婦。　薇：一種長年都能生長的野菜。

(285)鹿：神鹿。

(286)回水：在首陽山下。

(287)萃：聚。

孤竹君生前想立兒子叔齊為國君，死後，叔齊不肯繼位，要讓給哥哥伯夷，伯夷堅決不肯，於是逃走。叔齊也隨着哥哥逃去。年歲漸大，找不到歸宿的地方，聽說周文王善待老人，於是一齊來到周國新都城豐邑。誰知剛到豐邑，文王就死了，武王未安葬父親，急着出師伐紂。祭旗出師這天，伯夷叔齊忽然攔着武王的征馬，公然指責武王不仁不孝，武士聽了正想打他一頓，姜太公急忙喝止：「他們兩個都是義人，誰都不許傷害他們！」接着叫幾個武士把他們摻扶開去。

伯夷叔齊不贊成武王伐紂，耻食周粟，便到首陽山隱居起來，只靠採薇充饑，一直過了三年。有一天，遇見一位婦人，兩人蓬頭垢面把她嚇一跳，問淸來由，婦人譏笑道：「兩位賢人，原來不吃周家的糧食，却躲到山裡來吃周家的野菜。」兩人無話可說，只道山野之婦不必理她。這村婦把話傳出去後，就有一個好事的讀書人王摩子找上山來，去見他們：「兩位不吃周家糧食，却在周家的山上隱居，還吃周家的野菜，這又如何解釋。」逼得兩老無路可走，乾脆連薇也不採。餓死算了！

餓了七天，上帝見他們這樣堅決，便派了一隻白鹿去給他們餵奶，他們又從垂死中恢復了體力，過些日子，有一天，正當他們津津有味地吮吸着鹿奶的時候，兩人不約而同地閃過一個念頭：「這鹿兒多麼肥壯，鹿肉的味道一定很美！」神鹿知道他們的心意，從此不見牠的影子，兩老又不吃周家的食物，就活活餓死了。

【韻】佑，古音羽軌切；佑、喜同紙韻。

【大意】伯夷叔齊不吃周粟，躲到首陽山去采薇，遇着個村婦，弄得薇也不採了，上帝何以派白鹿給他們餵奶？一心以爲來到豐邑投奔文王，老來有個歸宿，其實聚集在這裡，有何值得高興？

爭遣伐器㉘⑧，何以行之？

並驅擊翼㉘⑨，何以將之㉙⓪？

㉘爭：爭先。遺：捨棄。伐器：征伐的工具。

㉙並驅：並駕齊驅。擊翼：側面攻擊。

㉚將：駕馭。

武王姬發推翻殷商，統一天下之後，把多餘的牛馬散放在今陝西太華山附近的桃林塞，把戰車、盔甲、干戈封存武庫，以爲天下太平，從此安享富貴。

武王征服了殷商，以商人治商辦法封紂王的兒子武庚爲商王，仍統商地，但把商一分爲三，把弟弟姬鮮（管叔）、姬度（蔡叔）、姬處（霍叔）派去作爲監國，史稱三監。武王封姜太公於營丘，國號齊；封四弟周公旦於曲阜，國號魯；封召公奭於燕，封三弟姬鮮於管，封五弟姬度於蔡，其他各人依次受封。武王班師回周地，將都城從豐邑遷到鎬京（今西安）不久武王就死了。十二歲的太子姬誦只好繼位。周政權未穩，武王去逝，出現危險局面，周公恐怕諸侯叛變，就攝理國事，主持政務。周公在伐紂時，一直是武王的左右手，是僅次於武王，姜太公的決策人，武王一死，姪兒年幼，實際責任勢必落在才智卓越的周公身上。周公以爲同胞兄弟，當可並駕齊驅，自己可以全心輔佐成王。豈料管叔、蔡叔等人嫉妒周公，管叔是周公的三哥，更不服氣，認爲按照世系次序，攝政的應該是他，而不是周公，於是放出謠言，說周公有篡位之心，遲早會把姪兒殺掉。而在朝中，以召公奭爲首的一批人也不諒解周公，逼著要周公下臺，他們一齊向周公夾擊。周公沒有武王的尊嚴，這些人他怎能駕馭得了？

【韻】行，古音核浪切；將，七亮切。行、將同漾韻。

【大意】這麼快就放馬華山，封存武器，管叔蔡叔嫉妒周公，聯合向周公夾擊，周公沒有武王的尊嚴，怎能統馭他們？

伯林雉經㉑，維其何故？

感天抑地㉒，夫誰畏懼？

㉑伯林：地名，今河南中牟，管叔之封地。管叔姬鮮是老四周公旦的三哥，伯，又暗指管叔，〔天問〕此類雙關語頗多。雉經：古時稱自縊爲雉經。

㉒感天抑地：感動天地。地，舊本作墬，古地字。

周公攝政，管叔、蔡叔、霍叔等製造謠言，說周公名爲攝政，其實將篡位，遲早殺害成王。成王也對周公不滿，周公心裡不安，就告訴姜太公和召公，自己身處嫌疑，只有趕緊退避，免使國家受害。周公避位回去魯國。二年後，弄清是管叔蔡叔以及武庚他們陰謀製造的謠言。周公便寫了一首叫「鴟鴞」的詩送給成王，周公未敢明言，祇以這種慣破他鳥之巢的惡鳥來比喻武庚和三叔。成王的疑心雖然去了一半，但仍然未完全原諒周公。這年秋天，稻已熟，尚未割，突然雷電交加，天降暴風，頃刻間把稻子都刮倒地上，連那大樹也連根拔起。人民恐懼，成王和大夫們，也因這非常的變故，都帶了冕，要打開金縢（音騰）取出藏在裡面卜筮的書，以卜吉凶。意外地發現一份當年武王大病時，周公私下爲他向三王（周的先王：太王、王季、文王）祝禱的祝文，祝文中懇請三王保佑武王，說四方百姓都敬畏武王，武王責任重大，國家不能沒有他，懇請自己能替武王去死等話，懇切感人。成王問負責占卜的官員和上上下下執事的人，都說當年千眞萬確有這件事情，因爲周公吩咐過大家，不許向任何人提起，所以外面沒有人知道這件事情。成王感動得當衆痛哭，知道天變有因，便說：「不必卜了！原來他忘身愛國，只怪我小子無知，現在上天動怒，借雷電暴風彰明周公之德，我要親自去把他迎接回來！」於是，成王出城迎接周公回朝，天也立刻下雨，轉了風色，倒下去的稻子，又都豎了起來。

周公回朝之後，管叔便連同武庚反叛，武庚集結殷商本族的殘餘部隊，聯合舊屬十七國，加上管叔、蔡叔、霍叔的三監之兵，討伐周公，聲勢浩大，東方的疆土全部陷落，震動了整個西周。周公奉成王之命東征，討伐他們，誅殺了武庚，管叔自縊，把蔡叔貶爲平民。周公費了三年時間，才完全平定。

【韻】故、懼同遇韻。

【大意】管叔在北林自縊，到底爲了什麼？何以周公蒙寃感動天地，是誰恐懼起來？

昭后成遊(293)，南土爰底(294)，

厥利維何(295)，逢彼白雉(296)？

(293)昭后：周昭王姬瑕，周成王之孫。成：通盛。成游：兵車儀隊盛大的出獵。

(294)南土：周以南的地方，指楚國。爰：於。底：至。

(295)利：好處。

(296)逢：迎。白雉：白野雞。

周成王死後，太子姬釗繼位，就是周康王，康王專志誠信，因此天下安寧。康王死後，太子姬瑕繼位，就是周昭王。到了昭王，周朝的聲威德望開始衰微，那時南方有個越裳國，準備進貢昭王幾隻白野雞，一時未送到，貪玩的昭王，就帶了大批隨從親自迎取。沿途打獵，騷擾人民，楚國人便想了個計策，跟他開個玩笑。

當昭王取得白野雞回到漢水邊，楚人早已爲他準備好用膠黏好的船隻，天色陰沉，像要下雨，昭王和他的人馬趕緊上船，船到江心，水流湍急，凝固的膠溶化，一塊塊船板爆裂開來，一隻隻船裂成碎片，昭王的人馬都被江水捲走。昭王的馬車夫辛餘靡，拼命把昭王救上岸來，昭王已經翻着白眼死了。昭王的死，沒有告喪於諸侯，就是爲了隱

諱這件事情。

【韻】底、雉同紙韻。

【大意】周昭王南遊，一直去到越裳國，貪圖什麼，爲了幾隻白野雞，竟然丟了性命？

穆王巧梅㉗，夫何周流㉘？

環理天下㉙，夫何索求？

㉗穆王：周穆王姬滿，周昭王姬瑕的兒子。巧梅：巧於貪求。

㉘周流：周游。

㉙環：環繞。理：細察。

周昭王淹死之後，由他的兒子姬滿繼位，就是周穆王。周穆王繼位時已經五十歲。

他有八匹來歷非凡的駿馬，都是有名的御者造父從華山（卽夸父山）的桃林中得來的，這些野馬是武王伐紂，天下大定之後散放在華山的戰馬的後代。牠們的名字是：驊騮、綠耳、赤驥、白犧、渠黃、踰輪、盜驪和山子，號稱「八龍」。周朝到了穆王時，王道已經衰微，穆王曾因邊遠的犬戎不來進貢，而遠征犬戎，只得到四頭白狼和四頭白鹿回來。

穆王比他的父親更加喜愛旅行。傳說那時從極遠的西方來了一位「化人」，他的本領很大，能上天遁地，穿牆進壁，把一座城市從東方搬到西方，穆王簡直把他看作天神，招待無微不至，化人曾經帶他神遊太虛，遂惹起他遊興大發，於是叫造父駕起八匹駿馬去周遊天下。傳說他從北方轉到西方，在紆陽山見過河伯，最後到西極的崦嵫山，會見他思慕已久的西王母。西王母又請他到瑤池遊覽，穆王設宴款待西王母，並送她白色的圭，黑色的璧，和一些彩色的絲帶。並與她賦歌唱和，然後依依不捨，送西王母回崦嵫山，臨別時還在石壁上刻下「西王母之山」幾個大字，並親手種了一棵槐樹作爲紀念。歸來途中，有人獻給他一位手藝巧奪天工的偃師，他還想到別的地方流連的時候，南方的徐偃王突然造反，只得匆匆趕回平亂。

【韻】流、求同尤韻。

【大意】周穆王眞巧於貪求，遠征犬戎，只得到幾隻白狼白鹿，爲什麼突然又去周遊？放下政事，遍遊天下，造成徐偃王之亂，究竟有何索求？

妖夫曳衒[300]，何號于市[301]？

周幽誰誅[302]？焉得夫褒姒[303]？

[300]妖夫：西周末年，京城鎬京童謠中，挑着山桑弓出現的妖怪。曳：牽引。衒：（音眩）邊走邊賣。

[301]號：叫賣。

[302]周幽：周幽王姬宮湦（音生），周武王第十代孫。周朝分西周、東周兩個時期，周幽王是西周最後一位帝王。

[303]褒姒：周幽王的寵妃。

傳說夏朝將亡，天上突然降下一雌一雄兩條龍來，就在金鑾殿上交尾，自稱是褒國先王先后的化身，怪龍突然其來的動作，嚇壞夏朝的君臣，夏帝趕緊占卜，看是殺死牠們，還是趕走牠們，或是將牠們留下，都是不吉，再占卜是否將牠們的涎沫儲備起來，才得吉兆。於是準備玉帛，向龍祭告祝文，龍才消失。夏帝就命人把龍涎收拾起來，用匣子密封收好，沒有人敢打開看看。夏亡後，這匣子一直傳到周朝。周厲王末年，厲王竟好奇地打開匣子看個究竟，這一來可闖了大禍，涎沫流在殿上，無法除去，厲王就命婦人赤着身子對它呼譟，地上的龍涎突然捲起，變成一隻黑色團魚，竄進後宮，碰着一個七八歲的小宮女，到了十五歲（此時厲王已死，宣王在位）竟懷孕生下一個女孩，她害怕起來，就悄悄丟在王宮後苑的牆下。

到了宣王時候，鎬京傳着兩句童謠：「桑弓（山桑木做的弓）箕服（箕草織的箭袋），實亡周國！」宣王大爲震驚，下令暗中查訪童謠來源。恰巧鄉下來的夫婦，擔着山桑木做的弓，箕草織的箭袋在大街上一邊走一邊叫賣。探子趕緊回報，眼看大禍臨頭，好心人叫他們趕快逃命，他們嚇壞了手脚，本想出城，反而跑到王宮後苑，就在牆下發現棄嬰，便可憐地把她拾起放在籮裡，一直逃去褒國，爲了生活就到一個叫做褒姁的貴族家裡做事，孩子在褒家長大跟着主人姓褒，叫做褒姒，褒姒長得非常漂亮。後來主人褒姁有罪，便請求獻褒姒給王以贖罪。幽王入後宮見了褒姒便很寵愛，她生下兒子伯服。後來終於廢了申后和太子宜臼，改立褒姒爲后，伯服爲太子。褒姒不愛笑，幽王想盡辦法逗她發笑，仍舊不笑，於是引她上烽火臺，無故燃起燧火，擂起大鼓，諸侯看見狼烟，以爲京城有變，都率兵從四面八方趕來，却什麼事故都沒有，褒姒果然大笑起來，一連玩了數次，失了信用。幽王用讒僞巧詐的虢石父爲卿相，人民都很怨恨，幽王的妻舅申侯，見幽王廢了申后，趕走太子，就約了繒、西夷、犬戎等國攻打幽王，幽王燃起烽火召集救兵，但諸侯不肯再受欺騙，一個救兵也沒有到來。幽王帶着褒姒向東逃跑，被犬戎殺死在驪山脚下（陝西省臨潼縣東南），褒姒被擄，犬戎帶着褒姒取了周京的財物，才回到西方去了。

【韻】市、姒同紙韻。

【大意】那對妖怪一前一後，在市上叫賣？周幽王何人誅殺？如何得來了褒姒？

天命反側㉚④，何佑何罰？

齊桓九會㉚⑤，卒然身殺㉚⑥！

㉚④反側：反復無常。

305齊桓：齊桓公姜小白，春秋五霸之首。九會：齊桓公九次召集諸侯會議。

306卒：終。身殺：指齊桓公被禁活活餓死。

周幽王死後，申侯等奉太子宜臼至洛邑繼位，就是周平王。因爲鎬京已在犬戎控制之下，平王便把都城從鎬京遷到洛邑，稱爲東周，西周從此結束。這時周室衰微，平王是靠諸侯扶植起來的，事事得仰承諸侯鼻息，周室名義上保存天子尊號，繼續皇家的祭祀，實際已經亡了。歷史進入春秋時代，諸侯併吞，齊、楚、秦、晋開始强大，最强有力的諸侯就成了霸主，許多事情由他來決定。齊桓公就是春秋五霸之首。

齊國是姜太公的後代，傳到齊襄公時，公孫無知作亂，殺了襄公，自立爲君，襄公諸子四散逃走。公子糾逃到魯國，公子小白逃到莒國。雍林人不滿無知襲殺襄公，就趁無知遊雍林時也把無知殺了，然後昭告齊國大夫，請在諸子中選立齊君。諸子中較賢的有公子糾和公子小白，誰先趕回，誰就可以繼位。公子小白最早得到消息，魯國得到消息，卽發兵護送公子糾回國，並由管仲帶領一班人馬，在莒國通往齊國的路上埋伏，果見小白先於公子糾回齊，管仲攔住小白的車子，一箭射中小白的衣帶鈎，小白裝死，疾馳齊國，終於先到臨淄，齊人遂立小白爲君，就是齊桓公。後來齊桓公不計前仇，竟以管仲爲相，終於在管仲策劃下征山戎，滅孤竹、令支，存衞，救邢，平宋國內亂，仗義助宋伐鄭，安周室，定太子鄭之位，立周襄王，九合諸侯，一匡天下，使齊桓公成就了霸業。後來齊桓公病在床上，還未斷氣，被近臣豎刁、易牙等封鎖宮門餓死床上，六子爭立，兄弟殘殺，齊桓公身死三月，無人過問，屍蟲爬出宮門之外。

【韻】罰，月韻；殺，黠韻。古韻月、黠同部。

【大意】天命反復無常，保佑何人？又懲罰何人？齊桓公九合諸侯，一匡天下，猝然遭殺身之禍！

中央共牧⑶⑺，后何怒⑶⑻？

逢蛾微命⑶⑼，力何固？

⑶⑺中央：四海之內，中央之國，指中國。牧：放牧。統治人民又叫「牧民」。共牧：共治其民。

⑶⑻后：君主。

⑶⑼螽：古蜂字。蛾：古蟻字。

在齊桓公提出「尊王攘夷」的口號下，强大的諸侯國一個個起來了。齊國得天獨厚，首先成爲霸主，其次是晉文公、宋襄公、秦穆公、楚莊王。接着吳、越也强大起來，以後更演變成爲齊、楚、燕、秦、韓、趙、魏之「戰國七雄」。古代統治者統治人民爲「牧民」，無論春秋五霸或是戰國七雄的統治者，都沒有和平「共牧」，而是你虞我詐，勾心鬥角，上千場的戰爭，都是你奪我搶的戰爭。「中央共牧，后何怒？」所指就是這個時代混亂的背景。

公元前三一三年，卽周赧王二年，楚懷王十六年，屈原是年三十一歲。秦王嬴駟準備攻齊，擔心齊楚訂有同盟，便派宰相張儀往楚，向楚懷王芈槐進勸，請他與齊國絕交，秦國願把商於地區（河南省淅川縣）六百平方里土地割讓楚國，並送上美女，永結姻親。楚懷王喜出望外，立卽答應，請張儀兼任楚國宰相，致送大量貴重禮物，宣佈與齊國絕交。然後派一位將軍跟張儀去秦國辦理手續。張儀回到秦國，突然從車上摔下來，就「閉門養傷」三個月不露面，也不上朝。楚懷王恐怕秦國以爲自己與齊國絕交得不够徹底，於是特派宋遺去辱駡齊王田辟疆，齊王氣得七孔生烟，立卽改變與秦國對立的立場，與秦國結盟。這時，張儀才召見楚國使者，叫他快去領地，一共六里！秦國如此戲弄楚國，楚懷王氣得發昏，也不顧自己的力量，就派兵進攻秦國，結果大敗，陣亡八萬人，大將屈匄及貴族、高級官員七十餘人被俘。楚懷王渾身發抖，喪失理智，下令召集所有可能投入戰鬥的部隊，與秦軍在藍田（陝西省藍田縣）決戰，楚軍慘敗，楚國從此一蹶不振，無法自救。秦國能够如此翻雲覆雨，已顯得將王而有天下。

秦民族始祖大費替舜調馴鳥獸，賜姓嬴，他的子孫一直牧馬爲主，歷代子孫善馭都給王家駕車：夏朝時，費昌給成湯駕車；孟戲、仲衍給太戊帝駕車；造父給周穆王駕車；非子又給周孝王駕車。秦民族一直是微不足道，本身無立足之地，商勝附商，周勝附周。祖先蜚廉、惡來父子曾在紂手下供職，周武王伐紂時，一併把惡來殺了，蜚廉替紂出使北方，不敢回來，後來客死異鄉，秦民族只好沿汾水北上逃亡。惡來那支傳至非子，居於犬丘，直至非子的第五代孫秦襄公因曾率兵保護周平王從鎬京到洛陽，平王才封他爲諸侯，秦民族才從弱小中漸漸發展起來。

〔天問〕中雙關的語句頗多，後兩句「蠭蛾微命，力何固？」既嘆息人民命運的悲苦，也驚訝於秦民族勢力的日益强大。

【韻】怒、固同遇韻。

【大意】四海之內共牧其民，君王何以相怒相爭？蜂蟻般微小的生命，何以那麼頑强堅韌？

兄有噬犬(310)，弟何欲(311)？易之以百兩(312)，卒無祿(313)！

(310)兄：指秦景公。　噬：（音誓）咬。　噬犬：咬人的猛犬。

(311)弟：指秦景公的弟弟公子鍼。

(312)易：交換。　兩：通輛。

(313)祿：爵祿。

春秋時代，秦景公有猛犬，他的同母弟弟公子鍼想要，但是秦景公不給，公子鍼要以一百輛車和他交換。公子鍼在秦國有强大的經濟實力，秦國儼然有二個君主一樣，秦景公心中對他猜忌，這時公子鍼如此擺闊，已被抓到不敬的口實，他怕被殺，便帶着成千車輛投奔晋國去了。晋平公問他：「你這樣富有，何必逃亡？」公子鍼說：「秦景公昏昧，我怕被殺，等換了國君，我再回去！」

【韻】欲，沃韻；祿，屋韻。古韻沃、屋同部。

【大意】秦普公手裡的猛犬，弟弟公子鍼何以硬要？以一百輛車去換牠，結果連爵祿也丢掉！

吳獲迄古⑭，南嶽是止⑮，

孰期夫斯⑯，得兩男子⑰？

⑭吳：古代小國，在今江蘇一帶。獲：得。迄古：終古。

⑮南嶽：卽衡山。

⑯期：預期。夫：語助詞。斯：此處。

⑰兩男子：指太伯、仲雍兄弟。

吳民族也是舜的後裔，終古以來一直居住在衡山一帶（衡山以南地方，卽蒼梧之野）。後來離開南嶽北至荆山。這時，周民族的太王（周武王的曾祖父）想傳位給小兒子季歷，周太王的兩個大兒子太伯、雍仲就自動地雙雙逃到荆山，不再回去。恰好吳民族向江漢一帶移民，就在途中與他們相遇，弱小的吳民族正缺少有才能的領導者，見他們才能出衆，而且又是周國的王子，於就是奉太伯爲王。最後定居在長江南岸一帶，建立了吳國。

【韻】止、子同紙韻。

【大意】吳民族獲得終古居在南嶽，誰知道在這裡得到兩位好男子？

勳闔夢生⑱，少離散亡⑲，
何壯武厲⑳，能流厥嚴㉑？

⑱勳：功勳，對有功業的人的尊稱。 闔：吳國闔閭，卽姬光。 夢：闔閭的祖父、吳王壽夢。 生：讀作姓，通孫。

⑲離：通罹，遭遇。 散：通喪。散亡，死亡相繼而來。

⑳壯：壯大。 武厲：武勇猛厲。

㉑流：流傳。 嚴：威嚴。

楚平王看上自己的媳婦，便納爲妃，把太子建調去城父（今河南寶豐）守邊疆。又聽奸臣費無忌讒言，說太子建統兵在外，結交諸侯，有意謀反，欲殺太子建。太子建聽見消息，逃後宋國。楚平王把太子的師傅（太子太傅）伍奢傳到郢都，問他教導太子失責之罪，伍奢勸他忽因小人讒言而疏遠父子之情。平王大怒，把伍奢囚禁，並迫他寫信到城父，召他兩個兒子伍尙、伍員到來，卽可免伍奢死罪。伍奢說：「伍尙慈孝，一定會來。伍員機智，知道來了不但父親活不了，自己也要送命，所以不會來。伍員不來，將是楚國的禍根。」果如父言，楚平王殺了伍奢、伍尙父子，伍員便逃到宋國找太子建去了。

伍員就是伍子胥，到宋國找到太子建，此時恰巧宋國有華氏之亂，又逃去鄭國，鄭定公待他們很好。後來太子建在晉國，晉頃公恨鄭國叛晉降楚，晉國爲鄭國與楚國交鋒，在鄢吃了大敗仗，晉頃公叫太子建回鄭國等待，晉國出兵滅鄭之後，卽以鄭地封與太子建。太子建遂回去鄭國做內應。後來消息洩漏，鄭定公就殺了太子建，伍員趕緊逃走，過昭關，至江上，一路又病又饑，討飯到了吳國，投公子姬光。姬光推薦給吳王僚，吳王拜爲大夫。

姬光是吳王諸樊的長子，依照祖父吳王壽夢的遺囑，王位依兄終弟及制。諸樊有三位弟弟：余祭、余昧、季札。諸樊死了傳余祭，余祭死了傳余昧，余昧死了傳季札，季札逃去不願爲王，王位就由余昧的兒子僚繼承。公子姬光是壽夢的長子嫡孫，憤憤不平，有意殺死王僚，奪回應該屬於他的王位。伍員知道姬光的勢力強大，便幫他達成奪取王位的心願，再借他的力量來達成伐楚報仇的願望。於是推薦才勇之士專諸給姬光。專諸事母至孝，姬光叫人每天送肉送菜，每月送布帛，時時問候其母，專諸感德，願爲姬光効命。姬光請他刺殺王僚，專諸問王僚有什麼嗜好？姬光說他喜歡吃魚。專諸就到太湖去從名師學習烤魚，三月學成，姬光趁楚王剛死，王僚兩個兒子蓋余、燭庸領兵伐楚的機會，在家設宴，請王僚來吃美味的烤魚。預先在密室埋伏幾百甲士，王僚也帶了數百甲士作爲侍衞。專諸將鋒利的匕首藏進魚肚，趁着進魚時將王僚刺死，專諸亦被衞士砍成肉醬。姬光預伏的甲士，乘勢殺出，伍員奉姬光入朝，登大位，就是吳王闔閭。後來闔閭用伍員、孫武之謀，直搗郢都，伍員掘楚平王之墓，鞭屍三百，毀其棺木，揚屍於野。闔閭終於西破强楚，北威齊、晋，南服越人，揚威天下。

【韻】嚴，古音莊；亡、嚴同陽韻。

【大意】曾經一度稱霸的吳王闔閭，少年時就遭遇離散與喪亡，何以能夠取得王位，壯大勳業稱霸一時？

伏匿穴處㉜，爰何云㉝？

荊勳作師㉞，夫何長先㉟？

㉜伏匿穴處：指楚昭王因吳軍大破郢都而逃匿雲中事。

㉓爰何云：從何說起。

㉔荆：楚。　勳：功勳。　荆勳作師：指楚莊王稱覇南方之事。

㉕先：領先。

吳師大破郢都，楚昭王慌忙逃亡，逃到草木叢生、沼澤之地的雲中，又遇上强盜，弄得十分狼狽。雖然這些禍害並非昭王造成，却是父親平王種下的惡果，還有什麼話說？楚莊王當年大破晋軍，揚威洛水，問鼎中原，稱雄南方，軍事上一直處於領先地位，與楚昭王伏匿雲中的狼狽情形，正好成强烈對比。

【韻】云，文韻；先，先韻；文、先同屬一部

【大意】强大的楚國何以弄到吳師入郢，昭王破國逃亡，從何說起？楚莊王時代，楚國曾經爭覇中原，威臨天下！

悟過改更㉖，我又何言？

吳光爭國㉗，久余是勝㉘！

㉖悟：覺悟。　過：指楚昭王父親楚平王造成的過失。　改更：更改，改弦更張。

㉗吳光：吳王闔閭姬光。　爭國：指姬光殺王僚爭得吳國王位事。

㉘余：我們，指楚國。

吳師入郢，楚國幾乎亡國，楚昭王逃往隨國，楚申包胥到秦國借兵，立於秦庭，哭了七天七夜，秦哀公說：「楚有此賢臣，尙且如此，秦無此賢臣，吳更不能容我！」於是發兵救楚，幫助昭王復國。經過慘痛教訓，楚昭王遂一變靈王、平王的昏亂，改行正道。楚人怨恨奸臣費無

忌，認爲是費無忌進讒使昏亂的楚平王逼死太子建，殺伍奢父子，逼使伍子胥奔吳的禍害。楚國令尹（宰相）子常遂誅殺費無忌，大快人心。

【韻】言，在元韻；勝，在蒸韻。古韻元、蒸同部。

【大意】楚昭王吸取教訓，改行正道，還有什麼話說？吳王闔閭爭得王位，苦心經營，早已勝過我們！

何環閭穿社(329)，以及丘陵(330)，

是淫是蕩，爰出子文(331)！

(329)何：通曷，何不。環：環繞。閭：王族聚居的地方，楚王族分屈、景、昭三支，稱三閭。勿作閭社之門的閭字解。穿：穿行。社：古時舉行集會和宗教活動的場所，也是每年舉行郊媒禮時，男女放縱的地方。不能作「二十五家爲社。」之社解。

(330)及：至。

(331)爰：於是。子文：楚成王時的令尹（卽宰相），又名斗谷于菟。

楚莊王的祖父楚成王卽位佈德施恩，周天子也不得不派人賜胙（祭祀後的祭肉，天子賜與諸侯食）下詔說：「鎭爾南方，夷越之亂，無侵中國。」楚成王藉着周天子鎭壓南方夷越的「王命」，於是拓地千里。成王進軍中原遭到齊桓公組織八國聯軍的阻擋，才停下來，在齊國召陵（今河南偃城東）訂立盟約。後來成王又伐許，滅英。齊桓公死後，宋襄公想稱覇，召集天下諸侯會盟，楚成王却借會盟出兵襲擊，射傷宋襄公，令其重傷斃命。楚成王威風八面，當時輔佐他的是名相令尹子文。

令尹子文對楚國忠心耿耿，他的祖父是若敖（楚君儀），娶於䢵，生下鬥伯。若敖死後，鬥伯就跟母親在外婆家裡長大，後來鬥伯與䢵公的女兒通姦而生下子文，䢵夫人使人把他棄在夢澤中，有老虎給他餵乳，䢵子田見了，慌慌張張跑回來報告，夫人聽了，以爲神奇，便把他抱回來。楚人謂乳爲「穀」，謂老虎爲「於菟」，便給他起名「鬥穀於菟」。長大後輔佐成王，終使楚國拓地千里成爲强國。可以說沒有子文，就沒有成王的勳業。子文三次爲令尹，三次都在楚國出現危機的時候。

楚懷王昏庸無能，經過藍田決戰大敗之後，楚國已經一蹶不振。屈原多麼希望此時有子文一樣的人才出來挽救楚國的危亡啊！

【韻】陵，蒸韻；文，文韻。古韻蒸、文同部。

【大意】何不從王族居住的地方，從龍蛇混雜的地方，從山野偏僻的地方，即使是淫是蕩，也再出個子文來！

吾告堵敖(332)，以不長，

何試上自予(333)，忠名彌彰(334)！

(332)吾：我。　告：宣告，大膽的說。　堵敖：楚人對不成君的國君的稱呼，猶今說「阿斗」，這裡指楚頃襄王。

(333)試：試驗。　上：古代對君王的稱呼。　自：從。　予：我。

(334)彌：更加。　彰：顯著。

眼見君王的昏憒，楚國已經走上滅亡的道路，楚頃襄王仍然聽信讒言，不思振作，屈原痛心地提出警告。

【韻】長、彰同陽韻。

【大意】我大膽的說君王昏憒下去，將不會長久，何以君王要試驗自我口中說出的預言，這樣只有使我的忠名更加顯著起來，我不想啊！

薄暮雷電㉟，歸何憂㊱？

厥嚴不奉㊲，帝何求㊳？

㉟薄：近。薄暮：近天黑，卽黃昏的時候。
㊱歸：回去。憂：怕。
㊲嚴：尊嚴。奉：重視。
㊳帝：上帝。

楚頃襄王這樣糊塗昏庸，國勢日漸衰萎，君王仍然聽信讒言，疏遠屈原，眼看到了日暮途窮，雷電交加，就要變天的樣子。深刻地寫出屈原此時無可奈何離去的沉痛心情。

【韻】憂、求同尤韻。

【大意】已是黃昏，電閃雷鳴，回去又有何可怕？自己的尊嚴，自己都不重視，求上帝又有何用？

九章

惜頌

「惜誦」寫於懷王時，是屈原第一次被放逐之後的作品。敍述自己進諫懷王，忠心事君，而不邀寵，却不見容於奸佞小人，累受打擊陷害，以致見疏被放。形勢既不能留，心中又不忍去，表現出對祖國的一片忠心，以及對自己不幸遭遇的悲憤，語言極具感人力量。

【今　譯】

痛惜進諫招致憂困　　請五方天帝公平判斷
發泄憤懣抒寫心情　　請六宗神祇對質分明
所言若非出自忠心　　使山川之神陪審
指着蒼天爲我作證！　使皐陶來斷案情！

竭盡忠誠奉侍君王
反被視作贅瘤而疏遠
忘了私利取媚違背衆意
祇有賢明君王了解我心
言行相符可以查考
表裡一致不會改變
了解我者莫如君王
因我每天在你身邊
我以爲應該先公而後私
這樣就被衆人怨恨
專誠爲君着想，不管其他
他們竟把我看作仇人
一心事君始終不豫
却不能保全自身

親近君王而無私念
這又是招禍原因！
體念君王誰比我更忠誠？
忽然忘記我們第微賤
事奉君王，忠誠專一
茫然不知取寵門徑
忠有何罪，而要受罰？
這是意想不到的事情！
不同流合污而栽觔斗
又成爲衆人笑柄
我紛受怨恨誹謗
眞是有口難言！
心情沉悶壓抑無法表達
你又被蒙蔽，叫我何處申辯？

心中悒郁惆悵
誰也不明我的苦心！
固然紛煩之言不該致送給你
我想面陳却失路徑！

若退縮靜默，就無人知我寃屈
進而呼號，你又充耳不聞
萬分悵惘無限惶恐
心中煩亂憂愁苦悶！

從前我在夢裏登天
魂至途中無法前進
我向厲神占問凶吉
他說「你雖志高却無幫你之人！」
「難道結局會危險孤獨，被人拋棄？」
他說「王恩只可思念，不是永不變更

讒言可怕，衆口鑠金
起初順利，後來就有危險！

「熱羹燙嘴，見冷湯也要吹吹
何以不把志節改變！
放棄梯子想要登天
你的態度還似從前！

「衆人見你都驚駭走避
你何以還要這樣傲岸？
同目標之人都改走邪路
你何以還要這樣死硬？

「晉國的申生是位孝子
父親聽信讒言迫他自盡
行爲剛直不肯猶豫
姒鯀的功業因而不能完成」

聽說「盡忠於君會結怨於人」
我曾以爲言之過甚
九折臂終於成了良醫
今天我才眞正相信！

射鳥的箭等待在上頭
捕鳥的網張羅在下面
設下種種機關玩弄君王
我想要厠身，也無處可近！

想要留連不去，尋求機會
又恐火上添油加重罪名
想要遠走高飛離開故土
又恐君王說我逃奔

【今注】

想要橫行不顧一切
但是意志堅定於心不忍
背胸像被拆裂，交相疼痛
心中鬱悶不解，痛苦纏綿

搗碎木蘭，搓揉蕙草
把申椒作爲糧食舂成細粉
播種江蘺，培植菊花
願將春日芳香的乾糧預早儲存

唯恐情志不能申張
反復申述，再三表明
我和這些美德私下相處
願曾深思，自遠其身

惜誦以致愍兮①，發憤以抒情②。

所非忠而言之兮③，指蒼天以爲正④！

①惜：痛惜。誦：進諫，諫諍。以：而。致：招致。愍：（音憫）憂困。這裡是指遭受饞佞小人的誹謗打擊。

②發：發洩。憤：憤懣，憤怒。抒情：申抒橫遭寃枉的心情。以上兩句，開門見山，直言寫下本篇，爲洩寃氣。

③所非：所言如果不是。古時誓詞的開端皆如此。一本作「作」，錯。忠而言之：肺腑之言。

④指：指着。蒼天：上天，老天。以：可以。爲正：作證。正同證。以上兩句，指天發誓，說明以前所進的都是忠言。

【大意】痛惜進諫而招致奸佞的毀謗打擊，惹來無恨煩惱，發洩憤懣，以抒寃氣，表白我的心情。所言如果不是出自忠心耿耿，指着蒼天可以作證！

令五帝以折中兮⑤，戒六神與嚮服⑥。

俾山川以備御兮⑦，會咎繇以聽直⑧。

⑤五帝：神話傳說中的五方天帝：東方天帝太皡（卽伏羲），南方天帝炎帝，西方天帝少昊，北方天帝顓頊，中央天帝黃帝。折中：同折衷。不同的事理，執其兩端以折其中。這裡指公正的判斷。

⑥戒：告戒。六神：六宗之神。說法甚衆：一說，時、日、月、星、水旱、寒暑之神；一說，天地，四時之

神；一說，乾、坤、六子；一說，上下四方之神。（尚書・堯典）：「禋於六宗。」傳：「其祀有六：謂四時也，寒暑也，日也，月也，星也，水旱也。」當從（堯典）。與：猶「以」。嚮：對。服：認。嚮服：對質清楚。以上兩句說，願天命五帝及衆神來公正判斷，對質清楚。

⑦俾：使。山川：山川之神。備：充當。御：陪侍，侍御。備御：充當陪審。

⑧咎繇：（音高搖）同皐陶。舜帝的臣子，掌管法律與刑罰。以：他本作「使」。聽直：聽取曲直，意思卽斷案。以上兩句說，再把山川之神和皐陶一起請來斷案。

【大意】願天命五方天帝來公正判斷，請六宗神祇到來當面對質清楚。使山川之神充當陪審，使皐陶來斷案！

以上第一段。寫詩人因忠諫君王，却横遭冤屈的悲憤心情，因而指天誓日，質諸鬼神。

竭忠誠以事君兮⑨，反離羣而贅肬⑩。
忘儇媚以背衆兮⑪，待明君其知之⑫。

⑨竭：竭盡。事：侍奉。

⑩離羣：被孤立、排斥。贅：多餘。肬：同瘤。贅肬：皮肉之外生長的多餘的肉瘤。以上兩句說，我竭盡忠誠事君，反而被逐，此身雖在朝廷，却似贅瘤一樣。

⑪儇：（音喧）貪利，巧佞。媚：諂媚。背：違背。衆：指巧媚的衆人。

⑫待：等待。明君：賢明的君王。其：他。知之：知察我的忠君愛國之心。以上兩句說，我無貪私利之心，無諂媚之態，待明君能別忠佞。

【大意】竭盡忠誠以侍奉君王，反而被逐，疏遠，像贅瘤一樣。忘了巧佞諂媚而違背了那些人的意思，等待賢明的君王，他能察知我的忠君愛國之心。

言與行其可迹兮⑬，情與貌其不變⑭。

故相臣莫若君兮⑮，所以證之不遠⑯。

⑬言：言論。　行：行爲。　其：語助詞。　迹：迹象，踪迹。　可迹：有踪迹可考。

⑭情：指內情。　貌：指外貌。　情貌不變：是說表裡一致。　以上兩句說，人臣的言行有迹可尋，內情外貌無法躲避。

⑮相：看，觀察。　相臣：觀察臣子的賢佞。　莫若君：莫如君王。

⑯證：證明，驗證。　不遠：不須遠求。　以上兩句說，人君不難看出臣子的忠奸，如要驗證不必遠求就可得到。

【大意】言論與行爲有踪迹可考，內情與外貌無法藏匿。故所以要察知臣子的忠、奸，賢、佞，沒有比得上明君了，用來驗證、考核臣子的方法不必遠求，根據身邊的事實就可論定。

吾誼先君而後身兮⑰，羌衆人之所仇⑱。

專惟君而無他兮⑲，又衆兆之所讎⑳。

⑰誼：同「義」。正當合理的行爲。　身：自身，自己。　先君而後身：先公而後私。

⑱羌：楚方言，有「乃」，的意思。衆人：指群小。以上兩句說，我立意行事，必先君國而後己身，何以反被衆人仇恨？

⑲專：專誠，專一。惟：思。專惟君：專誠以君爲念。無他：不顧其他。

⑳兆：十億爲兆。衆兆：與衆人同義。有加重語氣的意思，猶言「全世界的人」。讎：（音愁）仇敵。以上兩句說，我一心以君爲念，不顧其他。又爲衆所敵視。

【大意】我義當先君國而後己身，却被衆怨恨。專誠以君爲念，而不顧其他，又被全世界當作仇人！

壹心而不豫兮㉑，羌不可保也㉒！
疾親君而無他兮㉓，又招禍之道也㉔！

㉑壹心：一心事君。不豫：始終不豫。

㉒不可保：不能自保。

㉓疾：急。這裡是極力的意思。親君：親近君王。無他：無旁顧。這裡指無私念。

㉔又：一作「有」。以上四句續言自己忠心爲君國効命，反招罪尤的憤憤不平。

【大意】一心事君，始終不豫，却不能保其不爲人所害。我極力親近君王而無旁顧，反而招至禍害。

思君其莫我忠兮㉕，忽忘身之賤貧㉖。

事君而不貳兮㉗，迷不知寵之門㉘。

㉕思：念。　思君：與上文之「惟君」同義。以君爲念。　莫我忠：沒有比我更忠心的。

㉖忽忘：忽然忘記。　賤貧：屈原雖爲屈姓貴族，與懷王的血緣關係却很疏遠。根本與令尹子蘭的尊貴（懷王幼子）沒法相比，他以寒微門第，充任重臣，仍不氣餒，一心實行政治改革，堅持到底，故言「忽忘身之賤貧」。

㉗貳：貳心。〔尙書・五子之歌〕：「太康尸位以逸豫，滅厥德，黎民咸貳。」傳：「君喪其德，則衆民皆貳心。」不貳：不二心，忠貞專一。

㉘迷：迷惑，不解。　寵：寵幸。　寵之門：得寵之門。　以上兩句說，我祇知專心事君，不解取寵的門徑。

【大意】處處以君爲念，沒有人比我更忠貞。我兢兢業業盡忠國家，忽然忘記門第的寒微。我侍奉君王，忠誠專一，不知道取寵的門徑。

忠何罪以遇罰兮㉙，亦非余心之所志㉚。

行不羣以巔越兮㉛，又衆兆之所咍㉜。

㉙遇罰：受罰。

㉚志：「識」之古文，猶「知」，意料，理解。　以上兩句說：盡忠有什麼罪？而要受罰，什麼原因，我一點也不知道。

㉛行不羣：行爲不與群小同流合汚。　巔：山頂。　越：凡事物的失墜叫越。　巔越：從山頂上翻下來。

㉜衆兆：與「衆人」同義，猶言「全世界的人」。　咍：（音孩陰平）譏笑，楚方言。　以上兩句說，我所行不

同流合汚，栽了觔斗，又被衆人譏笑。

【大意】忠君愛國何罪之有，而要受罰？這也不是我所能意料到的。我的行爲不合世俗，栽了觔斗，又變成全世界人嘲笑的對象。

紛逢尤以離謗兮㉝，謇不可釋也㉞。

情沉抑而不達兮㉟，又蔽而莫之白㊱。

㉝紛：盛多貌。逢：遇到。尤：怨恨。離：同罹，遭。謗：誹謗。

㉞謇：本爲口吃貌，此處用來形容氣憤激動得說不出話來的樣子。作語助詞，或「諓」或「蹇」之借字解都錯。釋：解釋。以上兩句說，遭遇怨恨誹謗，如此之多，氣頂喉曨無法解釋。

㉟情：心情。沉抑：沉悶壓抑。不達：不能表達。

㊱蔽：壅蔽，蒙蔽。指君王被左右佞臣蒙蔽。莫之白：無法表白，無法申辯。以上兩句說，心情沉悶不快，又被群小障蔽，無法申辯。

【大意】我紛受怨恨和誹謗，眞是有口難言。心情沉悶壓抑，不能表達，你又被左右佞臣蒙蔽，叫我如何辯白？

心鬱邑余侘傺兮㊲，又莫察余之中情㊳。

固煩言不可結詒兮㊴，願陳志而無徑㊵！

㊲鬱邑：同鬱悒，鬱悶。 余：我。 侘傺：（音岔翅）郁悶不樂，悵然失意的樣子。
㊳莫察：不體察。 中情：衷情。 以上兩句說，我鬱悒惆悵，竟無人能了解我的苦心。
㊴固：固然，實在。 煩言：紛煩之言。 不可：這裡的意思是不應該。 結：義猶「緘」。 詒：同貽，送。
本句說，實在這些令人討厭的又多又煩的話，不該致送給你。
㊵陳志：陳述心志。 徑：途徑。此處與「路」同義。他本作「路」，當爲「徑」之誤，今更正。 本句說，我想面陳，却無路到你身邊，路都被他們堵死了。

【大意】心中郁悶惆悵，又無人體察我的衷情。固然紛煩的話不應該致送給你，但是我要面陳却無途徑。

退靜默而莫余知兮㊶，進號呼又莫吾聞㊷。
申侘傺之煩惑兮㊸，中悶瞀之忳忳㊹。

㊶退：退縮，謂隱忍一切。 靜默：靜默不言。 莫余知：無人了解我。 本句說，如果這個時候隱忍一切，就會無人知道我的冤屈。
㊷號：大叫。 號呼：呼號，大聲疾呼。 莫吾聞：無人聽見我的聲音。 本句說，我若進而疾呼申辯，你又充耳不聞。
㊸申：一再，反覆地。 煩惑：煩亂惶惑。
㊹中：心中，內心。 悶：煩悶。 瞀：（音冒）心亂。 悶瞀：心緒煩亂。 忳忳：（音屯屯）煩悶憂愁的樣子。 以上兩句，寫心中的煩亂苦悶。

【大意】若退而靜默不言，就會無人知道我的寃屈。進而疾呼申辯，又恐你不願意聽。一再煩亂惶惑，心中若悶憂傷。

以上第二段。反復申述詩人遭受奸佞小人誹謗打擊的原因，以及內心的隱痛，寫出詩人進退維谷，呼告無門的窘境。言真情切，感人之至。讀之如聞其聲，如見其容。

昔余夢登天兮㊺，魂中道而無杭㊻。

吾使厲神占之兮㊼，曰：「有志極而無旁㊽！」

㊺登天：喻上文所說之「親君」。

㊻中道：中途。杭：通「航」。無杭：無法前進。以上兩句，以「登天」喻「親君」，以「無杭」喻昔日在朝求親君之事被阻。

㊼厲神：主殺罰之神，這裡指附在占夢者身上的神。占：占夢之吉凶。

㊽曰：這裡指神巫的話。極：高遠。志極：志向遠大，意思是說「胸懷大志」。旁：幫助，輔佐。無旁：無人相助，含有孤獨危險的意象。以上兩句說，請厲神之巫解夢。

【大意】昔日我曾在夢中登天，神魂至中途無法前進。我請厲神爲我占卜夢之凶吉，說我胸懷大志，可惜無幫助的人！

「終危獨以離異兮㊾？」曰：「君可思而不恃㊿，

故衆口其鑠金兮51，初若是而逢殆52！

㊾終：結局。　危獨：危難孤獨。　離異：離棄。指與君王離異，被君王拋棄。　本句是屈原問神巫，自己的結局怎樣？是不會孤獨危險，被人拋棄？

㊿曰：神巫回答。　君：君王，這裡的意思是指「王恩」。思：思念。　恃：依靠，倚仗。　可思不可恃：可以思念，不可以倚仗。這裡是說王恩不是永不改變。　以下十五句，是爲神巫解夢的兆詞。

㊿¹故：故所以。　衆口：衆人之口。　其：語助詞。　鑠：（音朔）熔化。　金：指黃金。　衆口鑠金：衆人之口連金子都可以熔化，形容讒言之可怕，可置人於死地。

㊿²初：起初。　若是：好像很順利。　而：猶「乃」，語氣轉折之詞。　逢：遇到。　殆：危險。　以上兩句說，奸佞之口可將金子熔化，屈原當初卽因「恃君」，而遭受讒言陷害。

【大意】「我的結局會危險孤獨，以致被人拋棄？」「王思只可思念，不以倚仗。故所以衆口可以鑠金，起初好像很順利，後來你就危險了！

「懲於羹而吹韲兮㊿³，何不變此志也㊿⁴！
欲釋階而登天兮㊿⁵，猶有曩之態也㊿⁶！

㊿³懲：懲戒。　羹：（音庚）指熱湯。　韲：（音基）同齏，切細的腌菜或醬類的食品，這裡是指冷菜。　本句說，被熱湯燙過，見了冷韲也要戒懼。本句以下至「鮌功用而不就」是神巫勸屈原改變處世態度。

㊿⁴變：改變。　志：志節。　變此志：改變這種志節。

㊿⁵釋：放棄，捨棄。　階：梯子。　「釋階登天」喻不靠楚王左右寵臣的援引，而想得到楚王信任。

㊿⁶猶有：還是。一本作「又猶」。　曩：（音攮）昔日。　態：態度。　曩之態：舊態度，老樣子。　以上兩

句，神巫勸屈原放棄他的理想，改變態度，取明哲保身之道。

【大意】被熱羹燙了嘴，心中有戒懼，吃冷虀也要吹一吹。何以不改變這種志節？想放棄梯子而登天，還是從前的那種態度！

「衆駭遽以離心兮(57)，又何以爲此伴也(58)？同極而異路兮(59)，又何以爲此援也(60)？

(57)衆：衆人。駭遽：驚惶害怕。以：而。離心：離心離德。

(58)此：這樣。伴：通畔，與下文的「援」字，本爲叠韻聯綿字：伴援同畔援，傲岸、倔强的意思。古詩中的一種修辭方法，是把叠韻聯綿字分拆開來，分做兩句中的韻。分拆後的「伴」字與「援」字都有「傲岸」「倔强」的意思。另一說，「伴」可解作「同路人」，下文之「援」字可解作「援助」或「援引」，兩說均有理由，屈賦中有雙關意義之處甚多，此又一例。但觀下文「申生」的「行婞直而不豫」（行爲剛直不肯猶豫），與「伴援」則前後呼應，爲此，當取聯綿字說。

(59)極：終極，目標。同極：猶言同目標或同立場之人。異路：不同的道路。指改走邪佞之路。

(60)援：伴援之援，倔强的意思。以上兩句說，原來同目標的人都改變了立場，改走邪佞之路，你何以這樣死硬？

【大意】衆人見你觸怒楚王，心裡驚惶，深怕被你所累，趕快和你疏遠。你又何以還要這樣傲岸？原來與你同目標的人，都改變了立場，改走了邪佞之路，你又何以還要這樣倔强，這樣死硬？

「晉申生之孝子兮(61)，父信讒而不好(62)。
行婞直而不豫兮(63)，鮌功用而不就(64)。」

(61)申生：春秋時代晉獻公的嫡長子，很孝順父親。申生的母親死後，獻公再娶驪姬，生子奚齊，驪姬累進讒言，使獻公改立奚齊爲太子，等到將立奚齊爲太子時，讒姬對太子申生說：「獻公夢見你母親齊姜，你趕快去祭她。」申生就到曲沃去祭，把祭肉送回給獻公。獻公正在打獵，驪姬把肉放了六天，等到獻公回來，她就在肉裡下毒，然後獻給獻公。獻公把肉放在地上，地上就隆起，餵狗，狗死，給小臣吃，小臣死。驪姬哭哭啼啼說是申生下的毒。申生畏懼，逃往新城。獻公殺了他的師傅杜原款。有人告訴太子：「你若說明祭肉已擱了六天，獻公必然查明此事。」申生說：「獻公太愛驪姬，沒有她，就不能安心，也吃不下飯。我若說明，驪姬必定有罪。獻公老了，我這樣做會讓他不快樂。」別人說：「你就出奔他國吧！」申生說：「現在擔着弒父的罪名。誰肯容納我？」遂在新城自縊而死。（見〔左傳・僖公四年〕）

(62)父：指晉獻公。　信讒：指信驪姬讒言。　好：喜愛。　以上兩句，神巫擧晉太子申生爲例，告訴屈原處境危險，叫他改變態度。

(63)行：性格，行爲。　婞直：（婞音幸）剛直。　不豫：不猶豫。

(64)鮌：（音滾）同鯀，堯帝的臣子，禹的父親。堯時洪水滔天，堯問誰能治水，四岳諸侯領袖一致指薦鯀，堯說：「我這位叔父不行啊！」但再沒有適合的人選，四岳諸侯請堯試用，堯遂用鯀治水。九年不成，被舜放於羽山而死。屈原在作品中對鯀極爲同情。　功：功績，治水的功業。　用：因。　就：成功完成，成就。　以上兩句，神巫再擧姒鯀以爲戒，言行剛直，不能圓通，往往會招致失敗。

【大意】「春秋時代晉獻公的太子申生，是位孝子，獻公聽信驪姬的讒言，不喜愛他。姒鯀剛直不會圓通，功業因而不能完成。」

以上第三段。假「登天無杭」之夢為託詞，請厲神占夢，借厲神勸屈原改變志節，接受教訓，明哲保身，寫出屈原此時孤獨危險的處境。

吾聞作忠以造怨兮⑥⑤，忽謂之過言⑥⑥。

九折臂而成醫兮⑥⑦，吾至今而知其信然⑥⑧。

⑥⑤吾：屈原自稱。吾聞：我曾聽說。作忠：立心作忠臣。造怨：造成別人的怨恨。「作忠造怨」是古代成語。

⑥⑥忽：忽略，不注意。謂之過言：以為是過甚其詞。以上兩句，屈原自謂，從前聽說盡忠容易招怨，以為言之過甚。

⑥⑦九：代稱多數。九折臂而成醫：此為古代成語。意思是說，九折臂之人，被人醫得多了，自已也會醫了。

⑥⑧信然：確實如此，眞是這樣。以上兩句是說，九折臂而成醫，一點也不錯，我現在才知道「作忠造怨」是眞的。

【大意】我曾聽說立志作忠臣是會招來別人怨恨的，我不注意，以為是言之過甚。等到我自己「九折臂而成醫」，至今才知道那話眞正可信。

矰弋機而在上兮⑥⑨，罻羅張而在下⑦⓪。

設張辟以娛君兮(71)，願側身而無所(72)。

(69)矰：（音增）箭尾繫有生絲的射鳥的短箭。　弋：（音義）以繩矢而射曰弋。　機：此處是動詞，待發的意思。

(70)尉羅：（尉音尉）捕鳥網。　張：張設。　以上兩句說：這些奸佞之人，像捕鳥者，上面發射矰弋，下面張設着羅網。

(71)設：設下。　張：弧張，似弧的一種木弓。　辟：繴的借字，捕鳥工具。機辟，指網罟（音古），〈墨子・非儒篇〉：「大寇亂盜賊將作，若機辟將發也。」〈莊子・逍遙游〉：「中于機辟，死於罔罟。」罔同網。司馬彪曰：「辟，罔也。」這裡的「辟」不作「法」字解。　娛：玩。又通「虞」，誤也。這裡是欺騙玩弄的意思。　君：君王，指楚王。

(72)側身：側通厠，厠身猶言置身。置身左右匡救君王之危的意思。　無所：無置身之所　以上兩句說，這些人設下弧弓、網罟種種機關，想玩死君王，我想匡救，却無處可近。

【大意】繫絲繩的短箭在上面待發，捕鳥網又張羅在下面。設下弧弓、網罟玩弄君王，我願置身左右匡救君王，却無容身的地方。

欲儃佪以干傺兮(73)，恐重患而離尤(74)。

欲高飛而遠集兮(75)，君罔謂汝何之(76)？

(73)儃佪：（音蟬懷）徘徊，留連不去。　干：求。　傺：同際，際遇。　干傺：尋求機會。

(74)重：（音仲）增加，加重。重患：增加禍患。離：同罹，遭遇。尤：罪愆。以上兩句說，我徘徊不去，尋求機會，又怕他增重我的罪愆。

(75)集：鳥止木上。高飛遠集：高飛遠去。

(76)君：君王。罔：誣罔。罔謂：誣罔說。汝：你。何之：往哪裡去？以上兩句說，我欲遠走高飛，又恐君王說我是逃奔。

【大意】我徘徊不去，尋找機會，又怕加重我的罪。想要高飛遠去，離開故國，又恐君王說我是逃走。

欲橫奔而失路兮(77)，蓋志堅而不忍(78)。
背膺牉以交痛兮(79)，心鬱結而紆軫(80)。

(77)橫奔：竪爲直，橫爲斜，意謂違道妄行，改變節操，俗說「打橫行」，這裡是說，想從正道改往邪路。

(78)蓋：發語詞。志堅：意志堅定。王本作「堅志」而無「蓋」字。不忍：不忍爲之，指不忍「橫奔」違道妄行之事。

(79)膺：（音英）胸。牉：（音判）分裂。一本牉前有「敷」字。交痛：交互疼痛。

(80)鬱結：鬱悶久積不解。紆：（音于）纏着。軫：通紾，悲痛。紆軫：心中絞痛。以上兩句，以胸背割裂喻君臣原本一體而被分裂的痛苦。

【大意】想不顧節操，不走正路，改作橫行。可是意志堅定，不忍爲之。胸背本爲一體而被分裂爲兩半，我鬱悶不解，心中絞痛。

以上第四段。寫「作忠造怨」而今處境危險，遠走高飛而不忍，以及背胸疼痛如折裂，寃曲難申的矛盾、痛苦心情。

擣木蘭以矯蕙兮(81)，糳申椒以爲糧(82)。
播江離與滋菊兮(83)，願春日以爲糗芳(84)。

(81)擣：舂。木蘭：香木名，花大且美。矯：揉。蕙：香草名。
(82)糳：（音作）舂米，舂、擣的意思。申椒：申地出產的花椒，這裡泛指香椒，糧：口糧。
(83)播：種植。江離：同江蘺，香草名。滋：培植。
(84)糗：（音求）乾糧。芳：芳香。糗芳：芳香的乾糧。以上四句，謂自己雖含寃莫辯，猶不願改變初衷，隨流合污，而以香草爲糧，保持自己修潔。

【大意】舂碎木蘭，搓揉香蕙，舂細申椒以作口糧。種植江離，栽培菊花，願春日作爲芳香的乾糧。

恐情志之不信兮(85)，故重著以自明(86)。
矯茲媚以私處兮(87)，願曾思而遠身(88)。

(85)情志：性情與志節。他本亦作「情質」。信：同伸，伸張。不信：不能伸張，不被人了解。
(86)重著：鄭重申述，反復申述。自明：表白。此處與篇首之「發憤以抒情」相呼應。
(87)矯：通撟，義同「擅」。茲：此。媚：美好，指美好的德行。茲媚：上文所說的種種美好德行。私處：私下相處，指不再做官，退居以潔身自好。

⑱曾：曾經。思：思考，思慮。曾思：曾經深思孰慮，考慮清楚。思字不能作其他解釋，因與「逝」字同音，而作「逝」字解者，錯。遠身：遠走高飛，含有遠離禍害免及己身之意。

【大意】唯恐我的情意不能伸張，故反復申說自我表明。我和這些美好的德行私下相處，願曾經深思熟慮，自遠其身。

以上是末段。寫屈原不變初衷，堅守情志，再三表明心跡，一方面守道不阿，一方面又憂讒畏禍的矛盾心情。

抽思

〈抽思〉是屈原初遭貶黜，放逐漢北時的作品，當寫於懷王二十四年（公元前三〇五年）。詩人對自己蒙受的不白之冤，憤憤不平，文中對懷王有委婉的指摘，詩人忠君的思想，愛國的精神始終不渝。身處邊地，夢魂却常常回去郢都。此時，屈原對懷王並未絕望，他諄諄勸說懷王及早回頭，希望有日重返故都，仍有以身報國的機會。

抽與「紬」通，紬是紬繹，有抒發，闡述的意思。思，是情思。「抽思」就是「抒發憂思」，寫出志行高潔、光明正大的詩人，被放逐時痛苦彷徨的複雜感情，是一篇抒怨陳情的成功作品。

【今 譯】

心鬱鬱愁緒萬端
獨自長嘆徒增悲傷
思緒纏繞無法解開
只恨秋夜漫漫正長

悲秋風動蕩使草木變色
何以天樞浮浮運轉匆忙
每念香草時常震怒
使我心中痛苦難當

我想急起橫奔，遠走異國
但見人民的災難，怎能他往？
且把衷情編成言辭
獻給我那美人觀賞？

最初你曾與我約定
說以黃昏爲期，信賴不忘
却中途回頭，背我而去
反過臉來和他有商有量

向人誇耀他的美好
向我炫示他的漂亮
你說過的話，不守信用
何以故意把怒氣發在我的身上

我想找個機會表明心迹
心裡恐懼不敢去見君王
悲傷猶豫還是要去
可憐我心痛苦徬徨

列舉此情向你陳訴
你却聽不進去像聾子一樣
切直之人不懂諂媚
衆人竟把我當作毒瘡
起初我說的明明白白
難道你現在全都遺忘？
何以我獨喜忠直的言行
是要使君王的美德光大發揚！
以三王五霸作爲你的典範
以殷代的彭咸作爲我的榜樣
我們有甚麼目標不能達到？
保住聲名遠揚，蒸蒸日上！
美德不是由外而來，要靠自己修養
名聲不能弄虛作假從天而降
誰不施惠能有報答？
誰不耕耘能收穫輝煌？

（小歌）

我向美人傾訴怨情
日說夜說，沒有人敢幫腔
你向我炫示他的美好
我的話却像耳邊風一樣

（唱曰）

有鳥自南飛來
棲止在漢北地方
羽毛十分美麗
却離羣獨居異鄉
我孤獨無依不能合羣
又無良媒在他身旁

道路遙遠，日漸將我遺忘
再要申辯已成妄想
望北山而落下眼淚
臨流水而嘆息悲傷

希望孟夏的短夜
何以一夜似一年遼長！
回郢都的道路雖然遙遠
夢魂一夕竟回去九趟！

竟不知道路的曲直
向南指着星月辨別方向
想徑直回去而不可能
只有夢魂認着道路急急來往

何以我的靈魂這樣誠直？
人家的心却不能和我一樣！

媒人無能，聯繫又斷絕
尚不知我的動向

（尾聲）
長灘淺水急流
我溯江潭而上
佯狂四顧而南行
聊以寬慰愁腸

怪石高聳崎嶇
艱蹇我的願望
夜色中迂回超越
隱約地朝着方向

猶豫不前徘徊彷徨
歇宿在北姑地方
煩亂委屈心緒不安

這是眞的顚沛流浪！　　誰來替我訴說憂傷！
憂愁悲嘆精神痛苦　　邊走邊想寫下此歌
神魂已飛向遠方　　聊以排遣我的愁腸
路途遙遠而偏僻　　憂心忡忡不能暢達
　　　　　　　　　　這些話能向誰講？

【今注】

心鬱鬱之憂思兮①，獨永嘆而增傷②。
思蹇產之不釋兮③，曼遭夜之方長④。

①鬱鬱：憂傷沉悶的樣子。　憂思：憂愁思慮。
②獨：獨自。　永嘆：長嘆。　增傷：更加傷感。　以上兩句，從獨處漢北邊地說起，獨自嘆息，更加傷感。
③思：思緒。　蹇產：同𡾋嵼，山巒起伏貌。這裡指思緒之曲折纏繞。　不釋：解不開。
④曼：長。　遭：遇。　方長：正長。　以上兩句，以秋夜增怨，象征其個人與國家的痛苦正悠長。

【大意】心中悒鬱沉悶，憂愁思慮，獨自長嘆，更加傷感。思緒曲折纏繞，不能解開，正值漫漫的夜正長。

悲秋風之動容兮⑤，何回極之浮浮⑥！
數惟蓀之多怒兮⑦，傷余心之慢慢⑧。

⑤動容：動貌。容通搈，動、容同義，猶言「動搖」。〔說文〕：「動，搈也。」又：「搈，動搈也。」

⑥回：旋。極：天極，古人以爲天體的軸心，北斗七星繞北極星而旋轉。浮浮：動盪不定貌。以上兩句說，秋風吹蕩，天軸好像浮浮欲墜。

⑦數：（音朔）屢次。惟：念。數惟：屢次想起。蓀：香草名，此處借指懷王。多：多次，經常。怒：震怒。

⑧余：屈原自稱。慢慢：（音憂憂）愁苦痛楚貌。以上兩句，回想懷王對己時常發怒，實在傷懷。

【大意】悲秋風動盪，何以天極浮浮欲墜！每念君王時常震怒，使我心中十分痛苦。

願搖起而橫奔兮⑨，覽民尤而自鎮⑩。
結微情以陳詞兮⑪，矯以遺夫美人⑫。

⑨搖起：急起，疾起。橫奔：脫此正道，任意而行。「搖起」與「橫奔」爲對文。

⑩覽：看到。尤：災難。鎮：壓止。自鎮：自制。以上兩句說，我看想立刻遠走高飛，不管這裡的是是非非，看到人民的災難我又不忍離去。

⑪結：編結。微：微末，自謙之詞。情：衷情。陳：陳述，陳獻。詞：言詞，文辭。陳詞：指作「抽思」。

⑫熇：舉。遺：送給。夫：指示代詞。美人：代指懷王。

【大意】我曾想急起遠走他鄉，但看到人民的災難，又自己鎮定下來。且將我心中的隱情寫成詩句，奉獻給君王。

以上第一段。寫秋夜漫漫，心中煩燥不安，寫詩以贈君王。

昔君與我成言兮⑬，曰黃昏以爲期⑭。

羌中道而回畔兮⑮，反既有此他志⑯。

⑬昔：從前，指被懷王信任「入則與王圖議國事，以出號令」之時。成言：成其諾言，彼此約定。

⑭黃昏：喻人的暮年。期：期限。黃昏爲期：此卽成言的話，意思是說，懷王曾經答應過，終生信任屈原。舊說，借古時以黃昏時分舉行婚禮，以婚姻喻君臣關係。

⑮羌：猶「乃」，楚方言。中道：半路。回：回轉。畔：同叛。田間之路亦叫畔。回畔：回路，含有改路及背叛之意。

⑯反：反過來。既：已。他志：別的念頭。以上兩句說，懷王放棄屈原，轉而信任屈原的政敵。

【大意】從前君王對我有過承諾，說對我至老信任，何以中途回頭背我而去，反過來你已有別的念頭。

憍吾以其美好兮⑰，覽余以其修姱⑱。

與余言而不信兮⑲，盍爲余而造怒⑳？

⑰憍：同驕，誇耀。其：指屈原的政敵。這句說，懷王以屈原政敵的美好向屈原誇耀。

⑱覽：展示，這裡帶有炫耀之意。余：屈原自稱。修姱：漂亮。這句說：懷王又在屈原面前說其人如何漂亮。

⑲言：指「黃昏爲期」的成言。言而不信：言而無信，說的話不算數。

⑳盍：（音何）何以。造怒：故意找錯誤發怒。以上兩句是說，懷王信任讒佞之人日深，對屈原更加疏遠。

【大意】你以其人的美好向我誇耀，又在我的面前展示炫耀其人漂亮。與我說的話不算數，何以故意向我發怒。

願承閒而自察兮㉑，心震悼而不敢㉒。
悲夷猶而冀進兮㉓，心怛傷之憺憺㉔。

㉑承閒：乘隙，尋找機會。閒通間。自察：使人明察。謂自明心迹。

㉒震悼：恐懼，楚方言。以上兩句說，我想找機會向懷王表明心迹，但怕君王震怒，心中恐懼故此不敢多言。

㉓夷猶：猶豫。冀：希望。冀進：希望進到君前。

㉔怛：（音達）痛苦。怛傷：痛苦悲傷。憺憺：（音淡淡）動蕩不安貌。以上兩句說，我悲傷猶豫又不能不說，因此內心憂傷煩悶如焚。

【大意】我想找個機會自我表白，可是心中恐懼不敢。我悲傷躊躇，希望進到君前，心中哀痛，動蕩不安。

歷玆情以陳辭兮㉕，蓀詳聾而不聞㉖。
固切人之不媚兮㉗，衆果以我爲患㉘。

㉕歷：列舉。　玆情：此情，卽前文所說的「微情」。　歷玆情：他本作「玆歷情」，錯。　陳辭：同陳詞。
㉖蓀：代指懷王。　詳：同佯（音洋），假裝。　詳聾：佯聾，假裝聾耳。　不聞：聽不見。　以上兩句說，我曾將此情向你說過，但你裝聾，像聽不見。
㉗切人：說話懇切率直的人。　不媚：不會諂媚。
㉘衆：衆人，指羣小。　果：竟然。　患：疾病，禍害。

【大意】列舉此情向你陳訴，你却裝聾，聽不見。本來，切直之人不會諂媚，衆人竟然以我爲心腹之患。

初吾所陳之耿著兮㉙，豈至今其庸亡㉚？
何獨樂斯之謇謇兮㉛，願蓀美之可光㉜。

㉙耿：明。　著：顯明。　耿著：明白顯著。
㉚庸：義用「遽」，就的意思。　亡：同忘。　這句是說，難道現在就全都忘記了？
㉛獨樂：獨愛好。　洪興祖本作「毒藥」，非也，今從一本。　斯：此，這。　謇謇：（音簡簡）忠誠，正直。
㉜美：美德。　光：光大。　他本作「完」，錯。

【大意】起初我陳訴得明明白白，難道現在就已全都忘記？何以獨愛好忠誠正直的言行，想使君王的美好光耀於世！

望三五以為像兮㉝，指彭咸以為儀㉞。
夫何極而不至兮㉟，故遠聞而難虧㊱。

㉝望：希望　這裡是希望懷王。　三五：三王五霸，三王，即「三后」：堯、舜、禹；五霸即齊桓公、晉文公、宋襄公、秦穆公、楚莊王。　像：榜樣。
㉞指：同詣，所至之境。　彭咸：人名，殷代的賢臣。　儀：典範。
㉟夫：發語詞。　極：終極，目的。
㊱遠聞：聲名遠播。　虧：虧損。　難虧：難以虧損。

【大意】希望你以三王五霸作為榜樣，以彭咸作為我的典範。這樣還有什麼目的不能實現？名聲也就遠播而難於虧損！

善不由外來兮㊲，名不可以虛作㊳。
孰無施而有報兮㊴，孰不實而有穫㊵？

㊲善：這裡指美德。　不由外來：指自修而來。
㊳虛作：虛妄造作，凭空而來。以上兩句說，善由己，自修而來，名隨實至，不可虛假造作。
㊴孰：誰。　施：施惠。　報：報答。

⑩不實：不結果實。穫：收穫。以上兩句說，怎能無施得報？無耕耘而有收穫？

【大意】美德不是從外面來的，是要靠自己的修養，名聲不是可以弄虛作假造成的。誰個沒有施惠而能有報答？誰個不結出果實，會有收穫？

以上第二段。「昔君與我成言」至「盍爲余而造怒」，追述與懷王相處，懷王不守諾言，中道易轍，並時常借故向詩人發怒。「願承閒而自察」至「衆果以我爲患」，寫被疏遠之後想向懷王表白，恐更加引起君王厭惡，懾於王者之淫威，而不敢前去。其實說也無用，懷王詐作耳聾。自己就因爲切直，成爲衆矢之的。「初吾所陳」至「孰不實而有穫」，寫對懷王的期望。

少歌曰㊶：

與美人抽怨兮㊷，並日夜而無正㊸。

憍吾以其美好兮㊹，敖朕辭而不聽㊺。

㊶少歌：卽「小歌」，樂章之名。詩中之「少歌」有「小結前意」的作用。

㊷與：向。美人：代指懷王。抽：抽芽的抽。抽怨：訴怨的意思。

㊸並日夜：晝夜一起。正：端正，端正是非。這句是說，日夜訴說，都沒有人敢來論是非，正得失。

㊹憍：同驕。與下句的「敖」，是疊韻連綿字「驕傲」的分開使用。這句說，以其人的美好，向我驕傲。

㊺敖：傲。鄙視。朕：（音振）我。朕辭：我的陳詞，我的話。本句寫，懷王對屈原之輕慢，屈原的話他根本不聽，祇是當作耳邊風。

【大意】我向美人訴說心中的怨憤，日說夜說都無人敢爲我端正是非。你以其人的美好向我誇耀，鄙視我的陳詞，充耳不聞。

以上為第三段。小結上文，無人願意仗義質正，懷王傲慢自恃，屈原實在無可奈何。

倡曰㊻：

有鳥自南兮㊼，來集漢北㊽。

好姱佳麗兮㊾，牉獨處此異域㊿。

㊻倡：同「唱」，樂章之名，再「起唱」之意。〔抽思〕可分兩部分，「倡」之前，爲上半部，之後爲下半部。

㊼鳥：屈原自喻。南：指郢都，郢都在屈原流放之地漢北的南方。

㊽集：栖止。漢北：漢水之北。屈原遷謫之地，今湖北省襄樊地區。

㊾好姱、佳麗，均指美好，形容鳥的美麗，也是屈原自喻。

㊿牉：（音判）這裡是指分離。異域：異鄉，指漢北。以上四句說，自己雖有美德，卻獨處異域，一無所用。

【大意】（唱曰）有鳥自南方飛來，栖止在漢北，它美好而漂亮，卻離羣獨處在異鄉。

既惸獨而不羣兮(51)，又無良媒在其側(52)。

道逴遠而日忘兮(53)，願自申而不得(54)。

望北山而流涕兮(55)，臨流水而太息(56)。

(51)惸：（音窮）孤獨。惸獨：孤單。不羣：不合羣，指不隨世俗浮沉。文中爲雙關語，與上文「有鳥自南」連繫起來，有失羣之鳥的意思。

(52)良媒：好媒介，指可以在楚王面前替屈原說話的人。其側：指在楚王左右。以上兩句，寫出屈原孤立的處境。

(53)逴：（音卓）遠。逴遠。日忘：一天一天地被忘記。

(54)申：申訴。自申：自己申訴。以上兩句說，漢北離郢都太遠，君王將漸漸把我忘記，自己沒有申訴的機會了。

(55)北山：指郢都以北十里的紀山，郢人稱爲「北山」。「望北山」是寫屈原南望，對郢都的懷念。涕：眼淚。

(56)臨：面臨，面對着。臨流水：面對着漢水滔滔的流水。息：嘆息。以上寫屈原初到漢北時的懷歸心情。

【大意】既是孤單而不能合羣，又無良媒在君王左右。道路遙遠，我一天天被遺忘，想自己去申述也不可能，只有望着郢都的北山流淚，面對着流水而嘆息。

望孟夏之短夜兮(57)，何晦明之若歲(58)！

惟郢路之遼遠兮(59)，魂一夕而九逝(60)。

(57)望：希望。孟夏：初夏，農曆四月，夏天第一個月。短夜：初夏之夜最短。

(58)晦：日暮。明：天亮。晦明：從晦到明，是一晚。若歲：好像一年一樣。以上兩句說，希望君王的震怒像夏夜一樣很快過去，誰知是秋夜漫漫難以天亮。

(59)惟：同雖。郢：楚國首都。郢路：往郢都的道路。

⑥⓪魂：指夢魂。 九：泛指多次。 逝：往。 以上兩句，寫思郢心切，郢都雖遠，夢魂却一夜回去幾趟。

【大意】希望是個孟夏的短夜，何以從日暮至天明就像一年那樣長！雖然往郢都的道路遼遙，夢魂一晚之間已回去九趟。

曾不知路之曲直兮⑥①，南指月與列星⑥②。

願徑逝而未得兮⑥③，魂識路之營營⑥④。

⑥①曾：猶「竟」或「乃」。 這句是說，夢魂不知郢路的曲直情況。

⑥②南指：南行辨別方向的標誌。 列星：羣星。 這句是說，觀明月與列星，以辨別方向。

⑥③徑逝：直往。 這句說，歸心似箭，往郢道路曲折，想徑直前往郢都是作不到的。

⑥④識路：識別道路。 營營：往來忙碌貌。 這句說，夢魂爲了認路，忙忙碌碌。

【大意】竟不知道郢路的曲與直，拿月亮和星星來辨別南行的方向。想徑直奔往郢都作不到，夢魂爲了認路，忙忙碌碌。

何靈魂之信直兮⑥⑤，人之心不與吾心同⑥⑥。

理弱而媒不通兮⑥⑦，尚不知余之從容⑥⑧。

⑥⑤靈魂：實指屈原自己的品性。 信：同誠。 信直：誠實正直。

⑥⑥人：指懷王。

(67)理：提親的人，猶「媒」。這裡是指屈原用來與懷王的聯繫者。　弱：能力差。　媒不通：猶言「聯繫斷絕」。這句是說，聯繫者是無能之輩，而現在又聯繫斷絕，媒理不通。

(68)尚：尚且。　余：屈原自稱。　從容：這裡是「舉動」的意思。　這句是說，尚且還不知我的舉止行動。

【大意】何以靈魂這樣誠實正直，人家的心並不與我的心相同。聯繫的人無能而現在又聯繫斷絕，尚且不知我的舉止行動。

以上第四段。寫放逐漢北，思念郢都，急切想要歸去的心情。

亂曰(69)：

長瀨湍流(70)，泝江潭兮(71)。

狂顧南行(72)，聊以娛心兮(73)。

(69)亂：古代樂曲中的用語。樂曲最後一段。古代詩歌中亦常以「亂」詞收尾。是「尾聲」，有總括大意，作爲結論的意思。

(70)瀨：（音賴）沙上淺流。　湍：急流。

(71)泝：（音訴）同溯，逆流而上。　潭：水深處，楚人稱深淵爲潭。

(72)狂：急切地，這裡有「佯狂」「詐癲」之意。　狂顧：佯狂顧盼。　南行：向南走去。

(73)娛心：寬慰一下心情。　以上兩句，寫詩人明知不可能回去郢都，而偏故意掉轉頭來向南行，把他急切歸郢與無可奈何的痛苦表現無遺。

【大意】（尾聲）長灘淺水急流，我泝江潭而上。我故意回頭向南行行，聊以寬慰我歸郢之心。

軫石崴嵬(74)，蹇吾願兮(75)。
超回志度(76)，行隱進兮(77)。

(74)軫：戾裂。　軫石：指怪石。　崴嵬：（音威偉）高大而不平貌，與「崔嵬」同義。
(75)蹇：（音簡）阻礙。　吾：屈原自稱。　願：南歸之願。
(76)超：超越。　回：迂回。　超回：越着迂回的道路。　志：同誌，記。　度：計算。　志度：指辨認道路。
(77)隱：隱約。　隱進：意思是說，在夜色中隱隱約約地小心前進。亦暗示自己的未來充滿險阻。

【大意】怪石高聳，阻礙我南歸的心願。我遷回超越，辨認路徑，在夜色中隱隱約約地小心向前。

低徊夷猶(78)，宿北姑兮(79)。
煩冤瞀容(80)，實沛徂兮(81)！

(78)低徊：徘徊。　夷猶：猶豫，遲疑不進。
(79)北姑：地名。在「北山」更北的地方。
(80)煩冤：煩亂委屈。　瞀：（音冒）亂。　容：（音勇）同傛。〔說文〕：「傛，不安也。」　瞀容：形容心緒紊亂不安。

(81)實：實在的，眞正的。沛：顚沛流離。徂：往。

【大意】徘徊猶疑，歇宿北姑，煩亂寃屈，心緒不安，這是往顚沛流離。

愁嘆苦神(82)，靈遙思兮(83)。

路遠處幽(84)，又無行媒兮(85)！

(82)愁嘆：憂愁悲嘆。苦：作動詞用，折磨的意思。神：精神。苦神：折磨着精神，也就是精神被折磨得痛苦。古文中，形容詞常被作動詞使用，同音同義字固然很多，同音不同義的字也很多。明乎此，這裡的「神」字就不能作「呻」字解。

(83)靈：神魂，或心靈。遙思，指遙思郢都。這句是說，人雖在漢北，心靈却向郢都飛去。

(84)幽：幽僻。處幽：處於幽僻荒遠的地方。

(85)行媒：行走的說合之人。以上兩句說，路途遙遠，與世隔絕，無人疏通，終無見君之日。

【大意】憂愁悲嘆，痛苦折磨着精神。心靈遙念着郢都，路途遼遙處於荒僻之地，又無媒介給我去疏通。

道思作頌(86)，聊以自救兮(87)。

憂心不遂(88)，斯言誰告兮(89)？

(86)道思：邊走邊想。作頌：作歌，指寫〈抽思〉。

⑧⑦自救：猶言「自解」，自己排遣內心的痛苦憂傷。

⑧⑧憂心：憂悶之心。　不遂：不能暢達。　這句是說，我憂心忡忡，許多話都無法暢所欲言地表達出來。

⑧⑨斯言：這些話。　誰告：告訴誰？

【大意】路上一邊走一邊想，寫下這首歌，聊以排解自己，憂心忡忡不能暢達，這些話告訴誰？以上第五段。以「亂詞」為全詩作結。寫詩人明知不能回去郢都，却偏徉狂向南行，深刻地寫出詩人切望回郢的情緒。

〈抽思〉是在行游的路上寫的。全詩分兩大部份，「倡曰」之前是上半部，「倡曰」之後是下半部。上半部寫詩人在政治上被讒見疏的遭遇。下半部則寫他內心的悲憤及懷念郢都的心情。這首詩的結構比較特別，出現了「少歌」、「倡」和「亂詞」，賦予它們不同的內容。「少歌」為上文小結，「倡」則寫懷念郢都，而「亂詩」却寫漢北無聊的南行，並為全詩作結。詩中對懷王的性格有生動的刻劃，却表現了屈原的忠君愛國的思想。

思美人

本篇是屈原被放逐漢北時，繼〈抽思〉之後的作品，亦寫於懷王時期。以詩的首句爲名，「思美人」是思念懷王。

思念懷王是本篇的主題，也寫出屈原不肯趨炎附勢，俯首受辱的性格，以及希望懷王回心轉意，實現從前商定的計劃，在暮年未到之前，仍有一番作爲。

【今譯】

思念你啊美人
收起眼淚，佇立凝望
無人傳話，路途阻隔
沒法把話奉上
忠誠正直而惹煩寃
鬱結積滿胸膛
表明表白我的衷情
沉悶憂鬱難以成章
欲寄語浮雲
雲師豐隆不肯幫忙
托歸鳥傳書
鴻鳥高高栖在樹上

高辛氏德行盛大
遇玄鳥替他送卵生商
我想變節而隨俗
委屈意志，我愧於這樣！
唯獨歷年遭受的痛苦
怨莫能化，憂憤滿腔
寧隱忍直至老死
怎能改變自己方向！
明知前面路不通行
我依舊未能改變初衷
儘管會是車覆馬翻
我獨自向著此路前往

勒住駿馬，更調駕乘
讓造父爲我執韁
緩緩前進，不要飛馳
且在絕望中等待微弱的希望
指向嶓冢山的西極
直至日薄西山一片昏黃

等到春天來到
春日遲遲升起艷陽
我將敞開心懷盡情歡樂
循着長江夏水以遣憂腸

採集草木叢中的香茝
拔取長洲上的宿莽
可惜我趕不及遇見古人
採此芳草，與誰玩賞？

拔下萹竹與雜菜
用以編成環佩帶在身上
這些野草被帶得繽紛繚繞
難怪芳草枯萎凋亡

我且徘徊消除憂愁
看南人那些變態的怪樣
我想私下尋求內心的快樂
揚棄那憤懣和悲傷

眞正的香花雜在汚臭之中
也會溢出它的芳香
濃郁的香氣紛向遠處散發
內裡充實，然後向外播揚
情操與本質誠然可以保持
雖身居蔽處也會聲名昭彰

欲令薜荔爲使者
怕舉趾而爬到樹上
想請荷花爲媒介
又怕涉水濕足，撩起衣裳

登高，我不喜歡
下水，我也不想
固然我性格不慣如此

於是令我猶豫而徬徨！

全面實現從前計劃
我態度未改，往日一樣
命該處於幽僻，我將疲憊勞傷
趁着白日未盡，以遂我的願望
孤孤單單而我將南行
欲以彭咸作榜樣

【今注】

思美人兮①，擥涕而竚眙②。
媒絕路阻兮③，言不可結而詒④。

①思：思念。 美人：喻懷王。

②擥：（音覽）同攬，收。 擥涕：收起眼泪。 竚：（音注）久立。 眙：（音翅）凝視的樣子。 竚眙：久立凝望。

③媒：指屈原與懷王的聯繫。 媒絕：聯繫斷絕。 路阻：道路阻隔。

④言：話。 結：指寫信。 詒：同貽，送。

【大意】思念啊美人，收起眼泪，佇立凝望。聯繫斷絕，路途阻隔，話沒有辦法送上。

蹇蹇之煩寃兮⑤，陷滯而不發⑥。

申旦以舒中情兮⑦，志沉菀而莫達⑧。

⑤蹇蹇：（音簡簡）同「謇謇」，忠誠正直。 煩寃：煩惱和寃屈。

⑥陷滯：這裡是說「煩寃」積壓在心裡，義同「鬱結」，不可作「車輛陷滯泥途」解。 發：發洩。

⑦申旦：申述明白。 舒：抒發。 中情：衷情。

⑧志：心志。 菀：（菀音育）同鬱。 沉菀：沉悶憂鬱。 莫達：莫能表達。

【大意】忠誠正直惹來煩寃，積壓心裡，不能發洩。表明表白我的衷情，心志沉鬱莫能表達。

願寄言於浮雲兮⑨，遇豐隆而不將⑩。

因歸鳥而致辭兮⑪，羌宿高而難當⑫。

⑨寄言浮雲：托浮雲帶信。

⑩豐隆：神話中的雲神。 將：帶，拿。

⑪因：托，借助。 歸鳥：南歸之鳥，指鴻雁。 致辭：此處與「寄言」一樣，都是帶信的意思。

⑫羌：何以。 宿高：高高地棲在樹上。言下有故意的意思。 難當：難以擔當，不願幹。 以上四句說無人願替我捎信。浮雲不肯鴻鳥也不肯，還故意棲在高處。

【大意】想請浮雲給我帶信，遇見豐隆却不肯幫忙。想借助歸鳥傳書，鴻鳥故意高高地棲在樹上，也不願幫忙。

高辛之靈盛兮⑬，遭玄鳥之致詒⑭。
欲變節以從俗兮⑮，媿易初而屈志⑯。

⑬高辛：嚳（音酷）帝的號。　靈盛：德行盛大。
⑭遭：遇。　玄鳥：燕子。　致詒：致送禮物。詒同貽。　玄鳥致詒：這裡說的是「玄鳥生商」故事：嚳帝高辛氏的第二個妻子簡狄，有一天陪着兩位少女悄悄到河裡洗澡，天上突然飛來一隻燕子，瀉下一個蛋來，簡狄吃下，於是懷孕，生下殷民族的始祖「契」來。　以上兩句是說，我沒有嚳帝那樣的靈盛，不會有玄鳥替我致貽。
⑮變節：改變操守。　從俗：屈從世俗，與羣小同流合汚。
⑯媿：同愧。　易初：改變初衷。　屈志：委屈意志。　以上兩句說，想變節從俗，改變本心，却又自愧不忍，唯有痛苦一生。

【大意】嚳帝高辛氏德行盛大，才會遇着燕子爲媒給他致送禮物。我想改變操守，屈從世俗，又自愧改變初衷，委屈意志，不忍這樣。

獨歷年而離愍兮⑰，羌馮心猶未化⑱。
寧隱閔而壽考兮⑲，何變易之可爲⑳！

⑰獨：唯獨。歷年：多年來。離：同罹，遭受。愍：（音憫）憂困。離愍：遭受苦難。
⑱羌：何以，楚方言。馮：憤懣。馮心：憤懣的心情。未化：未有消除。
⑲寧：寧可。隱閔：隱忍憂傷。壽考：老死。
⑳何：怎能。變易：變節易志。

【大意】唯獨多年來遭受的苦難，何以憤懣的心情未有消減。寧可隱忍憂傷，直至老死，怎能改變志節！

以上第一段。寫懷念君王，無人傳話，聯繫斷絕的痛苦心情，和不變志節的堅強意志。

知前轍之不遂兮㉑，未改此度㉒。

車既覆而馬顛兮㉓，蹇獨懷此異路㉔。

㉑前轍：前面車輪留下的印迹，這裡是說前面的道路。不遂：不順遂。
㉒度：態度。以上兩句說，明知前面滿途荆棘，我還是不改初衷，一直向前。
㉓覆：翻。顛：仆倒。車覆馬顛：喻失敗。
㉔蹇：語首助詞。懷：念着。異路：與衆不同的道路。以上兩句說，車翻馬仆，一切都失敗了，我仍繼續走下去。

【大意】明知前面的道路不順利，我仍未改變我的態度。車已傾翻，車已仆倒，唯我不忘這與世俗不同的道路。

勒騏驥而更駕兮㉕，造父爲我操之㉖。
遷逡次而勿驅兮㉗，聊假日以須時㉘。
指嶓冢之西限兮㉙，與纁黃以爲期㉚。

㉕勒：勒住，拉緊繮繩。　騏驥：馬名，千里馬。　更駕：更換駕乘，換過一輛車子。

㉖造父：人名，姓嬴，歷史上著名的善御者，周穆王的馬夫，曾替周穆王駕着八龍（八匹千里駒）周遊天下。操之：駕馭。

㉗遷：遷延，意謂慢行。　逡次：猶逡巡，欲進不進的樣子。　勿驅：不要疾馳。

㉘聊：姑且。　假日：費些時日。　須：等待。　須時：等待時機。屈原此處仍表現出自己雖受挫折，仍思振作的思想。

㉙指：指向。　嶓冢：（音播踵），山名，在今甘肅省天水市與禮縣之間，在漢水發源地西北數百里，古人誤以爲是漢水發源地，漾水東南流爲沔水，至漢中流爲漢水。　限：（音威）山的彎曲處　嶓冢西限：指嶓冢山的西極。

㉚纁：（音薰）通「曛」。　纁黃：即曛黃，黃昏太陽下山時的餘光。　期：期限。　以上兩句說，堅持志向，直到老死。

【大意】勒住駿馬，更調駕乘，請造父我駕御，緩緩行進，切莫飛馳。中等待，指向嶓冢的西邊，直到那黃昏時限。

以上第二段，寫自己的奮鬥意志，以及絕不動搖，直至老死的決心。

開春發歲兮㉛，白日出之悠悠㉜。
吾將蕩志而愉樂兮㉝，遵江夏以娛憂㉞。

㉛開春：春天開始。　發歲：一歲發端。　開春、發歲：爲對文見義，一元復始的意思。
㉜白日：燦爛的太陽。　悠悠：舒緩貌。　白日悠悠：猶言「春日遲遲」。
㉝蕩志：放蕩心志，猶言縱情。　愉樂：快樂。　這句說，我將縱情快樂。
㉞遵：循，沿着。　江：長江。　夏：夏水，古河名，連接長江、漢水，今已改道。　娛憂：消除煩憂。

【大意】等到春天來到，春日遲遲升起艷陽，我將敞開胸懷縱情歡樂，沿着長江、夏水，消除我的煩憂。

擥大薄之芳茝兮㉟，搴長洲之宿莽㊱。
惜吾不及古人兮㊲，吾誰與玩芳草㊳？

㉟擥：同攬，採。　薄：草木叢生之處。　大薄：草木叢中。　茝：香草名，卽白芷。
㊱搴：（音搴）拔取。　洲：水中的陸地。　長洲：長長的沙洲。　宿莽：草名，耐寒，越冬不死。
㊲惜：可惜。　吾：屈原自稱。　不及：趕不上。　古人：這裡指古之賢君。　不及古人：趕不上與古之賢君生在同一時代。
㊳誰與：與誰。　玩：玩賞，欣賞。　以上兩句暗喻楚王並非古之賢君，自已有才能，誰來鑒賞？

【大意】採摘草木叢中的香茝，在長洲上拔取越冬不枯的宿莽。可惜我不及見到古之聖賢，我與誰玩賞這些芳草？

解萹薄與雜菜兮㊴，備以爲交佩㊵。

佩繽紛以繚轉兮㊶，遂萎絕而離異㊷。

㊴解：採。萹：（音偏）萹蓄，又叫萹竹，野草，紅莖白花，生於道旁。萹薄：叢生的萹竹。雜菜：野菜，這裡仍指野草。

㊵備：置備，貯存。交佩：左右佩帶。以上兩句說在朝君臣，不賞芳草，反以野草作佩，暗喻楚王是非顚倒，賢佞不分。

㊶繽紛：繁盛貌。繚轉：繚繞。

㊷遂：終。萎絕：指芳草枯萎死亡。離異：這裡是指「分散零落」。以上兩句喻奸佞被重用，賢能被拋棄。

【大意】拔取萹竹與野菜，備以織成環佩，這些野草被佩帶得繽紛繚繞，香草終於枯萎凋謝，四散零落。

吾且儃佪以娛憂兮㊸，觀南人之變態㊹。

竊快在中心兮㊺，揚厥憑而不竢㊻。

㊸儃佪：徘徊。娛憂：消除煩憂。

㊹南人：屈原寫本篇時，在漢北，故指郢都的羣小爲南人。不可解作「南夷」或「南蠻」。變態：異樣，不正常。這句是說：看南方那些變態佬的怪樣！

㊺竊：私下。快：快樂。中心：心中。

㊻揚：揚棄。厥：其。憑：憤懣。竢：等待。以上兩句說，我眞是沒有眼睛看，我想私下去尋找快樂，將那些憤懣拋棄，也不再等待懷王的恩赦再用了！

【大意】我且徘徊，舒散憂悶。看南方那些變態傢伙的怪樣！我想私下去尋求快樂，將那些憤懣悲傷一齊拋棄，也不再等待君王的恩赦復用。

芳與澤其雜糅兮㊼，羌芳華自中出㊽。

紛郁郁其遠蒸兮㊾，滿內而外揚㊿。

情與質信可保兮(51)，羌居蔽而聞章(52)。

㊼芳：芬芳，文中是指眞正的香花。澤：污臭之氣。雜糅：混雜在一起。

㊽羌：何以。芳華：芬芳的花朵。中：其中，指臭氣之中。以上兩句說，眞正的香花卽使在臭氣之中，也會溢出它的芬芳。

㊾紛：紛紛，香氣盛多，言其不斷。郁郁：香氣射散，言其濃烈。蒸：氣上行，蒸發。

㊿滿內：充實內裡。外揚：向外播揚。以上兩句，以花香喻自己的品德。

(51)情：情操。質：本質。信：誠然，果眞。保：保持。

(52)居蔽：居處偏僻。聞：聲名。章：同彰，昭彰。以上兩句說，自己雖處荒僻之地，却堅信只要情操本質不變，美名自然可以流傳世間。

【大意】眞正的香花與汚臭之氣雜在一起，馨香的花朶也會自汚穢之中溢出它的芬芳。濃郁的香氣不斷的向遠處散發。充實於內，播揚於外。情操和本質，誠然能夠保持，雖然身處偏僻地方，美名也會流傳世上。

以上第三段。寫屈原雖被放逐，陳情無路，自喻如香花溢於四野，自己的情操本質，美名將昭彰於世上，為此而感自豪。

令薜荔以爲理兮㊵，憚擧趾而緣木㊶。
因芙蓉而爲媒兮㊷，憚褰裳而濡足㊸。

㊵薜荔：蔓生的藤本植物，緣木生長。理：猶媒。
㊶憚：怕。擧趾：抬脚。緣木：爬樹。
㊷因：托，借助。芙蓉：荷花。
㊸褰：（音牽）提起。褰裳：提起衣裳。濡：沾濕。以上四句，是說屈原不肯去求人作媒理，低聲下氣，有失自尊的事，他不願意。

【大意】欲使薜荔爲我通情，可是它緣著樹幹而生，我怕擧足上樹。想請芙蓉替我調停，可是它生長在池溝裡，我怕撩起衣裳，沾濕雙足。

登高吾不說兮㊹，入下吾不能㊺。

固朕形之不服兮(59)，然容與而狐疑(60)。

(57)登高：指上文之「緣木」。這是雙關語，意謂「趨炎附勢」。說：同悅。不說：不高興。

(58)入下：指上文之「濡足」。登高、入下是對文，同爲雙關語，這裡是謂「附首就辱」。不能：做不到。以上兩句意謂，要我趨炎附勢或俯首就辱，我都做不到。

(59)固：實在。朕：我。形：形質，這裡是指性格。朕形：我的性格。不服：不習慣。

(60)然：乃，於是。容與：徘徊不進貌。狐疑：猶豫不決。

【大意】登高，我不喜歡。下水，我也不幹。實在是我性格不習慣，於是，我只有徘徊猶豫。

廣遂前畫兮(61)，未改此度也(62)。

命則處幽吾將罷兮(63)，願及白日之未暮也(64)。

獨煢煢而南行兮(65)，思彭咸之故也(66)！

(61)廣：多方面，這裡是指「全面」。遂：實現。前畫：從前的計劃。指從前與懷王商定的以法治（法度）代替人治（心治），選賢任能，固本自強，聯齊抗秦的大計。

(62)度：態度，猶言立場。以上兩句，屈原再提出自己的政治理想，要求懷王不要改變。

(63)命：命運。處幽：處於幽僻荒遠之地，指放逐在漢北。罷：同「疲」。

(64)及：趁著。白日未暮：黃昏未到。這句是說，願趁着暮年未到之前，作一番努力。

(65)煢煢：（音窮窮）孤單的樣子。獨煢煢：孤孤單單。南行：郢都在漢北的南方，欲回郢都故稱南行。

⑥⑥這句與〈離騷〉的「願依彭咸之遺則」的意思一樣。以上兩句，承上文「願及白日之未暮」趁着暮年未到，作一番努力，故說，我現在雖孤孤單單，但我仍要回去，欲以彭咸作榜樣。此時的屈原是還希望懷王回心轉意，自己終將南行回去郢都，幹一番事業的，還不想死，還不想「吾將從彭咸之所居」。大體上詩人在漢北的作品都比較明快。

【大意】全面地實現從前我和你商定的計劃，我的態度至今未改。命該處於荒遠之地，我將疲憊。趁着黃昏未到，還可再努力一番。雖然孤孤單單，仍將南行回去郢都幹一番事業，要以彭咸作榜樣。

以上末段。寫屈原不願高攀，不肯屈就，在混濁中保持高潔的情操，以及堅持自己的政治理想，不因放逐而改變意志的高貴品質。

遠游

〈遠游〉是屈原被楚頃襄王放逐江南，被迫離開郢都，怨恨自己生不逢堯舜之時，在失意哀傷，產生道家出世思想之時，為擺脫內心痛苦，而寫成的我國第一首游仙詩。

【今譯】

悲痛時俗困迫　寧願高飛遠行

我身卑微又無因緣
怎能乘雲飛昇?

遭沉淪混濁汚穢
獨自鬱結能向誰言?
長夜清醒不能入睡
神魂恍惚直至天明

想那天地無窮無盡
哀嘆人生勞苦終身
過去的，我追不及
未來的，無法知聞

步履徘徊，留戀想念
惆悵失意不能平靜
意態恍惚蕩漾不定
心情愁苦，悲傷更深!

神魂忽然不回體內
軀殼枯槁獨留世間
捫心自省以端正情操
尋找正氣的來源

虛無淸靜，恬然愉快
淡泊無爲，自得安然
聽說赤松子淸淨無塵
願將他的教化法則繼承

我敬重眞人的美德
羨慕古人得道成仙
能修煉直至隱去形骸
名聲卓著，千古流傳!

奇妙啊，傅說死後精神昇托辰星
羨慕韓衆得道脫離凡塵

暫且徘徊，聊以逍遙
年紀老大，事業無成！
誰與我欣賞被遺的芳草？
早晨我向清風傾訴衷情
高陽帝離今遠去
我將以甚麼爲準繩？
再說，春秋交替時光不停
何必老是留戀家園？
黃帝時代已不能攀及
我將跟王子喬游戲天地之間！
餐食六氣，搠飲清露
以正陽漱口，含朝霞片片
保持精神明淨純潔
吸入精氣把汚穢除盡

儀容端莊漸漸遠去
離開人羣隱逸飄然
靠著正氣遂能飛昇
忽然來去神速無形
有時遠處彷彿有影子出現
精靈皎皎，往來的都是神仙
超脫塵俗，寄身野嶺
永不返回舊日家園！
免被羣小禍害，已無畏懼
世人不知我的踪影
恐怕時序代謝無情
太陽閃耀不停西行
薄薄的霜雪漸漸加厚
哀痛芳草最先凋零！

順著南風飄游
至南巢暫且稍停
遇王子喬，和他一同投宿
向他請教得道的竅門

他說：道可以意會
而不可以言傳
它小到無處不能容納
它大到沒有止境

只要不亂本性
它就自然顯現
氣與神合二爲一
時至夜半隱隱若存
清靜對待事物
不要鬥勝爭先
萬物都在自然中形成
這就是得道之門

聽了名言，我已動心
轉眼我就要遠行
隨飛仙去到晝夜長明的丹丘
留居在不死的仙境

早晨在湯谷洗髮
黃昏在扶桑樹下晾乾
吸飲飛泉的水珠
把美玉的花朶帶在身邊

顏容似玉色那樣潤澤
精氣純一，開始旺盛
體質消瘦，日漸柔弱
神魂却奔放高遠

贊美南方的火德
贊美桂樹冬天一樣茂盛
山林蕭條沒有野獸
原野廣漠，寂靜無人
載著魂魄登上彩霞
浮雲撫掩飄飄上升

叫天國的看守敞開天門
他推開天門向我看看
召來豐隆作爲嚮導
問何處是天帝的宮庭？

上了九天，走進帝宮
造訪太白，到清都游覽
早上從天庭出發
黃昏才到孤石峭拔的玉山

集中我隨從的車輛萬乘
列隊從容，相隨並進
駕着八條蜿蜒的虬龍
載著雲旗一路伸展

樹起彩虹製成的旌旗
五色繽紛，光輝燦爛
兩服屈曲，奔騰起伏
兩驂連蜷，恣意馳騁

車騎交錯喧嘩雜亂
分班排好，漫延並行
握緊我的繮繩，整好我的隊形
我將經過木神句芒的東方聖境

過了太皓統轄的領域，再向右轉
前面開路的是鳥頭鹿身的飛廉

東方發白，天未大光
越過天池徑直向前

風伯爲我先驅
濁塵掃去，一片淸淨
鳳凰結隊飛來，翅膀連接着雲旗
我又在西天與金神蓐收見面

摘下彗星裝飾旌旗
擧斗柄爲麾，指揮衆人
天地之間光怪陸離
我在流蕩的雲霧中游行

時而昏暗，時而朦朧
我叫玄武奔後作殿
文昌在後掌領隊伍
選召衆神並駕前進

前路漫漫，無限遙遠
放慢車輛，高傲九天
左面雨師爲我護路
右面雷公防衞身邊

想要飄然出世，忘却人寰
隨心所欲，任意飛騰
內心快慰，欣然自賞
暫且娛樂，盡情歡欣

踏着雲層肆意游玩
忽然看見舊日的家園
僕人懷戀，我心悲酸
驂馬回顧，也不願前行

思念故舊想象連翩
又要掩涕長嘆！

雌霓輕盈層層纏繞
鸞鳥展翅高高飛翔
仙樂飄飄綿延不斷
一直如此反復廻旋

放鬆繮繩任馬奔馳
遠至北極的寒門
趕過疾風來到清源
與顓頊會於冰層

經過幽深昏黑妖異的邪道
透過縫隙，反顧人寰
召來造化之神相見
叫他鋪路，導我成仙

經歷了四周荒遠之地
又把上下四方遊遍

還是放開心懷遠走高飛
抑制自己，收住感情！

向着南方火神的領域直奔
我將去到九疑山
看看世外的浩茫荒遠
像被波濤擁着飄浮向前

祝融勸我趕快回去
我召鸞鳥去把宓妃迎來身邊
她彈着「咸池」，奏起「承雲」
娥皇女英也唱起「九韶」的歌聲

湘水之神爲我鼓瑟
海神與河伯並舞助興
玄螭罔象出出進進
盤盤曲曲蠕動蜿蜒

上至天蓋的列缺
下望歸墟的無底深淵
地深廣而沒有地
天高遠而沒有天
眼前閃閃而無所見
耳中[illegible][illegible]而無所聞
無爲至極，超凡入聖
處身泰初境界裏面……

【今注】

悲時俗之迫阨兮①，願輕舉而遠游②。
質菲薄而無因兮③，焉託乘而上浮④？

①時俗：這裏是指時勢。　阨：（音厄）險地，困厄。　迫阨：困迫。
②舉：飛。　輕舉：輕飛。
③質：出身。　菲薄：卑微。屈原雖爲楚國王族，但不似公子子蘭，爲楚王至親。此亦爲屈原自謙之詞。屈原與公子子蘭，相形之下就顯得微賤了，此亦〈惜誦〉中「身之賤貧」的意思。　因：因緣。
④焉：何能。　托：憑藉。　乘：指乘雲。　上浮：指飛昇。　以上四句寫出「遠游」的原因，我爲形勢所迫，不能不痛苦地離開這個世界。

【大意】悲痛時俗困迫，我眞想高飛遠行。只是我身卑微而又無因緣，怎能托雲上浮？

遭沉濁而汚穢兮⑤，狀鬱結其誰語⑥？

夜耿耿而不寐兮⑦，魂煢煢而至曙⑧。

⑤沉：沉淪。濁：混濁。

⑥鬱結：憂悶，愁緒不解。誰語：向誰訴說。

⑦耿耿：光明貌，這裡用來形容長夜失眠，心中清醒的樣子。不寐：不能入睡。

⑧魂：神魂，指精神。煢煢：往來不停貌，這裡是指恍惚。曙：天曉。

【大意】遭逢沉淪混濁和汚穢，獨自鬱結，向誰訴說？長夜清醒，不能入睡，神魂恍惚，直到天明。

以上第一段。說明自己遭時勢所迫，沒有一個傾訴之人，所以決心遠去。

惟天地之無窮兮⑨，哀人生之長勤⑩。

往者余弗及兮⑪，來者吾不聞⑫。

⑨惟：想。

⑩長勤：長時勞碌，勞苦終身。

⑪往者：過去的，指「前聖」三皇五帝。余：我，屈原自稱。弗及：不及，追不上。

⑫來者：未來的。吾：我，屈原自稱。不聞：無法知聞。

【大意】想那天地無窮無盡，哀嘆人生長期勞勞碌碌。過去的，我無法追及，未來的，我無法知聞。

步徙倚而遙思兮⑬，怊惝怳而永懷⑭。

意荒忽而流蕩兮⑮，心愁悽而增悲！

⑬步：步履。　徙倚：徘徊。　遙思：留戀想念的意思。

⑭怊：（音超）惆悵，心無所依。　惝怳：（音埸晃）失意。　永：一作「乖」。　懷：心情。　永懷：心情長久不能平靜。

⑮意：意態。　荒忽：恍惚。　流蕩：水流貌，用以形容「荒忽」。是指蕩漾不定的樣子。

【大意】步履徘徊而留戀想念。惆悵失意，心情長久不能平靜。意態恍惚而蕩漾不定。心裏愁苦而更增悲傷！

神儵忽而不反兮⑯，形枯槁而獨留⑰。

內惟省以端操兮⑱，求正氣之所由⑲。

⑯神：神魂。　儵忽：忽然。　反：通「返」。　不反：不返，指不回體內。

⑰形：形體，這裡是指「軀殼」。　獨留：意指獨留世間。

⑱內：內心。　惟：思。　省：察。　內惟省：捫心自省的意思。　端操：端正情操。

⑲求：尋求。　正氣：指「方正不阿」。　所由：來由。　以上兩句是說，自己捫心自問，端正情操，以獲得正

氣。寫出屈原的失意心情，唯靠內心一股浩然正氣來支持自己。

【大意】我的神魂忽然不返回體內。身體枯槁而獨留世間。捫心自省，以端情操，尋找正氣的來源。

漠虛靜以恬愉兮⑳，澹無為而自得㉑。

聞赤松之清塵兮㉒，願承風乎遺則㉓。

⑳漠：漠然。　虛靜：虛無清靜。　恬：恬然。　愉：愉快。

㉑澹：澹泊。　無為：任乎自然。

㉒赤松：赤松子，古時成道的仙人，相傳為炎帝的雨師，時常服食水晶，修煉後遂能跳進火裡自燃，身體化為輕煙，脫胎換骨，成了仙人。（見〈列仙傳〉或拙著〈中華史詩・神話與傳說〉「炎帝神農氏」之六「赤松仙子」）

清塵：清淨無塵。

㉓承：繼承。　風：教化。　遺：遺留。　則：法則。　遺則：遺留下來的成仙的法則。

【大意】漠然虛無清靜，恬然愉快。澹泊一切任乎自然而安然自得。聽說赤松子清淨無塵，希望奉承他遺留下來的成仙的法則。

貴眞人之休德兮㉔，美往世之登仙㉕。

與化去而不見兮㉖，聲名著而日延㉗。

㉔貴：敬重。　眞人：修眞而得天地之道的人，故謂眞人。是道家理想中得道的人。　休：美。　休德：美德。

㉕美：羡慕。　往世：先世，指古人。　登仙：成仙。

㉖與：這裡是隨着的意思。　化：仙化，指修煉。　而：至。　不見：指隱去形骸。　這句是說，隨着仙化至隱去形骸。

【大意】 我敬重眞人的美德，羡慕古人得道成仙。隨着仙化而去，不見了自己的軀殼。聲名千古流傳。

㉗著：卓著。　日延：日益流傳。

奇傅說之託辰星兮㉘，羡韓衆之得一㉙。

形穆穆以浸遠兮㉚，離人群而遁逸㉛。

㉘奇：奇妙。　傅說：殷高宗武丁的賢相。　辰星：相傳傅說死後，他的精神飛上天漢的東邊，在箕星和尾星之間，化爲一顆小小的傅說星。（見〈莊子・大宗師〉：「傅說得之，奄有天下，乘東維，騎箕、尾，而比于列星。」）

㉙韓衆：一作「韓終」，齊人，爲王採藥，王不肯服，自己吃了，便得道成仙。　得一：道家術語，猶言「得道」。〈老子〉：「天得一以淸，地得一以寧，萬物得一以成。」

㉚形：裡是指儀容。　穆穆：儀容端莊的樣子。　浸：漸。　遠：遠去。

㉛離：離開。　遁逸：隱逸，隱遁。　以上四句，舉古之賢人得道成仙者，表示羡慕他們得以遠離混濁的世俗。

【大意】 眞奇妙，聽說傅說死後精神飛昇，在天漢東邊，變成傅說星。羡慕韓衆得道成仙，儀容端莊漸漸遠去，離開人羣而隱遁。

因氣變而遂曾舉兮㉜，忽神奔而鬼怪㉝。

時髣髴以遙見兮㉞，精皎皎以往來㉟。

㉜因：憑藉。　氣變：這裡是承上文「端操」而言，因「端操」而獲「正氣」。　遂：遂能。　曾：通「增」。增舉：增舉。高舉，飛昇的意思。

㉝神奔而鬼怪：意思是說，來去神迅無形。

㉞時：有時。　髣髴：仿佛。　遙見：意謂遠遠看見似有仙人降臨。

㉟精：精靈。　皎皎：光明貌，這裡是形容仙人的「靈光」。　往來：這裡是說「來來往往」。　以上四句爲想像之辭，因端操而獲正氣，因正氣而能飛昇，突然能够來去神速，而看見仙人之來往。

【大意】我因獲得正氣，遂能飛昇，忽然來去神速無形，有時我看見遠遠有仙人降落，那些精靈皎皎，來來往往。

超氛埃而淑郵兮㊱，終不反其故都㊲。

免衆患而不懼兮㊳，世莫知其所如㊴。

㊱超：超脫。　氛：指世間的俗氣。　埃：紅塵。　氛埃：塵俗。　淑：清湛，安靜的意思，此處作動詞用。郵：田間之舍。指荒野中極簡陋的住處。　淑郵：安於田舍，文中意思是寄身於無人到的地方。

㊲終不反：永不返。

㊳免衆患：免被羣小禍害。　不懼：不再畏懼。

㊴世：世人。　莫知：不知道。　其：屈原自指。　如：往。　以上四句，謂遠離塵世，可免小人禍害而無所懼。

【大意】超脫塵世而寄身荒野，永不返回故鄉。免被羣小禍害而無所恐懼，世人不知我所往。

恐天時之代序兮㊵，耀靈曄而西征㊶。
微霜降而下淪兮㊷，悼芳草之先零㊸！

㊵天時代序：時序代謝。
㊶耀靈：光耀的神靈，指東君，對太陽的敬稱。　曄：（音夜）閃光。　西征：向西行。
㊷微：薄。　霜：泛指「霜雪」。　下淪：指下面漸漸加厚。
㊸悼：哀痛。　芳草：指賢臣。　先零：最先凋零。　以上四句是說，春秋更替，年華易老。薄霜下降，芳草便凋零。哀自己無同道者。

【大意】恐怕時序代謝，太陽閃耀而西往。薄霜降而漸漸加厚，哀痛芳草最先凋零。

聊仿佯而逍遙兮㊹，永歷年而無成㊺。
誰可與玩斯遺芳兮㊻，晨向風而舒情㊼。
高陽邈以遠兮㊽，余將焉所程㊾？

㊹聊：暫且。　仿佯：徘徊。

㊺永：久。永歷年：這裡是說年紀老大。

㊻玩：欣賞。斯：此。斯遺芳：一本作「此芳草」。

㊼舒情：傾訴衷情。以上四句，慨嘆年老無成且無朋友。

㊽高陽：高陽帝，屈原的先祖。邈：遠。

㊾余：我。焉：何，甚麼。程：十髮爲程，十程爲分，十分爲寸。這裡作「準繩」解。以上兩句，哀嘆賢明的高陽帝已經去遠，以諷刺楚王昏庸無能。

【大意】聊以徘徊和優游自得，年復一年而事業無成。誰能與我珍惜留下的芳草？唯有早上向晨風傾訴衷情。賢明的高陽帝已經去得邈遠，我拿什麼作爲準繩？

以上第二段。哀嘆人生多艱，希望效法赤松子、韓衆，隱遁形骸，離開混濁的人世。一面幻想修煉成仙，一面却面對現實，感嘆時光易過，而事業無成。

重曰㊿，春秋忽其不淹兮51，奚久留此故居52？

軒轅不可攀援兮53，吾將從王喬而娛戲54！

㊿重曰：再說。

51春秋：這裡是指時光、歲月。忽：急促，匆匆。淹：留。

52奚：爲什麼。故居：久居之地。

53軒轅：黃帝。不可攀援：指時代相隔太遠，已經不可攀及。與上文「邈而遠」同義。

(54)從：跟隨。　王喬：即王子喬。相傳爲周靈王太子晋，喜吹笙作鳳鳴，在洛水、伊水游玩，遇道士浮丘公，被接上嵩高山，得道成仙。

【大意】再說，春秋更替，時光匆匆不能停留。爲甚麼老是留在這久居之地？黃帝姬軒轅的時代已經不可攀及，我將跟從王子喬一起游戲。

餐六氣而飲沆瀣兮(55)，漱正陽而含朝霞(56)。

保神明之清澄兮(57)，精氣入而麤穢除(58)。

(55)餐：動詞。餐食。　六氣：六種自然之氣。　餐六氣：道教修眞，不食人間五穀，但餐天地間六種精氣。「春食朝霞。朝霞者，日始欲出赤黃氣也。秋食淪陰。淪陰者，日沒以後赤黃氣也。冬飲沆瀣（音械）。沆瀣者，北方夜半氣也。夏食正陽。正陽者，南方日中氣也。並天地、玄黃之氣，是爲六氣也。」（〈陵陽子明經〉）　沆瀣：即春露。

(56)正陽、朝霞均爲六氣之一。

(57)神：人的神精。　明：明淨。

(58)精氣：指「六氣」，清淨之氣。　入：入於體內。　麤：通「粗」。　麤穢：粗俗之氣和汚穢之氣。　以上四句乃想像跟着王子喬煉仙修眞。

【大意】餐食六氣而飲清露　以正陽之氣漱口而口含赤黃之氣的「朝霞」。保持精神的明淨與清澄，精氣進入體內，粗俗與汚穢之氣便消除。

順凱風以從游兮59，至南巢而壹息60。

見王子而宿之兮61，審壹氣之和德62。

59凱風：南風。〔爾雅·釋天〕：「南風謂之凱風。」 從：順，跟隨的意思。 以下進一步想像順南風而飄游。

60南巢：「巢」爲南方古之遠國。今廬州巢縣金庭山有「王喬洞」，一說是王子喬升仙的地方。 壹息：一息，暫時休息一會兒。

61見：這裡是說遇見。 王子：王子喬。 宿之：這裡是說，與王子喬一起住宿。

62審：究問：這裡是說，向王子喬請教。 一氣、和德：均爲道家術語，是得道的意思。 以上兩句是說，逕往南巢見了王子喬，遂向他請教。

【大意】我順着南風，隨它飄游，到了南巢地方稍停一會，竟然遇見王子喬，遂和他一起住宿，向他請教得道的竅門。

曰：道可受兮63，而不可傳64。

其小無內兮65，其大無垠66。

無滑而魂兮67，彼將自然68。

壹氣孔神兮69，於中夜存70。

虛以待之兮71，無爲之先72。

庶類以成兮(73)，此德之門(74)。

(63)以上十二句，爲王子喬回答屈原的話。受：領悟接受，這裡是指「心會」。〔莊子・內篇・大宗師〕：「夫道有情有信，無爲無形，可傳而不可受，可得而不可見。」莊子的「可傳而不可受」與本文的「可受而不可傳」用詞相反，含意相同，皆說明「道」的神秘，只可意會。

(64)不可傳：不可言傳。

(65)其：指「道」。其小無內：它小至無處不能容納。

(66)其大無垠：它可以大到沒有止境。

(67)滑：滑亂。而：汝，你。魂：精神。

(68)彼：它，指「道」。自然：這裡是說，自然顯現出來。

(69)壹氣：道家語，卽老子「專氣致柔」的「專氣」。心合於氣。孔：甚。神：氣一則神。孔神：指氣合於神。壹氣孔神：氣與神合二爲一。

(70)中夜：夜半。存：隱隱若存，指存於心間。

(71)虛：淸靜。待：對待。之：代詞，這裡泛指人間事物。

(72)無爲：不爲。無爲之先：不爲外物之先。卽老子的「不敢爲天下先」。這句是說，不要鬥勝爭先。

(73)庶類：衆多物類，指萬物。以成：就在這樣自然之中形成。

(74)此德之門：這就是得道成仙的入德之門。

【大意】王子喬說：道只可心會，而不可言傳。它可以小到無處不能容納，它可以大到沒有止境。只要你不亂本性，它將會自然顯現出來。氣和神合二爲一，到了夜半，它便隱隱若存於心間。淸靜地對待一切事物，不要鬥勝爭先。萬物就這樣自然形成，這就是得道成仙入德的竅門。

以上第三段。這段敍王子喬說的話。回答煉仙修道的竅門。

聞至貴而遂徂兮(75)，忽乎吾將行(76)。

仍羽人於丹邱兮(77)，留不死之鄉(78)。

(75)至貴：極爲寶貴的「名言」，指王子喬上述的話。 遂徂：便想動身。

(76)忽乎：轉眼間。 吾：我，屈原自稱。 行：遠行。以上兩句說，聽了王子喬的名言，我已動心，轉眼便遠行，離開塵世，修道去也。

(77)仍：隨。 羽人：飛仙。 丹丘：神仙所居之地，晝夜常明的地方。

(78)不死之鄉：〔山海經・海外南經〕中有羽人之國、不死民。羽人是指仙人，羽人住的地方，自然是不死之鄉。

【大意】聽了王子喬的名言便想動身，轉眼間我便遠行，隨着飛仙去到晝夜常明的丹丘，留居在不死之鄉。

朝濯髮於湯谷兮(79)，夕晞余身於九陽(80)。

吸飛泉之微液兮(81)，懷琬琰之華英(82)。

(79)湯谷：又叫暘谷。神話中，太陽居住的地方。

(80)夕：晚上。晞：（音希）曬乾。余：我，屈原自稱。乎：於。九陽：神話中，有十顆太陽，它們住在東方海外湯谷中的一棵高大的扶桑樹上。一顆居上枝，九顆居下枝。以上兩句是說，早上我在湯谷洗髮，晚上在扶桑樹下，讓九顆太陽曬乾我的身子。

(81)吸：吸飲。微液：指飛泉濺出的水珠。

(82)懷：動詞，懷中揣着。琬、琰：皆美玉名。華英：華麗的花朵。

【大意】早上我在湯谷洗髮，晚上在扶桑樹下讓九顆太陽將身子曬乾。吸飲飛泉濺出的水珠，懷中揣着琬、琰美玉琢成的華麗的花朵。

玉色頩以脕顏兮(83)，精醇粹而始壯(84)。
質銷鑠以汋約兮(85)，神要眇以淫放(86)。

(83)頩：（音並）美貌。脕：（音萬）潤澤。

(84)精：精氣。醇粹：純一。不變曰醇，不雜曰粹。始：開始。壯：旺盛。

(85)質：體質。銷鑠：消瘦。汋約：（汋音啄）柔弱貌。

(86)神：神魂。眇：通「渺」。要眇：高遠貌。淫：過分。淫放：奔放。

【大意】玉色美麗和潤澤着顏容，精氣純一，開始壯旺。體質淸瘦而柔弱，神魂高遠而奔放。

嘉南州之炎德兮(87)，麗桂樹之冬榮(88)。
山蕭條而無獸兮(89)，野寂漠其無人(90)。

載營魄而登霞兮(91)，掩浮雲而上征(92)。

(87)嘉：贊美。南州：南方。炎德：火德。東、南、西、北、中五方，以陰陽五行分之，南方屬火，故稱火德。又神話中，炎帝爲南方天帝，故言。

(88)麗：美，贊美的意思。桂樹：常綠之樹。榮：草開花，木茂盛均叫「榮」。多榮：這裡是指桂樹嚴多而不凋。

(89)山：山林。無獸：沒有野獸，野獸斂跡。

(90)野：原野。寂：寂靜。漠：廣漠。寂漠：廣漠寂靜。

(91)營魂：魂魄，靈魂。登霞：登上彩霞（赤黃之氣）。

(92)掩：撫掩。掩浮雲：浮雲撫身。上征：向上飛升。

【大意】贊美南方的火德，贊美桂樹嚴多而不凋零。山林蕭條而無野獸踪迹，原野廣漠寂靜無人。戴着靈魂而登上彩霞，浮雲撫掩着向上飛升。

命天閽其開關兮(93)，排閶闔而望予(94)。

召豐隆使先導兮(95)，問太微之所居(96)。

(93)閽：守門人。天閽：天國的守門人。開關：這裡是說打開天門。

(94)排：推開。閶闔：天門。望予：望望我。

(95)豐隆：雲師。先導：嚮導。

(96)太微：一作「大微」。（大與太，古時相同。）天帝宮庭。〔索隱〕：「太微，天帝南宮也。」

【大意】我叫天國的守門人打開天門，他推開天門，望望我。我召來豐隆使他作爲我的嚮導，問天帝的宮庭在何處？

集重陽入帝宮兮(97)，造旬始而觀清都(98)。
朝發軔於太儀兮(99)，夕始臨乎於微閭(100)。

(97)集：往，就。　重陽：積陽爲天，天有九重，故曰「重陽」。　集重陽：上了九天。　入：走進。
(98)造：造訪。　旬始：太白星。　清都：上帝居住的地方。
(99)軔：車輪上的開關掣。　發軔：起軔，出發。　太儀：天庭。
(100)夕：黃昏。　始：才。　臨：到達。　乎：於。　於微閭：神話中的山名，亦叫「醫無閭」。　虞舜封禪十二山之一，東北方，孤石峭拔，上產美玉。山上有仙人洞。

【大意】上了九天，走進帝宮，造訪太白星和參觀上帝居住的清都。早上從天庭出發，黃昏才到達東北方那座盛產美玉的「於微閭」山。

屯余車之萬乘兮(101)，紛容與而並馳(102)。
駕八龍之婉婉兮(103)，載雲旗之委蛇(104)。

(101)屯：集中。　余車：我隨從的車輛。　萬乘：萬輛。

(102)紛：紛紛，盛貌。容與：從容。

(103)八龍：此處當與周穆王八匹千里駒號稱「八龍」無關。想像之辭，作八條虬龍（雙角之龍）解，壯觀也。婉婉：蜿蜿，龍行貌。

(104)載：旗挿在車輛之上，故言「載」。雲旗：以雲爲旗，故言「雲旗」。委蛇：同「逶迤」，長長的樣子。以上四句，想像游天的陣容，痛快之至也。

【大意】集中我隨從的車輛萬乘，行列從容，相隨並進。駕着八條蜿蜒的虬龍，載着的雲旗，長長地一路伸展。

建雄虹之采旄兮(105)，五色雜而炫燿(106)。

服偃蹇以低昂兮(107)，驂連蜷以驕驁(108)。

(105)建：樹起。雄虹：虹分雄雌，顏色鮮明的內環爲雄虹。采旄：彩色的旄旗。這句是說，以彩虹爲旄旗。

(106)五色：五彩。雜：繽紛。

(107)服：四馬駕車時，中間兩匹叫「服」，兩旁兩匹叫「驂」。這裡是說「八龍」分成兩排。偃蹇：屈曲。低昂：起伏。

(108)連蜷：長曲貌，形容龍身的卷曲。驕驁：恣意放縱。

【大意】樹起顏色鮮明的彩虹做的旄旗，五彩繽紛光輝燦爛。兩服屈曲，起伏奔騰；兩驂卷曲恣意放縱。

騎膠葛以雜亂兮⑩⑨，班漫衍而方行⑪⑩。

撰余轡而正策兮⑪⑪，吾將過乎句芒⑪⑫。

⑩⑨騎：車騎。　膠葛：一作「轇轕」，喧雜貌。

⑪⑩班：分的意思，動詞。承上文雜亂而言，文中是說，把車騎分成的兩隊。　漫衍：漫延。　方：並。　方行：並行。因車騎雜亂，故分兩行並進。

⑪⑪撰：握緊。　轡：繮繩。　正：古通整。　策：鞭。　正策：猶言「整隊」。

⑪⑫句芒：神話傳說中的木神，輔助東方天帝伏羲氏，掌管春天。　文中是指東方。

【大意】 車騎轇轕雜亂，我分他們兩隊綿延並行。緊握繮繩，整頓好隊伍，我將要經過春神句芒的東方。

歷太皓以右轉兮⑪⑬，前飛廉以啓路⑪⑭。

陽杲杲其未光兮⑪⑮，凌天池以徑度⑪⑯。

⑪⑬太皓：即伏羲，神話傳說中的「東方天帝」。這裡與上文「句芒」都是指東方。

⑪⑭飛廉：神話傳說中，鳥頭鹿身的風神。　啓路：開路。

⑪⑮陽：陽光，這裡是指「曙光」。　杲杲：（音皎皎）太陽將出，東方發白的樣子。　未光：天未大光。

⑪⑯凌：越過。　天池：即咸池。他本作「天地」，地字係池字抄誤，今更正。　徑：徑直。　度：通「渡」，過。

【大意】 繞過太皓伏羲氏統治的東方，向右轉彎。飛廉在前面開路。東方發白，天未大光，我便越過天池，徑直向前。

風伯爲余先驅兮⑰，氛埃辟而清凉⑱。

鳳凰翼其承旗兮⑲，蓐收乎西皇⑳。

⑰風伯：風神。　先驅：開路先鋒。

⑱氛：穢濁之氣。氛埃：濁塵。　辟：排除。　清凉：清淨凉快。

⑲翼：翅膀。　承：承接着，不作「支撑」或「托着」解。　旗：雲旗。　這句是說，鳳鳥和凰鳥們都來加入我的隊伍，牠們的翅膀連接着雲旗，屈原的隊伍就更熱鬧，更盛大了。

⑳蓐收：金神，輔佐西方天帝，掌管秋天。　西皇：卽西方天帝少昊。文中是指西方。　這句是說，又在西方與金神蓐收見面。

【大意】風伯爲我的先驅，混濁之氣和塵埃都已除去，天宇清淨而凉快。鳳鳥和凰鳥結隊飛來，牠們的翅膀連接着雲旗。我還遇見金神蓐收在少昊統轄的西方。

擥彗星以爲旍兮㉑，擧斗柄以爲麾㉒。

叛陸離其上下兮㉓，游驚霧之流波㉔。

㉑擥：摘。　彗星：俗稱掃帚星，運行時拖著一道長光。　旍：（音晶）同「旌」，古代一種用牛尾和羽毛裝飾旗杆頭的旗。

(122)斗柄：北斗七星的柄。 麾：旗之屬。文中是「指揮衆人」的意思。

(123)叛：紛繁的樣子。 叛陸離：光怪陸離。 上下：指天地之間。 這句是說，天地之間，光怪陸離。

(124)游：游行。 驚霧：驚動的雲霧。 流波：流蕩如波。 驚霧流波：雲霧翻滾而流蕩的意思。

【大意】摘下彗星來裝飾旌旗，舉斗柄以爲麾，指揮衆人。天地之間光怪陸離，我在翻滾而流蕩的雲霧中游行。

時曖曃其曭莽兮(125)，召玄武而奔屬(126)。

復文昌使掌行兮(127)，選署衆神以並轂(128)。

(125)時：時而。 曖曃：（曃音代）昏暗不明。 曭莽：（曭音倘）朦朧，昏晦貌。 這句是說天時起了變化。

(126)玄武：北方天神，北方七宿的總稱。 奔屬：奔後作殿。

(127)文昌：敕百官之星官。 掌行：掌領隊伍。

(128)署：部署，安排。 轂：本是車輪中心的圓木，這裡用來指車輛。 並轂：並駕。 這句是說選擇衆神在旁作侍從。

【大意】時而昏暗，時而朦朧。我叫北方之神玄武奔後作殿。文昌星官在後面掌領隊伍。選召衆神在我身旁作我侍從。

路曼曼其修遠兮(129)，徐弭節而高厲(130)。

左雨師使徑待兮(131)，右雷公而爲衛(132)。

⑫曼曼：同「漫漫」，長貌。　修遠：遙遠。
⑬徐：從容地。　弭節：按轡慢行。　高厲：猶「高亢」，這裡有高傲九天之上的意思。
⑬左：左邊。　徑待：護路。
⑬右：右邊。　衞：防衞。

【大意】前路漫漫而遙遠，放慢車騎，高傲於九天之上。左邊有雨師爲我護路，右邊有雷公爲我防衞。

欲度世以忘歸兮⑬，意恣睢以担撟⑬。
內欣欣而自美兮⑬，聊媮娛而以淫樂⑬。

⑬度：超度。　度世：仙去，飄然出世。　忘歸：這裡是說忘返人寰。
⑬恣睢：放縱。　担撟：（音且嬌）高擧貌。意近上文之「高厲」。以上兩句是說，我欲仙去而忘却人寰，隨心所欲，任意高擧。
⑬內：內心。　欣欣：快樂貌。　自美：自賞。
⑬媮：同「愉」。　媮娛：愉悅，娛樂。　淫樂：盡情歡欣。

【大意】想要飄然出世，忘返人寰。隨心所欲，任意高飛。內心欣然自賞，聊且歡娛，盡情快樂。

涉青雲以汎濫游兮⑬，忽臨睨夫舊鄉⑬。

僕夫懷余心悲兮⑬⑨，邊馬顧而不行⑭⓪。

⑬⑦涉：踏。涉青雲：踏着青雲。汎濫：無邊際。汎濫游：肆意游玩。
⑬⑧臨睨：居高俯視。舊鄉：這裡是說家園。
⑬⑨僕夫：僕人役夫。懷：懷戀，指懷戀家園。余：我，屈原自稱。
⑭⓪邊馬：指「驂馬」。顧：回顧。

【大意】踏着青雲，縱情遊玩。忽然俯視看見了家園。僕人役夫懷戀，而我心更是悲傷。旁邊的驂馬回頭，也不願前行。

思舊故以想象兮⑭①，長太息以掩涕⑭②！
氾容與而遐舉兮⑭③，聊抑志而自弭⑭④。

⑭①思：思念，回憶。舊故：舊交。想象：這裡是「想象連翩」的意思。
⑭②長太息：長嘆息。涕：淚。掩涕：抹眼淚。
⑭③氾：同「泛」。容與：從容。氾容與：放開心懷。遐舉：遠走高飛。
⑭⑤抑志：壓抑心中的感情。自弭：自制。

【大意】思念舊交，想像連翩。長嘆息而掩面流淚。還是放開心懷遠走高飛。聊且壓抑心中的感情。

以上第四段。寫屈原聽了王子喬的至貴名言，欲修真仙去。正在仙游之際，忽然俯視下界，看見家園，心中悲傷，僕人役夫和馬兒都不願離去。寫出屈原雖欲擺脫混濁的人世，但始終放不下心中熾熱的愛國熱情。

指炎神以直馳兮⑭，吾將往乎南疑⑭。

覽方外之荒忽兮⑭，沛罔瀁而自浮⑭。

⑭指：向着。　炎神：太陽神炎帝，是古代神話中的「南方天帝」，這裡是指南方。

⑭南：南方。　疑：九疑。　南疑：南方的九疑山。舜葬於九疑山。

⑭覽：看。　方外：世外。　荒忽：浩茫荒遠。

⑭沛：水流貌。　罔瀁：波濤。　這句是說：我像被浪濤擁着飄浮。

【大意】向着太陽神炎帝統治的南方直馳，我將走向九疑山。看看世外的浩茫荒遠，像在浪濤裡飄浮。

祝融戒而還衡兮⑭，騰告鸞鳥迎宓妃⑮。

張咸池奏承雲兮⑮，二女御九韶歌⑮。

⑭祝融：神話中的火神，輔佐炎帝，統轄南方。　戒：告誡。　還：轉。　衡：車前木，此處用來指車。　還衡轉車，回頭的意思。

(150)騰告：傳告。　鸞鳥：神話中的五彩鳥，形似鳳凰（鳳鳥和凰鳥）。　宓妃：伏羲氏女兒，溺死後做了洛水之神，後來成爲河伯（黃河之神）馮夷的妻子。以上兩句是說，祝融勸我回去，我却叫鸞鳥去把洛神找來。

(151)張：施張弓弦，彈奏的意思。　咸池、承雲：古曲名，皆爲黃帝所作。　這句是說，宓妃奏起黃帝的古曲。

(152)二女：指堯帝的二女娥皇、女英。皆爲舜妻。　御：侍。　九韶：舜時的樂曲。故叫娥皇、女英演唱。　歌：古音衣。

【大意】祝融勸我回去，我却傳告鸞鳥去把宓妃迎來。她彈着「咸池」和「承雲」，娥皇、女英準備唱舜時的名曲「九韶」。

使湘靈鼓瑟兮(153)，令海若舞馮夷(154)。

元螭蟲象並出進兮(155)，形蟉虬而逶迤(156)。

(153)湘靈：湘水之神。

(154)海若：北海之神。　馮夷：河伯。

(155)元螭：玄螭。黑色的無角之龍。　蟲象：卽「罔象」，古代神話中的一種龍形的水怪。　元螭蟲象：指水中神物。　並出進：進進出出。

(156)形：形狀。　蟉虬：（音流糾）盤曲貌。　逶迤：蜿蜒。

【大意】我叫湘水之神爲我鼓瑟，令北海之神海若與河伯馮夷共舞。玄螭、罔象這些水中神物進進出出，形狀盤盤曲曲，蠕動蜿蜒。

雌蜺便娟以增撓兮⑮⑦，鸞鳥軒翥而翔飛⑮⑧。

音樂博衍無終極兮⑮⑨，焉乃逝以徘徊⑯⓪。

⑮⑦便娟：輕盈美好貌。增：義同層。撓：纏繞。增撓：層層纏繞。

⑮⑧翥：（音著）飛舉。軒翥：高飛。翔飛：飛翔，翻飛。

⑮⑨博：廣博，指音樂廣博，包括了黃帝、堯、舜的名曲。衍：漫長，指樂曲演奏的時間。無終極：綿延不斷的意思。

⑯⓪焉：承上，指「音樂」。乃：就此。徘徊：廻旋。

【大意】雌蜺輕盈美麗，在空中層層纏繞。鸞鳥展翅高高飛翔。音樂廣博漫長，綿延不斷。一直如此反覆廻旋。

舒並節以馳騖兮⑯①，逴絕垠乎寒門⑯②。

軼迅風於清源兮⑯③，從顓頊乎層冰⑯④。

⑯①舒：放鬆。並：總。舒並節：放鬆總轡。馳騖：（騖音霧）恣意奔馳。

⑯②逴：（音卓）遠。絕垠：天邊。逴絕垠：遠至天邊。乎：於。寒門：〈淮南子〉：「北極之山曰寒門。」

⑯③軼：越過。迅風：疾風。清源：神話中，北方的水名。

⑯④顓頊：神話中的北方天帝。增：層。

【大意】放鬆總轡，讓馬兒恣意奔馳。遠至北極的寒門。趕過疾風，來到清源，與北方天帝顓頊

會於冰天雪地之上

歷玄冥以邪徑兮⑯，乘間維以反顧⑯。
召黔嬴而見之兮⑯，爲余先乎平路⑯。

⑯歷：經過。　玄冥：幽深昏黑。　邪徑：妖異的邪徑。
⑯乘：透過。　間：本爲門隙。　維：細長之縫。　間維：空隙。不能作其他解釋。
⑯黔嬴：造化之神。
⑯平路：舖平道路。

【大意】經過幽深昏黑的妖異的邪道，我透過間隙反顧人間。召來造化之神黔嬴相見，叫他爲我舖平道路引道成仙。

徑營四荒兮⑯，周流六漠⑰。
上至列缺兮⑰，降望大壑⑰。

⑯經營：周旋。　四荒：四周荒遠之地。
⑰周流：周游。　六漠：上下四方。
⑰列缺：天蓋的縫隙。
⑰降望：下望。　大壑：神話中的無底深谷「歸墟」，地上和天上的水都流到這裡。　歸墟上有五座神山，故言「降望大壑」，欲至神山作神仙去也。

【大意】經歷了四周荒遠之地，周游了上下四方。上至天蓋的列缺，下望渤海東邊幾十萬里的大壑上的神山。

下峥嵘而無地兮⑰³，上寥廓而無天⑰⁴。
視儵忽而無見兮⑰⁵，聽惝怳而無聞⑰⁶。
超無爲以至清兮⑰⁷，與泰初而爲鄰⑰⁸。

⑰³下：下面，指「地」。峥嵘：深遠貌。
⑰⁴上：上面，指「天」。寥廓：廣遠貌。
⑰⁵儵忽：一閃即逝，快的樣子。無見：如無所見。
⑰⁶怳：通恍。惝怳：模糊不清。無聞：如無所聞。
⑰⁷超：超然，超凡入聖。超無爲：超然進入無爲境界。至清：一塵不染，超凡脫俗入仙的狀態。
⑰⁸泰初：指形成天地萬物之「元氣」。與泰初爲鄰：指超凡脫俗，無見無聞，元氣復生，即登仙界。

【大意】地深遠而沒有地，天廣遠而沒有天，眼前閃閃如無所見，耳中嘗嘗如無所聞。超然進入無爲境界，一塵不染超凡脫俗，處身於泰初之境……

以上末段。寫祝融勸屈原回去，但他終於繼續前行。不但見了北方天帝顓頊，且還召來造化之神為他鋪平道路，終於進入視而不見，聽而不聞的無為境界，超然離開了污濁的人世，處於泰初之境。痛苦的現實，在幻想中得到了一次解脫。

哀郢

〔哀郢〕是哀念郢都。是楚頃襄王十一年（公元前二八八年）屈原被再放江南第九年的作品。追求九年來的流亡歷程，眼見君昏臣奸，而無法爲國紓難，抒發憂讒畏譏，百感交集的憤慨。寄情懇切，形象準確生動，造詣極高，是又一不朽之作。

【今譯】

皇天不按正道行事
何以令百姓震驚受難？
人民離散，骨肉相失
正值仲春二月，就要東遷

離開故鄉，奔向遠方
順著長江、夏水到處飄零
走出國門，心裏悲痛
甲日之晨，我便啓行

從郢都出發，離開家門
惆悵恍惚，路何窮盡？
齊力舉槳，緩緩而行
傷心啊，想見君王不再可能！

望着高大的梓樹嘆息
涕淚汪汪似雪珠流個不停
船過夏口，溯江而向西南
遙顧龍門，已經不見

心中依戀，心中悲傷
前路茫茫，要去多遠？
順著風波，隨著流水
何以作了落魄的浪人？

乘著波臣陽侯鼓起的波濤
倏忽飛翔，何處是岸？
心中鬱結難以解開
思緒煩亂，無法排遣

我將駕舟向下浮去
上洞庭下長江，徘徊不定
離開祖先世代永居之地
而今竟然向東飄蕩浮沉

靈魂早已念着歸去
何曾片刻忘記回還？

離開夏浦而心向西邊
可憐故都日漸遙遠！

登上大堤，向遠方眺望
聊以舒散我的憂心
哀國土平坦富饒安居樂業
悲兩岸遺風將蕩然無存

面對著陵陽，走向何處？
淼然南渡，何處羈身？
何以竟然不知大廈將成廢墟
何以不知將荒蕪兩座東門？

心中抑鬱，長久難遣
憂和愁緊緊相連

回郢都道路遙遠
像長江、夏水無窮無盡

忽然放逐，令我無法相信
至今九年未曾回郢
愁慘抑鬱，思緒不通
悵然孤立，有口難言！

那些人表面諂媚，弄姿作態
其實輭弱，不堪信任
我忠心耿耿願意効勞
嫉妒者四面八方阻我前進

堯和舜崇高德行
光被四表，高接雲天
那些讒佞小人嫉妒起來
還加上他們不慈的罪名！

瑞正直訥的君子被人討厭
僞善者的慷慨被人喜歡
那些人奔走鑽營，日見進用
有美德的人愈疏愈遠

（尾聲）
我縱目四望
何時才有回歸可能？
飛鳥一定要回老巢
狐死，頭向出世的山那邊
確實不是我的罪過而被棄逐
何日何夜，能不思念？

【今注】

皇天之不純命兮①，何百姓之震愆②？

民離散而相失兮③，方仲春而東遷④。

①皇天：上天。　純：正，常。　命：天命。　不純命：天命失常的意思。

②百姓：泛稱不居官位的人。　震：震動不安。　愆：（音千）罪咎，這裡指蒙難受罪。　以上兩句，首以「皇天」暗喻楚王失其常道，招致强秦大軍壓境。

③民：黎民，人民。　失：失散。　相失：言人民因兵災而彼此失散。

④方：正當，正值。　仲春：農曆二月。　遷：指流亡。　以上兩句，續言自己再被放逐的時代背境。

【大意】皇天失其常道，何以令百姓震驚，蒙難受罪？人民妻離子散，骨肉相失，正值農曆二月仲春時節，我就向東流亡。

去故鄉而就遠兮⑤，遵江夏而流亡⑥。

出國門而軫懷兮⑦，甲之鼂吾以行⑧。

⑤去：離開。　故鄉：屈原祖籍秭歸，此處指郢都。　就：由這裡向那裡靠近。　就遠：到遠處去。

⑥遵：沿着。　江：長江。　夏：夏水。從長江分出來的一條河流，經江陵、監利，至沔陽流入漢水。漢水自沔陽以下亦稱夏水，故云，夏水亦爲漢水之別名。

⑦國門：這裡指郢都城門。　軫：（音診）悲痛。　軫懷：心中悲痛。

⑧甲：甲日。古時用甲、乙、丙、丁等干支紀日。　鼂：同朝。　甲之鼂：甲日的早晨。　以上兩句，叙自己離開郢都東行。

【大意】離開故鄉，奔向遠方。沿着長江、夏水到處流亡。走出城門，心中悲痛。甲日的早晨我便起行。

發郢都而去閭兮⑨，怊荒忽其焉極⑩？

楫齊揚以容與兮⑪，哀見君而不得⑫。

⑨發：出發。　發郢都：從郢都出發。　閭：里巷的門，指住處。　去閭：離開里巷的門，指離家門。

⑩怊：（音超）惆悵。　荒忽：同恍惚。　焉：何。　極：窮盡。

⑪楫：船槳。　揚：舉。　容與：緩行。

⑫哀：哀傷。　君：君王。　以上四句，追述自己被逐離開郢都在途中懷念君國，不忍離去的感情。

【大意】自郢都出發，離開家門，惆悵恍惚，何處是終點？齊齊舉槳，緩緩而行，心裡哀痛，想見君王不再可能。

望長楸而太息兮⑬，涕淫淫其若霰⑭。

過夏首而西浮兮⑮，顧龍門而不見⑯。

⑬楸：（音秋）梓樹，落葉喬木。　長楸：高大的梓樹。

⑭涕：眼淚。　淫淫：眼淚流不止的樣子。　霰：空中落下的小雪珠。

⑮夏首：地名，夏水之首瑞，卽夏口。長江與夏水交界處。　西浮：向西漂浮。　夏水東流，過了夏口一段，折向

西流。

⑯顧：望。 龍門：郢都東門。 以上四句，寫思念之情。

【大意】望著高大的梓樹而嘆息，眼淚不止，似天上落下的小雪珠。過了夏水的水口，我的船隨着江水向西飄去。回顧郢都的東門，已經不見。

心嬋媛而傷懷兮⑰，眇不知其所蹠⑱。

順風波以從流兮⑲，焉洋洋而爲客⑳？

⑰嬋媛：情意纏綿，這裡用來形容對郢都的眷戀之情。 傷懷：心裡悲傷。

⑱眇：同渺，這裡指前路茫茫。 蹠：（音直）踏，「至」的意思。

⑲順風波：順着風波。 從流：隨着水流。

⑳焉：何。 洋洋：飄蕩不定，茫無所歸的樣子。 客：離家之人，這裡指「流浪者」。 以上四句說，前路茫茫，不知所往。

【大意】心中眷戀，無恨悲傷，路途渺茫，不知走到何時，踏足何處？順着風波，隨着流水，何時做了茫無所歸，落魄的流浪者！

凌陽侯之氾濫兮㉑，忽翱翔之焉薄㉒。

心絓結而不解兮㉓，思蹇產而不釋㉔。

㉑凌：乘。 陽侯：陵陽侯。古之諸侯，溺水而死，成爲「波濤之神」。這裡用來代指波濤。 氾：同泛。 氾

濫：大水橫流。

㉒忽：悠忽，飄忽。　翺翔：飛翔，這裡是指船隨波上下，如鳥飛翔。

㉓絓：（音掛）懸掛。　絓結：牽掛，鬱結。　解：消除。

㉔思：思緒。　蹇產：屈曲糾纏。　釋：解開。

【大意】乘着楊侯鼓起的大波，船兒忽上忽下，恍惚鳥兒飛翔，何處是栖止的地方，心裡的牽掛鬱結無法消除，思緒煩亂，無法解開。

將運舟而下浮兮㉕，上洞庭而下江㉖。
去終古之所居兮㉗，今逍遙而來東㉘。

㉕運：行。　運舟：行舟。　下浮：向下浮去。

㉖上洞庭：夏口西望，洞庭湖位於長江上游。　江：長江。

㉗去：離開。　終古：千古，永世，這裡是說「世世代代」。　終古之所居：是指郢都，那是楚國世代都城的所在地。

㉘逍遙：這裡指漂泊。　來東：來到東方。　以上兩句說，離開故都越來越遠。

【大意】將放舟順流漂浮而下，上洞庭湖，下長江。離開祖先世代永居的郢都，而今飄蕩來到東方。

以上第一段。追述九年前被再次放逐，離開郢都，東遷的情景，抒寫心中的眷念與悵惘之情。

羌靈魂之欲歸兮㉙，何須臾而忘反㉚？

背夏浦而西思兮㉛，哀故都之日遠㉜。

㉙羌：楚方言發語詞。　歸：指歸郢都。

㉚須臾：（臾音魚）片刻。　反：同返。指返回郢都。

㉛背：離開。離鄉背井之「背」。　夏浦：地名，古稱「夏口」；夏水之濱。　西思：思念西方，指思念夏浦以西的郢都。

㉜故都：指郢都。　以上四句，深切地寫出無時不望回歸的心情。

【大意】靈魂想要歸去，何曾片刻忘記回返？離開夏浦而心思念着西方的郢都，哀嘆故都日漸遙遠。

登大墳以遠望兮㉝，聊以舒吾憂心㉞。

哀州土之平樂兮㉟，悲江介之遺風㊱。

㉝大墳：水邊高大的土丘，這裡指「大堤」。　遠望：向遠方眺望，指遠望郢都。

㉞聊：暫且。　舒：舒散。　以上兩句說，離開郢都日遠，只能登高遠望以解憂。

㉟州土：指楚國的本土，猶言「鄉土」。　平樂：這裡是說，平坦富饒，人民安居樂業。

㊱介：邊際，左右。　江介：大江兩岸。　遺風：古代遺留下來的淳樸風俗。　以上兩句寫登高遠望的感受。

【大意】登上水邊的高丘向遠處眺望，聊以舒散我的憂心。哀嘆鄉土平坦富饒，人民安居樂業，悲悼大江兩岸古代遺留下來的淳樸風俗，將要蕩然無存。

當陵陽之焉至兮㊲，淼南渡之焉如㊳？

曾不知夏之爲丘兮㊴，孰東門之可蕪㊵？

㊲當：面對着。　陵陽：古地名，在今安徽安慶之東南。　焉至：到何處去。

㊳淼：（音秒）大水茫茫貌。　南渡：渡江南下。　如：往。　焉如：往何處去。

㊴曾：乃，有「竟然」的意思。　夏：同廈，高大的房屋。　丘：荒丘，廢墟。

㊵孰：何。　兩東門：郢都有兩座東門，卽上文的「龍門」。　可：可以。　蕪：荒蕪。　以上兩句，指楚王昏庸，以致國土被淩。

【大意】面對着陵陽，我向何處去？渡過茫茫大江南行，我往哪裡？竟然不知大廈會變成荒丘，何以不知兩座東門會荒蕪得長滿野草？

心不怡之長久兮㊶，憂與愁其相接㊷。

惟郢路之遼遠兮㊸，江與夏之不可涉㊹。

㊶怡：愉快。　不怡：不愉快，心中鬱結痛苦。

㊷相接：連續不斷。

㊸惟：思。郢路：回郢都的道路。

㊹江：長江。夏：夏水。不可涉：不能涉渡。指從長江、夏水往郢都的水路已不能走，暗示不能再回郢都。

【大意】心中長久不愉快，憂與愁連接不斷。回郢都的道路遼遠，長江、夏水不可涉渡。

忽若不信兮㊺，至今九年而不復㊻。

慘鬱鬱而不通兮㊼，蹇侘傺而含慼㊽。

㊺忽若：忽然間。不信：令人無法相信。朱熹於「不信」之上添一「去」字。無此必要，衹要看下文「至今九年而不復」，即可明白。這句是指再被放逐江南之事，事情來得忽然，令自己不敢相信。

㊻九年：指被放逐江南已經九年。一說「九」言其多，非確數。復：還，指返回郢都。這句寫懷念郢都，九年如一日。

㊼慘：愁慘。鬱鬱：憂傷的樣子。不通：此言思緒不通。

㊽蹇：楚方言中的發語詞。侘傺：失意的樣子。慼：（音戚）悲傷，憂愁。

【大意】忽然間再被放逐江南，簡直令人無法相信。至今已經九年沒有回去郢都。愁慘抑鬱，思緒不通，悵然失意，滿懷悲慼。

以上第二段。追述九年前離開郢都的行程，歷歷如在眼前，心情極為悲痛，內心浮現楚國即將傾覆的危懼。

外承歡之汋約兮㊾，諶荏弱而難持㊿。

忠湛湛而願進兮(51)，妬被離而鄣之(52)。

㊾外：外表，表面。　承歡：承君之歡。　汋：（音綽）同綽。　汋約：綽約。姿態優美，這裡用來形容子蘭之流的媚態。

㊿諶：（音誠）誠然，實在。　荏弱：（荏音忍）輭弱。　持：義同恃。　難持：不能自恃，不可靠。　以上兩句說，那些人只會迎合君意，急難之時，不可倚賴。

(51)忠：指忠貞之士。　湛湛：（音戰戰）厚重的樣子。　願進：願意進身爲國効力。

(52)妬：指嫉妒的小人。　被：同披。　被離：卽「披離」，分披離散，四面散開。　鄣：同障。　障蔽，阻隔。

以上四句，以忠、奸事君作比較。

【大意】 外表承君之歡，弄姿作態。其實輭弱，難以依賴。忠心耿耿而願進身爲國効勞，嫉妬的小人却從四面八方障蔽阻隔。

堯舜之抗行兮(53)，瞭杳杳而薄天(54)。

衆讒人之嫉妒兮(55)，被以不慈之僞名(56)。

(53)堯：唐堯，古代聖君，姓伊祁名放勳，史稱「帝堯」。　舜：虞舜，古代聖君，姓姚名重華。堯帝知其子丹朱不肖，將帝位傳於舜，史稱「帝舜」。　抗：通亢，高。抗行：高尙的德行。

(54)瞭：眼睛明亮，這裡是「光明」的意思。　杳杳：形容高遠。　薄：迫近。　薄天：極言其高遠。

(55)衆：衆多。　讒人：讒佞小人。

(56)被：加上。　慈：父母之愛。　不慈：不慈愛其子。相傳堯帝因知其子丹朱不肖，因而把帝位禪讓給舜。舜帝亦因其子商均不肖，而將帝位禪讓給禹。這裡是指那些小人以堯舜不以帝位傳給兒子，而說他們「不慈」。　僞名：虛假的罪名。以上引古帝爲例，說明讒佞小人之可惡，就連堯舜也不免他們誹謗。

【大意】堯、舜高尚的德行，光被四表，高接雲天。衆多讒佞小人嫉妒起來，還加上他們「不慈」的虛僞罪名。

憎慍惀之脩美兮(57)，好夫人之忼慨(58)。

衆踥蹀而日進兮(59)，美超遠而逾邁(60)。

(57)憎：憎惡。　慍惀：（音穩倫）忠誠耿介而不善言辭。此處代指忠誠的人。　修美：修潔美好。

(58)好：喜愛。　夫人：彼人，那些人，指讒佞小人。　忼慨：同慷慨。這裡指貌似爽直，嘴裡慷慨激昂，有張腔作勢之意。

(59)衆：指衆讒佞小人。　踥蹀：（音妾諜）小步走路的樣子，這裡用來形容奔走鑽營。　日進：日見進用，一天天進到君王身邊，受到重用。

(60)美：指有美好德行的人。　超：遠。　超遠：這裡是指疏遠。　逾：同愈。　邁：遠。　逾邁：愈遠。　以上說，君王不喜忠賢，喜歡巧言令色的人，奸佞得勢，忠賢遠黜。

【大意】君王憎惡忠誠耿介不善言辭而修潔美好的人，喜愛那些巧言令色，故示慷慨的讒佞之人。那群人奔走鑽營，日漸進用，修潔美好的人却愈疏愈遠。

以上第三段。寫群小諂媚奉承，以保爵祿，國家有難他們便軟弱無能，束手無策。抨擊楚王任用讒佞，排斥賢能。

亂曰：

曼余目以流觀兮㉑，冀一反之何時㉒？

鳥飛反故鄉兮㉓，狐死必首丘㉔。

信非吾罪而棄逐兮㉕，何日夜而忘之㉖？

㉑曼：引。曼目：縱目，放眼。流觀：環顧，四望。

㉒冀：希望。反：同返。一反：一返，指返回郢都一次。

㉓故鄉：這裡指鳥巢。

㉔首丘：頭向着山丘。據說狐狸死時，頭必定向着牠出生的山丘。以上兩句，以鳥獸不忘出生地方，喻詩人對故都的深切懷念。

㉕信：確實。非：不是。棄逐：遺棄放逐。

㉖何日夜：何日何夜。之：指郢都。

【大意】我縱目四處遠眺，希望一返郢都，但是何時才能回去？飛鳥終於要返回牠的老巢，狐狸死時，牠的頭必定向着出生的山丘。確實不是我有罪過而被君王遺棄放逐，我何日何夜能夠忘記故都？

涉江

「涉江」就是渡江，是屈原被放逐江南時的作品。記述屈原渡江南下，行徑湘水，洞庭，逆沅水上行，徑辰陽、抵溆浦的荒涼悲苦歷程，以及被放逐的悲憤心情。揭露楚王昏庸，小人誤國，楚國政治的腐敗。抒發他對祖國深切的眷戀，表現高潔堅貞的品質，以及不向黑暗勢力妥協的精神。這是一首非常卓越的紀行詩。

【今譯】

自幼喜愛這奇麗服飾　我與姚重華遨遊懸圃花園！
年歲已老還是不變
腰間佩著長長的寶劍　披著明珠，佩著寶玉
頭上帽子聳若切雲　登上崑崙食玉樹花瓣
與天地一樣長壽
混濁的世界沒有人了解我　與日月一樣光明
我才遠走高飛，毫不眷戀　哀嘆南方蠻夷猶似陌路
駕著青虬，驂以白螭　早上我渡過長江、湘水繼續南行

登上鄂渚回首眺望
秋冬的餘風令人嘆息傷神
放我的馬在水濱山崗上散步
把我的車子停在方林

乘舲船我逆上沅水
並舉大槳水花飛濺
船緩緩不肯前進
在回流中停滯回旋

清早從枉渚出發
晚上在辰陽覊身
祇要我心正直
雖在僻遠，有何要緊！

進入溆浦，我躊躇徘徊
迷惘中不知前進的路徑
樹林深遠幽暗
猿猴跳躍在身邊

山高峻遮蔽太陽
山下幽暗雨水不停
霰雪紛飛無邊無際
雲氣彌漫烏雲滿天

可憐我生來沒有歡樂
幽寂孤獨，住在荒山野嶺
我不能變心而隨世俗
當然憂愁痛苦終生窮困！

接輿故意剃光頭髮
桑扈裸體而行
忠良不一定要被錄用
賢才不一定得到信任

伍子胥被賜劍自刎
比干慘被剜心！

所有前世皆如此
我又何必怨於今人！
我將嚴守正道而不猶豫
準備在黑暗中渡過此生！

（尾聲）
啊！鸞鳥鳳凰
日漸遙遠
燕雀烏鵲
築巢殿壇

芳草香樹
死於叢林
腥臊並進
芳菲難近
陰陽顛倒
時運不正
滿懷忠信而惆悵失意
茫茫然我將遠行！

【今注】

余幼好此奇服兮①，年既老而不衰②。
帶長鋏之陸離兮③，冠切雲之崔嵬④。

①好：喜愛。奇服：奇偉的服飾。卽下文的帶長劍、戴高冠、被明珠、佩寶璐。

②衰：衰退。　以上兩句，詩人以「奇服」喻自己的高尚品德與衆不同，而且至老仍然保持。

③長鋏：（鋏音夾）長劍，楚方言。　陸離：這裡用來形容長的樣子。

④冠：帽子，此處作動詞用，卽戴帽子。　切雲：高帽名。　崔嵬：高聳貌。

【大意】我自幼喜愛奇偉特別的服飾，年歲已老，興趣毫不衰減。腰佩長長寶劍，頭戴崔嵬的高冠。

世溷濁而莫余知兮⑤，吾方高馳而不顧⑥。

駕青虬兮驂白螭⑦，吾與重華游兮瑤之圃⑧。

⑤溷濁：（溷音混）同混濁。　莫余知：無人了解我。

⑥方：才。　高馳：高高飛馳，卽下文所指，游瑤圃、登昆侖。　不顧：不回頭。

⑦虬：虯的異寫，卽雙角之虯龍。　螭：（音痴）無角之龍。　此句是說，以兩條雙角青龍作服馬，以兩條無角的白龍作驂馬。

⑧重華：姚重華，舜帝姓姚名重華。　瑤：美玉名。　圃：花園。　瑤之圃：指昆侖山上，天帝下方都城長着許多玉樹的花圃。　以上四句謂，世混濁不知我的美德，我便與古聖同行，去遊高潔瑤圃。

【大意】世間混濁，不知我的美德，我才高飛而不顧一切。駕著兩條雙角的青龍，兩條無角的白龍作爲驂馬。我與舜帝姚重華爲友，去遊天帝下都，昆侖山上長滿玉樹的花園。

被明月兮珮寶璐⑨，登昆侖兮食玉英⑩。

與天地兮同壽⑪，與日月兮齊光⑫。
哀南夷之莫吾知兮⑬，旦予濟乎江湘⑭。

⑨被：同披。明月：明月珠，卽夜光珠。珮：同佩。璐：美玉名。
⑩玉英：神話中玉樹的花。英，古音央，與下文之「光」、「湘」同陽韻。
⑪同：他本作「比」。
⑫以上兩句，言吃了那些玉樹花朵，可以與天地同壽，與日月齊光。實則寫詩人堅信自己志行不變，必將如此。
⑬哀：哀嘆。南夷：指沿途所見楚國南部的土人。
⑭旦：天亮之時。濟：渡過。江：長江。湘：湘水。以上兩句寫將往荒遠之地的悲傷，以後將無人知道自己了。

【大意】身上披着明月珠，佩帶着寶璐。登上天帝的下都，採食玉樹的花朵。我將與天地同壽，我將與日月齊光。哀嘆那南方的蠻夷對我不瞭解。天亮之時我渡過長江和湘水，流落遠方。

以上第一段，以游瑤圃、登昆侖，寫自己情操的高尚，不為世俗所容，終於被迫涉江，走向無人能瞭解自己的荒僻的南方蠻夷之地。

乘鄂渚而反顧兮⑮，欸秋冬之緒風⑯。
步予馬兮山皋⑰，邸予車兮方林⑱。

⑮乘：登。鄂渚：地名。今湖北省武昌地區江中的一個水洲。反顧：回頭看望。

⑯欸：（音哀）嘆息之聲，同「唉」。　緒風：餘風。　以上兩句說，登上鄂渚，回顧來時之路，在還帶着秋多寒涼的餘風中嘆息。

⑰步：慢步。　山皋：（皋音高）臨水的山崗。

⑱邸：（音抵）通抵，停。　方林：地名。　以上兩句是說，解下車子，讓馬散步，停好車子，由陸行改換水行。

【大意】登上鄂渚，回望來時的道路，這是初春時節，我却在帶著秋冬餘寒的風中嘆息。解下車子，讓馬在山皋自由散步，停車於方林，準備由陸行改爲水行。

乘舲船余上沅兮⑲，齊吳榜以擊汰⑳。

船容與而不進兮㉑，淹回水而凝滯㉒。

⑲舲船：（舲音靈）有窗戶有艙的船。　余：我。　上：溯流而上。　沅：沅水，在今湖南省。

⑳齊：齊力並舉。　吳：大。　吳榜：大槳。　擊：拍打。　汰：水波。　以上兩句寫屈原改換水路，渡洞庭湖，經沅水，逆流而上溆浦。

㉑容與：緩慢不前的樣子。

㉒淹：停留。　回水：回旋的流水。　凝：一作「疑」，兩字古時通用。　凝滯：滯留不前。　以上兩句，寫水流湍急，在回水中艱難向前。

【大意】乘著有窗的舲船，我逆上沅水。並舉大槳，拍擊著水波，船緩慢而行，在湍急的回流中停滯不前。

朝發枉渚兮㉓，夕宿辰陽㉔。

苟余心其端直兮㉕，雖僻遠之何傷㉖？

㉓枉渚：地名，今湖南省常德市南。渚，一本作「陼」，通。

㉔辰陽：地名，今湖南辰溪縣西。

㉕苟：只要，如果。其：語中助詞。端直：正直。

㉖僻：偏僻。遠：遙遠。何傷：有何傷害？有何妨？

【大意】早上從枉渚出發，傍晚在辰陽住宿。只要我心正直，雖在僻遠，又有何妨？

入漵浦余儃佪兮㉗，迷不知吾所如㉘。

深林杳以冥冥兮㉙，乃猨狖之所居㉚。

㉗漵：（音叙）水名，沅水支流，在今湖南漵浦縣江口鎮注入沅水。浦：水濱。漵浦：漵水之濱。儃佪：（音蟬徊）轉來轉去，徘徊不前的樣子。

㉘迷：迷惘，心神恍惚。如：往

㉙杳：（音咬）深遠。冥冥：幽暗。

㉚乃：是。猨：猿的異體字，似猴而大。狖：（音又）黑色的長尾猿。二千多年前，該地是尚未開發的荒涼之地。

【大意】進入漵浦，我躊躇徘徊，迷惘得不知路向。樹木深遠而幽暗，是猿猴居住的地方。

山峻高以蔽日兮㉛，下幽晦以多雨㉜。
霰雪紛其無垠兮㉝，雲霏霏而承宇㉞。

㉛峻：高聳陡峭。　蔽日：遮蔽太陽。形容山極高。
㉜下：指山脚下。　幽晦：幽暗，指陰雲濃重。　以：而。
㉝霰：（音線）常在下雪之前降落的小雪珠，俗稱米雪。　紛：盛多。　垠：（音銀）邊際。　無垠：無邊無際。
㉞霏霏：（音非非）形容雲的濃重。　承：連接。　宇：天宇。　以上八句，寫來到遷居之所，溆浦的荒僻景象。

【大意】 山高峻得遮天蔽日，山下終年幽暗，經常下雨。霰雪紛飛，無邊無際。雲氣霏霏，烏雲滿天。

哀吾生之無樂兮㉟，幽獨處乎山中㊱。
吾不能變心而從俗兮㊲，固將愁苦而終窮㊳。

㉟吾生：我這一輩子。　無樂：沒有歡樂。
㊱幽獨：幽寂孤獨。　處乎：處於。　山中：指深山之中。
㊲變心：改變志節。　從俗：隨從世俗。
㊳固：當然。　終窮：終生窮困。　以上四句，以「變心從俗」與「獨處無樂」相比較，寧取「愁苦終窮」，顯示出屈原守正不阿，捨生取義的百倍勇氣。

【大意】哀嘆我一生沒有歡樂，幽寂孤獨處在深山之中。我不能改變志節而從世俗，當然愁苦而終生窮困。

以上第二段。寫涉江南行的路線，途中的艱險，沿沅水逆流而上，西至辰陽，再往東南而到達荒僻的漵浦的情景，以及寧願終生窮困，也不變心從俗的愁苦心情。

接輿髡首兮㊴，桑扈臝行㊵。
忠不必用兮㊶，賢不必以㊷。
伍子逢殃兮㊸，比干菹醢㊹。

㊴接輿：人名，姓陸名通，字接輿，春秋時楚國隱士。楚昭王時，政令無常，乃披髮佯狂不仕，時人謂之「楚狂」。〈韓詩外傳〉卷二：「楚狂接輿躬耕以食，其妻之市未返，楚王使使者賚金百鎰，造門曰：『大王使臣奉金百鎰，願請先生治河南。』接輿笑而不應。使者遂不得，辭而去。妻從市而來曰：『先生少而爲義，豈將老而遺之哉？門外車軼何其深也！』接輿曰：『今者，王使使者賚金百鎰，欲使我治河南。』其妻曰：『豈許之乎？』曰：『未也。』妻曰：『君使不從，非忠也；從之，是遺義也。不如去之。』乃夫負釜甑，妻戴經器，變易姓字，莫知其所之。」髡：（音昆）剃髮，是古代的一種刑罰。接輿披髮佯狂，後來索性把髮剃掉以避世。

㊵桑扈：人名，亦作桑戶。古代賢者，像接輿一樣的隱士。即〈論語〉所說的「子桑伯子」，〈莊子〉裡的「子桑戶」。臝：同裸，裸體，光着身子。臝行：裸體而行。

㊶忠：忠良。必：一定。用：任用。

㊷賢：賢才。以：用。

㊸伍子：姓伍名員，號子胥。吳國賢相。原是楚大夫伍奢次子，楚平王為太子建娶媳婦，因姑娘長得漂亮，竟攫為己有，伍奢進諫被誅，伍子胥輾轉逃往吳國，行乞於市，見公子光勢力張大，能有異圖，於是助他奪取王位，以遂自己伐楚報仇的願望，遂薦勇士專諸，替公子光刺殺了吳王僚，取得政權，是為闔閭。復與孫武率兵伐楚，大破郢都，掘楚平王墓，鞭屍三百，以報父仇。闔閭死後，太子夫差繼位，寵信伯嚭。吳王夫差欲伐齊國，伍子胥以為不可，越國才是心腹大患，請先滅越，夫差不聽，伯嚭受齊國賄賂，趁機讒言，夫差遂叫人送他一把屬鏤寶劍，伍子胥接劍仰天長嘆，然後告訴他的從屬官員：「死後，把我的眼睛挖下來，懸在東門上，好讓我看見越軍入城，吳國的滅亡！」說完就拿劍自刎了。這話傳到夫差那裡，夫差大怒，叫人把他的屍體裝進牛皮袋，丟入江中，把他的頭斬下掛在城樓上，說：「就讓你看個够吧！」十年後，越王勾踐統軍攻進吳都，把吳王夫差困在姑蘇山上，夫差於是只好自殺。 殃：禍。

㊹比干：殷代的賢臣，因諫紂王，而被剁成肉醬。 菹醢：（音租海）古代把人剁成肉醬的酷刑。

【大意】 接輿故意剃去頭髮，桑扈裸體而行。忠良不一定被錄用。賢才也不一定任用。伍子胥被賜劍自殺，遭受禍殃，比干被剁成肉醬。

與前世而皆然兮㊺，吾又何怨乎今之人㊻！

余將董道而不豫兮㊼，固將重昏而終身㊽！

㊺與：讀作「舉」，全，整個。 前世：自古以來的意思。 然：如此。

㊻何：何必。 怨：怨恨。 以上兩句說，古代的忠賢常遭不幸，我又何必怨恨。寫出屈原的態度光明磊落。

㊼董：正。 董道：嚴守正道。 不豫：不猶豫。

⑱重：重復，一再地。昏：黑暗。重昏：層層黑暗。以上兩句，寫出屈原的意志堅定，不憂不懼。

【大意】所有前世的聖賢皆如此，我又何必怨恨今人！我將堅守正道而不猶豫。將在層層的黑暗中渡過此生！

以上第三段。寫身處荒僻之地的孤苦心境，以及自己光明磊落的態度，卽使遭伍子胥、比干的災禍，亦決不動搖自己的意志。

亂曰㊾：

鸞鳥鳳皇㊿，日以遠兮51。

燕雀烏鵲52，巢堂壇兮53。

㊾亂：古代音樂上的術語，樂曲的末章，卽尾聲。

㊿鸞、鳳、皇：都是神話傳說中的神鳥，喻品德高尚的忠賢之士。

51遠：以鸞鳥、鳳鳥、凰鳥的遠飛，喻忠臣賢士日漸遠離朝廷。

52燕、雀、烏、鵲：都是凡鳥，用來喻朝中的群小。

53巢：作動詞用，築巢的意思。堂：殿堂，高殿爲堂。壇：祭壇，平場爲壇。堂壇：這裡是指朝廷。以上四句，以飛禽相比。喻賢良遠離，而奸小滿朝。

【大意】鸞鳥、鳳鳥、凰鳥一天天遠去。燕、雀、烏、鵲在堂壇上結巢。

露申辛夷54，死林薄兮55。

腥臊並御(56)，芳不得薄兮(57)

(54)露甲：露香花，又名露甲。　辛夷：香木名，又名木筆，落葉喬木。

(55)林薄：叢林。　以上兩句，以草木爲比。

(56)腥臊：汚臭的東西，指那些奸佞小人。　御：進用。

(57)芳：芳潔的東西，指賢良之士。　薄：接近。　以上兩句，以氣味爲比。以上八句是說忠奸不分，善惡不辨。

【大意】露香花、辛夷，死在叢林之中。腥臭之物齊被寵用。芳潔的東西不得接近。

陰陽易位(58)，時不當兮(59)。

懷信侘傺(60)，忽乎吾將行兮(61)！

(58)陰：暗。這裡喻奸佞小人。　陽：明。這裡喻賢良之士。　易位：變換位置，顚倒位置。

(59)當：合宜。　時不當：謂自己生不逢時。　以上兩句說陰陽錯亂，生不逢時。

(60)懷信：懷抱忠信。　侘傺：（音岔赤）惆悵失意。

(61)忽：恍惚，茫然的意思。　行：遠行。

【大意】陰陽顚倒，我生不逢時。懷抱忠信，惆悵失意。茫茫然我將遠行。

以上末段。以「亂辭」結束全篇。寫楚國賢能之士被迫遠去，奸佞當權，忠奸不分，善惡不辨，一片敗亡景象。自己懷抱忠信，惘然遠去，暗示將要離開這個汚濁的人世。

悲回風

本篇是楚頃襄王時，屈原放逐江南晚年的作品，寫於〔涉江〕之後、〔懷沙〕之前。這是一篇非常純粹的抒情詩，全詩籠罩着哀傷、沉鬱、幽怨、孤獨、彷徨的氣氛。奇縱、凄婉，和諧統一，意境創構，與情景交融相互滲合，到了爐火純青、天衣無縫的藝術境界。詩中不是通過外景的直接描寫，而着意寫詩人心中的感受，且詩中多用雙聲叠韻的聯綿詞與對偶句，音節美妙，作品深具感人的力量。是屈原又一篇代表作。

【今譯】

悲嘆旋風搖落蕙草　情意萬變豈能掩蓋？
內心冤屈鬱結憂傷　虛僞哪能長久隱藏？
物由微變至整個損毀　鳥獸鳴叫尋找同類
風聲總由隱微至瘋狂　枯草聚在一起沒有半點芬芳
我爲何追思彭咸　魚羣鼓鱗向人炫耀
以及志節不忘？　蛟龍却潛深淵隱其文章

苦菜薺菜不能同栽
蘭花白芷幽僻處獨自馨香
唯獨賢哲永遠美好
雖歷萬代，自顯光芒

我的志向雖然高遠
可憐它似浪雲飄忽無所依傍
因它被人疑惑不解
聊以賦詩表白衷腸

唯君子胸懷與衆不同
摘下杜若香椒自己玩賞
不斷欷歔，不停嘆息
獨處荒僻反復思量
涕淚交流悲嘆不已
焦思失眠直至天亮

終於度過漫漫長夜
掩抑不住心中哀傷
醒來從容外出周遊
姑且逍遙自遣愁腸
可憐我過份傷心嘆息
氣梗塞而不舒暢

把憂思結爲佩帶
把愁苦編於胸膛
折下若木摭蔽陽光
任隨旋風飄蕩！

存下模糊的影子不得相見
激動的心情似滾沸的熱湯
撫著玉佩衣襟，按捺激憤心情
惘惘失意，直向遠方

眼看一年匆匆過去
衰老的日子漸漸降到身上
蘋蘅枯槁則枝節脫離
芳香消散再無復合希望

可憐我心，無方可治
說這些話也不能消除惆悵
寧可忽然死去，隨流長逝
也不能忍耐長久的憂傷！

無父的孤兒，呻吟中擦着眼淚
放逐的棄兒，不能回家鄉
想到此處誰不傷痛？
令我更明彭咸當年情況！

登上石山，向遠處眺望
道路遼遠寂寞淒涼
我到了荒無人烟的境地
既不能聽，又不能看，也不能想！

憂愁鬱結，心中不快
室內憂戚，解不開悵惘！
心中繫著無形枷鎖
悶氣繚繞梗塞胸腔

天空靜遠，無邊無際
原野迷茫，無限空曠
風聲隱微，相互感應
物稟性太純沒有用場！

邈遠漫漫不可估量
縹緲綿綿無法回航
愁心悄悄悲傷不絕
飛翔在黑暗之中何來歡暢！

攀上高峻的懸岩峭岸
坐在雌霓的弓背上
依著青天，吐氣爲虹
飄忽中撫著天堂！

吸飲濃重的露水
含漱凝凍冰霜
我在風穴中獨自休息
忽然翻身醒來愁緒蕩漾

依靠昆侖，俯瞰雲霧
憑倚岷山，細看長江
急流激石之聲令人震懾
聽波濤卷起巨大聲浪
沒有經緯，紛亂溶溶
沒有綱紀，迷迷惘惘

水勢盛大，漫無所從
奔馳逶迤，汪汪洋洋

像旋風烈烈上下翻滾
像鳥翼搖搖左右飄蕩
像江水泛濫忽前忽後
伴著潮信時退時漲

觀炎氣蒸騰相因未已
看雲烟積成雨水下降
悲嘆霜雪一起墜落
聽那潮聲激越震盪

趁着時光的變換往來奔馳
把彎曲有刺的馬鞭高揚
追尋介子推留下的遺迹
探望伯夷餓死的首陽

心中的思慮不能去懷
下定決心，別無他往
讓我乘着大波，隨風飄逝
寄身彭咸居住的地方！
（尾聲）
我怨往昔所抱希望
我爲未來的日子憂懼心傷
浮屍江淮以入大海
追從伍子胥我自願前往
望着大河上的洲渚
悲懷申徒狄的行爲高尚
他屢次諫君而不聽
抱石投淵，有何用場？
心中的鬱結無法解開
思緒繁亂，難以舒暢……

【今注】

悲回風之搖蕙兮①，心寃結而內傷②。物有微而隕性兮③，聲有隱而先倡④。

①悲：悲嘆。　回風：旋風。　搖：搖撼，搖落。　蕙：香草。

②寃結：寃屈鬱結。　內傷：內心悲傷。

③物：指蕙草，也泛指事物。　有微：意謂先有微小的變化開始。　隕：損。　性：這裡泛指性命，性質。　隕性：損壞，隕毀。　這句是從「回風搖蕙」引起的感慨。以物有微小的腐敗開始，以至整個損毀，喻朝廷那些讒佞小

人，先是嫉妒賢能，承歡諂媚，最後出賣國家利益，國家漸被腐蝕損壞，以至滅亡。

④聲：聲音。　有隱：意謂先有隱微的，幾乎聽不見的迹象開始。　倡：同唱。　與上一句爲對文。　以風先有低微的，幾乎聽不到的聲音開始，以至瘋狂震蕩，喻讒佞之人在君王身邊，一唱百和。

【大意】 悲嘆旋風搖落蕙草，內心寃屈鬱結而悲傷。物有微小的變化開始，以至整個毀滅。風聲有隱微得幾乎聽不見的迹象開始，以至瘋狂震蕩。

夫何彭咸之造思兮⑤，暨志介而不忘⑥！
萬變其情豈可蓋兮⑦，孰虛僞之可長⑧？

⑤夫：發語詞。　何：何以，爲何。　彭咸：殷代賢臣。　造思：追思。
⑥暨：以及。不能因同音就說作「冀」字解。　介：孤高，這裡是說節操。
⑦萬變：形容經過無數的挫折變化。　其情：指內心的感情。　蓋：掩蓋，掩飾。
⑧孰：哪能。　長：長久。　以上兩句是說，自己忠貞至誠，毫無虛僞。

【大意】 我何以追思彭咸？以及不改變節操。經過無數挫折變化，內心的感情豈能掩蓋，虛僞哪能長久？

鳥獸鳴以號羣兮⑨，草苴比而不芳⑩。
魚葺鱗以自別兮⑪，蛟龍隱其文章⑫。

⑨鳴：鳴叫。號羣：鳴叫求羣。這句說，物以類聚，人以羣分。

⑩草苴：（苴音茶）王逸把「草」解作生草，「苴」解作枯草。這裡是泛指枯草。比：並排，這裡是聚合的意思。

不芳：沒有芬芳。這句喻讒佞之徒，朋比結黨，一片污濁。

⑪葺：修飾，修整。葺鱗：鼓鱗，修整其鱗的意思。自別：自己炫耀同與衆不。這句喻小人得志。

⑫蛟龍：獨角的龍。隱：隱藏。文章：紋彩。指鱗甲的光彩。這句說，蛟龍潛藏深淵，象徵忠賢被排斥疏遠。

【大意】鳥獸鳴叫以求群。枯草成叢沒有芬芳。魚兒鼓鱗向人炫耀與衆不同。蛟龍潛藏深淵隱去鱗甲的光彩。

故荼薺不同畝兮⑬，蘭茝幽而獨芳⑭。
惟佳人之永都兮⑮，更統世而自貺⑯。

⑬荼：苦菜。薺：（音劑）薺菜，有甜味。不同畝：不在一塊地裡生長。這句說，自己無法與他們相處。

⑭蘭：蘭草。茝：同芷，白芷。幽：幽僻之處。獨芳：獨自芬芳。這句說，自己雖被放，但志節不變。

⑮惟：獨，只有。佳人：這裡是指「賢哲」。屈原自喻。都：義同「美」。〔詩・鄭風・有女同車〕：「彼美孟女，洵美且都。」永都：永遠美好。

⑯更：歷。統世：猶言「世代」。貺：（音況）通「皇」，光大的意思。自貺：自顯光芒。意謂萬世流芳。

【大意】所以苦菜甜菜不能種在一塊，蘭草白芷在幽僻處獨自芬芳。惟獨賢哲，永遠美好，雖歷萬代，自顯光芒。

眇遠志之所及兮⑰，憐浮雲之相羊⑱。
介眇志之所惑兮⑲，竊賦詩之所明⑳。

⑰眇：同渺，遙遠。眇遠志：志向遠大。及：至。
⑱憐：可憐，哀憐。相羊：同徜徉。自由自在地來往。這裡是飄忽不定的意思。
⑲介：因。〔左傳〕：「介人之勇，非勇也。」眇志：「遠志」。惑：疑惑。
⑳竊：謙詞。賦詩：寫詩，指寫本篇。明：表明。

【大意】我的志向所及非常高遠，可憐它似浮雲飄忽無所依傍。因這高遙的志向被人疑惑，聊賦此詩表明心迹。

以上第一段。寫秋天旋風搖落蕙草，因而觸景生情，聯想到見棄的遭遇，自己雖志向高遠，却空負才華。因而作下此詩。

惟佳人之獨懷兮㉑，折若椒以自處㉒。
曾歔欷之嗟嗟兮㉓，獨隱伏而思慮㉔。

㉑惟：同唯，唯獨。佳人：這裡是指「君子」。獨懷：胸懷與衆不同。

㉒若椒：杜若、香椒，都是香草。　自處：自我安排，有「自守」的意思。
㉓曾：接連不斷，重復地。　歔欷：（音虛希）嘆氣聲。　曾歔欷：時常嘆氣。　嗟嗟：也是嘆氣聲。
㉔隱伏：指流放荒遠之地。　思慮：思念憂慮。指爲自已不復見用，而國事日非而思慮。

【大意】唯獨君子的胸懷與衆不同，折取杜若、香椒自我玩賞。不斷地唉聲，不停地嘆氣，獨自隱居蟄伏而思念憂慮。

涕泣交而淒淒兮㉕，思不眠以至曙㉖。
終長夜之曼曼兮㉗，掩此哀而不去㉘。

㉕涕泣交：涕淚交流。　淒淒：形容悲傷。一說淚流貌。
㉖至：到。　曙：天亮。
㉗終：盡，度過的意思。　曼曼：同「漫漫」。形容夜長。　以漫漫長夜，喻苦難歲月之無窮無盡。
㉘掩：掩抑，平息。　此：指被流放「隱伏」之哀，　哀：悲哀，哀傷。

【大意】涕淚交流無限悲痛。思前想後徹夜不眠以至天亮。度過漫漫長夜，止不住心中的哀傷。

寤從容以周流兮㉙，聊逍遙以自恃㉚。
傷太息之愍憐兮㉛，氣於邑而不可止㉜。

㉙寤：醒來。　從容：舒緩貌。　周流：周圍流蕩，四下游蕩，這裡是指散步。　這句說，起床之後，四下散步。

㉚聊：姑且。逍遙，優游自得的樣子。自恃：自己消遣，自我寬解。這句說，藉漫步以自我寬解。

㉛傷：傷心。太息：嘆息。愍：同憫，憂鬱。憐：哀憐。

㉜氣：怨憤之氣。於邑：（於音烏）鬱悒。氣於邑：指氣息梗塞而急促。止：平息。以上兩句說，自己過份傷心憂鬱，無法平息氣的梗塞急促。

【大意】清早起來，從容外出散步，姑且逍遙，自我寬解。我過份地傷心太息，憂鬱哀憐，以至氣息梗塞急促而無法平息。

紏思心以爲纕兮㉝，編愁苦以爲膺㉞。

折若木以蔽光兮㉟，隨飄風之所仍㊱。

㉝紏：同糾，編結。思心：心緒。纕：（音襄）佩帶。

㉞編：編織。膺：絡胸，猶今之背心或肚兜。以上兩句說，生活在極爲愁苦之中。

㉟若木：神話中高數千丈長的巨樹，在西極，太陽下去的地方，青色的葉子，開紅花。蔽：擋蔽。光：陽光。

折若木蔽光：喻韜光養晦。

㊱飄風：旋風，暴風。仍：引，牽引。以上兩句說，國事日非，我既然無力左右，由它去吧。

【大意】把憂思編結爲佩帶，把愁苦編織成絡胸。折下若木擋蔽陽光，任由旋風吹蕩。

存仿佛而不見兮㊲，心踴躍其若湯㊳。

撫珮衽以案志兮㊴，超惘惘而遂行㊵。

㊲存：存下。仿佛：不清楚，這裡是郢都模糊的影子。不見：不得相見，指不能再見君王。
㊳踴躍：指心的跳動。若湯：像滾沸的開水。這句是說，我心跳動，似沸水翻滾。
㊴撫：撫摸着。珮：同佩，玉佩。衽：衣襟。案：同按。案志：按捺激動的心情。
㊵超：失意貌。惘惘：迷惘貌，也是失意的的樣子。遂：通邃，遠行。以上四句，寫極痛苦中的情思變化。

【大意】存下郢都模糊的影子，不得回去見君王。心中痛苦得像鼎裡翻騰的沸水跳盪不已。撫摸着玉佩、衣襟，按捺內心的激情，在惘惘失意中，徬徨遠行。

歲曶曶其若頹兮㊶，時亦冉冉而將至㊷。
蘋蘅槁而節離兮㊸，芳以歇而不比㊹。

㊶歲：一年。曶曶：同忽忽，「曶」不能作「昒」。這裡是指時光匆匆流逝。若頹：好像要完了。
㊷時：生命的時限，死亡的時刻。冉冉：漸漸。時將至：指老之將至。
㊸蘋、蘅：（蘋音煩）皆香草名。槁：乾枯。節離：枝節脫離。
㊹以：同已。歇：停，消散。比：聚合。歇而不比：消散之後不能再聚合。以上四句說，老之將至，似已無望。

【大意】一年匆匆將盡，大限也漸漸將至。青蘋與杜衡，枯槁之後便折斷，芳香消散，再無復合的希望。

憐思心之不可懲兮㊺，證此言之不可聊㊻。
寧溘死而流亡兮㊼，不忍爲此之長愁㊽！

㊺憐：可憐，自憫的意思。　思心：指上文所云「踴躍若湯」之心。　懲：治，戒止。　不可懲：不可戒止。無方可治的意思。

㊻證：證明。　此言：這話，指上面所說的話。　聊：賴。　不可聊：不可聊賴。意思是說「與事無補」。以上兩句是說，我愁苦之心破碎不堪，已無藥可救，再說這些表白的話，已毫無意義。

㊼寧：寧可，寧願。　溘：（音客）忽然。　溘死：忽然死去。一本作「逝死」，不妥，應以「溘」爲是。　流亡：隨流水長逝。

㊽不忍：不能忍耐。　長愁：長久無盡的痛苦與憂愁。　以上兩句說，無盡的愁苦無法忍耐，寧願離開人世，隨水而逝，對死已無所畏。

【大意】可憐被愁思折磨之心破碎得已經無方可治。再表白此言，與事無補。寧願忽然死去隨流水逝去，也不能忍耐沒有盡頭的憂愁。

孤子唫而抆淚兮㊾，放子出而不還㊿。
孰能思而不隱兮[51]，昭彭咸之所聞[52]。

㊾孤子：無父的孤兒。〈禮記・王制〉：「小而無父謂之孤。」　唫：同「吟」，呻吟。　抆：（音吻）擦拭。抆淚：擦拭眼淚。

⑸放子：放逐的棄兒。出而不還：不能回家鄉。以上兩句，孤子、放子皆屈原自喻。

⑸孰：誰。隱：傷痛。

⑸昭：明。聞：傳開。這句是說，自己的情況與彭咸相似，現已明白當年彭咸的處境了。

【大意】沒有父親的孤兒，在呻吟中擦拭眼淚。被放逐的棄兒，不能回返家鄉。誰能想到這裡不傷痛，令我更明白彭咸當年的處境。

以上第二段。寫自己像喪父的孤兒，被逐的兒子，有家而歸不得，老之將至，愁苦絡胸，楚國已經不能留戀，自己終於明白當年彭咸的處境，也暗示將從自己身上看到彭咸往事的重演。

登石巒以遠望兮⑸，路眇眇之默默⑸。

入景響之無應兮⑸，聞省想而不可得⑸。

⑸巒：小而尖的山。石巒：石山的山脊，這裡是指石山。

⑸眇眇：同「渺渺」，形容遼遠。默默：寂寥的意思。

⑸入：進入，到了。景：「影」的本字。響：回聲。景響無應：影隨形，響應聲。影響無應，形容荒無人迹。

⑸聞：耳聽。省：目視。想：心想。本句三個動詞連用，寫出心境極度空虛寂寞，以至耳聽，目視，心想均不可得，可見屈原流放中極度的孤獨。

【大意】登上石山向遠眺望，道路遼遠，杳無聲息。我到了沒有人影，沒有回響，荒無人烟的境地，耳聽、目視、心想都不可得，沒有朝中的半點消息！

愁鬱鬱之無快兮㊼，居戚戚而不可解㊽。
心鞿羈而不形兮㊾，氣繚轉而自締㊿。

㊼鬱鬱：憂傷的樣子。　無快：不快。

㊽居：這裡是指「室內」。王逸以爲是「思」之誤，非也。上文寫登山的感受，此處乃寫室內感受。　戚戚：憂愁的樣子。　解：解除，解脫。

㊾鞿、羈：馬繮繩和馬籠頭，這裡引伸爲「束縛」。　不形：無形。他本作「不開」，錯。　這句是說，心中繫着無形枷鎖。

㊿氣：氣息，這裡指「悶氣」。　繚轉：繚繞。　締：結。　自締：自結。

【大意】憂愁鬱鬱，沒有快樂。我室內憂戚，無法解脫。心中繫著無形的枷鎖，悶氣繚繞自結而不舒暢。

穆眇眇之無垠兮(61)，莽芒芒之無儀(62)。
聲有隱而相感兮(63)，物有純而不可爲(64)。

(61)穆：靜。　穆眇眇：形容天空寂靜遼遠。　無垠：無邊無際。

(62)莽：莽蒼。　芒芒：同「茫茫」，模糊不清，無邊際。　莽芒芒：形容原野迷茫。　儀：象。　無儀：沒有物象，一片模糊不清。

(63)聲：聲音，指風聲。　隱：隱微。　有隱：指風聲先有隱微的迹象開始。　相感：相互感應。

㉞物：指芬芳的蕙草，也泛指事物。純：指稟性純正。有純：指物有純正的稟性。不可爲：不能有所作爲。以上兩句，回應篇首的「回風搖蕙」。

【大意】天空寂靜遼遙，無邊無際。原野茫茫，看不清物象。風聲隱微，相互感應。物稟性太純，有時却不能有所作爲。

藐蔓蔓之不可量兮㉟，縹綿綿之不可紆㊱。
愁悄悄之常悲兮㊲，翩冥冥之不可娛㊳。

㉟藐：（音秒）通「邈」，遙遠。蔓蔓：同「漫漫」，無邊際貌。量：估量。本句言去國道遠，歸路漫長。喻無法測量的放逐行程。

㊱縹：縹緲，隱隱約約，若有若無的樣子。綿綿：連綿不斷的樣子。紆：（音迂）系結。本句言希望與思緒的縹緲，思君情長。

㊲悄悄：憂愁的樣子。〔詩・邶風・柏舟〕：「憂心悄悄，慍於羣小。」傳：「悄悄，憂貌。」

㊳翩：飛翔貌，指神魂飛翔。冥冥：幽暗貌。翩冥冥：飛翔在黑暗之中。不可娛：不可樂。以上四句，寫理不清的愁緒。

【大意】邈遠漫漫，放逐的行程不可估量。縹緲綿綿，思緒不能繫結，無法切斷。愁心悄悄，我將長久悲痛下去。只能在黑暗中飛翔，再也沒有歡樂。

以上第三段。一連用了九個疊詞「路眇眇」、「愁鬱鬱」、「居戚戚」、「穆眇眇」、「莽芒茫」、「藐蔓蔓」、「縹綿綿」、「愁悄悄」、「翩冥冥」，寫出詩人在蕭颯的秋風中登山遠眺，感懷放逐江南，身心受盡折磨，深感大難將臨的感慨。

上高巖之峭岸兮(69)，處雌蜺之標顛(70)。

據青冥而攄虹兮(71)，遂儵忽而捫天(72)！

(69)高巖：高峻的山巖。　峭岸：陡峭的崖岸。　以下是詩人借助心理活動所作的想象。與「離騷」中上天入地的描繪，有異曲同工之妙。也是一種自我解脫的表現。

(70)雌霓：亦稱「副虹」，古人把虹分爲兩種，顏色鮮艷的是雄性，叫「虹」；顏色較淡的一種是雌性，叫「霓」，或寫作「蜺」（音尼）。　標：樹梢。　顛：頂。　標顛：頂端。

(71)據：依。　青冥：青天。　攄：（音舒）舒展。　攄虹：吐氣爲虹。

(72)儵：（音抒）同倏。　儵忽：形容快，忽然間。　捫：（音門）撫摸。　以上四句，寫登高遠望，攄虹捫天，自由自在不受約束。

【大意】攀上高峻的山巖，陡峭的崖岸，坐在雌霓的弓背上面。我依著青天，吐氣爲虹，在飄飄忽忽中，忽然間撫摸着天宇。

吸湛露之浮浮兮(73)，漱凝霜之雰雰(74)。

依風穴以自息兮(75)，忽傾寤以嬋媛(76)。

(73)湛：（音站）濃重。　湛露：濃重的露水。〔詩・小雅・湛露〕：「湛湛斯露，匪陽不晞。」　浮浮：露水濃重盛多貌。他本作「浮涼」或「浮源」，皆不通。「浮浮」乃與下文之「雰雰」爲對文。

⑭潄：（音樹）潄口。凝霜：濃霜。雰雰：（音紛紛）霜雪飄落貌。以上兩句，寫吸露潄霜，喻自我之修潔。

⑮依：靠着。風穴：神話中的地名，在昆侖山，風的出處。自息：自寐，自己休息。

⑯傾寤：翻身醒來。嬋媛：情意綿綿，這理是說「愁緒綿綿」。以上八句寫屈子的「神游」，是詩人追求超脫的自我否定。但是，在現實與幻想的世界中，都無法擺脫詩人的愁緒。

【大意】吸飲濃重浮浮的露水，含潄凝凍雰雰的霜雪。靠著風洞我獨自休息，忽然轉身醒來又愁緒綿綿。

馮昆侖以瞰霧兮⑰，隱岐山以清江⑱。

憚涌湍之礚礚兮⑲，聽波聲之洶洶⑳。

⑰馮：同「憑」，依靠。瞰：（音看）俯視。以下十二句，寫詩人眼中秋天肅殺悲涼景象。

⑱隱：（音印）憑依。岐：同「岷」。岐山：岷山。岷江的發源地（古人以爲長江的發源地）。清：這裏作動詞用，「細看」的意思。江：這裏是指長江。清江：細看長江。「清」字作「澄清」解者，不通，錯。以上兩句，雖非實景，却有現實依據。

⑲憚：懼怕。涌湍：急流。礚礚：（音科科）水石相擊聲。

⑳洶洶：波濤的聲音。屈原晚年漫游洞庭一帶，眼前壯觀的景象與內心的憤慨之情，交融於此生動的畫面。

【大意】依著昆侖，俯瞰雲霧。憑倚岷山細看長江。懼怕那急流激石的礚礚之聲，聽波濤卷起洶洶聲浪。

紛容容之無經兮[81]，罔芒芒之無紀[82]。
軋洋洋之無從兮[83]，馳委移之焉止[84]？

[81]紛：紛亂。　容容：動亂的樣子。　無經：無經緯之省文。
[82]罔：通「惘」，迷惘。　芒芒：同「茫茫」。　罔芒芒：迷迷惘惘，迷惘不清。　無紀：無綱紀之省文。
[83]軋：（音亞）傾軋。　洋洋：水勢盛大貌。　無從：漫無所從。
[84]馳：奔馳。　委移：同「逶迤」，曲折連綿的樣子。　焉止：何止？止在何處？與上句「無從」成對文。　以上兩句說，水流汪汪洋洋，不知從何而來，又止向何處。以上四句寫詩人此時的心情。

【大意】紛亂容容，沒有經緯。迷迷惘惘，沒有綱紀。汪汪洋洋，水流不知從何而至，曲折連綿不知止於何處？

漂翻翻其上下兮[85]，翼遙遙其左右[86]。
氾潏潏其前後兮[87]，伴張弛之信期[88]。

[85]漂：同「飄」，指「飄風」。　翻翻：形容水流上下翻動。
[86]翼：翅膀。　遙遙：同「搖搖」，展翅貌。　左右：指左右飄蕩。
[87]氾：同「泛」，泛濫。　潏潏：（音決決）水流湧漲的樣子。　前後：指水流漲，忽前忽後。
[88]伴：伴隨，偕同。　漲弛：指潮水漲落。　信期：指潮信。潮水的漲落有一定時間。　以上四句，喻懷王忽左

忽右，翻來復去的態度。

【大意】你像旋風一樣上下翻滾。像鳥翅搖搖左右擺動。像江水泛濫湧漲，忽前忽後，伴著潮信時退時漲。

觀炎氣之相仍兮⑧⑨，窺烟液之所積⑨⓪。

悲霜雪之俱下兮⑨①，聽潮水之相擊⑨②。

⑧⑨炎氣：炎陽蒸騰之氣。　相仍：相因不已。

⑨⓪烟：雲烟。　液：指上升的蒸氣凝成的水液，即下降的雨水。　積：積聚，指凝結。　以上兩句寫炎夏。

⑨①悲：悲嘆。　俱下：一起降落。　這句寫秋冬。

⑨②聽：傾聽。　相擊：相拍擊。　以上四句，以「觀」、「窺」、「悲」、「聽」四字感慨四時景物之變化，包含詩人無限的辛酸。

【大意】觀炎氣蒸騰，相因不已。看雲烟積聚成雨水。悲嘆霜雪一起下降，聽潮水擊拍的聲音。

借光景以往來兮⑨③，施黃棘之枉策⑨④。

求介子之所存兮⑨⑤，見伯夷之放迹⑨⑥。

⑨③借：趁着。　光景：指時光，即上面的四時光景。此處的「景」字不作「影」子解。　借光景：趁着時光的變換。　往來：往來天地之間，指神游。

(94)施：用。黃棘：一種有棘刺的木。枉：曲。策：馬鞭。枉策：彎曲的馬鞭。

(95)求：追尋。介子：介子推，春秋時的賢者。晉獻公時，驪姬佈置陰謀，害死太子申生，迫公子重耳出奔齊楚，介子推追隨公子重耳，路上斷炊，介子推割股肉給重耳吃。後來公子重耳回國卽位，是爲「晉文公」。論功行賞時，忘記了介子推，介子推便跑到綿山隱居起來，後來晉文公想起他，派人找他，他不肯出來。因此叫人燒山，想引他出來，豈料介子推竟然抱樹自焚而死。所存：所留下的遺迹。既指「遺迹」，也含「遺則」的意思。

(96)見：觀看。伯夷：殷末義士，周武王滅殷之後，恥食周粟，餓死首陽山。放迹：自我放逐的遺迹。以上兩句，寫出詩人仰慕前賢高風亮節，以示追隨之意。

【大意】趁著四時光景的變換，往來奔馳。我用一種有刺的黃棘作爲馬鞭。追尋介子推所留下的遺迹。又往首陽山觀看伯夷叔齊當年自我放逐不食周粟餓死的地方。

心調度而弗去兮(97)，刻著志之無適(98)。
凌大波而流風兮(99)，托彭咸之所居(100)！

(97)調度：思慮，權衡：思量。弗去：不能去懷。

(98)刻：刻意。著：立。刻著志：卽「下定決心」。適：往。無適：別無他往。以上兩句，表明決心已無路可走。

(99)凌：乘凌於上，貼水面而行。流風：隨風飄流。

(100)托：依托，寄托。彭咸之所居：彭咸住的地方。以上兩句，是詩人悲痛心情的寫照，是無路可走的結局。

【大意】心中思慮，不能去懷。下定決定，別無他往。讓我踏著大波，隨風飄逝，寄身於彭咸居住的地方！

以上第四段。寫詩人極欲自我解脫內心的憂憤。幻想登高遠望，攄虹捫天，自由自在，終歸擺脫不了現實的痛苦。眼前是一片秋天肅殺悲涼景象，埋怨懷王搖擺誤國，心中景慕前賢的高風亮節，表明自己無路可走，只有效法彭咸，一死以殉國。

曰⑩：

吾怨往昔之所冀兮⑩，悼來者之愁愁⑩。

浮江淮而入海兮⑩，從子胥而自適⑩。

⑩曰：「亂曰」之省文，爲屈賦體例。曲以下爲亂辭。即「尾聲」。

⑩吾：屈原自稱。　怨：怨恨。　冀：希望。

⑩悼：悲傷。　來者：未來的日子，指亡國大難。　愁愁：同「愓愓」，憂懼貌。　以上兩句，怨昔日希望變成泡影，爲來日的大難而憂懼。

⑩浮江淮：浮屍長江、淮水。　海：大海。　這句是指伍子胥故事：伍子胥死後，吳王夫差叫人把他的屍體投入大江，伍子胥的靈魂憤怒馳騰，氣若奔馬，直奔大海。

⑩從：追從。　子胥：伍子胥，卽伍員。　自適：順適自己的心願。　以上兩句說，願效伍子胥浮屍大海。

【大意】 我怨恨從前的希望都變成泡影，悲傷來日亡國的大難。我願浮屍江淮而入大海，跟從伍子胥順適自己的心願。

望大河之洲渚兮(106)，悲申徒之抗迹(107)。
驟諫君而不聽兮(108)，任重石之何益(109)？
心絓結而不解兮(110)，思蹇產而不釋(111)。

(106)洲渚：水中可居之地，大者叫洲，小者叫渚。

(107)申徒：即申徒狄，殷末賢臣，諫紂王不聽，負石投水而死。 抗：通「亢」，高。 抗迹：高尙的行爲。 以上兩句，轉念申徒狄之死。

(108)驟：屢次。

(109)任：抱負。 任重石：指申徒狄負石投水而死之事。 何益：有何益處？ 以上兩句謂，申徒狄負石投水而未能挽救殷代的覆亡。詩人雖然以死殉國之意已決，此時不免躊躇。怎樣死才更有意義？

(110)絓：（音掛）阻絆。 絓結：牽掛鬱結。 不解：不能解開。

(111)思：思緒。 蹇產：曲折糾纏。 釋：解開。 以上兩句，寫出詩人對申徒狄「死而無益」的悲憫而引起矛盾不安的心情。

【大意】望著大河的洲渚，而悲懷申徒狄高尙的行爲。他屢次諫君而不聽，抱石投水，亦未能挽救殷紂的覆亡，死又何益？我心中的鬱抑難以解開，思緒繁亂，不能排遣，無法舒暢。

以上是末段。亂辭中寫出詩人的希望破滅，對國運將亡的恐懼，以及悱惻纏綿的對祖國的愛，寫出欲以身殉國的複雜矛盾心情。

懷沙

屈原長期流放江南，鬱悒不申，已至絕望。郢都的陷落，更是重大打擊。屈原死節之念已萌，思懷長沙，欲往而殉國。長沙是楚先祖熊繹始封之地，人窮則返本，此亦「狐死首丘」之義。本篇是寫於絕命辭「惜往日」之前的一篇重要作品。文中句式較短，且樸質無華，無雕飾鋪陳，內心鎮定而感情激昂，一字一淚。

【今譯】

陽光燦爛的初夏　遭遇憂患久羈困境
草木暢旺而茂盛
痛楚的心懷永遠悲傷　按下心來檢查志向
我急急地向南行　受盡寃屈抑制著感情
眼前一片迷茫　把方的削成圓的
四下寂靜無聲　我守著正道不變更
心中鬱結委屈和痛苦　改變初衷、本來的道路

那是君子鄙視的行徑
明確所畫的線，記著所彈的墨
從前的理想仍不改變

內裏厚豐，品質端正
那是君子所盛稱
巧匠倕若不用斧頭砍削
誰知他落斧是歪是正？

黑色的花紋放在幽暗之處
瞎子說它不明顯
目光銳利的離婁微啓眼睛
盲子却說他雙目不明

黑白被顚倒
上下被掉轉
鳳凰關在籠裏
鷄鴨在空中飛翔

玉與石混在一起
竟被一視同仁
那些黨人淺陋頑固
不知我的內蘊

我負重載多
但陷沒滯留不能前進
懷抱美玉珍寶
却窮困得不知示人

鄉邑之犬羣起狂吠
吠牠們驚怪的聲影
誹謗和懷疑豪傑
本來是庸人們的習性！

我外表疏粗不善辭令
衆人不知我的卓越才能
我的朴材被委棄堆積
衆人不知我蘊藏豐盛

我積仁累義
謹慎忠厚的品德充盈
今世遇不着姚重華
誰知我的擧止從容！

古來聖賢常生不同時
豈知是何緣因？
商湯夏禹都已久遠
遙遠得無從思念！

壓止憤恨，平息怨忿
抑制心情令自己堅挺

遭遇慘痛而不改變
願爲榜樣留於後人

沿路而進，望北稍停
月色昏暗將近黃昏
姑且舒懷娛樂悲哀的心靈
大不了，要了這條老命

（尾聲）
浩蕩的沅水湘水
分別流個不停

漫長的道路幽深暗蔽
前途渺茫而遙遠

懷着優秀品質，抱着美好感情
獨無人與我證明
伯樂已經死了

千里馬誰來辨認？
人的生死，稟賦於命
命運早已注定
堅定心意，宏弘志氣
我決不怕死貪生！
重重的憂傷，無盡的哀愁

我永遠嘆息悲鳴
世間混濁，我無知音
人心叵測，說與誰聽？

知死已不可迴避
我並不愛惜此身
光明磊落地告訴先賢
我將要去追隨你們！

【今注】

滔滔孟夏①，
草木莽莽②。
傷懷永哀兮③，
汩徂南土④。

①滔滔：形容陽光燦爛。〔史記〕作「陶陶」。孟夏：四月。
②莽莽：草木茂盛叢生貌。莽，古音姆。以上兩句，寫山野景象。

③傷懷：痛楚的心懷。永哀：永遠悲傷。

④汩：（音玉）急急地。徂：（音殂）往。南土：南方。以上兩句，記幽深景象，引起內心的悲傷之情。

【大意】陽光燦爛的四月，草木茂盛叢生。痛楚的心懷，永遠悲傷。我急急地走向南方。

眴兮杳杳⑤，孔靜幽默⑥。

鬱結紆軫兮⑦，離慜而長鞠⑧。

⑤眴：（音順）同「瞬」，看，視。杳杳：（音咬咬）深遠迷茫貌。

⑥孔：甚。孔靜：很靜。幽默：幽靜無聲。此上兩句寫南土荒陋，視無所見，聽無所聞。

⑦鬱結：鬱悶不解。紆：曲。軫：痛。紆軫：委屈痛苦。

⑧離：通「罹」，遭遇。慜：（音敏）同「愍」，憂。鞠：窮。長鞠：長期窮困。以上兩句說，久居荒涼之地，非但精神痛苦，亦長期貧病窮困也。

【大意】回顧一片迷茫，周圍寂靜無聲。心中鬱悶不解，飽受委屈和痛苦。遭遇憂患長期窮困。

以上第一段。寫南行路上的痛苦心情。

撫情效志兮⑨，寃屈而自抑⑩。

刓方以爲圜兮⑪，常度未替⑫。

⑨撫：撫慰。撫情：撫慰心情，按下心來，效：義同「核」，檢查。效志：檢查志向。

⑩自抑：抑制自己的感情。以上兩句是說，撫心自問，問心無愧。

⑪刓：（音完）削。圜：同「圓」。

⑫度：法度。常度：常則，指正道。未替：未曾改變。以上兩句是說，受盡折磨，仍守正不阿。

【大意】撫慰自己的心情，考核自己的志向。我受盡寃屈，抑制着自己的感情。他們把方的削成圓的，我守着常則未曾改變。

易初本廸兮⑬，君子所鄙⑭。

章畫志墨兮⑮，前圖未改⑯。

⑬易：改變。易初：改變初衷。本廸：本來的道路。

⑭鄙：鄙視，鄙棄。以上兩句說明何以不易初志，因君子所不爲。

⑮章：明。畫：木匠畫的線。志：記住。墨：木匠所彈的繩墨。

⑯前圖：前志，從前的理想。以上兩句是說，自己追求的理想，亦如木匠所畫的繩墨一樣無所改變。

【大意】改變初衷、本來的道路，這是君子所鄙棄的。明確所畫的線，記住所彈的墨，從前的理想仍未改變。

以上第二段。說明回顧此生，問心無愧。

內厚質正兮⑰，大人所盛⑱。

巧倕不斲兮⑲，孰察其撥正⑳？

⑰內厚：內裡厚重。質正：品質端正。
⑱大人：指正直無私的人，猶言「君子」。盛：盛稱，讚許。這裡的「所盛」和上文的「所鄙」爲對文。
⑲倕：（音垂）人名，相傳是堯帝的巧匠。巧倕：巧匠倕。斲：同「斫」，砍削。
⑳孰：誰。察：察知。撥：曲。正：直。這裡以巧匠喻賢者，謂賢者若不居其位，世間的邪正就難分清。

【大意】內裡厚重，品質端正，是君子所讚許的。正如巧匠倕，若不用斧砍削，誰知他落斧是歪是正？

玄文處幽兮㉑，矇瞍謂之不章㉒。
離婁微睇兮㉓，瞽以爲無明㉔。

㉑玄文：黑色的花紋。處幽：放在幽暗的地方。
㉒矇瞍：（音蒙叟）瞎子，有瞳孔而看不見的叫「矇」，即今謂之「青盲」；無瞳孔的盲者叫「瞍」。章：明，明顯。
㉓離婁：人名，在古代神話中又叫離朱，以明目稱著，相傳其目光，能察百步外之秋毫。微睇：收目小視。
㉔瞽：也是「瞎子」。無明：看不見。以上四句是說，賢者不居爵位，常常反被愚人侮辱，常被視作庸才。

【大意】黑色的花紋，放在幽暗的地方，瞎子說它不明顯。能察百步外之秋毫的離婁，微啓眼睛，盲人却說他雙目不明。

變白以爲黑兮，倒上以爲下㉕。

鳳凰在笯兮㉖，雞鶩翔舞㉗。

㉕上：上面。下：下面。以上兩句是說，淸濁不分，是非顚倒。

㉖笯：（音奴）鳥籠，楚國南方的方言。

㉗鶩：（音誤）鴨子。以上兩句是說，賢者遭困，小人得志。

【大意】將白色變成黑色，將上面倒過來變成下面。鳳凰關在鳥籠裡，鷄鴨却滿天飛。

同糅玉石兮㉘，一概而相量㉙。

夫惟黨人之鄙固兮㉚，羌不知余之所臧㉛。

㉘糅：（音柔）混雜。玉石：玉和石。

㉙概：用來刮平斗中糧食的小木棒。一概相量：一概而論，等量齊觀。以上兩句，喻賢愚不分。

㉚黨人：結黨營私之人，指羣小。鄙固：鄙陋頑固。

㉛羌：語首助詞。臧：同「藏」，內蘊。所臧：指內質之厚正。

【大意】把玉和石混雜在一起，一概而論。那些結黨營私的羣小，鄙陋而頑固，根本不瞭解我的內蘊。

任重載盛兮㉜，陷滯而不濟㉝。

懷瑾握瑜兮㉞，窮不知所示㉟。

㉜任：負，承受。載：裝載。盛：多。

㉝陷滯：陷沒滯留，喻政治上的失敗。濟：成功。

㉞瑾、瑜：美玉。傳說，鍾山之玉，以瑾、瑜最好。〔淮南子，俶眞〕：「鍾山之玉，炊以鑪炭，三日三夜而色澤不變。」握：握在手裡。

㉟窮：窮困。不知所示：不知如何展示。以上兩句，以懷握美玉喻胸懷才智。言已雖有才智，窮困之下，亦不知如何展示。

【大意】我負重載多，陷沒滯留而失敗。懷中揣着瑾，手裡握着瑜，竟然窮困得不知如何展示。

邑犬羣吠兮㊱，吠所怪也㊲。

非俊疑傑兮㊳，固庸態也㊴。

㊱邑：鄉鎮，古代稱鄉鎮聚居之地爲邑。邑犬：鄉邑之犬，這裡喻羣小。群吠：群起而吠。

㊲怪：驚怪。

㊳非：非難，誹謗。疑：猜疑。

㊴固：本來。庸態：庸人之常態。

【大意】鄉鎮的狗，羣起而吠，吠牠們驚怪的聲影。誹謗和猜疑俊傑，本來是庸人的常態。

以上第三段。寫楚國朝中，變白為黑，顛倒是非，善惡不分。賢哲困厄，群小飛舞。

文質疏內兮㊵，衆不知余之異采㊶。

材朴委積兮㊷，莫知余之所有㊸。

㊵文：指外表，儀容。質：指內裡，本質。疏：疏粗迂濶。內：同「訥」，木訥，不善辭令。文質疏內：文疏質內，外表疏粗迂濶，本質樸素不善辭令。

㊶異采：異常文采，指卓越才能，出類拔萃。

㊷材朴：朴材，未加工的木材。委積：委棄堆積。材朴委積：詩人自喻，謂我學識淵博，滿腹經綸，却被委棄堆積。

㊸莫知：不知。所有：指「材朴」的藏量。

【大意】外表疏粗，本質樸素木訥，衆人不知我出群拔萃。我的朴材被委棄堆積，衆人不知我的蘊藏！

重仁襲義兮㊹，謹厚以爲豐㊺。

重華不可遻兮㊻，孰知余之從容㊼？

㊹重、襲：同義，均爲積累的意思。重仁襲義：積仁累義。

㊺謹厚：謹愼忠厚，指品德。豐：豐富。

㊻重華：舜帝姚重華。遻：（音鄂）遇。

㊼從容：行動，一舉一動。以上兩句是說，今人不知我，古聖又不可遇。

【大意】我積仁累義，謹愼忠厚的品德充盈。舜帝姚重華已經不可遇了，誰知我的一舉動？

古固有不並兮㊽，豈知其何故㊾？

湯禹久遠兮㊿，邈而不可慕也(51)！

㊽古：自古以來。固有：常常是。不並：指聖賢生不同時，賢臣難遇明主也。

㊾以上兩句是說，何以聖君賢臣每不同時？

㊿湯：成湯王，姓子名天乙，商朝開國之君。用賢臣伊尹爲相，遂滅夏，建立商朝政權。禹：大禹王，姓姒名文命。治水有功，舜遂禪位於禹。禹和湯均爲古代聖君，爲歷代所稱頌。

(51)邈：遠。不可慕：無從思慕。

【大意】自古以來，常常是聖君賢臣生不同時，豈知是何緣故？商湯、夏禹都已久遠了，遙遠得無從思慕。

懲違改忿兮(52)，抑心而自強(53)。

離慜而不遷兮(54)，願志之有像(55)。

(52)懲：戒，壓止。違：同「愇」，憤恨。懲違：壓止憤恨。改忿：平息怨忿。

(53)抑心：抑制心情。自强：使自己堅强起來。

(54)離慜：遭受慘痛。不遷：不改變。

(55)志：同「誌」。志之：記下，留下。像：榜樣。這句說，願有個榜樣留給後人。

【大意】壓止憤恨，平息怨忿，抑制心情，使自己堅强起來。遭遇慘痛而不改變，願有個榜樣留給後人。

進路北次兮(56),日昧昧其將暮(57)。

舒憂娛哀兮(58),限之以大故(59)!

(56)進路:沿路而進。次:宿止。北次:向北尋個歇脚的地方。

(57)日昧昧:日色昏暗。

(58)舒憂娛哀:舒解娛樂憂愁悲哀的心靈。

(59)限:極限之限,文中是「大不了」的意思。大故:死。以上兩句是說,「姑且舒解憂愁,娛樂悲哀的心靈,大不了是死!」歷代都把「限」字解作「大限」之限,連〈史記〉也錯將此篇看作屈原的「絕命辭」。屈原的「絕命辭」不是本篇,而是〈惜往日〉。

【大意】沿着道路而進,向北尋個落脚的地方。日色昏暗,將近黃昏。姑且舒解憂愁,娛樂悲哀的心靈,大不了是死!

以上第四段。寫懷才不遇,這世上無人能瞭解自己。希望自己為後世立個榜樣。說明「死」在自己面前已無可畏。

亂曰:

浩浩沅湘(60),分流汩兮(61)。

脩路幽蔽(62),道遠忽兮(63)。

(60)浩浩：水波浩蕩貌。沅、湘：沅水、湘水。
(61)分流：各自奔流。汩：急流貌。
(62)脩路：漫長的道路。幽蔽：幽暗，幽深暗蔽。
(63)遠忽：渺茫而遼遠。以上四句說，沅湘洶湧，路途荒遠，毫無樂趣。
【大意】（尾聲）浩蕩的沅水和湘水，各自急急奔流。漫長的道路，幽深而暗蔽，前途渺茫而遙遠。

懷質抱情(64)，獨無正兮(65)。
伯樂既沒(66)，驥焉程兮(67)。

(64)懷質抱情：懷着優秀品質，抱着美好感情。
(65)獨：惟獨。無正：無人證明。「正」他本作「匹」係誤抄，今更正。
(66)伯樂：本名孫陽，春秋秦穆公時善相馬的人。天上「掌天馬」的星宿叫「伯樂」，大家便以「伯樂」稱呼他。
(67)驥：騏驥，千里馬。程：衡量。這裡是辨別的意思。
【大意】懷着優秀品質，抱着美好感情，可是，唯獨無人與我證明。伯樂已經死了，千里馬誰來分辨？

民生稟命(68)，各有所錯兮(69)。
定心廣志(70)，余何畏懼兮(71)。

(68)民：人。生：生命，或生死。稟命：稟賦於命。

(69)錯：同「措」，措置，安排。

(70)定心：安心，堅定心意。廣志：恢弘志氣。

(71)余何畏懼：我有甚麼畏懼！

【大意】 人的生死，都稟承於命，各自有一定的安排。安下心來，放開胸懷，我有甚麼畏懼！

曾傷爰哀(72)，永嘆喟兮(73)。

世溷濁莫吾知(74)，人心不可謂兮(75)！

(72)曾：讀作「增」，多次。曾傷：重重的憂傷。爰：〔方言〕：「凡哀泣不止曰爰。」

(73)喟：（音愧）與「嘆」同義。嘆喟：即「嘆息」。永嘆喟：長嘆息。

(74)世：世間。溷濁：混濁。莫吾知：沒有我的知音，沒有誰瞭解我。

(75)人心不可謂：人心叵測，誰可傾談？

【大意】 重重的憂傷，無盡的悲哀，我永遠地嘆息。世間混濁，沒有我的知音，人心叵測，我與誰傾談？

知死不可讓(76)，願勿愛兮(77)。

明告君子(78)，吾將以爲類兮(79)。

(76)讓：推讓，辭讓，廻避。不可讓：不可廻避。

⑦愛：指愛惜，嗇惜自己的生命。以上兩句是說，死不可免，生亦無可戀。
⑱明告：明白地語告。君子：指古聖先賢。
⑲類：類別之類。這句是說，我將追隨你們，參加你們的行列。

【大意】我知道，死已是不可避免，顧不嗇惜自己的性命，明白地語告古聖先賢，我將追隨你們！

以上末段是亂辭。屈原對楚國的統治集團已經絕望，生不逢時，沒有知音，無比孤獨，此時已萌死志，決心捨生取義，以身殉國了。

惜往日

本篇寫於〈懷沙〉之後，投江前夕，是屈原的絕命辭。詩人回顧自己一生，敘述先受懷王信任，後受兩朝讒臣陷害，而被無辜放逐的過程。講述他「以法治代替人治」的主張。是了解屈原思想最重要的作品。

君王昏庸，進諫無路，自分已至絕境，乃慷慨陳辭，以死諫君，希望藉此啓發君王覺悟，喚醒國魂。

本篇文字簡樸，直抒胸臆，是垂死前至情至善的傾吐。

【今 譯】

痛惜往日曾受信任
受王詔令，把詩更新
稟承先王功業，德政光照臣民
將法度明確審訂

國家富强，法度建立
付託忠貞之臣，而終日優游開心
機密大事都在我心裏
偶有錯失，也不處分

我心純正敦厚，不洩機密
因而遭受讒人嫉恨
君王忽然含怒待我
不弄清是非，是假是眞

他們蒙蔽君王的耳目
造謠迷惑掩飾欺騙
不肯比較驗證考查事實
不加思索就把我遠遷

信讒諛之臣汚濁之辭
大發雷霆，歸過我身
何以忠貞之臣，無罪之人
要被離間誹謗，蒙此罪名？

慚愧我像陽光一樣眞誠守信
却要處身幽僻讓人埋怨
面臨湘水和沅水的深淵
便想忍心跳水自沉！

驟然身死而名滅
可惜被蒙蔽的君王還不分明！
君王你沒有標準，不加考察
使芳草淹沒在大澤的深淵！
何處傾吐衷情，申述赤誠？
寧可安然死亡，不苟且偷生
你被重重障礙，阻隔遮蔽
使忠貞之臣無從親近
聽說百里奚做過俘虜
伊尹做過膳臣
呂望在朝歌鼓刀屠牛
寧戚曾經做過牧人
不遇商湯、武王、齊桓公和秦穆公
世上有誰知道他們？

吳王聽信讒言不加鑒別
伍子胥死後，亡國且不保性命
介子推忠心耿耿，站着燒死
晉文公醒悟過來趕快追尋——
將綿山封爲介山，禁止採樵
以報大德浩漫無邊
思念故人割股充饑
披蔴戴孝，哀哭送殯
有人忠貞，死於氣節
有人欺詐，反被信任
不加省察，按照事實
你愛聽讒言，只看片面！
縱使芳香與汚臭會被混淆
誰可以明白地分辨？

何以芳草那樣早衰？
微霜初降，要下戒心！

確是聽之不明而被壅蔽
使讒佞之徒漸居要津
從來讒佞嫉妒賢能
總說蕙草杜若不可帶在身邊

妒忌佳麗的芬芳
嫫母妖媚，自以爲美艷
雖有西施的美貌
讒妒者擠掉她才甘心！

願陳眞相，表白志行
想不到獲得罪名
實情與寃屈，一天天明顯
像衆星一樣羅列分明

乘着駿馬而馳騁
沒有嚼子，也沒有繮繩
乘着木筏而下灘
沒有槳，也沒有撓片
背離法度只憑個人意志治理國家
與此情形十分相近！

寧願忽然死去，隨着流水飄逝
恐怕禍殃淪得更深！
話未說完就跳下深淵
可惜壅蔽的君王還是不明！

【今注】

惜往日之曾信兮①，受命詔以昭詩②。

奉先功以照下兮③，明法度之嫌疑④。

①惜：痛惜。曾信：謂曾受懷王信任。屈原作過懷王的左徒，「入則與王圖議國事，以出號令；出則接遇賓客，應對諸侯。王甚任之。」（〈史記·屈原列傳〉）。

②命詔：君王頒發的詔令。受命詔：指受懷王的詔。昭：明，這裡用作動詞。昭詩：指懷王詔令屈原將民間粗俗的祭歌加以整理，在原有的基礎上進行藝術的再創作，使其詞意更加文雅清麗，結構更加嚴密完整，音韻鏗鏘和諧，其所昭之詩，卽係匠心獨運，情文並茂，至今傳頌的〈九歌〉。（朱熹竟將如此重要的「詩」字，擅改爲「時」字，錯得離譜！）以上兩句，自言昔日被懷王信任，受命「昭詩」。屈原進用之前文名頗盛，懷王因此令其「昭詩」。屈原昭詩而進用，因昭詩而獲懷王信任，進而「入則與王圖議國事，以出號令」。亦因此而進勸懷王，建立一套套的法律制度，「以法治代替人治」。

③副：遵奉，禀承。先功：先王功業。照下：德政光照臣民。本句是說，奉行先祖遺下的制度。

④明：明確。法度：法令制度。嫌疑：疑惑難明或含糊不清的地方。本句是說，更新法度，確立「法治」。

【大意】痛惜過去曾得懷王信任，接受詔令把粗俗的祭祀歌詞再予創作更新，禀行先王功業，德政光照臣民。明確法度，把疑惑難明或含糊不清的地方重加修訂。

國富強而法立兮⑤，屬貞臣而日娭⑥。

秘密事之載心兮⑦，雖過失猶弗治⑧。

⑤國：國家。 富：財力雄厚。 強：軍力強大。 法立：法度建立。

⑥屬：（音主）托付。 貞臣：忠貞之臣，屈原自稱。 日：日日，「天天」的意思。 娭：（音嬉）同「嬉」。這句是說，把政事托付給我去辦，所以你天天可以嬉戲玩樂，優游開心。

⑦秘密事：指國家機密大事。 載心：放在心裡。

⑧猶：還。 弗治：不加治罪，謂懷王都體諒自己，加以包涵。

【大意】國家富強，法令制度健全起來。把政事托付忠貞之臣，所以你終日嬉戲玩樂。機密大事都在我心裡，偶然有點小過，也都諒解，不加治罪。

心純庬而不泄兮⑨，遭讒人而嫉之⑩。

君含怒而待臣兮⑪，不清澂其然否⑫。

⑨純：純正。 庬：厚。 純庬：純正敦厚。 泄：泄漏。 不泄：指不泄漏國家機密。

⑩讒人：奸邪之輩，指子蘭、上官大夫、靳尚等人。〔史記・屈原賈生列傳〕上說：「上官大夫與屈原的爵位相同，心想爭取懷王寵信，妒忌屈原的才華。懷王指派屈原制訂國家法令，還未定稿，上官大夫想奪去，屈原不給，上官大夫因此在懷王面前毀謗他，說：『大王指派屈原制訂法令，沒有一個人不知道，每當一條法令製訂完成，頒佈出來，屈原就自誇其功，認爲「除了我以外，沒有人能作得出來。」』楚王聽了大怒，因此疏遠屈原。」屈原所制訂的「法令」當是當初已獲懷王讚賞並與「成言」的以「法治代替人治」的某些具體內容，上官大夫妒忌屈原而進讒，恐怕讒言未止如此簡單，其中必有「一旦法制已定，君王何在呢？」懷王非堯舜禹自不願君權受損，因此醒悟而疏遠屈原才是主因。一個只有懷王與屈原君臣二人合作的政治改革因而流產。〔離騷〕中「初既與余成言兮，后悔遁而有他。

所指卽爲此事。「遁」字卽指懷王退縮。嫉：嫉妒。之：此處作代詞，指屈原自己。

⑪君：指懷王。臣：屈原自稱。待臣：對待我。

⑫澂：古「澄」字。清澂：澄清，弄清楚。然：是。否：非。然否：猶言「是非」。本句怨楚王不澄清眞相，分辨是非。

【大意】我心純正敦厚不肯泄漏機密，而遭上官大失這些讒佞之人的嫉妒。君王含怒對我，也不澄清眞相，分辨是非。

蔽晦君之聰明兮⑬，虛惑誤又以欺⑭。

弗參驗以考實兮⑮，遠遷臣而弗思⑯。

⑬蔽：蒙蔽。晦：昏暗。聰：指聽覺靈敏。明：指視覺好。聰明：喻耳目。

⑭虛：造謠，憑空揑造。惑：迷惑，顚倒是非。誤：作動詞用，掩飾以假象誤人。虛、惑、誤：近義詞疊用，例同於〔離騷〕的「覽、相、觀」。這裡都指讒言。欺：欺罔。指欺君罔上。

⑮弗：不。參：比較。驗：驗證。考實：考查事實。

⑯遷：放逐。臣：屈原自稱。弗思：不加思索。以上兩句怨責楚王亂信讒言，盛怒之下對己橫加指責。

【大意】他們用讒言蒙蔽昏暗君王的耳目，造謠迷惑掩飾誤人，又欺君罔上。你不比較驗證考查事實眞相，就不加思索遠遠地將我放逐。

信讒諛之溷濁兮⑰，盛氣志而過之⑱。

何貞臣之無罪兮⑲，被離謗而見尤⑳？

⑰讒：（音蟬）說他人壞話。　諛：（音于）奉承，諂媚。　溷濁：混濁，汚濁不淸，指混淆是非。

⑱盛氣志：猶言盛怒。　過：督責。　過之：責罰於我。

⑲貞臣：忠貞之臣，屈原自稱。

⑳離：離間。　謗：誹謗。　尤：罪尤。　見尤：獲罪。

【大意】聽信讒諛之臣的汚濁之辭，你就盛怒而歸過於我。何以忠貞之臣，無罪之人，被離間誹謗，督責歸罪？

慚光景之誠信兮㉑，身幽隱而備之㉒。
臨沅湘之玄淵兮㉓，遂自忍而沉流㉔！

㉑慚：慚愧。　景：（音影）古影字。　光景：這裡是指陽光。　誠信：眞誠守信。

㉒身隱幽：身處隱幽。　備：埋怨，責備。　以上兩句說：很慚愧，我像陽光一眞誠守信，爲何要處身幽僻之處而受埋怨責備！詩人自覺不値。

㉓臨：面臨。　沅、湘：沅水、湘水。　玄：黑色。　玄淵：深淵。

㉔遂：就。　自忍：自己忍心。　沉流：沉沒於江流，指投水而死。　以上兩句說，面臨深淵，一下子跳進水裡淹死算了！

【大意】很慚愧，我像陽光一樣眞誠守信，爲何却要處身幽僻之處讓人埋怨。面臨沅水和湘水的深淵，就自己忍心沉沒於江流！

卒沒身而絕名兮㉕，惜壅君之不昭㉖！

君無度而弗察兮㉗，使芳草爲藪幽㉘。

㉕卒：同「猝」，驟然。　沒身絕名：身死名滅。

㉖壅君：被讒諛之臣壅蔽的君王，指楚頃襄王。不昭：不明白。　以上句兩說，卽使我身死名滅，你還是不明白！

㉗君：指頃襄王。　度：標準。　不察：不加考察。　本句是全詩貫串的中心。

㉘芳草：喻賢德之士、忠貞之臣，卽屈原自喻。　爲：猶「於」。　藪幽：（藪音叟）大澤的幽深之處。　以上兩句，充滿對頃襄王的怨憤。

【大意】驟然身死名滅，有何足惜。可惜被壅蔽的君王還不明白！君王由於你沒有標準和不加考察，使芳草淹沒在大澤的幽深之處！

以上第一段，表明沉江自殺原因。追憶昔日曾受懷王信任，簡述自己的貢獻，說明遭讒諛之臣所害而被放逐的因由。卽使自忍沉流，身死名滅，君王也不會明白。

焉舒情而抽信兮㉙，恬死亡而不聊㉚。

獨鄣壅而蔽隱兮㉛，使貞臣爲無由㉜。

㉙焉：何處。　舒：舒發。　情：中情。　舒情：傾訴衷情。　抽：原義爲「引出」，這裡是「申述」的意思。

抽信：申述赤誠。

㉚恬：安然。　恬死亡：安然死亡。　不聊：不苟活。

㉛獨：唯獨。　鄣：同「障」。　鄣壅：障阻閉塞。　蔽隱：義近障蔽。

㉜貞臣：忠貞之臣，屈原自稱。　無由：無從親近。　以上兩句說，你被重重障礙，我根本無法接近你。

【大意】何處傾訴衷情，申述赤誠。寧可安然死亡，決不苟且偸生。唯獨你被重重壅蔽，使忠貞之臣無從親近。

聞百里之爲虜兮㉝，伊尹烹於庖廚㉞。

呂望屠於朝歌兮㉟，甯戚歌而飯牛㊱。

不逢湯武與桓繆兮㊲，世孰云而知之㊳？

㉝聞：聽說。　百里：百里奚，春秋時代虞國大夫。晉滅虞，成爲晉國俘虜。晉獻公嫁女，把他作爲陪嫁的媵臣送給秦國。百里奚從秦國逃出，被楚國邊防人員捉住，秦穆公知百里奚是位賢臣，就以五張黑色的公羊皮把他贖回，讓他做了秦國的大夫。　虜：俘虜。

㉞伊尹：姓伊名摯，尹是官名，商代成湯王的賢相。原是有莘國的膳臣（厨師）。成湯王聽說他很有才幹，便請有莘國王割愛相贈。有莘王不肯，成湯便要娶有莘國王的女兒爲妻，有莘王很高興，便把伊尹作爲女兒陪嫁的媵臣送了過去，後來成湯用伊尹爲相，滅了夏桀，平定天下。　庖厨：（庖音袍）厨房。

㉟呂望：卽姜太公。姓姜名尙，祖上助禹治水有功，被封在呂，故又叫呂尙。曾在朝歌賣牛肉，鼓刀屠牛時巧遇

周文王・文王對他肢解牛體的手藝很欣賞，問他，他說：「下屠屠牛，上屠屠國。」一席話把文王說得很高興，便把他接了回去，拜爲國師。朝歌：殷代的都城。即今河南淇縣朝歌鎭。

㊱甯戚：春秋時代衞國人，曾在齊國的東門外作商人，齊桓公夜出，甯戚一邊喂牛，一邊扣牛角而歌，齊桓公聽了，用以爲「客卿」（外藉顧問）。歌：謳歌。飯：動詞，喂的意思。飯牛：喂牛。

㊲湯：商湯，商代成湯王。武：周武王。桓：齊桓公。繆：通穆，秦穆公。齊桓公、秦穆公均爲春秋五霸之一。

㊳世：世上。孰：誰。云：說。知：知道。之：代詞，指百里奚、伊尹、呂望、甯戚他們。

【大意】聽說百里奚做過俘虜，伊尹在廚房做過廚師，姜太公在朝歌市上鼓刀屠牛，甯戚在東門外敲着牛角喂牛。倘若不逢商湯、周武王、齊桓公、秦穆公這樣的明主，世上誰會知道他們？

吳信讒而弗味兮㊴，子胥死而後憂㊵。

介子忠而立枯兮㊶，文君寤而追求㊷。

㊴吳：指吳王夫差。信讒：指吳王夫差聽信太宰嚭的讒言，逼伍子胥自殺。弗味：不加玩味，意思是不加體會辨別。

㊵子胥：伍子胥。春秋時代吳國的忠臣，勸吳王停止伐齊，指出吳國眞正的敵人是越國。吳王不聽，越王賄吳太宰嚭，代進讒言，將伍子胥逼死，吳國不久卽爲越國所滅。後憂：後來的憂患。指吳國的滅亡。

㊶介子：介子推（介之推）春秋時代晉國人，跟晉公子重耳流亡十九年，途中乏食，介子推割股肉給重耳充饑，後來公子重耳回國繼承君位，是爲晉文公，行賞時，一時忘記了介子推，介子推不爭功，帶着母親逃到綿山隱居，後

來晉文公想起來了，派人到綿山尋找他，他却不肯出來，晉文公叫人放火燒山迫他出來，介子推却抱樹燒死。立枯：指站着抱樹被燒焦。

㊷文君：指晉文公。寤：通「悟」，覺悟。追求：指追尋介子推。

【大意】吳王夫差聽信太宰嚭的讒言，而不加分辨體會，伍子胥死後，吳國有亡國之憂。介子推在綿山站着抱樹燒死，晉文公醒悟起來，趕緊去追尋。

封介山而爲之禁兮㊸，報大德之優游㊹。

思久故之親身兮㊺，因縞素而哭之㊻。

㊸封：帝王頒賜名號或爵位。封介山：把綿山封爲「介山」。介山在今山西省介休縣東南。禁：禁止，指禁止人們在介山採樵。

㊹報：報答。大德：指介子推割股以充晉文公之饑的功德。優游：形容功德之廣大。

㊺久故：多年的故交。親身：指左右的近身。

㊻縞素：（縞音稿）指白色喪服。從前穿白衣表示帶孝。以上兩句說，晉文公想念這位老友，穿着喪服去哭他。

【大意】把介山賜封給他，禁止人們去採樵，以報答他浩蕩的大德。因想念老友，晉文公還穿了喪服去哭他。

或忠信而死節兮㊼，或訑謾而不疑㊽。

弗省察而按實兮㊾，聽讒人之虛辭㊿。

㊼或：這裡是說有的人。　死節：死於節義。

㊽訑：通「誕」。訑謾：（音旦蠻）欺詐。不疑：不被懷疑。意謂被人寵信。

㊾弗省察：不加反省檢查。　按實：審查事實。

㊿虛辭：虛妄之辭，謊言。讒人的虛妄之言。

【大意】有的人一生忠信，死於節義；有的人一生欺詐，却被信任不疑。君王你對我不加省察，按照事實，你愛聽讒人的虛妄之言！

芳與澤其雜糅兮(51)，孰申旦而別之(52)？

何芳草之早殀兮(53)，微霜降而下戒(54)！

(51)芳：芳香。　澤：汚臭。　雜糅：混雜在一起。

(52)孰：誰。　申旦：明白。　別：鑑別，分辨。

(53)何：何以。　芳草：屈原自喻。　殀：（音夭）同「夭」，夭亡。

(54)微霜降：微霜初降。　戒：防備。　下戒：要下戒心。

【大意】芳香與汚臭雜糅一起，誰可以明白鑑別分辨？何以芳草過早凋亡？微霜初降就要注意提防戒備！

諒聽不明而蔽壅兮55，使讒諛而日得56。

自前世之嫉賢兮57，謂蕙若其不可佩58。

55諒：誠然，確是。　聽：聽。聽不明：聽不明。　蔽壅：指君王受到蒙蔽壅塞。

56日得：日益得勢。指讒諛之臣占居要位。

57自前世：自古以來。一作「自前代」解。　嫉賢：指讒佞嫉妒賢能。

58蕙、若：蕙草、杜若，都是香草。　不可佩：不可佩帶。　屈原以香草遭妒自比。

【大意】確是聽之不明而被蒙蔽壅塞，使讒佞之臣日益得勢。自古以來讒佞嫉妒賢能，說蕙草、杜若不可以佩用。

妬佳冶之芬芳兮59，嫫母姣而自好60。

雖有西施之美容兮61，讒妒入而自代62。

59佳冶：佳麗，指美女。

60嫫母：（嫫音模）古代著名的醜婦。傳說是黃帝的妃子。　姣：（音交）嬌媚。自好：自以爲美好。

61西施：春秋時代越國著名的美女。

62讒妒：這裡指讒妒而醜陋的女人。　入：進入。　自代：指嫫母能以自己之醜，將西施擠掉，進而取而代之。

以上屈原以美人遭妒自比。

【大意】妬恨佳麗的芬芳，嫫母裝扮得嬌媚，自以爲美艷，雖有西施的美貌，讒妒也會想盡辦法取而代之。

願陳情以白行兮(63)，得罪過之不意(64)。

情冤見之日明兮(65)，如列宿之錯置(66)。

(63)陳情：陳訴衷情，說明眞相。　白行：表白志行。

(64)不意：意想不到。

(65)情冤：實情冤屈。見：同「現」。日明：一天天明顯。

(66)列宿：羅列天上的星宿。錯：通「措」。錯置：安放。　以上兩句說，是非屈直已很明顯，如衆星羅列天上，讓人們看得淸淸楚楚。

【大意】願陳述眞相，表白志行。我得的罪過完全意想不到。實情冤屈一天天明白，好像列宿在夜空中井井分明。

以上第二段。列舉歷史上賢臣遇明君的故事，反復申述自己的怨憤，並擧介山諷諫頃襄王，抒寫投江前的深切哀痛。

乘騏驥以馳騁兮(67)，無轡銜而自載(68)。

乘氾泭以下流兮(69)，無舟楫而自備(70)。

背法度而心治兮(71)，辟與此其無異(72)。

(67)騏驥：馬名，千里駒，這裡泛指駿馬。　馳騁：縱馬奔馳。

(68)轡：馬繮繩。　銜：馬嚼子。　自載：自己騎着牠。

(69)氾：同「泛」，浮在水上。　泭：（音扶）同「桴」，小筏子。　氾泭：漂浮在水上的小筏子。　下流：順流而下。

(70)舟楫：船槳。不可分開作「舟、楫」解。　朱熹：「舟字疑當作維。」錯。　自備：義同上文之「自載」。自己解決它的意思。

(71)背：背離。　法度：法令制度，亦即「法律制度」，現在所說的「法制」。　心治：不要法度，隨心所欲治理國家。也就是「人治」，由當政者個人的主觀意志去治理國家。

(72)辟：同「譬」。　與此：指與上述無轡乘馬、無楫泛桴兩事。　無異：相同。

古今研究屈原的學者專家，都一直未曾把屈原的政治理想弄清楚，屈原的政治理想究竟是甚麼？

屈原的政治理想，就是「以法治代替人治」！屈原何等偉大！

屈原竟在二千多年前提出「以法治代替人治」，遇著的不是堯、舜、禹，可把政權讓人的「三王」，而是楚懷王，以及比楚懷王更不如的「阿斗」（堵敖）楚頃襄王，當然無法實現。屈原的理想是要君王立下一套套完善的法律制度，一代代照著執行下去，如此可免君王的質素不同引致的偏頗，確保政治穩定，國家富強。祇是，中國的帝王，哪一個願意放棄最高無上的權威。懷王之所以疏遠屈原，除了奸佞之臣的進讒之外，也實不願放鬆手中權力，不願有「法制」落在君王頭上。屈原生不逢堯舜之時，也就注定要失敗了。可是他又怎麼知道，二千多年後，當我爲他「昭詩」撰定本書的時候，他的理想，正被高唱入雲呢！

【大意】乘著騏驥，縱馬奔馳。沒有馬繮繩，也沒有馬嚼子，就這樣騎着牠。乘著漂浮在水面上的木筏下灘，沒有船槳，也沒有橈片，就這樣乘著它。背離法律制度，而以個人的主觀意志去治理國家，與「無轡乘馬」、「無槳乘桴」，其實一樣。

寧溘死而流亡兮⑬，恐禍殃之有再⑭。

不畢辭而赴淵兮⑮，惜壅君之不識⑯！

⑬寧：寧可。溘死：忽然死去。流亡：隨流水逝去。

⑭禍殃有再：再遭禍殃。此時秦國大舉進攻楚國，郢都淪陷，危在旦夕，屈原恐復遭亡國之禍，再次受辱，故決心殉國。

⑮不畢辭：心理的話還很多，沒法說完。赴淵：指投水而死。

⑯惜：可惜。壅君：指頃襄王。不識：不明白我講的道理。

【大意】寧可忽然死去隨着流水消逝。恐怕再遭更大的禍殃。心裡的話還沒有說完，就要投身深淵去了，痛惜被壅蔽的君王還是不明白我講的道理！

以上是末段。說明自殺的原因。屈原在赴淵之前的絕命辭中，清楚地把他主張以「法治」代替「人治」的光輝思想加以強調，並舉例說明「法治」的重要性和必然性。

二千多年前，屈原就提出以「法治代替人治」的政治理想，屈原何等偉大！

屈原不但是偉大的詩人、偉大的文學家，偉大的愛國者，而且是偉大的思想家！

屈原文學上的成就，以及「以法治代替人治」的光輝思想，永遠照耀在世界上！

九辯

〈九辯〉是屈原的又一篇傑作。和〈九歌〉一樣，沿用了古代神話中著名的樂曲名。〈九辯〉是屈原被放，感時發嘆，渲洩內心希望已絕，無可奈何的極端痛苦感情。藉着自然景物的渲染，來抒發主觀的情懷。其藝術上的成就，可說「前無古人，後啓來者」，此篇成爲後世詩人感時傷事之祖。

篇中多處爲〈離騷〉、〈哀郢〉等篇之重章，這是感情相通，一唱三嘆，長歌更哀於痛哭。若感情不純，不眞，不深如屈原者，不能作此，〈九辯〉非屈原不能作也。漢代王逸說此篇多爲宋玉所作，本無根據，王逸整理漢代注解，其最大錯誤卽在此，致使千餘年來，歷代注家遵奉不疑，因作者的不同，而貶低了〈九辯〉的評價，今將更正，「悲秋」者，屈子也，非宋玉也。

【今譯】

可悲呀！秋天這種氣息！　淒涼啊，像遠行異鄉之人

蕭瑟啊！草木枯萎凋零　登山臨水，送他人走上歸程！

空曠啊，天高氣爽
寂寞啊，河淺水清
慘悽歔欷，薄寒襲人
失意悵惘，離鄉而進新環境
困窮貧士，失職心不平
孤獨空寂，寄寓他鄉無朋友
惆惆悵悵，私自哀憐！
燕子翩翩辭別歸去
蟬兒寂寞收了叫聲
大雁嗈嗈向南飛去
鵾鷄啾啾四處悲鳴
獨至天明睡不着
哀蟋蟀一夜奔走不停
時光匆匆，中年已過
世間久留竟一事無成！

悲憂迫促，獨處空廓
有位美好之人解不開鬱結心情
離鄉背井遠地作客
路遠漂浮何處棲身？
一心思君此心不變
君不知我奈何天！
蓄滿怨憤積滿愁思
心中煩憂忘記用膳
願見一面說明心意
君心已變不似從前
駕好車子去了又回
不得見面無限傷心
倚著車軨長嗟短嘆
淚流滾滾滴落車前

悲憤慷慨無法決絕
心中迷惑煩亂！
獨自哀憐何時是了？
我心怦怦，正直忠誠！

上天一年平分四季
我獨悲此肅殺秋天
白露已經降落百草
梧桐楸樹忽然凋零

遠去了白日的光明
繼之長夜漫漫無盡
告別了芳菲的壯年
我枯萎悲愁窮困！

秋下寒露以爲警告
冬又加上嚴霜威猛

收斂了滋長而歡悅的初夏
一切陷於消失停頓

葉枯萎而無色澤
禿枝繁亂而交橫
容顏逐漸損耗衰盡
柯枝萎黃而不鮮

樹葉落盡枝柯蕭森
形體消損滿身瘀痕
想它將紛雜凋落
恨失芳菲未如願

我手持繮繩按下信節
姑且逍遙徜徉徐行
年歲匆匆迫近盡頭
恐我此生不能長命

傷嘆我生不逢時
逢此世上動亂
澹泊閑散地獨倚戶外
聽蟋蟀在西堂悲鳴
心中驚懼而震盪
何以憂慮多端？
仰望明月而嘆息
跟著衆星至天明
我悲嘆蕙花層層
紛紛繁盛開於宮苑
何以累累花朵而無結果
隨着風雨飛揚不見？
以爲君王獨佩蕙草
待我竟然無異他人

傷心奇謀不能上達
將離君王高高遠翔
心中憐憫凄慘
願一見君王自明
不輕率無怨生離
鬱結沉痛倍傷心！
難道我不思念君王？
君王你有九重門！
猛犬狺狺迎我吠
關口橋樑不通行！
上天秋雨綿綿
地上何時才乾？
孤獨地守此荒澤
仰望浮雲長嘆！

何以世俗如此投機取巧
違背繩墨，把措施改變！
推開駿馬不騎
趕着劣馬上陣

當世難道沒有駿馬？
祇是沒有善騎之人！
一見執繩者並非內行
牠便揚蹄去得老遠
野鴨大雁都來吃粱米
鳳凰更加遠飄高翔

圓形的孔，方形的榫子
我早知難以插進
衆鳥都有棲宿地方
鳳凰獨無處安身

我願三緘其口不再說話
可是曾受君王深恩！
姜太公九十才顯貴
實在未遇投契的明君

問駿馬歸向何處？
問鳳凰何處棲身？
古道已改，風俗已變，世風日下
現在選馬挑肥論秤！

駿馬隱藏不見
鳳凰高飛不下地面
鳥獸尚知懷恩報德
怎說賢士不處朝廷？

駿馬不急著去求駕車
鳳凰也不貪餵而隨便

君棄我遠去不察
雖我願忠，又怎可能？

想要寂寞而斷絕思緒
我却不敢忘記當初的厚恩
獨自悲愁，害了自己
憤懣結積至何月何年？

霜露慘烈交相而下
我一心希望他們不成
等到霰雪紛雜不停
才知大限將要降臨
我心存僥倖而再等待
莽原中與野草同歸於盡

我想自己前往直見君王
道路壅塞而不通行

想循正道平安驅車前去
又不知那條才是可通路徑？

遂在半路迷惑不定
壓抑感情寫詩沉吟
我性情愚陋學識褊淺
確未做到通達從容
讚賞申包胥志氣壯盛
恐怕時代不似從前

何以時俗善於投機取巧
棄規矩而改鑿方圓？
我守正不阿，不隨波逐流
願追慕我們的先聖！

處身濁世而顯貴
非我心中所追尋

與其無義而有虛名
寧守清高而窮困！

食非享受但求飽
衣不苟且但求暖
我追慕詩人風骨
只求兩餐白飯！

衣衫襤褸沒有鑲邊
置身莽莽荒原無垠
沒有衣服皮袍御多
恐怕死了還不到春天！

面對暮秋的長夜
悲思纏繞哀怨
歲月悠悠年歲日高
我乃惆悵自憫

四時代謝一年將盡
陰陽不會相偕俱停
白日近晚它將西下
明月殘缺不圓

歲月在失意中過去
老冉冉更鬆懈散漫
心搖意悅，以爲將獲重任
竟然惆悵，希望難成！
心中慘痛無限淒愴
長太息欷吁倍增！

歲月紛紛，一天天消逝
老愕愕無處棲身
時勢正在急遽變化
久留異地躊躇不前

何以翻湧的浮雲
迅速把明月摭掩？
忠心耿耿而想相見
雲蔽霧障總不可能

願白日顯耀運行
雲氣濛濛摭蔽了光明
我不顧自身而效忠
招來穢語和汚言

堯舜高尙的德行
光芒四射，直薄雲天
何以奸險之人嫉妒起來
還製造他們「不慈」的罪名？
那日月光亮照明
尙且明中還有陰影

何況國家大事
頭緒紛繁，糾纏不淸！
抱提着單被爲衣，晏晏而笑
雖然寬濶而不着身
旣然驕以其美，自炫其武
倚著這班左右，以爲正直忠信
憎惡忠誠而不善言辭的君子
喜歡故示慷慨的讒臣
那羣人奔走鑽營日漸進用
正人君子却愈疏遠

農夫停耕而閑蕩
恐怕要荒蕪田園
事情不斷地營私害公
我傷心以後社稷的危傾

世人一心互相搧惑
顛倒是非，昧昧不明！

從今修飾容貌照照鏡子
尚可逃過危敗保全性命
願寄我言於流星
何以轉眼不見，難以擔任？
終於壅蔽而烏雲滿天
天下昏暗沒有光明！
堯舜皆能選賢任能
故高枕無憂常有閑情
確實能使天下無怨
何必如此恐懼擔心？
乘駿馬安適飛快
又何需時時拚命抽鞭？

倘使城郭不能堅固
雖重重甲冑何能取勝？

道路艱難，小心翼翼無結果
心中憂悶窮愁無盡！
人生天地之間猶如匆匆過客
我功業不就所謀無成！

願隱居家中不再出現
可是還想天下揚名！
四海茫茫不遇明君
簡直愚蒙自己作賤！

莽莽洋洋寥廓無涯
忽然翱翔飛向哪邊？
國有駿馬不知乘
何以遑遑另去找尋？

甯戚謳歌於車下
齊桓公便聽出賢能
沒有伯樂善相之人
而今誰來把良馬分辨？

不値得流淚與傷神
只有着意求賢才得賢人
我一心一意想效忠誠
嫉妒者紛紛將我摭掩！

請賜不賢之我離去
放縱游心於雲天
乘日月精靈之氣
馳逐衆多的神靈
駕着白霓，習習飛行
擠列盛美的衆神

左有朱雀飛舞
右有蒼龍奔騰
雷神響起闐闐鼓聲
風神爲我開路引領

前面輕車鏘鏘而響
後面重車隆隆而鳴
載着雲旗迎風招展
侍從坐騎徐徐前進

心志專一不可變化
就此讓了他們，從此歸隱
托賴皇天厚德
保佑君王平安！

【今　注】

悲哉！秋之爲氣也①！蕭瑟兮草木搖落而變衰②。

憭慄兮若在遠行③，登山臨水兮送將歸④。

①哉：啊，感嘆詞。　秋氣：秋天的氣息。

②蕭瑟：秋風吹動草木的聲音。　搖落：凋殘。

③憭慄：（音遼力）淒涼悲傷。　若：像。　遠行：遠行他鄉的人。

④將歸：指將要回家鄉的人。　以上兩句是說悲秋之情。就像遠行他鄉的人送他人回家一樣淒愴。

【大意】可愁啊！秋天的氣息！蕭蕭瑟瑟，草木凋殘而變衰萎。淒淒愴愴，像遠行他鄉的人送他人回家鄉。

泬寥兮天高而氣瀞⑤，宗嵾兮收潦而水清⑥。

憯悽增欷兮薄寒之中人⑦，愴怳懭悢兮去故而就新⑧。

坎廩兮貧士失職而志不平⑨，廓落兮羈旅而無友生⑩，

惆悵兮而私自憐⑪。

⑤泬寥：（音血聊）曠蕩空虛的樣子。　瀞：（音清）冷，楚方言。〔說文〕：「瀞，冷寒也。楚人謂冷曰瀞。」

⑥宗嵾：同「寂寥」，寂靜空虛。　潦：（音老）雨水。　收潦：指秋天江河水落，不似夏天江水之漲。　水

清：秋江水清，不似夏天水漲而濁。

⑦憯悽：（憯音慘）悲痛的樣子。　增：倍增。　欷：（音希）歔欷，嘆息。　薄寒：指秋天的微寒。　中人：指寒氣傷人。

⑧愴怳：（音創況）失意的樣子。　懭悢：（音曠朗）：不得志。　去故就新：離開故鄉到新的地方。

⑨坎廩：（音砍凜）困窮。　貧士：詩人自稱。　失職：失去官職。　志不平：心不平。

⑩廓落：孤獨空寂。　羈旅：寄寓異鄉。　友生：朋友。

⑪惆悵：迷惘而空虛的心情。　私自憐：私自哀憐。　以上寫一些失意之人，在秋天會產生悲涼的感覺。

【大意】空曠啊，天高氣爽而冷清。寂寥啊，秋江水落而澄清。慘悽倍增嘆息，秋氣襲人，失意不得志啊，離開故鄉去新的地方；困窮啊，貧士失職而心不平；空寂孤獨啊，寄寓異鄉而沒有朋友；空虛迷惘啊，私自哀憐。

燕翩翩其辭歸兮⑫，蟬宗漠而無聲⑬。

鴈廱廱而南游兮⑭，鵾雞啁哳而悲鳴⑮。

⑫翩翩：輕快飛翔。　辭歸：辭別而回歸，指秋天到了，燕子又飛回南方去。　感時傷事，以下結合自己而言。

⑬宗漠：寂寞，音義同。以上兩句說，燕南歸，蟬不再叫，皆因秋天到了。

⑭鴈：同「雁」，大雁。　廱廱：（音擁擁）同「嗈嗈」，和諧的雁叫聲。　南游：秋天到了，雁也要向較溫暖的南方飛去。

⑮鵾鷄：（鵾音昆）鳥名，似鶴，黃白色。　啁哳：（音周扎）鳥叫聲。這裡是指繁細的鳥叫聲。

【大意】燕翩翩向南歸去，蟬不再發出叫聲。大雁相應地叫着向南飛。鵾鷄啾啾悲鳴。

獨申旦而不寐兮⑯，哀蟋蟀之宵征⑰，
時亹亹而過中兮⑱，蹇淹留而無成⑲。

⑯獨：獨自。　申：至。　旦：天明。　不寐：睡不着。
⑰宵征：夜晚行動。
⑱時：時光。　亹亹：（音尾尾）行進不停的樣子。　過中：過了中年。
⑲蹇：（音簡）楚方言，發語詞。　淹留：久留。　無成：一事無成。　以上兩句是說，歲月易過，事業難成。與〈離騷〉「恐年歲不吾與」及「恐美人之遲暮」語意同。中年人分外感覺時光易逝。

【大意】獨至天明而睡不着，哀嘆蟋蟀在夜晚生活。時光匆匆而過了中年，世間久留，竟一事無成。

以上第一段。寫秋天蕭瑟景象，渲染氣氛，抒發詩人的悲秋情緒。外境凄戚，更增內心的悲涼，「情景融合」卽此之謂也。本段中精彩名句，常被人傳誦。

悲憂窮蹙兮獨處廓⑳，有美一人兮心不繹㉑。
去鄉離家兮徠遠客㉒，超逍遙兮今焉薄㉓！

⑳蹙：迫促。　廓：空廓，空虛的意思。　獨處廓：孤獨地處於空廓境地。

㉑有美一人：有一美人。詩人自喻。繹：（音意）解開。心不繹：心中鬱結解不開。以上兩句是說，有位品德美好的人，獨處空廓，他心中的鬱結無法解開。

㉒徠：同「來」。徠遠客：來遠方作客。

㉓超：遠。逍遙：這裡是說漂浮。今：現在。焉：何。薄：止。今焉薄：現在往何處去？

以上「獨處」、「去鄉離家」、「遠客」都說明本篇寫於作者被放逐之後。「超逍遙兮今焉薄」是用〈哀郢〉之「忽翱翔之焉薄」。

【大意】悲憂迫促啊！孤獨地處於空廓的境地，有一位品德美好的人心中的鬱結解不開。去鄉離家啊，來到遠方作客，路遠漂泊，今往何處？

專思君兮不可化㉔，君不知兮可奈何㉕？

蓄怨兮積思㉖，心煩憺兮忘食事㉗。

㉔專：一心一意。思：思念。君：指君王。化：改變。不可化：不可改變。此句用〈惜誦〉「專惟君而無他」。

㉕不知：不瞭解。可奈何：如之何？怎麼辦？

㉖蓄：蘊蓄。蓄怨：蘊蓄的怨恨。積：累。積思：積累的愁思。

㉗憺：（音淡）憂。煩憺：煩憂。忘食、事：忘記吃飯和別的事情。以上四句是說，思君君不知，怨思久積，內心煩憂，以至忘餐。

【大意】一心一意，唯君是思，此心不變。君不知我，如之何？蘊蓄怨恨，積累愁思，內心煩憂，以至忘記吃飯和別的事情。

願一見兮道余意㉘，君之心兮與余異㉙。

車既駕兮朅而歸㉚，不得見兮心傷悲㉛。

㉘道：這裡是「說明」、「表白」的意思。　余：我。　道余意：說明我的心意。

㉙異：不同。此句用〔抽思〕「人之心不與吾心同」。

㉚既駕：是說車子已套，已準備好。　朅：（音竭）去。　朅而歸：出發去了又回來。

㉛不得見：指見不到君王。　以上四句說，君心既異，即使駕車歸去，也見不到君王。

【大意】願見一面說明我的心意，君之心與我已異。車子已經駕好，出發去了又回來，想到即使回去也是見不到君王，心裡傷悲。

倚結軨兮長太息㉜，涕潺湲兮下霑軾㉝。

忼慨絕兮不得㉞，中瞀兮迷惑㉟。

私自憐兮何極㊱？心怦怦兮諒直㊲！

㉜倚：靠着。　結軨：（軨音靈）車欄，車前的方格木。

㉝涕：眼淚。　潺湲：淚流的樣子。　下：流下。　霑：同「沾」。　軾：車前供人凭靠的橫木。　以上兩句寫伏軨長嘆，淚下霑軾。

㉞忼慨：卽「慷慨」。絕：決絕，指斷絕對君王的思念。不得：做不到。

㉟中：心中。瞀：（音茂）煩亂。以上兩句說，我雖悲憤昂揚，却無法對君王絕念，心中眞是煩亂迷惑。

㊱何極：何時是了？

㊲怦怦：心情激動貌。諒：忠誠。直：正直。諒直：忠直。

【大意】倚著車軨長嘆，眼淚潺湲流下沾着車軾。心情悲憤慷慨，想與君王決絕却又做不到。心中煩亂迷惑。獨自哀憐，何時是了？心裡怦怦跳盪，我心忠誠正直！

以上第二段。想到悲憂迫促，歸去不能，太息流涕，心雖悲憤，但一心思念君王。

皇天平分四時兮㊳，竊獨悲此廩秋㊴。

白露既下百草兮㊵，奄離披此梧楸㊶。

㊳皇天：上天，老天。四時：四季。

㊴竊：自謙之詞。凜：寒。凜秋：秋氣肅殺，故謂凜秋。以上兩句是說，四時之中，我獨悲秋。

㊵白露：這裡是指寒露，露濃而色白，當在農曆八月初（陽曆九月上旬）卽二十四節氣之「白露」節之時。

㊶奄：忽然。離披：凋零。離散的樣子。梧、楸：梧桐、楸樹，都是早凋的落葉喬木。以上兩句說：白露已降，桐、楸落葉。泛言秋氣蕭瑟，景物衰萎。

【大意】上天把一年平分爲四季，我獨悲傷這凄凉的秋天。白露已降落百草，忽然凋零了梧桐和楸樹。

去白日之昭昭兮㊷，襲長夜之悠悠㊸。
離芳藹之方壯兮㊹，余萎約而悲愁㊺。

㊷去：遠去了。昭昭：光明貌：這句是說：遠去了光明的白日。
㊸襲：繼。悠悠：無盡的樣子，這句是說：繼之而來的是長夜漫漫。
㊹離：告別了。芳：芳菲。藹：茂盛貌。芳藹：芳菲茂盛，形容人的壯年。方壯：方剛的壯年。
㊺余：我，屈原自稱。萎：枯萎，借指暮年。約：窮困。萎約：暮年窮困。以上四句抒發心懷，悲緒沉重。

【大意】遠去了白日的光明。繼之而來的是長夜漫漫。告別了，那芳菲茂盛方剛的壯年，而今我枯萎窮困而悲愁。

秋既先戒以白露兮㊻，冬又申之以嚴霜㊼。
收恢臺之孟夏兮㊽，然欿傺而沉藏㊾。

㊻秋：秋天。既：已。戒：警戒，警告。
㊼冬：冬天。申：再加上。以上兩句，由秋及冬。由盛而衰，「秋露」、「繁霜」皆爲肅殺。
㊽收：收斂，結束。恢：廣大。台：古通「怡」，歡悅。孟夏：初夏。
㊾然：乃。欿：（音坎）同「坎」陷。傺（音祭）停止。欿傺：陷於停止。沉藏：沉埋掩藏，意思是說消失，不知哪兒去了。以上兩句說，秋露繁霜之後，草木都停止生長。

【大意】秋天先下白露以作警告，冬天再加上嚴霜。收斂了那廣大歡悅的初夏，於是陷於停止而消失。

葉菸邑而無色兮⑩，枝煩挐而交橫⑪。

顏淫溢而將罷兮⑫，柯彷彿而萎黃⑬。

⑩菸邑：（菸音於）枯萎。　無色：沒有色澤。　這句寫葉枯無色。

⑪煩挐：（挐音奴）繁亂。　這句寫枯枝交橫，枝葉皆秋露、嚴霜所敗壞。以上是寫秋天的變化。

⑫淫溢：積漸損耗。這裡是指盛年已過。　罷：（音疲）古通「疲」，衰老、憔悴的意思。

⑬柯：樹枝。　彷彿：模糊，指柯枝顏色枯萎。　這句寫秋氣肅殺，草木枯黃不鮮。

【大意】葉枯萎而無色澤，禿枝繁亂而交橫。容顏逐漸損耗而將衰盡。柯枝顏色不鮮而萎黃。

萷櫹槮之可哀兮⑭，形銷鑠而瘀傷⑮。

惟其紛糅而將落兮⑯，恨其失時而無當⑰。

⑭萷：（音消）樹葉落盡，只剩枝幹。　櫹槮：「蕭森」，樹木高聳。

⑮銷鑠：本義是說金屬熔化。引申為消損。　瘀：血瘀，這裡是肌體損傷的意思。　以上兩句說，樹葉脫盡祇見枝柯蕭森。

⑯惟：思。　紛糅：紛雜。　落：凋落。

⑰失時：指失去「芳藹」的壯盛之時。　無當：不得其所，指無際遇。　以上兩句，哀草木之零落，感懷自己，

恨失時而未遇賢王。

以上八句，寫眼中景物，而抒發心中感情，歲之將盡，猶國之將亡，百性痛苦，猶草木之凋傷。

【大意】樹葉落盡，枝柯蕭森。形體消損內傷。想到它紛雜而將凋落，恨它失去芳菲的壯盛之時而不得其所。

擥騑轡而下節兮58，聊逍遙以相羊59。

歲忽忽而遒盡兮60，恐余壽之不將61。

58擥：（音覽）持。　騑：（音非）古時駕車的駟馬之中，中間兩匹稱「服」，兩旁的稱「驂」，也稱「騑」。轡：馬繮繩。　下節：按下車上的信節。

59相羊：同「徜徉」，散步，徘徊。

60歲：年歲。　遒：迫近。

61壽：壽命。　將：長。　以上四句，因景及情，念及自己被放逐，年歲已老，恐命不長。

【大意】我拿著繮繩，按節徐行，姑且逍遙徜徉。年歲很快就要盡了，恐怕我的壽命不長。

悼余生之不時兮62，逢此世之俇攘63。

澹容與而獨倚兮64，蟋蟀鳴此西堂65。

62生之不時：生不逢時。

63逢：遇。　世：世上。　俇攘：（音匡壤）動亂貌。　以上兩句說，我傷嘆生不逢時，遇此亂世震盪。

⑹澹：澹泊。容與，閑散貌。獨倚：獨自靠立。

⑹鳴：鳴叫。以上兩句寫憂不能眠，閑散地獨倚西堂，聽蟋蟀鳴叫。

【大意】傷嘆我生不逢時，遇到這世上的動亂，我澹泊，閑閒地獨自倚在戶外，聽蟋蟀叫在這西堂。

心怵惕而震盪兮⑹，何所憂之多方⑹。

仰明月而太息兮⑹，步列星而極明⑹！

⑹怵惕：驚懼。震盪：心不定，用來形容「怵惕」。

⑹多方：多端。所憂多方：百憂齊集。

⑹仰：仰望。一作「卬」，通仰。

⑹步：跟着。極：至。明：天亮。以上四句說，世事心怵震盪，百憂齊集，仰月太息，直至天明。

【大意】心驚懼而震盪，何以我的憂慮如此多端？仰望明月而嘆息，跟著衆星至天亮。

以上第三段。以草木逢秋起興，着重描繪枝葉形態、顏色的變化，抒寫自己生逢亂世，不遇賢王的驚懼而孤寂的心情。

竊悲夫蕙華之曾敷兮⑺，紛旖旎乎都房⑺。

何曾華之無實兮⑺，從風雨而飛颺⑺？

(70)竊：自謙之詞。悲：悲嘆。　夫：語助詞。蕙：蕙草。　華：古「花」字。　蕙華：屈原自喻。　曾：通「層」，層層的意思。敷：開放。

(71)紛：盛。旖旎：（音倚你）繁盛貌。　乎：於。　都房：華屋，這裡是指都城之房　喻宮殿。　以上兩句是說，自己曾在君王身邊施展才華。

(72)曾華：層層花朵。　實：果實。無實：沒有結果。

(73)從：隨。　颺：通「揚」。　以上兩句，喻已雖曾見用，美政未成，而被讒佞之人所害。

【大意】我悲嘆蕙花層層開放，紛紛繁盛於都城的宮苑裡。何以只有累累花朵而無結果，隨着風雨而飛揚？

以爲君獨服此蕙兮(74)，羌無以異于衆芳(75)。

閔奇思之不通兮(76)，將去君而高翔(77)。

(74)服：佩用。

(75)羌：竟。　以上兩句說，當初以爲君王信任自己，誰知只以一般人相待。

(76)閔：通「憫」，憂傷。　奇思：奇策，好的意見。　不通：不能上通於君王。

(77)去：離開。高翔：遠去。　以上兩句說，傷心奇策，無法上達，而已即將遠去。

【大意】我以爲君王獨佩用這蕙草，竟然無異於一般的花草！傷心有好的意見不能上達於君王，我將離開君王而遠去。

心閔憐之慘悽兮⑱，願一見而有明⑲。

重無怨而生離兮⑳，中結軫而增傷㉑。

⑱心：我的心。　閔憐：憐憫。　慘悽：凄慘。

⑲願：希望。　一見：一見君王。　有明：有以自明心迹。

⑳重：不輕率。其他解釋，錯。　這句是說，不輕率於無怨恨而生離。

㉑中：心中。　結：鬱結。　軫：（音診）痛。　結軫：鬱結沉痛。　增：倍增。　傷：傷感。

【大意】我的心憐憫而凄慘，希望一見君王有以自明心迹。我不輕率於無怨恨而生離，心中鬱結沉痛，倍增傷感。

豈不鬱陶而思君兮㉒？君之門以九重㉓！

猛犬狺狺而迎吠兮㉔，關梁閉而不通㉕！

㉒豈：難道。　鬱陶：（陶音遙）積念不暢。　思：想念。

㉓君之門：君王的門，宮門。　九重：古時帝王有九門。　這裡是言宮門深遠。

㉔猛犬：喻楚王身邊的讒臣。　狺狺：（音銀銀）犬吠聲。　迎吠：迎我而吠。

㉕關：城關，入境要道。　梁：橋樑。　以上四句說，自己已被阻隔，不得再見君王，宮門有猛犬守着，城關橋樑已閉，不許通過。

【大意】難道我不思念君王？可是君王的門有九重！猛犬狺狺迎我而吠，關口橋樑都關閉不通！

皇天淫溢而秋霖兮⑧⑥，后土何時而得漧⑧⑦？

塊獨守此無澤兮⑧⑧，仰浮雲而永歎⑧⑨！

⑧⑥皇天：老天。　淫：久雨。　溢：水溢。　淫溢：久雨不絕，江湖水溢。　霖：雨水不停，三日以上的雨爲霖。

⑧⑦后土：地，與「皇天」爲對文。以后配皇，天叫「皇天」，故地稱「后土」。　漧：同「乾」。　以上兩句說，秋霖淫溢不止，地上何時能乾？

⑧⑧塊：塊然，孤獨貌。　塊獨：孤獨。　無：古通「蕪」。　無澤：蕪澤，荒蕪的沼澤。

⑧⑨仰：仰望。　永：長。　以上兩句，就獨處異地，眼前景象更生淒苦而歎息。

【大意】上天秋雨不停，地上何時得乾？我孤獨一人守著荒蕪的沼澤，仰望浮雲而長嘆！

以上第四段。以蕙草為比，蕙雖開花，却未曾結實。「何曾華之無實」，喻楚王雖曾用己制訂憲令，而美政——「以法治代替人治」——終未能成。中間亦寫思君之情，以猛犬狺狺迎吠比黨人的阻隔障蔽。因秋雨淫淫，天昏地暗的外境，而引出屈原內心所懷的痛苦。

何時俗之工巧兮⑨⓪，背繩墨而改錯⑨①！

卻騏驥而不乘兮⑨②，策駑駘而取路⑨③。

⑨①何：何以。　時俗：指世俗之人。　工巧：善於取巧。

(92)背：違反，違背。　繩墨：畫直線的工具，喻正道。　錯：同「措」，措施。　以上兩句說，羣小投機取巧，不取正道而反常妄爲。與〈離騷〉之「固時俗之巧兮，偭規矩而改錯。」同義。下面十二句卽爲此言。

(93)卻：同「却」，推開。　騏驥：駿馬，喻賢才。

(94)策：馬鞭，作動詞用。　駑駘：（音奴台）劣馬，喻庸人，與上文「騏驥」爲對文。　取：趣，趕赴。　取路：猶言「上路」。　以上兩句說，世俗之人不分賢愚，如不乘騏驥而策駑駘。

【大意】何以世俗之人善於取巧，違背繩墨，改變措施。推開駿馬不乘，而趕着劣馬上路。

當世豈無騏驥兮(94)？誠莫之能善御(95)！

見執轡者非其人兮(96)，故跼跳而遠去(97)。

鳧雁皆唼夫粱藻兮(98)，鳳愈飄翔而高擧(99)。

(94)當世：當今世上，當代。　豈：難道。

(95)誠：實在是。　莫之能：沒有人能够。　善御：好好駕馭。

(96)執：持。　轡：馬繮繩。　執轡者：拿馬繮繩的人。　其人：指善御者。

(97)故：所以。　跼：（音局）馬立不定。　以上四句是說，世上並非無賢才，而是用之者不得其道，賢者見用他的人一點也不知己，故而遠去。

(98)鳧：（音扶）野鴨。　雁：大雁。　鳧、雁：皆爲野鳥，此處用來比喻小人。　唼：（音霎）啖，魚類和水鳥吃東西。　粱：粱米。　藻：水草。

(99)鳳：鳳凰，喻賢士。　高擧：高飛。　以上兩句說，小人食祿，則賢士退避。

【大意】當今世上難道沒有駿馬？實在是沒有人能夠好好駕馭。駿馬見拿繮繩的並非善御之人，所以站立不定，跳躍而遠去。野鴨、大雁都來吃粱米水草，鳳凰更飄翔高飛。

圜鑿而方枘兮⑩，吾固知其鉏鋙而難入⑩。

衆鳥皆有所登棲兮⑩，鳳獨遑遑而無所集⑩。

⑩圜：同「圓」。鑿：斧上的孔穴，母榫。枘：（音銳）斧柄入孔眼的一端，公榫。本句與〔離騷〕「不量鑿而正枘」同義。

⑩吾：屈原自稱。吾固知：我早知道。鉏鋙：（音舉語）同「齟齬」彼此不相合。難入：指方的榫子不能進入圓的孔穴。以上兩句，喻忠奸不能相合。

⑩衆鳥：這裡借指羣小。登：飛登，鳥升木叫「登」。棲：棲息。登棲：飛登棲宿之處。

⑩遑遑：往來不安的樣子。集：鳥停樹上叫「集」。無所集：沒有立足的地方。以上兩句是說，羣小在位而賢士失所。

【大意】圓形的孔，方形的榫子，我知道兩者難以進入。衆鳥都有棲宿的地方，鳳凰獨惶然不安無立足之地。

願銜枚而無言兮⑩，嘗被君之渥洽⑩！

太公九十乃顯榮兮⑩，誠未遇其匹合⑩。

⑩銜枚：枚是筷子似的木桿，古時秘密行軍，令士兵銜枚口中，防止說話。無言：沒有說話。

(105)嘗：曾。被：受。嘗被：曾受。君：君王。渥：深厚。洽：潤澤。渥洽：深厚的恩澤。以上兩句說，想封住嘴巴不說話，可是曾受深恩，又豈可無言？

(106)太公：姜太公，姓姜名尚，祖上助禹治水有功，被封在呂，故又叫呂望。九十：九十歲。乃：才。顯榮：顯耀榮貴，姜太公七十而相周，九十而封齊。

(107)誠：實在是。匹：配。匹合：相投合。以上兩句是說，姜太公九十歲才顯貴，實在是在這之前未遇賢君，思已或可如太公之晚遇，能重回君王身邊。

【大意】願封住嘴巴不說話，可是曾受君王深厚恩澤！又豈可無言？姜太公九十才顯貴，實在是在這之前未曾遇到相投合的明君。

謂騏驥兮安歸(108)？謂鳳凰兮安棲(109)？

變古易俗兮世衰(110)，今之相者舉肥(111)。

(108)謂：說，這裡是「問」的意思。安歸：歸向何處？

(109)安棲：棲向何處？

(110)變古：古道變了。易俗：風俗改了。世衰：世風日衰。

(111)今之：現在的。相者：這裡指相馬的人。舉：推舉。舉肥：馬和鳥的優劣，不是用肥瘦來決定，這裡是用來諷刺相馬的人只看表面挑選肥馬。

【大意】問駿馬歸向何處？問鳳凰棲向何處？古道變了，風俗改了，世風日衰，現在相馬的人只會挑選肥馬。

騏驥伏匿而不見兮(112)，鳳凰高飛而不下(113)。
鳥獸猶知懷德兮(114)，何云賢士之不處(115)？

(112)伏匿：（匿音暱）隱藏。
(113)以上兩句是說，騏驥、鳳凰之所以不見、不下，皆因世不重賢，故而隱藏、高飛。
(114)猶知：尚且知道。懷德：懷恩報德。
(115)何云：怎麼說。不處：不願處在朝廷。以上兩句說，鳥獸尚知有德卽出，無德卽去，何況賢士？

【大意】駿馬隱藏而不見，鳳凰高飛而不下。鳥獸尚且知道懷念恩德，怎麼說賢士不願處在朝廷？

驥不驟進而求服兮(116)，鳳亦不貪餧而妄食(117)。
君棄遠而不察兮(118)，雖願忠其焉得(119)？

(116)驥：上文「騏驥」的省文，駿馬。驟：急。驟進：急進。服：駕車。
(117)餧：同「餵」。妄食：隨便亂吃。以上兩句說，賢士不肯枉道而營求祿位。
(118)棄遠：棄我遠去。不察：不考察。
(119)雖願忠：雖然願意盡忠。焉得：怎麼能够？

【大意】駿馬不急進求駕車，鳳凰也不貪餵而隨便亂吃。君王棄我遠去而不考察，我雖願意效忠，又怎麼能夠？

欲寂漠而絕端兮⑳，竊不敢忘初之厚德㉑。
獨悲愁其傷人兮㉒，馮鬱鬱其何極㉓！

⑳寂漠：即「寂寞」，靜默。絕：斷絕。端：思緒。

㉑竊：屈原自謙。初：當初。厚德：即上文「君之渥洽」。以上兩句說，我至今不願閉口無言，皆因不敢忘記當初厚德。

㉒傷人：這裡是說「害了自己」。

㉓馮：通「憑」，憤懣。鬱鬱：結積，猶言「悶悶」。極：終了。

【大意】欲想靜默無言，斷絕思緒，可是我不敢忘記當初對我的厚德。獨自悲愁而害了自己，憤懣結積，如何是了？

以上第五段。用騏驥、鳳凰作比興，反復申說，層層深入，先言世非無賢，可惜是不能用賢；次言庸人得寵顯榮，賢士必然退而遠去；再言奸佞竊居高位，忠貞無立足之地，賢士當懷德而處。中言自己不驟進求用，但願忠之於君。屈原念念不忘懷王當初對他的賞識，使他「昭詩」，更與「圖議國事」，這些「渥洽」與「厚德」，使屈原雖被流放，仍不忍因得罪而不言，若無此「不忍」，便沒有了屈賦。〔九辯〕中多重複往反他章的話，此亦「睠顧楚國，繫心懷王」，不倦煩複也。

霜露慘淒而交下兮㉔，心尚幸其弗濟㉕。
霰雪雰糅其增加兮㉖，乃知遭命之將至㉗。

願徼幸而有待兮⑫⑧，泊莽莽與壄草同死⑫⑨。

⑫④慘凄：慘烈凄厲。交下：交相下降。這裡以「霜露」喻遭受打擊，其中包含無限黨人誤國慘象。⑫⑤尚：猶，還。幸：希望。心尚幸：心裡還希望。弗：不。濟：成功。以上兩句，回憶奸佞亂政，如霜露慘烈交加，我還希望他們不會成功。⑫⑥霰：小雪粒。雪：雪花。雰：（音分）本是霧氣，這裡用來形容雪盛的樣子。糅：雜合。⑫⑦乃：才。遭：遭遇。命運。遭命：遭遇的命運，意謂「大難」。以上兩句是說，及至霰雪紛紛增加，才知大難難免，希望全絕，內心何等痛苦。⑫⑧徼幸：即「僥倖」。待：等待，指等待那「弗濟」。⑫⑨泊：凡棲止皆曰泊。莽莽：草木叢生貌。泊莽莽：置身荒原之中。壄：古「野」字。以上兩句是說，此時尚存僥倖之心等待他們「弗濟」，猶在莽原之中等着野草同斃。

【大意】霜露慘烈凄厲，交互下降。我心裡尚希望他們不會成功。等到霰雪紛紛雜合增加，才知道遭遇的命運將要到來。我當時還存僥倖之心等待他們不濟，猶置身於莽莽荒原之中等待與野草同斃。

願自往而徑游兮⑬⓪，路壅絕而不通⑬①。欲循道而平驅兮⑬②，又未知其所從⑬③。

⑬⓪自往：自己前往。徑：直接。徑游：直接前行。

⑬壅：（音雍）阻塞。絕：斷絕。以上兩句是說，想自己逕往去見君王，道路又爲奸人壅絕。
⑬循：照着，遵循。道：這裡是指正道，「可行之道」。平驅：平安驅車前去的意思。
⑬未知：不知。其：它。所從：從何處走。以上四句，說明屈原當時認爲只要能見到懷王，有表白的機會，還可以說服懷王，屈原對自己頗具信心。可是這些讒佞之人偏偏壅絕了一切管道，不讓他有機會進見。

【大意】我想自己前往，直接去見君王，可是道路壅塞斷絕而不通。想循正道平安前去，可是又不知應該從何處走。

然中路而迷惑兮⑬，自壓桉而學誦⑬。
性愚陋以褊淺兮⑬，信未達乎從容⑬。
竊美申包胥之氣盛兮⑬，恐時世之不同⑬。

⑬然：義同「乃」。中路：半途。
⑬自：自己。壓：壓抑。桉：通「按」，按止。學誦：指學「詩經」，古時社交，常借誦「詩」以言志。以上兩句說，既然「自往」「循道」均不得，半途迷惑，不得不壓抑感情，而作諷諫之誦。盼聞者能够省悟。
⑬這句爲屈原自謙之辭。
⑬信：確實。達：通達。
⑬美：讚美。申包胥：春時秋代楚國大臣，吳伐楚入郢，楚昭王出奔，申包胥到秦國請救兵，站在殿上痛哭七晝夜，秦哀公深受感動，於是發兵救楚，打敗吳國恢復楚國。氣盛：志氣壯盛。
⑬恐：恐怕。同：他本多作「固」，不通，且不叶韻，古時傳抄所誤，現更正。以上兩句是說，我也能像申

包胥那樣哭秦廷，但我的情形與他不同。

【大意】半路上迷惑不定，於是我壓抑感情而學詩。我性愚陋，學識褊淺，確實未能做到通達從容。我讚美申包胥志氣壯盛，恐怕時代與情形不同。

何時俗之工巧兮，滅規榘而改鑿⑭？

獨耿介而不隨兮⑭，願慕先聖之遺教⑭。

⑭滅：丟棄。規榘：同「規矩」，是畫圓形與方形的工具，這裡喻法度。鑿：動詞。

⑭耿：光明。介：正直。耿介：光明正直，守正不阿。不隨：即「不隨時俗」。

⑭慕：追慕。以上四句，一再痛斥世俗工巧，不遵法度，唯獨自己遠慕先聖遺教。

【大意】何以時俗之人善於投機取巧，滅棄規矩而改鑿方圓？我光明正直而不隨時俗，願追慕先聖之遺教。

處濁世而顯榮兮⑭，非余心之所樂。

與其無義而有名兮⑭，寧窮處而守高⑭。

⑭處：處於。顯榮：顯貴。

⑭名：名位。

⑭寧：寧可。窮處：窮僻之處。高：指「清高」。以上四句寫出屈原的高風亮節。

【大意】處身濁世而顯貴，不是我心中所樂。與其無義而有名位，寧可在窮僻之處而守清高。

食不媮而爲飽兮⑭⑥，衣不苟而爲溫⑭⑦。

竊慕詩人之遺風兮⑭⑧，願托志乎素餐⑭⑨。

⑭⑥食：這裡是指「吃飯」。媮：通「愉」，樂。不可作「偷」字解。不媮：不是爲了享樂。而爲飽：而只是爲了塞飽肚子。

⑭⑦衣：衣着。苟：苟且。不苟：不苟且。而爲溫：而只是爲了溫暖。

⑭⑧遺風：文中是指詩人遺留的清高風骨。

⑭⑨托志：寄心。素餐：文中是「吃白飯」的意思。以上兩句是說，心慕詩人清高的風骨，祇要有白飯度日就可以了。以上四句係繼「窮處守高」而言，文義淺顯。引〔詩・伐檀〕「彼君子兮，不素餐兮！」作解者，畫蛇添足，錯。

【大意】吃飯非爲享樂，祇爲塞飽肚子；衣着不苟且，祇是爲了溫暖。我追慕詩人清高的風骨，只要有白飯過日子就可以了。

蹇充倔而無端兮⑮⓪，泊莽莽而無垠⑮①。

無衣裘以御冬兮，恐溘死不得見乎陽春⑮②！

⑮⓪蹇：同「謇」，發語詞，楚方言。充倔：卽「䘪裾」，義同「襤褸」。無端：指襤褸的衣裳「布而無緣

」。

(151)泊莽莽：置身於荒原之中。以上兩句是說，我一身襤褸，置於無盡的荒涼之中。這是詩人爲說明此時窮困已極而營造的意境。

(152)溘死：突然死去，暴斃。以上四句寫出詩人心裡的道絕途窮之感，極言上文「窮處守高」的狀況。「恐溘死」情甚悲傷。

【大意】衣衫襤褸，連邊都沒有鑲。却置身於莽莽無垠的荒原之中。沒有衣服皮袍禦冬，恐怕突然死去，見不到溫暖的春天！

以上第六段。深痛國事敗壞，無以挽救，唯勵己志，取法先聖，窮死不變。表現屈原感情的深厚和高風亮節，以及無比的剛毅精神，和內心極端的悲傷痛苦。

靚杪秋之遙夜兮(153)，心繚悷而有哀(154)。

春秋逴逴而日高兮(155)，然惆悵而自悲(156)。

(153)靚：（音狄）面對的意思。杪：木末曰「杪」。杪秋：暮秋。遙夜：長夜。

(154)繚悷：（悷音戾）悲思纏繞。

(155)春秋：指年歲。逴逴：愈走愈遠的樣子。高：「老」的意思。

(156)然：義同「乃」。

【大意】面對暮秋的長夜，心裡悲思纏繞而哀傷。年歲遠去而日漸老邁，乃惆悵而自悲。

四時遞來而卒歲兮(157)，陰陽不可與儷偕(158)。
白日晼晚其將入兮(159)，明月銷鑠而減毀(160)。

(157)四時：四季。　遞來：更迭而來。　卒：終。　卒歲：一年將盡。
(158)陰陽：古稱春夏爲陽，秋冬爲陰。又以日爲陽，夜爲陰。　儷：（音麗）偶。　偕：伴同。　以上兩句是說，四時代謝，晝夜流轉不息。
(159)晼：（音宛）日偏西。　晼晚：日之將暮。
(160)銷鑠：義同「消損」，這裡指月缺。　減毀：殘缺的意思。　以上四句是說，歲月匆匆易逝，深感時不予我。

【大意】四時代謝，一年將盡，陰和陽不可能雙雙留下。白日已暮而將西下，明月消損而殘缺。

歲忽忽其遒盡兮(161)，老冉冉而愈弛(162)。
心搖悅而日幸兮(163)，然怊悵而無冀(164)！
中憯惻以淒愴兮(165)，長太息而增欷(166)。

(161)歲：歲月。　忽忽：失意貌。　遒：（音酋）盡，迫近的意思。　遒盡：將盡。　這句是說，歲月在失意中將盡。
(162)冉冉：（音染染）行貌。　弛：鬆懈。　這句是說，老境漸至，心情更加鬆懈。
(163)心搖悅：心搖意悅，高興的樣子。　幸：寵幸。這裡是「重用」的意思。　日幸：日漸重用。　回憶當初「受命昭詩」以至「入則與王圖議國事，以出號令」之時。以爲繼續下去將更受君王重用。

⑯然：然而。怊悵：（怊音超）失意貌，猶「惆悵」。無冀：沒有希望。以上兩句是說，我以爲會日被重用，然而沒有希望！

⑯中：心中。憯：（音慘）痛之甚。惻：痛。憯惻：慘痛。凄愴：悲傷。

⑯欷：嗟嘆聲。

【大意】歲月在失意中將盡去，老境漸至，心情更加鬆懈。我心搖意悅，以爲將會被一天天重用，然而令我惆悵，竟然沒有希望！心中慘痛悲傷，長嘆息而倍增欷吁。

年洋洋以日往兮⑯，老嵺廓而無處⑯。

事亹亹而覬進兮⑯，蹇淹留而躊躇⑰。

⑯洋洋：衆多貌。日往：一天天逝去。

⑯嵺廓：（嵺音廖）通「寥廓」，空曠貌。無處：無棲身之處。

⑯事：世事，時勢。亹亹：（音尾尾）行進不停的樣子，這裡是說「急遽變化」。覬：（音冀）希望。

⑰蹇：乃。淹留：久留。躊躇：想進又不能進的樣子。以上兩句是說，時勢急遽變化，想進身君前爲國効力也不能。

【大意】歲月紛紛，一天天過去，我老愕愕地無處棲身。時勢急遽地變化，想進身君前爲國効力，可是一直久留異地而躊躇不前。

以上第七段。眼看一年將盡，一生將老，想到志業無成，無限悲嘆。

何氾濫之浮雲兮⑰，猋壅蔽此明月⑰？

忠昭昭而願見兮⑰，然霒曀而莫達⑰。

⑰氾濫：原指大水橫流漫溢，這裡指浮雲滿天翻湧。

⑰猋：（音標）飛快貌，是說雲行迅速。以上兩句，以「浮雲」喻讒佞之人，以「明月」喻楚王。一幅烏雲蔽月的景象。不許我見明月。

⑰昭昭：明，猶言「耿耿」。

⑰霒：（音陰）雲蔽日。曀：（音意）同「翳」，陰沉的樣子。霒曀：雲氣蔽日，滿天陰沉的意思。莫達：指不能達到「想見君王」的願望。

【大意】何以翻湧的浮雲，迅速地壅蔽了明月？我忠心耿耿而想見君王，然而雲氣蔽日，滿天陰沉而不能達到。

願皓日之顯行兮⑰，雲蒙蒙而蔽之⑰。

竊不自料而願忠兮⑰，或黕點而汚之⑰。

⑰皓：白。皓日：白日。顯：顯耀。行：運行。

⑰之：它，代詞，指「皓日」。

⑰不自料：不顧自身。願忠：願意忠於君王。

⑰或：泛指其人曰「或」，這裡是「有人」的意思。黕：（音膽）滓垢。點：汚，形容詞。黕點：同義連

用，汚濁，骯髒的意思。汚：動詞，汚蔑。

【大意】但願白日顯耀運行，可是雲氣蒙蒙而掩蔽了它。我不顧自身地願意忠於君王，有人却骯髒地汚蔑我。

堯舜之抗行兮(179)，瞭冥冥而薄天(180)。

何險巇之嫉妒兮(181)，被以不慈之僞名(182)？

(179)抗行：高尚的德行。

(180)瞭：眼睛明亮，這裡是指「光明」。冥冥：高遠貌。薄：迫近。薄天：極言其高遠。

(181)險巇：（巇音西）危險，這裡是「奸險」的意思。這句是說，何以奸險的讒佞小人嫉妒起來。

(182)被：加上。不慈：不慈愛其子。僞名：虛假的罪名。以上四句與〔哀郢〕之「堯舜之抗行兮，瞭杳杳而薄天。衆讒人之嫉妒兮，被以不慈之僞名。」意思相同。此卽風詩之重章，一唱三嘆。其長歌更哀於痛哭，非屈原不能作〔九辯〕也。

【大意】堯舜高尚的德行，光芒四射，直薄雲天。何以奸險之人嫉妒起來，還加上他們「不慈」的虛僞罪名？

彼日月之照明兮(183)，尚黯黮而有瑕(184)。

何況一國之事兮，亦多端而膠加(185)。

(183)彼：那。之：的。照明：照耀光明。

⑱黯黮：（音暗淡）陰暗不明。瑕：瑕疵，玉上的疵點。以上兩句說：日月尚有瑕疵。

⑱多端：頭緒紛繁。膠：膠葛。加：交加。膠加：糾纏不清的意思。

【大意】那日月的照月，尚且有陰暗的瑕疵，何況一國的事，是那樣頭緒紛繁，糾纏不清。

被荷裯之晏晏兮⑱，然潢洋而不可帶⑱。

既驕美而伐武兮⑱，負左右之耿介⑱。

⑱被：披。荷：拿。被荷：既「披着」又「拿着」。裯：（音刀）單被。作「衣袂」或「短衣」解者，錯。被荷裯：既披且拿着單被。以單被爲衣，所以用「被（披）、荷」，屈原想象力極爲豐富，這裡爲楚王創造出一個極爲幽默的形象。晏晏：笑貌。

⑱然：然而。潢洋：（潢音黃）深廣濶貌，這裡是「不着身」的意思。帶：束。不可帶：束不起來。

⑱既：既然。驕：誇耀。驕美：自驕其美。而：又。伐：自炫爲「伐」。伐武：自炫其武勇。

⑱負：倚恃。左右：指楚王身邊的讒佞之臣，即是被楚王披在身上的那些「單被」。耿介：光明正直，守正不阿。以上四句是屈原對楚王的諷刺，說君王以單被爲衣，其實這東西無法束起來，根本不能用。你拿這些無用的東西向人炫耀，還以爲他們守正不阿。

【大意】你披着、拿着單被爲衣，晏晏而笑，然而它徒然廣大而不能束。你既然以此自驕其美，自炫其武，倚恃這班左右之臣，以爲他們守正不阿。

僧慍惀之修美兮⑲，好夫人之慷慨⑲。

衆踥蹀而日進兮[192]，美超遠而愈邁[193]。

[190]憎：憎惡。　慍惀：（音穩倫）忠誠耿介，不善言辭。這裡是指忠誠的人。　修美：修潔美好。

[191]好：喜愛。　夫人：彼人，那些人。　慷慨：這裡是指貌似爽直嘴裡慷慨，有張腔作勢的意思。

[192]衆：指衆讒佞之人，即上文之「左右」。　踥蹀：（音妾蝶）小步走路貌，這裡用來形容奔走鑽營。　日進：日見進用，日受君王重用。

[193]美：指有美好德行的人，屈原自喻。　超遠：這裡是說疏遠。　逾邁：愈遠。　以上四句亦爲〈哀郢〉中重章。其實屈賦除了〈九歌〉是奉懷王之命而所「昭」之「詩」外，其餘各篇，實可視爲一體。

【大意】君王憎惡忠誠耿介不善言辭而修潔美好的人，喜愛那些巧言令色，故示慷慨的讒佞之人。那羣人奔走鑽營，日漸進用，修潔美好的人却愈疏愈遠。

農失輟耕而容與兮[194]，恐田野之蕪穢[195]。
事綿綿而多私兮[196]，竊悼後之危敗[197]！
世雷同而炫燿兮[198]，何毀譽之昧昧[199]！

[194]輟：停止。　容與：舒閑。

[195]蕪穢：荒蕪。　以上兩句，以農夫輟耕以致田園荒蕪而喻內政不修，國事敗危。

[196]事：事情。　綿綿：綿長不絕。　私：營私。

[197]悼：傷心。　後：以後。　以上兩句是說，事情長此營私害公下去，我傷心以後必召危亡。

⑲⑧世：世人。　雷同：衆口一詞，人云亦云。　炫燿：同「眩曜」，這裡是「煽惑」的意思。

⑲⑨毀：詆毀。　譽：稱讚。　昧昧：昏暗。　以上兩句是說，世人異口同聲，互相煽惑，是非昧昧不明。

【大意】農夫停耕而舒閑，恐怕田野就要荒蕪。事情不斷地營私害公，我傷心以後必然召致危亡。世人一心互相煽惑，何以詆毀好人，吹捧壞人，是非昧昧不明！

今修飾而窺鏡兮⑳⓪，後尚可以竄藏⑳①。

願寄言夫流星兮⑳②，羌儵忽而難當⑳③？

卒壅蔽此浮雲兮⑳④，下暗漠而無光⑳⑤！

⑳⓪今：現在。　修飾：指修飾容貌。　窺鏡：照照鏡子。

⑳①後：以後。　竄：逃避。　藏：蓄。　竄藏：逃過危敗，儲蓄力量。　以上兩句是說，若能及時以失敗爲鑑，尚可逃過以後的禍患。是針對上文「事綿綿而多私兮，竊悼後之危敗」而言。

⑳②言：指上面這些話。　寄言：托人帶口信。

⑳③羌：何以。　儵忽：指「流星」忽然飛馳而去。　難當：難以擔當，不願幹。　以上兩句又與〈思美人〉之「願寄言於浮雲兮，過豐隆而不將。因歸鳥而致辭兮，羌高宿而難當。」語意上重章。

⑳④卒：終於。

⑳⑤下：下面。　漠：淡漠。　以上兩句說，卒之烏雲滿天，天下昏暗無光。

【大意】現在就修飾容貌，照照鏡子，以後尚可逃過危敗，儲蓄力量。我願寄言於流星，何以流星忽然飛馳而去，難以擔當？終於烏雲滿天，天下暗淡無光！

以上第八段。寫忠不得達，賢士反被誣陷。一國之事，何其繁複，非明智者不易辨別。小人乘間誣陷，君王不明，喜聽飾詞，左右奸佞，僞爲慷慨之狀，以逢迎君王，君王反憎忠貞之臣，賢士終於愈去愈遠。楚國政治昏亂，日後必將危敗，望君王亡羊補牢，及早警覺，或可逃過危亡之局，可惜這些忠言無法傳達。

堯舜皆有所舉任兮⑳⑥，故高枕而自適⑳⑦。

諒無怨于天下兮⑳⑧，心焉取此怵惕⑳⑨？

⑳⑥舉任：舉賢任能，選拔任用。

⑳⑦高枕：高枕無憂。　自適：自得其樂。

⑳⑧諒：實在。

⑳⑨焉：何。　怵惕：驚懼。　以上四句是說，堯舜尚且舉賢任能，才得高枕無憂，說明賢能之士對於國家多麼重要。

【大意】堯、舜都舉賢任能，故所以能高枕無憂而自得其樂。實在能使天下無怨，心裡又何需這種驚懼？

乘騏驥之瀏瀏兮㉑⓪，馭安用夫強策㉑①？

諒城郭之不足恃兮㉑②，雖重介之何益㉑③？

⑩騏驥：這裡是指良馬。瀏瀏：（音留留）本是水流貌，這裡用來形容馬行快而安適。

⑪駛：駕駛。安：何。安用：何需使用。策：馬鞭。彊策：彊鞭。以上兩句以良馬爲喻，言賢士當國，無需君王督促，自然就把國事治好了。

⑫城郭：內城曰城，外城曰郭。不足恃：不足以恃之無恐，不可靠的意思。

⑬介：鎧甲。重介：層層鎧甲。以上兩句是說，擧賢任能是爲政的根本，猶如禦敵，城郭不能堅固，甲胄幾層又何益。

【大意】乘着良馬，走得安適飛快，駕駛時何需拚命抽鞭？實在，城郭不能堅固，幾層甲胄，又有何益？

邅翼翼而無終兮⑭，忳惛惛而愁約⑮。
生天地之若過兮⑯，功不成而無效⑰。

⑭邅：難行貌。翼翼：小心的樣子。邅翼翼：道路難行，小心翼翼。無終：沒有結果。

⑮忳：（音屯）憂貌。惛惛：（音昏昏）猶言「悶悶」。一作「惛惛」，字同。約：貧困。愁約：窮愁。

⑯生天地：生於天地之間。若過：猶如匆匆過客。以上兩句，自言平生敬謹，不能成功，徒有憂悶窮愁。

⑰功：功業。無效：沒有效果。以上兩句，念及人生猶如過客，功業不成，效果不見，內心悲苦。

【大意】道路難行，小心翼翼而無結果，我心中憂悶而窮愁。人生天地之間，猶如匆匆過客，我功業無成，所謀無效。

願沉滯而不見兮(218)，尚欲布名乎天下(219)。

然潢洋而不遇兮(220)，直怐愗而自苦(221)。

(218)沉滯：積擱。見：同「現」。沉滯不見：這裡是「隱居在家」的意思。

(219)尚欲：還想。布名天下：揚名天下。

(220)潢洋：深廣寬濶。不遇：指不遇明君。

(221)直：簡直。怐愗：（音扣茂）愚昧貌。自苦：自討苦吃。以上四句是說，願隱居在家，又想名揚天下，可是不遇明君，只有自討苦吃。

【大意】願自己隱居而不再出現，但還想播揚名聲於天下。然而四海茫茫而不遇明君，我簡直是愚蒙而自討苦吃。

莽洋洋而無極兮(222)，忽翱翔之焉薄(223)？

國有驥而不知乘兮(224)，焉皇皇而更索(225)？

(222)莽：草盛。洋洋：本是大水茫茫貌，這裡用來形容無邊無際。無極：沒有盡頭。

(223)焉：何處。薄：止，棲止的意思。此句亦爲重章，曾見於〈哀郢〉。以上兩句，乃屈原自抒悲苦之詞。

(224)驥：良馬。

(225)皇皇：同「遑遑」，心不定貌。更：另。索：求。更索：另外尋求。以上兩句是說，並非楚國無駿馬，是君王有駿馬而不識用。

【大意】草木莽莽洋洋，寥廓無邊，我像鳥兒一樣翺翔，何處是棲止的地方？國有良馬不知乘，為何遑遑然另外去尋求？

甯戚謳于車下兮㉖，齊桓聞而知之㉗。
無伯樂之善相兮㉘，今誰使乎訾之㉙？

㉖甯戚：春秋時代衛國人，曾在齊國東門外販牛，夜作「飯牛歌」，慨嘆懷才不遇，恰巧齊桓公坐着車子悄悄地經過這裡。

㉗齊桓：齊桓公姜小白。春秋五霸之第一人。聞：聽。知之：知道甯戚是個賢才。指齊桓公拜甯戚為「客卿」。

㉘伯樂：春秋時代人，善相馬。

㉙訾：（音子）衡量，義近「相」。以上四句，舉齊桓公與伯樂，說明楚國並非無甯戚與千里馬，而是沒有齊桓公與伯樂而已。

【大意】甯戚謳歌抒懷於車下，齊桓公一聽就賞識他。沒有伯樂這樣善於相馬的人，現在誰來識別良馬？

罔流涕以聊慮兮㉚，惟著意而得之㉛。
紛純純之願忠兮㉜，妒被離而鄣之㉝。

㉚罔：不直。流涕：流淚。以：與。聊慮：精心。〔馬融賦〕：「或乃聊慮固護。」

㉛惟：通「唯」，只有。著意：立意。這裡是說一心立意求賢的人。得：得到。之：代詞，指賢人。「得」字與下文之「障」字，今雖不叶韻，但古之楚方言，兩字是否同音，已無法考究，（例如廣東潮洲人，見「粥」字而讀「每」音，相距甚大。）且此處義甚順，不可擅改。

㉜紛：盛多。用以形容專一的心情，有「充沛」的意思。純純：專一貌。願忠：想效忠誠。

㉝妒：這裡指嫉妒的人。被：同「披」。被離：披離，衆盛貌。紛紛的意思。鄣：鄣蔽。以上兩句是說，我一心一意想盡忠，却被嫉妒者障蔽。

【大意】不值流淚與精心啊，唯有立意求賢的人，才能得到賢人。我懷着充沛的專一的心情，想效忠誠，嫉妒的人却紛紛將我障蔽。

以上第九段。言舉賢任能乃治國之根本，堯舜能舉賢，故常安逸。當今楚國君王無心舉賢，讒臣們却有意忌才，自己存心效忠報國，竟被鄣蔽，無路可通。

願賜不肖之軀而別離兮㉞，放游志乎雲中㉟。

乘精氣之摶摶兮㊱，鶩諸神之湛湛㊲。

驂白霓之習習兮㊳，歷羣靈之豐豐㊴。

㉞不肖：不賢，屈原自謙之詞。

㉟志：心。乎：於。以下是寄心於想象的境界之中，聊以抒發無可奈何之情。

㊱精氣：日月精靈之氣。摶摶：（因團團）楚方言，稱圓爲團。旋聚厚集貌。

(237)騖：馳逐。湛湛：深厚貌，這裡是「紛盛」的意思。

(238)驂：四馬駕車，兩旁的叫驂，這裡是「駕着」的意思。霓：虹霓。習習：飛動貌。

(239)歷：列。靈：神。羣靈：衆神。豐豐：盛美的樣子。

【大意】願上天賜不賢的我與楚王別離，放縱游心於雲天之中。乘日月精靈之氣，馳逐衆多的神靈。駕着飛動的白霓，耳邊風聲習習。排列在盛美的衆神之中。

左朱雀之茇茇兮(240)，右蒼龍之躍躍(241)。
屬雷師之闐闐兮(242)，道飛廉之衙衙(243)，

(240)朱雀：南方七宿的總稱，卽指「井、鬼、柳、星、張、翼、軫」七宿。茇茇：（音跋跋）翩翩飛動。

(241)蒼龍：東方七宿的總稱，卽「角、亢、氐、房、心、尾、箕」七宿。躍躍：（音瞿瞿）行走的樣子。

(242)屬：跟隨。闐闐：（音田田）雷聲，這裡擬作鼓聲。

(243)道：通「導」，引導。飛廉：風神。衙衙：行走的樣子。以上四句是說，在左右前後的護衞下向西北而去。

【大意】左邊朱雀飛動，右邊蒼龍奔走，雷神在後面敲響鼓聲，風神在前面爲我引路。

前輕輬之鏘鏘兮(244)，後輜乘之從從(245)。
戴雲旗之委蛇兮(246)，扈屯騎之容容(247)。

(244)輕：輕車，一作「輊」。輬：（音涼）臥車。輕輬：這裡是指輕而有窗的車子。鏘鏘：車行聲。

(245)輜乘：（輜音資）載物的車子。從從：車行聲，猶「隆隆」。

(246)委蛇：同「逶迤」，旗幟飄動的樣子。

(247)扈：（音戶）隨從，侍從。屯：聚集。騎：坐騎。容容：飛揚貌。〈漢書・禮樂志・郊祀歌〉：「神之行，旌容容。」注：「容容，飛揚之貌。」以上四句，續言假想車馬之衆。

【大意】前面輕快有窗的車子，車聲鏘鏘；後面的輜重車輛，響聲隆隆。載着雲旗，隨風舒卷。侍從的坐騎也跟着飛揚。

計專專之不可化兮(248)，願遂推而爲臧(249)。

賴皇天之厚德(250)，還及君之無恙(251)！

(248)計：謀慮。專專：專一貌。化：變。

(249)推：讓。讓自己的所有給予他人曰推。〈史記〉：「漢王解衣衣我，推食食我」臧：同藏。潛藏，隱居的意思。以上兩句是說，我對君王專一不變，但願就此讓了他們而自己從自隱居。

(250)賴：靠。

(251)恙：（音漾）蟲名，入腹而食人心。無恙：遠古時代，人們野居，常受恙蟲之害，故見面時都以「無恙」詢問對方，以示關懷，沿用下來便變成「沒有病痛」的意思。以上兩句寫出屈原雖離君王遠放，仍仰祝上蒼庇佑君國。

【大意】心志專一不可變化，但願就此讓了他們而自己從此隱居。靠着皇天的厚德，繼續保佑君王平安！

以上是末段。寫自己既然被郭蔽而被放逐，聊且游志雲中，心中却永懷祖國。寫出內心無比痛苦的深情。

招魂

紀元前二九九年（楚懷王三十年）秦昭襄王嬴稷在武關擺下陷阱，引楚懷王芈槐上鈎，懷王入秦被扣留，悲憤狼狽。紀元前二九七年，楚懷王逃出咸陽，被秦兵追獲，押返咸陽，第二年，病死秦國。屈原聞之作此悼亡詩，以招懷王之魂。欲借此啓發頃襄王發憤圖强雪耻之心。詩中深蘊報國無門的哀痛和憤慨。「魂兮歸來！哀江南！」是全詩主旨所在。

〈招魂〉深具藝術的創造性，用浪漫手法，運用豐富的想象力，語言豐富生動，描寫細膩，結構精密，加上神話的運用，更增强了詩的魅力。它的鋪敍與誇張，爲後來漢賦的形成，有着直接的巨大的影響。這又是屈原的一篇傑著。屈原的情，濃得化不開，他與懷王的感情的確很深從本篇的亂詞中，更加深刻地體現出來。

【今譯】

一

我自幼淸白廉潔　　服膺正義，未嘗怠慢

不能附在上面！

巫陽就往下界登高招魂——

靈魂歸來吧！
離開你常住的軀體
爲何四方飄零？
拋棄你的安樂之處
偏要遭遇不幸？

靈魂歸來吧！
東方不可以安身！
那兒有千仞長人
專門吃人靈魂
那兒有十個太陽輪番而出
銷金鑠石，把人薰蒸
長人已習慣那兒環境

守著這些美德
却爲世俗牽累，荒蕪於穢物之間
君上沒有考察我的美德
使我長被放逐，苦不堪言

二

上帝告訴巫陽——
有人在下面
我想給他方便
他的魂魄已經離開肉體
你占卜一下，使他回去身邊！

巫陽說——
占卜是掌夢之神的事
上帝，恕我難以從命！
如用占卜尋找已經太遲
恐怕軀殼已腐

你到那兒定會燒化沉淪
歸來歸來！
東方不可以安身！
靈魂歸來吧！
南方不可以稍停！
那兒有額雕花紋、黑齒的怪人
拿人肉來祭神
拿人骨來煎熬
遍地毒蛇
千里妖狐
九頭蛇說來就來
呑人以補蛇心
歸來歸來！
南方不可以稍停！
靈魂歸來吧！

西方禍害無窮無盡！
流沙千里沒有止境！
若被卷進雷澤的深淵
會被風沙撕成片片
即使能夠僥倖逃出
四週都是荒原
紅色螞蟻巨大如象
黑色大蜂葫蘆體形
五穀不生
靠吃茅草維持生命
乾燥的土地灼爛肌膚
到處找不到一點水份
游蕩不定，無依無靠
廣濶遼遠，無窮無盡
歸來歸來！
何必禍害自身！
靈魂歸來吧！

北方不可以流連！
那兒天寒地凍，冰山層層
飛雪千里，茫茫無邊
歸來歸來！
北方不可以流連！

靈魂歸來吧！
你不要上天！
虎豹守着九重天門
專吃下界來人
一個九頭巨人
一下拔樹九千
豎起豺狼眼睛
往來侁侁有聲
倒提着人嬉戲取樂
然後投進深淵
等他去向上帝回報

你才能閉上眼睛
歸來歸來！
前去恐要送命！

靈魂歸來吧！
不要跑進幽冥的陰間！
守門的土伯們手執多頭長戟
頭上的角銳利得令人吃驚
顴大突出，手爪血淋淋
走路飛快到處抓人
站在地獄門口虎視眈眈
長着可佈的虎頭牛身
把人當作甘美點心
歸來歸來！
不要去受欺凌！

靈魂歸來吧！

趕快進入郢都的修門！
良巫特地到來領你
他面對着你而用背先行！
秦國衣籠，齊國絲繩
鄭國的罩網
招具都已齊全
大家都在呼喊——
靈魂歸來吧！
返回故里，莫稍停！

天地四方
害人的東西數不盡
祇有放着你畫像的房子
最安適閑雅清靜
殿堂高大，屋宇深邃
重重欄杆，疊疊廊軒
層層高臺，累累亭榭
臨近巍峩的山巔
門窗的花櫺似網，都塗以朱紅
精雕的方格一氣相連
冬天，這復室的大廈可以保暖
夏天，室內一片清涼
宮中溪澗往復廻環
潺潺流過園庭
晴日微風搖動蕙草
泛起蘭香陣陣
穿過中堂，吹進內室
徘徊在紅色的頂棚與地下的竹席之間
美石如鏡的壁上插着翠羽的拂塵
玉鈎垂在珠簾邊
綉着翡翠，綴着珍珠的錦被
五彩斑爛，交相輝映
牆上垂著薄紗

羅帳張掛床上面
絲帶、彩帘和素絹
玉環結成一串串
室中所見之物
盡是珍怪好玩
香蘭的油脂，明亮的燭盞
侍駕的美人都已上班
十六位佳人侍候寢宿
任意選擇，隨便更換
列侯送來的淑女
多麼靈敏超羣
梳着不同髮型
住得滿宮滿院
美得難分高下
眞是絕代美人！
容顏柔弱，心志堅貞

啓齒若難，情意綿綿
美姣的儀容，修長的體態
洞房中隨處都能看見
細長的蛾眉，晶瑩的眼睛
目光一瞥，秋波粼粼
細嫩的臉龐，柔滑的肌膚
脈脈青睞，顧盼含情
在離宮臺榭中，別苑的帷幕裡
侍候着讓你消閑
翡翠羽毛的帷帳
高高地懸在大廳
朱紅板壁上
有黑玉橫樑中間
仰觀雕簷畫棟
龍蛇飛騰
坐堂上俯倚欄杆

看堂下曲池美景
荷花初放
菱芰正盛
紫水葵被風吹動
漾起波紋圈圈
穿著文采奇異豹皮的侍衞
隨侍高低不平的山坡間
王輿所到之處
都羅列著步騎兵
門前種著一叢叢蘭草
四周名貴的樹木圍成樹林——
靈魂歸來吧！
何必要去遠行！
家族盡在你身邊
飲食講究不隨便

大米、小米和大麥
雜點黃粱裡面
有苦有鹹有酸
辣、甜再加一點
選用肥牛的大蹄筋
煮得又香又爛
調和酸醋苦汁
精製美味吳羹
紅燒甲魚烤羊羔
淋點蔗汁上面
酸炒天鵝，淸炖水鴨
烹熬鶬鶴、大雁
醬汁鹵雞爛龜肉
味道雖濃奇鮮
煎餅和甜糕
還有油炸餠
瑤漿味甜如蜜

把鳥形耳杯斟滿
濾去酒糟作凍飲
香醇涼爽清心
華宴已經擺開
美酒十分香醇
歸返故室來吧！
族人還一樣恭敬！

酒肴沒有上齊
女樂隊已列隊上陣
敲着金鐘，按節擊鼓
齊把新歌表演
既唱〔涉江〕，又唱〔采菱〕
把〔揚荷〕合唱一遍
美人已經微醉
兩頰泛起紅暈
目光逗人，顧盼流轉
泛起秋波層層
披著綢紗，穿着綾羅
美麗大方輕盈
長長秀髮，曼曼雙鬢
容貌艷麗，秀色迷人

二八佳人整齊劃一
跳起鄭舞，豐姿翩翩
長袖相交如竿
掩抑而下院庭
急管繁弦，竽瑟狂鳴
突然擂響大鼓
宮殿為之震驚
這是演奏「激楚」
哼起吳歌，唱起蔡調
再將「大呂」表演
男女雜亂而坐

此刻不分貴賤
鬆開綬帶，解下冠纓
座次不分，其亂紛紛
鄭、衞的怪異雜玩
前來插入表演
最後再奏起「激楚」
掀起高潮，走向尾聲
玉製的箭籌，象牙的棋子
六簙棋正在進行
分組對奕，齊頭並進
緊緊進迫，驚險取勝
想法成「梟」賠大錢
大呼「五白」望贏！
玩那晉製犀具

消磨一個白天！
撞鐘撞得鐘架搖動
瑟聲又催登堂縱飲
飲酒作樂，杯莫停
夜以繼日，昏沉沉
點着蘭香油脂的明燭
華麗的燭臺錯落光明
酒酣吟詩費心思
藉着優美的詞藻卽與
人人極盡情思
同心賦唱，詩與正盛
暢飲美酒抒豪情
先輩故舊盡歡欣
靈魂歸來吧！
返回故居，莫稍停！

三

（尾聲）

春氣新發，我急急向南行
綠蘋生齊葉子，白芷遍地叢生
路過廬江左岸莽莽長林
望池沼田壠大澤，平原水域無垠
精壯純黑的駟馬，千乘並進
火把焚林，黑烟滾滾，熱氣騰騰
徒步騎馬，誘獸追獸我總在前
獵事順暢，回去走的正是右邊的路徑
隨王赴夢澤，試誰先
君王拉起弓，犀牛已喪命！
紅日繼夜，時光不會停留
蘭章披徑，舊路已被水淹
湛湛江水，一片楓樹林
極目千里，春來更傷心！
靈魂歸來吧！
歸來哀江南！

【今注】

朕幼清以廉潔兮①，身服義而未沫②。
主此盛德兮③，牽於俗而蕪穢④。
上無所考此盛德兮⑤，長離殃而愁苦⑥。

①朕：我，屈原自稱。清：清白。以：同「而」。
②身：親身。服：行。沬：（音昧）通「昧」。昏暗，已。
③主：守。盛德：美德。
④牽：牽累。俗：世俗，指當時腐朽的風氣。蕪：荒蕪。穢：骯髒，穢物。
⑤上：君上，指懷王。考：考察。
⑥長：長期。離：通「罹」，遭遇。殃：禍殃，災禍。

【大意】我自幼淸白而廉潔，親身行義未已。守着這些美德，却爲世俗所牽累，荒蕪於穢物之間。君上沒有考察我的這些美德，使我長期遭受禍殃而愁苦。

以上第一段，是引子。引出作者與被招魂者的關係。

帝告巫陽曰⑦——

有人在下⑧，我欲輔之⑨。

魂魄離散⑩，汝筮予之⑪。

⑦帝：上帝。巫陽：古代神話中的巫師。〔山海經〕：「開明東有巫彭、巫抵、巫陽……」神話中的巫師也是神醫。
⑧人：指懷王。在下：在下界。
⑨我：上帝自稱。輔：幫助。之：代詞，他。
⑩魂魄：卽「靈魂」，傳說中人有三魂七魄，依附於人的軀體。人死之後，魂魄卽離開軀體散去。魂魄離散：

魂離魄散。

⑪汝：你，指巫陽。筮：（音士）用蓍草占卦。予之：給他。指把魂魄招回給予懷王。這句是說懷王已死。

【大意】上帝告訴巫陽，說：「有個人在下界，我想幫他一下。他已魂離魄散，你占卜一下，把魂魄招回給他。」

巫陽對曰⑫——

掌夢⑬，上帝命其難從⑭！

若必筮予之⑮，恐後之謝⑯，不能復用⑰。

⑫對：答。

⑬掌夢：神話中，天上的官職，負責占卦。這句是說：這是掌夢之神的事情。

⑭命：命令。命其難從：難以從命。

⑮若：如果。必：一定要。

⑯謝：腐敗。後之謝：即「謝之後」，指軀體腐敗之後。

⑰復用：再用。

【大意】巫陽答道：「這是掌夢的事情，上帝恕我難以從命！如果一定要用蓍草占卦把魂魄招回給他，恐怕軀體腐敗之後，不能再用！」

以上為第二段的第一節。假托上帝命巫陽下招。

巫陽焉乃下招曰⑱——

魂兮歸來⑲！

去君之恒幹⑳，何爲四方些㉑？

舍君之樂處㉒，而離彼不祥些㉓？

⑱焉乃：於是。下：往下界。招：指招魂。

⑲魂：魂魄，靈魂。

⑳去：離開。君：對靈魂的敬稱，猶「您」。恒：常。幹：軀體，指肉身。

㉑何爲：爲何。些：（音娑去聲）語末助詞，楚人舊俗，凡禁咒句尾都有「些」字。

㉒舍：讀「捨」，捨棄。樂處：安樂的處所，猶言「安樂窩」。

㉓離：同「罹」，遭遇。不祥：指不吉利的事。

【大意】巫陽於是往下界招魂，說：「靈魂啊歸來吧！離開您常住的軀體，爲何飄流四方？捨棄您的安樂窩，而遭遇那些不吉利的事情？

魂兮歸來！東方不可以托些㉔！

長人千仞㉕，惟魂是索些㉖。

十日並出㉗，流金鑠石些㉘。

彼皆習之㉙，魂往心釋些㉚。

歸來歸來！不可以託些！

㉔東方：指神話傳說中的「東海之外」的「大荒之中」。託：寄託。

㉕長人：神話傳說中的「大人」，〔山海經〕：「東海之外，大荒之中，有大人之國。」仞：（音刄）古時以六尺（一說七尺）爲一仞。

㉖惟：專。索：搜求。惟魂是索：專搜索靈魂而食。

㉗十日：十個太陽。並出：同時出現。〔淮南子〕：「堯時十日並出，草木焦枯。」

㉘流金：把金屬熔爲液體。鑠石：（鑠音朔）把石頭溶化。以上兩句說，東方天氣酷熱。

㉙彼：他們，指那些東方的「長人」。習之：習慣於它，指習慣了酷熱。

㉚釋：熔化。指靈魂被燒化。以上以東方酷熱。靈魂會被熔化來阻嚇。

【大意】靈魂啊歸來吧！東方不可以寄托，那裡有高成千仞的長人，專搜求靈魂而食。十個太陽，同時出現，天氣酷熱得流金鑠石，他們已習慣了那裡的環境，靈魂去到那裡，一定會被熔化，歸來歸來，不可以寄托！

魂兮歸來！南方不可以止些㉛！

雕題黑齒㉜，得人肉以祀㉝，以其骨爲醢些㉞。

蝮蛇蓁蓁㉟，封狐千里些㊱。

雄虺九首㊲，往來儵忽㊳，吞人以益其心些㊴。

歸來歸來！不可以久淫些㊵！

㉛南方：神話中「南海之外」的邊荒之地。　止：停留。

㉜雕：雕刻，刺。　題：額。　雕題：在額上刺花紋，並塗上顏色。　黑齒：用漆把牙齒塗黑。　雕題黑齒：指南方未開花的野蠻人。

㉝祀：祭祀鬼神。　以上兩句說，南方未開的「雕題黑齒」，將人肉以祭鬼神。

㉞其：代詞，人。　醢：（音海）肉醬。　這句是說，又將帶骨之肉做成肉醬。

㉟蝮蛇：身上有黑褐色斑紋，能傷人畜的一種大毒蛇。　蓁蓁：（音眞眞）羣蛇聚集的樣子。

㊱封狐：大狐。　千里：這裡是指封狐往來之迅速。是「倏忽千里」的意思。

㊲雄虺：（虺音悔）一種大毒蛇。　九首：九個頭。

㊳倏忽：（倏音書）形容迅速。

㊴呑：呑食。　益：滋補。　益其心：補益其心。

㊵淫：淹留，貪戀。　以上以南方的毒蟲猛獸來阻赫。

【大意】靈魂啊歸來吧！南方不可以停留！那裡有額上雕刻花紋，牙齒漆黑的未開化的野蠻人，他們將人殺死，拿人肉來祭祀鬼神，將帶肉的骨頭熬成肉醬。蝮蛇聚集，大狐狸一行千里。雄虺九個頭，往來迅速，呑人以滋補牠的蛇心。歸來歸來！那裡不可以久留！

魂兮歸來！西方之害㊶，流沙千里些㊷！
旋入雷淵㊸，爢散而不可止些㊹。
幸而得脫㊺，其外曠宇些㊻。
赤蟻若象㊼，玄蠭若壺些㊽。
五穀不生，藂菅是食些㊾。
其土爛人㊿，求水無所得些(51)。
彷徉無所倚(52)，廣大無所極些(53)，
歸來歸來！恐自遺賊些(54)！

㊶西方：神話中「西方海外」荒凉的大沙漠地帶。　害：禍害。
㊷流沙：沙漠中，大風吹起，沙石滾滾如水流動，故稱流沙。
㊸旋入：卷入。　雷淵：古代神話傳說中的深淵，或卽雷澤。
㊹爢散：（爢音迷）碎裂。　不可止：不能停止。　這句是說，會被風沙不停地撕成碎片。
㊺脫：脫身於雷淵。
㊻其外：指雷淵之外。　曠宇：無邊無際的曠野，卽渺無人煙之境。
㊼蟻：古「蟻」字。　赤蟻：紅色的螞蟻。　若象：如象碩大。　蔣驥〔山帶閣注楚辭〕引〔八紘譯史〕：「蟻國在極西，其色赤，大如象，其聚千里。」尾有毒刺。

⑱蠭：古「蜂」子。玄蠭：黑色的大蜂。〔五侯鯖〕：「大蜂出昆侖，長一丈，其毒殺象。」若壺：腹大如壺。

⑲蘩：（音叢）同「叢」，叢生。菅：（音堅）茅草。

⑳其土：指西方的土地。爛人：指土地灼熱，能將人體烤得焦爛。

㉑這句是說，那裡沒有一點水份。

㉒彷徉：（音旁羊）猶「徬徨」，游蕩無定。倚：寄托。

㉓廣大：廣濶遼遠。極：盡，終。無所極：無窮無盡。

㉔遺：（音衛）給予。賊：害。以上以西方的雷淵及無人之境赤蟻玄蜂爲阻赫。

【大意】靈魂啊，歸來吧！西方禍害無窮，流沙千里！卷入雷淵，就會被撕成一片片，能夠僥倖逃脫，雷淵之外，也是渺無邊際的無人之境。紅色螞蟻如象碩大，黑色的大蜂，腹大如壺，牠們尾上都有毒刺，肚餓時祇能吃叢生的茅草。那裡的土地酷熱，能將人烤得焦爛。想求一點水都沒有。在那裡徬徨，無依無靠，廣濶遼遠，無窮無盡。歸來歸來！恐怕給自己招來禍害！

魂兮歸來！北方不可以止些㉕！

增冰峨峨㉖，飛雪千里些。

歸來歸來！不可以久些㉗！

⑮北方：神話中北方的邊極之地。止：停留。
⑯增：（音層）通「層」。增冰：一層層凝積的堅冰。峨峨：（音俄俄）高聳的樣子。
⑰久：久留。以上以北方的冰天雪地來阻赫。

【大意】靈魂啊歸來吧！北方不可以久留！一層層的堅冰，如山高聳，千里飛雪。歸來歸來！不可以久留！

魂兮歸來！君無上天些⑱！
虎豹九關⑲，啄害下人些⑳。
一夫九首㉑，拔木九千些㉒。
豺狼從目㉓，往來侁侁些㉔。
懸人以娭㉕，投之深淵些㉖。
致命於帝㉗，然後得瞑些㉘。
歸來歸來！往恐危身些㉙！

⑱無：勿，不要。
⑲九關：指九重天門。虎豹九關：由虎豹把守着九重天門。
⑳啄：嚙食。害：殺害。下人：下界之人。
㉑夫：成年男子，這裡是指神話中的巨人。九首：九個頭。

⑫拔木九千：這裡是說九首巨人的強梁有力，從朝至晚可以拔下大樹九千棵。
⑬從：通「縱」。　從目：縱目，豎起眼睛。　這句是說「九首巨人」象豺狼豎起眼睛。
⑭侁侁：（音申申），形容九首巨人往來的聲音。
⑮懸人：把人倒提。　娭：（音希）同「嬉」。
⑯投：擲。　以上兩句是說，九首巨人把人倒提起來取樂，然後扔往深淵。
⑰致命：回報。　帝：上帝。
⑱瞑：瞑目而死。以上兩句說，被投深淵還是死不得，要等巨人回報上帝，獲准之後才得瞑目而死。
⑲往：指前往天上。　危：危害。　身：自身。　以上說上天困難，路上災難重重，以吃人的虎豹，九首巨人等為阻赫。

【大意】靈魂啊歸來吧！您不要上天！虎豹把守着九重大門，啄食和殺害下界的來人。一個巨人長著九個頭，從朝至晚，拔下九千棵大樹，像豺狼一樣豎起眼睛。往來發出侁侁的聲音，他倒提着人取樂，然後扔到深淵。等他回報上帝，獲准之後才得瞑目而死。歸來歸來！如果你往天上，恐怕會危害自身！

魂兮歸來！君無下此幽都些⑳！
土伯九約㉑，其角觺觺些㉒。
敦脄血拇㉓，逐人駓駓些㉔。
參目虎首㉕，其身若牛些㉖。

此皆甘人⑦。
歸來歸來！恐自遺災些⑱！

⑳幽都：地獄，陰間的都城，幽暗不見天日，故叫「幽都」。即陰曹地府。
㉑土伯：幽都的頭目，看守地獄大門，其中有他們。約：戈矛。九約：多戈的長矛。
㉒其：指土伯們。觺觺：（音疑疑）尖銳的樣子。
㉓敦：厚。脄：（音枚）顴。拇：拇指。這裡是泛指手爪。血拇：手爪沾滿鮮血。
㉔逐人：追人。駓駓：（丕丕）疾行的樣子。
㉕參：（音三）同「三」。參目：三目，三隻眼睛。虎首：老虎的頭。
㉖若：如，似。
⑦此：這些土伯們。皆：都。甘人：喜歡吃人。
⑱自：自己。自遺災：給自己災難，指給土伯們吃掉。以上以地府吃人的土伯來阻赫。

【大意】靈魂啊歸來吧！您不要下陰曹地府！那裡有許多吃人的土伯，拿着多戈的長矛。土伯們都長着尖銳的角。顴大突出，手爪鮮血淋淋，他們追起人來像飛一樣，三目虎首，站在地獄門口虎視耽耽。他們的身子像牛一樣。這些土伯們都喜歡吃人。歸來歸來！恐怕給自己找來災禍！

以上第二段第二節。用神話傳說的故事，寫出東南西北以及上天入地，處處皆很恐佈，叫靈魂不要前往，招他歸來。

魂兮歸來！入修門些(79)！
工祝招君(80)，背行先些(81)。
秦篝齊縷(82)，鄭綿絡些(83)。
招具該備(84)，永嘯呼些(85)。
魂兮歸來！反故居些(86)！

(79)修門：郢都的城門之名，郢都南關三門之一。修是修長，「修門」是深邃之門的意思。
(80)工：巧。祝：男巫。工祝：有本領的男巫。招：動詞，招魂。君：指懷王。
(81)背：背脊。行先：先行。背行先：背脊行先，即倒退着走。這句是寫「工祝」與魂魄面對面，帶他而行，工祝故「背行先」。
(82)篝：（音溝）用竹篾編製的竹籠。秦篝：秦地出產的竹籠。縷：絲繩。齊縷：齊地出產的絲繩。古時招魂，由巫祝提着竹籠或竹籃，裡面放着被招者的貼身衣服，讓魂魄有所依附。
(83)綿：絲綿。絡：網狀的編織物。鄭綿絡：鄭地出產的絲綿編織成的小罩網。用來罩在竹籠上的。
(84)招具：招魂的用具，即上文說的篝、縷、綿絡等。該備：該用的都已齊備，完備。
(85)永：悠長。嘯呼：以清越的聲音呼叫。
(86)反：同「返」。反故居：指返回懷王居住的王宮。以上寫將魂魄招回，讓他回到故居的王宮裡。

【大意】靈魂啊歸來吧！入郢都南面的修門！良巫特此到來領您，他面對着您，而用背行先。秦地的竹籠，齊地的絲繩，鄭地的罩網，招魂的用具都已齊全。大家以悠長清越的聲音呼喊：靈魂啊歸來吧！返回故居吧！

天地四方㊲，多賊奸些㊳。
像設君室㊴，靜閑安些㊵。
高堂邃宇㊶，檻層軒些㊷。
層臺累榭㊸，臨高山些㊹。
網戶朱綴㊺，刻方連些㊻。
多有突廈㊼，夏室寒些㊽。
川谷徑復㊾，流潺湲些⑩⓪。
光風轉蕙⑩①，氾崇蘭些⑩②。
經堂入奧⑩③，朱塵筵些⑩④。

㊲天地四方：宇宙六合，上下四方。卽上文所說的東、南、西、北、天、地。
㊳賊奸：指兇惡害人的東西。
㊴像：指死者畫像。楚人風俗，人死之後設其畫像於室內拜祭。　君室：指死者的居室。
㊵靜：淸靜。　閑：閑雅。　安：安適。
㊶高堂：高大的殿堂。　邃宇：深邃的屋宇。
㊷檻：（音建）欄杆。　層：重。重疊。　軒：走廊。　這句是說欄杆走廊重重疊疊。

93臺：土石築成的高臺。層臺：層層高臺。樹：平臺上建的屋子。累樹：累累樓閣。

94臨：臨近，挨近。以上兩句是說，依著高山，建築着重重疊疊的臺樹。

95網戶：網狀花紋的門窗。綴：裝飾。朱綴：塗朱紅作裝飾。

96刻方：雕刻的方格，指上文的「網戶」。連：相連，連接。

97突：（音要）深邃。突廈：復室結構不受外面寒氣侵襲，猶如暖室的大屋。

98夏：夏天。室：指突廈的室內。寒：涼快。

99川：河流。谷：溪谷。徑復：猶如路徑一樣往復回環。這裡所言，是人工造的河流溪澗。

100潺湲：（音纏原）水緩緩流動的樣子。

101光：陽光。光風：朗日的和風。轉：搖動。這句是說，晴天微風搖動蕙草。

102氾：同「泛」，洋溢。崇：通「叢」。蘭：蘭草，這裡指蘭花的香氣。

103經堂：經過中堂。奧：屋的深處，指內室。

104朱：朱紅色。塵：承塵的省文，即「天花板」。筵：竹席，古人舖在地上用來坐的。以上兩句是說，蘭花的香氣穿過中堂，吹進內室，在天花板和地上的竹席之間徘徊。

【大意】上下四方，兇惡害人的東西數不盡。祇有放着您畫像的房子，最爲清靜、閑雅、安適。您的房子，殿堂高大，屋宇深邃，欄杆重叠着欄杆，走廊重叠着走廊，層層高臺，累累樓閣，臨近著高山。門窗刻上網狀的花紋，這些花欞都塗上朱紅顏色，精雕細刻的這些方格，一氣相連，美觀無比。冬天有復室的不受寒氣侵襲溫暖的大屋，夏天室內又變得十分涼快。河流溪澗像道路一樣往復回環。流水緩緩移流，朗日的和風吹得蕙草搖動，泛起陣陣蘭香。吹過中堂，一直吹入內室，在天花板和地席之間徘徊。

砥室翠翹⑩，挂曲瓊些⑩。
翡翠珠被⑩，爛齊光些⑩。
蒻阿拂壁⑩，羅幬張些⑩。
纂組綺縞⑪，結琦璜些⑫。

⑩砥：磨平。砥室：用磨平的石頭砌成的宮室。翠：翠鳥。翹：鳥尾的長羽。翠翹：用翡翠鳥的長羽作的拂塵。

⑩瓊：瓊玉。曲瓊：玉作的鈎，掛衣物用的。

⑩翡翠：翡翠鳥。雄的毛多赤色叫翡，雌的毛色青綠叫翠。珠：珍珠。被：錦被。這句是說錦被上綉着毛色美麗的翡翠鳥，綴着異常名貴的珍珠。這裡的「翡翠」不能作翠玉解。

⑩爛：燦爛，五彩斑爛。齊光：交相輝映。

⑩蒻：（音弱）同「弱」，細軟的絲織品。阿：細繒，古代一種柔軟的絲織品。拂壁：輕輕拂着牆壁。這句是說，用柔軟的細繒作窗簾或壁衣，微風輕動，細繒輕輕拂著牆壁。

⑩羅：絲織品，綾羅之類。幬：帳子。張：張掛。

⑪纂（音纘）、組、綺（音起）、縞（音稿）：四種用於幃帳的裝飾——纂：純紅色的絲帶；組：五色相雜的絲帶；綺：有花紋的絲織品，指帳帘；縞：白色的生絹，用作帳頂。這句寫帳子的質料。

⑫結：繫。琦：（音奇）美玉名。璜：（音黃）半壁形的玉器。這句寫帳子上的裝飾。

【大意】用磨平的美石砌成的內室，插着翠羽的拂塵，掛着玉作的鈎子。綉着翡翠鳥，綴着珍珠的錦被，五彩斑爛，交相輝映。薄薄的細繒作壁衣，微風吹過，輕輕地拂著牆壁。綾羅帳子張掛起來，五彩的絲帶，絲質的帳帘，生絹做的帳頂。琦、璜美玉的玩器，繫結在帳上，作爲它的裝飾。

室中之觀⑬，多珍怪些⑭。
蘭膏明燭⑮，華容備些⑯。
二八侍宿⑰，射遞代些⑱。
九侯淑女⑲，多迅衆些⑳。
盛鬋不同制㉑，實滿宮些㉒。
容態好比㉓，順彌代些㉔。
弱顏固植㉕，謇其有意些㉖。
姱容修態㉗，絙洞房些㉘。
蛾眉曼睩㉙，目騰光些㉚。
靡顏膩理㉛，遺視矊些㉜。
離榭修幕㉝，侍君之閑些㉞。

⑬觀：指室中所見之物。

⑭珍怪：指珍怪好玩之物。

⑮蘭膏：有蘭花香氣的油脂，燈油。明燭：明亮的蠟燭。這句是說，華燈已上。

⑯華容：花一樣的容顏，指美女。這句是說，美女已備。

⑰二八：古代宮中侍夜宮娥，以十六人爲數，分成二列，每列八人。侍宿：侍候夜宿。

⑱射：（音義）厭倦。遞代：更替。

⑲九：泛稱多數。九侯：指附庸於楚國的各國諸侯。淑：善，美。淑女：美貌善良的女子。

⑳多：讚美之辭，多麼。迅：靈敏。衆：「出衆」的省文。這句是稱讚列侯送來的美女，多麼靈敏，人才出衆超羣。

㉑鬋：（音剪）鬢髮。盛鬋：濃密的鬢髮。這裡是概稱頭髮。制：樣式。不同制：不同髮型。

㉒實：充實。實滿：充滿。宮：宮室。

㉓容態：容顏姿態。好：美。比：並比，難分高下。這句是說，列侯送來的淑女，容顏姿態美得不相上下。

㉔順：讀作「洵」，眞正，實在是。彌代：猶言「蓋世」。這句說，眞是絕代美人！

㉕弱：柔弱。顏：容顏。固：堅固，堅貞。植：通「志」。固植：堅貞的心志。這句是說，她們容顏柔弱，心志堅固。

㉖謇：（音簡）楚方言，語首助詞。其：代詞，指列侯所送的美女們。有意：有情意。

㉗姱（音夸）：美好。姱容：嬌美的容貌。修：長而美。修態：苗條的體態。姱容、修態：這裡都用來指美女。

(128)絙：通「亘」，佈滿的意思。洞房：深邃的內室，卽臥房。

(129)蛾眉：比喻女子的眉又長又彎像蠶蛾的眉毛一樣。曼：輕柔。睩：轉動。

(130)目：眼睛。騰光：放出光彩。

(131)靡：細嫩。膩：（音逆）柔滑。理：肌理。膩理：柔滑的肌膚。

(132)遺：留下，這裡是投送的意思。遺視：投送一眼。矊：（音棉）含情脈脈的顧盼。

(133)離榭：宮外的臺榭，意思是指「離宮」、「別宮」。修：長。修幕：長大的帳幕，游獵時才張設的。這句是說，不論在深宮，別苑，或是外出遊樂，都有這些美女隨侍。

(134)閑：閑暇。這句是說，侍候您，讓您消閑。

【大意】室中所見到的東西，都是珍怪好玩的。蘭香油脂的油燈和明亮的蠟燭，華燈已亮，美女也齊備了。十六位佳麗分成二行，在爲您侍夜。您可以任意選擇，隨便更換。列侯送來的淑女，多麼靈敏超羣。濃密的秀髮，梳着不同的髮型，充實着各宮各院。她們的容顏姿態，美的難分上下，眞是絕代美人。柔弱的容顏，堅貞的心志，而又有情有意。這些嬌美的容貌，苗條體態，佈滿了洞房。蛾眉輕輕轉動，眼睛放出光彩。細嫩的臉龐，柔滑的肌膚，投送一眼，脈脈含情的顧盼。在離宮的亭樹中，在別苑的帳幕裡，她們都隨侍在您的身邊，隨時讓您消閑。

翡帷翠帳(135)，飾高堂些(136)。

紅壁沙板(137)，玄玉之梁些(138)。

仰觀刻桷(139)，畫龍蛇些(140)。

坐堂伏檻⑭，臨曲池些⑭。
芙蓉始發⑭，雜芰荷些⑭。
紫莖屏風⑭，文綠波些⑭。

⑬帷、帳：均指帷幕。翡帷翠帳：翡翠羽毛裝飾的帷帳。
⑬飾：裝飾。高堂：高大的殿堂。
⑬紅壁：紅色的牆壁。沙板：丹沙塗飾的窗板。
⑬玄玉：黑色的玉。玄玉梁：用黑色玉石裝飾的屋樑。梁通「樑」，指橫樑。
⑬仰觀：抬頭看。刻：雕刻。桷：（音絕）方形的木椽。刻桷：雕刻的方椽。
⑭這句是說，上面刻畫着龍蛇花紋。
⑭檻：欄杆。
⑭曲池：彎曲的水池。
⑭芙蓉：荷花。始發：初開。
⑭雜：間雜。芰荷：（芰音技）菱的別名。這句是說，初開的芙蓉間雜在芰荷之中。
⑭屏風：水生植物名，其莖紫色，又叫水葵。
⑭文：通「紋」，作動詞用。綠波：綠色的水波。

【大意】翡翠羽毛裝飾的帷帳，懸在高大的殿堂裡。紅色的牆壁，丹沙塗飾的窗板。黑色的玉石鑲在橫樑上。抬頭看那有著雕刻的方椽，都是龍和蛇的圖案。坐在殿堂上，俯倚著欄杆，看下面彎彎曲曲的水池，荷花初開，間雜在菱芰之中，紫水葵被風吹動，搖起一圈圈的波紋。

文異豹飾(147)，侍陂陁些(148)。
軒輬既低(149)，步騎羅些(150)。
蘭薄戶樹(151)，瓊木籬些(152)。
魂兮歸來！何遠爲些(153)！

(147)文異：文彩奇異。　豹飾：豹皮裝飾。

(148)侍：侍衞。　陂陁：（音坡駝）這裡是指斜山坡。　以上兩句是說，武士們穿着文彩斑斑豹皮裝飾的奇異服裝，在斜坡上侍衞君王。

(149)軒：有蓬的轎車。　輬：（音涼）有窗櫺的臥車。　低：通「抵」，到達。

(150)步：步兵。　騎：騎兵。　羅：排列。　以上兩句說，君王外出時，都有步兵騎兵羅列護衞。

(151)薄：草木叢生。　蘭薄：猶「蘭叢」。　樹：動詞，種植。　戶樹：種在門前。

(152)瓊木：泛指名貴的樹木。　籬：圍起籬笆。　以上寫君王的侍衞及門前的環境。

(153)何遠爲：何爲遠去。

【大意】穿着文彩奇異豹皮服飾的武士，隨侍在高低不平的斜坡上。轎車和臥車都已抵達。外出時還有步兵和騎兵排列護衞。一叢叢的蘭草種在門前，四周用名貴的樹木圍成了籬笆。靈魂歸來吧！何以要遠行！

以上第二段第三節。寫宮室舒適華麗，環境優美，美女如雲，以及室內的陳設，最後再寫苑囿。

室家遂宗⑮，食多方些⑮。
稻粢穱麥⑮，挐黃粱些⑮。
大苦鹹酸⑮，辛甘行些⑮。
肥牛之腱⑯，臑若芳些⑯。
和酸若苦⑯，陳吳羹些⑯。
胹鼈炮羔⑯，有柘漿些⑯。
鵠酸臇鳧⑯，煎鴻鶬些⑯。
露雞臛蠵⑯，厲而不爽些。
粔籹蜜餌⑯，有餦餭些⑰。
瑤漿蜜勺⑰，實羽觴些⑰。
挫糟凍飲⑰，酎清涼些⑰。
華酌既陳⑰，有瓊漿些⑰。
歸反故室⑰！敬而無妨些⑰！

⑮室家：宗室家人。遂：就。宗：敬奉。這句是說，你的宗室家人都來敬奉你。

(155)食：飲食佳肴。　多方：多花樣，多種多樣。

(156)稻：大米。　粢：（音資）小米。　穱麥：（穱音捉）一種早熟的麥，大麥。

(157)挐：（音奴）糅雜。　黃粱：黃小米，穗大粒粗味香。

(158)大：盛大。　苦、鹹、酸：與下句的「辛、甘」合爲「五味」。　本句是「分割句」與下句合爲一完整句子。是一種很特殊的句式。歷來被分開解釋，皆不得其旨。王夫之說是「味之正」，錯。

(159)辛：辣。　甘：甜。　行：幹，做，製作的意思。　以上兩句是說「大行苦鹹酸辛甘」，也就是盛大地製作五味佳肴。

(160)腱：（音建）牛蹄筋。

(161)臑：（音而）爛熟。　若：猶「而」。　以上兩句說，牛蹄筋煮得又爛又香。

(162)和：調和。　若：這裡是「與」的意思。

(163)陳：陳列。　羹：（音庚）以肉和菜煮成的湯和。　吳羹：吳地風味的湯。　以上兩句是說烹調吳羹。

(164)胹：（音而）煮。　鼈：俗稱甲魚或水魚。　炮：燒烤，用泥封裹食物，放在火上烤熟的方法。　羔：小羊。

(165)柘：（音這）同「蔗」，甘蔗。　柘漿：蔗汁，古時調甜味使用蔗汁。

(166)鵠：（音胡）鴻鵠，卽天鵝。　酸：酸烹。　鵠酸：意思是：天鵝拿來酸烹。　臇：（音卷）：用少量的水清燉。　鳧：野鴨。　臇鳧：清燉野鴨。

(167)煎：熬。　鴻：雁。　鶬：（音倉）又名鶬鶴。

(168)露：液體芳香可飲者。　露鷄：以香料爲露的鹵鷄。　臛：（音霍）紅燒，肉類加湯煮而不加蔬菜的烹法。　蠵：（音希）一種大龜。　臛蠵：紅燒大龜肉。

(169)厲：濃烈。不爽：不失。這句是說，香味濃烈而不失去鷄和龜肉的鮮味。以上十六行寫主食菜淆。

(170)粔籹：（音巨女）用蜜和米麵油煎的食品。餌：（音耳）餅。蜜餌：用蜜和米粉做的糕餅。以下八句寫點心和飲品。

(171)餦餭：（音張皇）用糯米粉和麵扭捻成環釧形的油炸食品。

(172)瑤漿：白色的美酒。勺：通「酌」。蜜勺：蜜酌，喻酒甜美如蜜。

(173)實：這裡是說斟滿。羽觴：（觴音傷）鳥形的飲酒器。

(174)挫：這裡是說擠壓。挫糟：擠出酒糟，濾出清酒。凍飲：冷飲。

(175)酎：（音宙）美酒，是重釀之酒。如「雙蒸」、「三蒸」之類。以上兩句說，去糟過濾過的這種重釀酒，冷飲其味醇而且清涼。

(176)華酌：華筵。華酌既陳：華筵已經擺好。

(177)瓊：赤色美玉。瓊漿：赤色的美酒。以上是說華筵已陳。

(178)反：同「返」。故室：指舊日居住的宮室。

(179)敬：尊敬。無妨：無妨害。以上兩句是說，歸來故居吧！雖然你在武關丟盡了臉，大家還是一樣尊敬您，無妨的！

【大意】宗室家人都來敬奉您，飲食佳肴，多種多樣。大米、小米、大麥，雜點黃小米進去。盛大地烹製苦、鹹、酸、辣、甜五味食品。肥牛的牛蹄筋煮得又爛又香。調和酸和苦，陳列着吳地風味的羹。煮甲魚，烤羊羔，淋上一點蔗汁。酸烹天鵝，清燉野鴨，熬大雁與鶬鶴。醬汁鹵鷄燜龜肉，味道雖然濃烈，但不失原味。煎餅、甜餅和油炸餅，白酒味甜如蜜。斟滿鳥形的酒杯，濾去酒糟冷飲，這醇酒眞淸涼。華筵已經擺好，有飲不盡的黃酒！歸返故室來吧！大家還是一樣尊敬您，不要緊！

以上第二段第四節，寫飲食，先寫主食菜淆，後寫點心和飲品。

肴羞未通⑱，女樂羅些⑱。
陳鐘按鼓⑱，造新歌些⑱。
涉江采菱⑱，發揚荷些⑱。
美人旣醉⑱，朱顏酡些⑱。
娭光眇視⑱，目曾波些⑱。
被文服纖⑲，麗而不奇些⑲。
長髮曼鬋⑲，艷陸離些⑲。

⑱肴：肉類，屬葷菜。羞：同「饈」，凡飲食之物曰羞。這裡是指「珍饈」，美味的食物。未通：未齊，未全。
⑱女樂：表演歌舞的女樂隊。羅：羅列，這裡是指列隊表演歌舞。
⑱陳鐘：把鐘的位置放好。
⑱造：制作。造新歌：意謂把新制作的新歌演奏起來。
⑱涉江、采菱：都是流行的楚曲名。
⑱發：發聲齊唱的意思。揚荷：也是楚曲名。又作〔揚阿〕或〔陽阿〕（見〔淮南子〕）。

(186)既：已。

(187)酡：（音駝）飲酒後臉色紅潤。

(188)娭：同嬉。娭光：目光流轉動人。眇視：含情羞怯地偷看。

(189)目：眼睛。曾：同「層」。曾波：層波，是說眼睛清明似水，泛起層層秋波。也就是「秋波層層」的意思。

(190)被：同「披」。文：指有文綉的艷麗服裝。服：穿着。纖：細軟的絲織品。

(191)麗：美麗。不奇：不怪異。以上兩句是說，披着縐紗，穿着綾羅，美觀大方。

(192)曼：曼長，形容美和長。曼鬋：柔長的鬢角。

(193)艷：艷麗。陸離：光彩燦爛，指秀色迷人。以上寫女樂隊的歌舞表演，以及歌女的迷人姿態。

【大意】酒菜還未上齊，女樂隊已排列在面前。設置好金鐘，按節擊鼓，演唱新的歌曲。唱那〔涉江〕、〔采菱〕，又齊唱〔揚荷〕。美人已經微醉，臉上泛起紅暈。目光逗人，顧盼流轉，泛起層層秋波。她們披着縐紗，穿着綾羅。長長的秀髮，柔美的雙鬢，容貌艷麗，秀色燦爛。

二八齊容(194)，起鄭舞些(195)。

衽若交竿(196)，撫案下些(197)。

竽瑟狂會(198)，搷鳴鼓些(199)。

宮庭震驚(200)，發激楚些(201)。

吳歈蔡謳(202)，奏大呂些(203)。

士女雜坐(204)，亂而不分些(205)。
放陳組纓(206)，班其相紛些(207)。
鄭衞妖玩(208)，來雜陳些(209)。
激楚之結(210)，獨秀先些(211)。

(194)二八：指女樂隊排成二列，每列八人。　齊容：形容穿飾打扮得一模一樣。

(195)起：跳起。　鄭舞：鄭國的舞蹈。

(196)衽：（音任）衣袖。〈廣雅·釋器〉，「衽：袖也。」　若：似。　交竿：相交的竹竿。

(197)撫：掩。　案：同「按」，按抑。　下：退下。　這句寫徐徐退下的舞姿。

(198)竽：（音于）古代的簧管樂器，形似笙而略大，有二十二管及三十六管。一九七二年長沙馬王堆漢墓出土的竽是二十二管的，分前後兩排。　瑟：古代的弦樂器，有二十五弦及五十弦。　狂會：不同樂器，急管繁弦的大合奏。

(199)搷：（音田）擂，擊。　鳴：響。　鼓：這裡是指大鼓。　以上兩句說，管弦狂奏，大鼓雷鳴。

(200)震驚：震動驚駭。

(201)發：這裡是「奏」的意思。　激楚：楚曲名，因節奏急促，音調激昂而得名。　以上兩句說，宮廷震撼，是開始奏〈激楚〉了！

(202)吳、蔡：都是春秋時代的國名。吳地在今江蘇、安徽、浙江一帶；蔡地在今河南省上蔡、新蔡一帶。　歈、謳（音俞歐）：都是指歌曲。　吳歈蔡謳：吳歌楚調，吳國和蔡國的歌曲。

(203)大呂：古代的樂調名。古樂分十二律，陰陽各六，陽律總稱「六律」，陰律總稱「六呂」，六呂之四曰大呂。

以上兩句是說，演唱吳、蔡之歌，又奏大呂古調。

㉔士女：男女。雜坐：相雜而坐。

㉕亂而不分：座次混亂，不分貴賤。

㉖放：解開。陳：放置，組：綬帶。纓：帽帶，這裡是指帽冠。

㉗班：班次，指排定的座次。紛：亂。以上四句說，男女雜坐，不分貴賤，解開綬帶，脫去帽子，座次紛亂。寫歌舞間的忘形失次。

㉘鄭、衞：古國名。鄭地在今河南省新鄭一帶；衞地在今河南省淇縣、滑縣、濮陽一帶。妖玩：怪異的雜玩，雜技、魔術之類。非指女人也。

㉙來：前來。雜陳：揷入表演。以上兩句說，鄭衞兩地著名的雜技及魔術也雜入表演。

㉚結：結尾。這句是說，最後又奏起激昂的〔激楚〕。

㉛秀：高超。秀先：超過前所表演的。意思是說把表演帶上高潮。以上兩句是說，當怪異的雜玩揷入表演的時候，最後奏起〔激楚〕，掀起了高潮。

【大意】十六個舞女分成二列，每列八人，一樣的裝束，一樣的儀容，跳起鄭國的舞蹈。揚起長袖，相交如竿，最後低撫輕按着衣袖，徐徐退下。急管繁弦，竽、琵癡狂合奏。擂起大鼓，宮庭震盪，這是在奏〔激楚〕。唱吳、蔡之歌，再奏大呂奏章。男女雜坐，座次混亂而不分。解鬆綬帶，脫下帽子，把原來的位子都坐亂了。鄭、衞兩地怪異的雜玩揷入表演，最後再奏起〔激楚〕掀起高潮。

以上第二段第五節。寫歌舞表演。

琨蔽象棊(212)，有六簙些(213)。

分曹並進(214)，遒相迫些(215)。

成梟而牟(216)，呼五白些(217)。

晉制犀比(218)，費白日些(219)。

(212)琨：（音昆）或作「菎」，玉名。一作「箟」，則爲箟簬，是細長的竹子。本篇極言豪華，棄竹從玉爲妥。蔽：（音蔽）古代下棋用的籌馬，形如筷子而扁，也稱箭籌。琨蔽：玉制的箭籌。象棊：卽象棋。棊卽棋字。

(213)六簙：（簙音博）古代的一種博戲，用六枝博箸（籌碼）十二個棋子（六黑六白），兩人對局，每人一色六個棋子。投六箸，行六棋，故爲「六簙」。

(214)曹：偶指棋件。分曹：分組，古代博戲，分兩組對奕，每組二人。並進：雙方各自運子進攻。

(215)遒：（音求）急。相迫：互相爭勝。以上說下「六簙棋」，分成兩組，各自運子，進迫爭勝。

(216)梟（梟音消）、牟（音謀）：都是「六簙」中的用語。古代博法，已失傳。〈古博經〉所云：竪盤爲長方形，棋十二格，橫六格，十二格中間一格叫「水」，水中擺上二「魚」，棋子十二枚，六黑六白，雙方各用一色的六枚，又備五個骰子，方形，六面。有相對兩面是尖頭，其餘四面爲平面，有一面是空白，其餘三面分別刻鑽圓眼（一眼、二眼、三眼）。博戲時，雙方對坐，面向棋盤，將各方的棋子都放在自己那方靠棋盤邊的六個格子上，擲骰成彩，才能走棋。走到水邊，便竪起來，叫做梟棋，再擲骰成彩，便入水牽魚，牽一魚，得兩支籌碼。兩人的梟棋相對叫「牟」（相等的意思），這就是所謂「成梟而牟」。一九七五年湖北雲夢睡虎地秦墓有六簙棋出土。

(217)五白：五個骰子全是不刻字的一面朝上，是純大之彩，可殺對方梟棋，故下棋之人擲骰時要喊「五白」。

㉑晉：春秋時代的國名。晉制：晉地製造。犀：犀牛。比：通「庀」（音庀），具。犀比：犀具，用犀牛角做的六簙棋具。是當時最名貴的六簙棋。作「黃金胡帶鉤」解者，錯。

⑲費：耗，消磨。費白日：消磨白晝的時間，意指耗損光陰。以上兩句是說，玩這晉制的犀比，就可以消磨一個白日。

【大意】玉做的籌碼，象牙做的棋子，有六簙棋的遊戲。兩組對奕，雙有各自運子進攻，緊緊相迫。走成梟棋，豎起相對，大聲叫喊「五白」！玩這些晉制的犀比，可以消耗一個白天。

鏗鍾搖簴⑳，揳梓瑟些㉑。
娛酒不廢㉒，沉日夜些㉓。
蘭膏明燭㉔，華鐙錯些㉕。
結撰至思㉖，蘭芳假些㉗。
人有所極㉘，同心賦些㉙。
酎飲盡歡㉚，樂先故些㉛。
魂兮歸來！反故居些㉜！

⑳鏗：（音坑）撞擊。鍾：通「鐘」。鏗鍾：撞鐘。簴：（音巨）鐘架。搖簴：鐘架搖動。

㉑揳（音頰）通「戛」。彈奏。梓：（音紫）樹木名，落葉喬木，葉似桐而小，木質輕軟，可作琴瑟。梓瑟：梓木做的瑟。

㉒娛酒：飲酒作樂。　不廢：不止。
㉓沉：沉緬。　日夜：日夜相繼。
㉔蘭膏：有蘭香的油脂。　明燭：明亮的蠟燭。
㉕鐙：（音登）燭台。　華鐙：雕飾華麗花紋的燭台。　錯：錯落。
㉖結：結構，指綴字成文。　撰：（音賺）撰述詞句。　結撰：指酒後作詩。　至：盡。　至思：盡力思考。
㉗蘭芳：喻華美的詞藻。　假：假借。以上兩句是說，酒餘作詩，用盡思考，借優美的詞藻寫詩。
㉘人：人人。　極：盡。　這句是說，人人盡情抒寫。
㉙同心：興趣一致。　賦：賦詩。不歌而誦謂之賦。這裡是說，各人吟誦詩作，互相酬唱。
㉚酎：（酎音宙）：經過多次反復釀製的醇酒。　酎飲：飲反復釀製的醇酒。　盡歡：極盡饜飲之樂。
㉛樂：動詞，娛樂。　先故：先輩、故舊。　以上兩句是說，暢飲反復釀製之酒，藉以娛樂先輩長者及故舊。
㉜反：同「返」。

【大意】撞鐘撞得鐘架也搖動起來，彈起瑟來，飲酒作樂，不要停止，白天黑夜沉緬其中。點著蘭香油脂的明燭，華麗的燭台參差錯雜，大放光明。綴字成文，撰寫詩句，極盡情思，藉着優美的詞藻卽興，人人盡情抒寫，同心酬唱，暢飲反復釀製的醇酒，極盡饜飲之樂，先輩長者故舊都來同樂。靈魂啊歸來吧！返回您的故居！

以上第二段第六節。寫下棋、鼓瑟、飲酒、賦詩，招詞至此結束。這一部分以對比手法描述四方上下都有災難，十分恐佈，無處能有安全。而故居宮室、苑囿、飲食、樂舞極盡豪華，任你享用，以此勸告靈魂速速歸來。

亂曰㉝：

獻歲發春兮汨吾南征㉞，菉蘋齊葉兮白芷生㉟。

路貫廬江兮左長薄㊱，倚沼畦瀛兮遙望博㊲。

㉝亂：樂章之尾聲。

㉞獻：進。獻歲：進入新歲。發春：春氣新發。汨：（音古）流水快貌，這裡用來形容疾走。吾：屈原自稱。南征：南行，指被放逐向江南走去。

㉟菉：通「綠」。蘋：（音平）水草，又叫四葉菜，生於淺水。「菉蘋」與「白芷」成對文。齊葉：生齊葉子。白芷：香草名，又名「辟芷」。白芷生：白芷叢生。菉蘋、白芷都是新春景物。

㊱貫：通過。路貫：路過。廬江：水名，〔漢書·地理志〕：「廬江出陵陽東南，北入江。」左：指廬江的左岸。薄：草木茂密而生，人不能進入者。左長薄：左岸是莽莽長林。

㊲倚：傍着。沼：池。畦：（音其）名詞，此處泛指一塊塊的田壠，不能作動詞用。瀛：（音營）大水澤。博：廣潤。遙望博：遙望無邊無際。這句是寫傍着池沼從近至遠而望。但見池沼、田壟、大澤，寫平原的水域無邊無際。

【大意】（尾聲）進入新歲，春氣奮發，我急急向南行。綠蘋長齊了葉子，白芷遍地叢生。路過廬江左岸一片草木叢生，令人無法進入的長林。遠望池沼、田壠、大澤，平原水域無垠。

青驪結駟兮齊千乘㊳，懸火延起兮玄顏烝㊴。

步及驟處兮誘騁先㉔⓪，抑騖若通兮引車右還㉔①。
與王趨夢兮課後先㉔②，君王親發兮憚青兕㉔③。

㉓⑧青：年青。不作他解。　驪：純黑色的馬。　青驪：年青的英姿勃發的純黑色的駿馬。　駟：（音四）駕一輛車的四匹馬。　結駟：結成駟馬。　齊：並，指並進。　乘：量詞，古時四馬所駕的一輛車，叫做一乘。　這裡是回憶當年，年輕時伴隨懷王出獵的情形，英姿勃發，千乘並進。

㉓⑨懸火：打獵時焚林用的火把。古代有「火田」，卽焚燒山林，將禽獸驅出來獵捕。本篇所說的田獵，卽屬火田。　延起：蔓延升起。　玄：黑色。　顏：容貌，是指天空的樣子。　玄顏：滿天都是黑烟。　烝：指熱氣騰騰。這句是說，獵火熊熊，黑烟滾滾，熱氣騰騰。

㉔⓪步：徒步。　及：和。　驟：疾奔，這裡是指騎馬。　處：所至之處。　誘、騁：打獵時，有時要用一些人去「誘野獸」和「追獸」。這句是說自己。下車之後，無論是徒步或換上馬去打獵，所到之處，無論是作「誘獸」還是去「追獸」，我都走在衆人之前。

㉔①抑：止。　騖：（音務）馳。　若：順。　通：暢達。　引車：掉轉車子。　右還：從右邊那條路回去。　這句回到現實的「南行」之中，回到廬江左岸那莽莽長林的放逐路上，回想當年與王出獵馳止自如，通暢無阻，正是從右邊那條路上回去。

㉔②王：指楚懷王。　趨：奔向。　夢：雲夢澤，古代大澤，在今湖北境內，廣八九百里，垮長江南北，江北稱「雲澤」，江南稱「夢澤」，簡稱「雲」或「夢」，皆指雲夢澤。　課：猜。　課後先：猜一猜誰後誰先，意思是看誰先射得大野獸。

㉔③君王：指懷王。　親發：親自發箭。　憚：（音丹）「殫」的假字。「斃」的意思。　青：青色。　兕：（音四）

犀牛之類。青兕：青色的獨角犀牛。這句是說，君王一發箭就射中大犀牛！以上寫與懷王一段快樂的回憶。

【大意】精壯的純黑色的駿馬結成駟馬，千輛車子同時並進。火把焚林，蔓延升起黑烟滾滾，熱氣騰騰。無論徒步或騎馬，所到之處無論誘獸或獵獸，我都走在衆人之前。馳止自如，通而無阻，掉轉車子正是從右邊那條路上回去。與君王奔赴雲夢澤，事先猜想誰會首先獵得大野獸，您親自發箭，一箭就射中青色的大犀牛！

朱明承夜兮時不可淹㉔，皐蘭被徑兮斯路漸㉕。

湛湛江水兮上有楓㉖，目極千里兮傷春心㉗！

魂兮歸來哀江南㉘！

㉔朱明：紅日，指太陽。承夜：繼夜。時：時間。淹：淹留，久留。

㉕皐：澤畔高地。蘭：蘭草。被：覆蓋。徑：路。斯：此，指示代詞。斯路：此路，上文所說的「右邊的那條路」。漸：淹沒。以上兩句，感嘆太陽依舊繼夜而升，歲月消逝，時光不可淹留。蘭草雖然披徑，而斯人已去，斯路亦已淹沒。右邊那條曾載過歡樂的路湮沒了，而我足下這條左邊的載我放逐南方的路，却是那樣的漫長。

㉖湛湛：（音占占）水澄清貌。楓：楓樹。這句說，清澈的江水，岸上的楓樹林都長出新嫩可愛的葉子。

㉗極：盡。目極千里：放眼望盡千里。傷春心：一片春天的景色，令人更加傷心。詩人感念國事日非，竟然到了這等地步，不禁傷心欲絕。

㉘哀：哀憐。江南：指楚國。

【大意】白天承接黑夜，時間不可以久留。澤畔的蘭草覆蓋着路徑，右邊這條打獵回去的路已湮沒。澄清的江水，岸上長著新綠的楓樹林。目極千里，春色無邊，令人更加傷心！靈魂啊歸來吧！歸來哀這可憐的江南！

以上第三段，是亂詞。回憶與懷王一段快樂的出獵故事。用巧妙的手法寫出，一條昔日歡樂回去的道路已經湮沒，一條放逐走向南方的道路却無限漫長。感念國事，江南風景更加令人觸目驚心。而斯人已去，夫復何言？祇有痛苦欲絶地叫他歸來，歸來看這可憐的江南。

大招

公元前二九六年（楚頃襄王三年）秦人歸懷王之喪，楚人路祭，如喪考妣。

〔招魂〕和〔大招〕都是屈原所作，所招都是懷王之魂。〔招魂〕是屈原初聞懷王崩逝時，爲他寫的「悼亡詩」；〔大招〕是懷王靈柩歸郢後，屈原爲他寫的「祭文」。〔招魂〕中的「高堂邃宇、砥室、夏屋，翡帷翠帳，九侯淑女」全是楚宮後院眞實的描寫；而〔大招〕中所寫的「美女、夏屋、沙堂、車駕、禽鳥」全部都是靈前茅紮泥糊的、待要燒給靈魂的「陪葬品」。

青春代謝
白日光明
春氣奮發
萬物蘇醒
冰水橫流

無處藏身
靈魂歸來！
不要去遠！
靈魂啊，歸來！
不要往東

不要往西
不要往南
不要往北
東有大海
海水溺人！
螭龍並游
出出進進
雨霧不散
茫茫一片
靈魂啊，不要往東！
湯谷寂寥難忍！
靈魂啊，不要往南！
南方千里赤焰
蝮蛇蜿蜒
山林險隘
虎豹橫行

怪魚短狐
虺蟒眈眈
靈魂啊，歸來！
鬼蜮會傷你身！
靈魂啊，不要往西！
西方流沙無垠
漭漭無邊
猪頭豎目
披髮垢臉
長爪鋸牙
怪笑瘋癲
靈魂啊，不要往西！
那裏容易喪命！
靈魂啊，不要往北！
北方有冰凍的寒山

燭龍紅似火焰
代水難渡
無底深淵
天白顥顥
寒氣凝凝
靈魂啊，不要前去！
北極雪地冰天！

靈魂歸來！
家裏閒適清靜
隨便自己楚國
安安定定
任心所欲
心意安寧
終生永樂
添壽延年
靈魂啊，歸來！

這裏樂不可言！

五穀堆成六仞
擺上菰米飯
滿目鼎鑊珍肴
再加調味香品
肥鶴肥鴿天鵝
豺狼野味羹鮮
靈魂啊，歸來！
煎炒隨你心願！

鮮龜肥雞
楚酪加點
醢猪醋狗
膾上羌片
吳式蒿蔞酸羹
不濃不淡

靈魂啊，歸來！
任你挑選！
烤鴰蒸鳧
流火燒鶉
煎鯽燜雀
爽烈並存
靈魂啊，歸來！
珍饈百味任君先！
四蒸皆熟
不澀而香醇
清馨凍飲
不喝也盛
吳釀醴酒，白麯釀成
滲合清酒，清冽芳芬
靈魂啊，歸來！

不要擔心！
代、秦、鄭、衞之樂
鳴竽聲聲入雲
奏起伏羲的「駕辯」
再起「勞商」楚韻
徒歌清唱「揚荷」
趙簫先奏過門
靈魂啊，歸來！
空桑等你校正！
二八舞姿蹁躚
合拍演唱詩篇
叩鐘調磬
管弦鼎盛
四位高手，吹管運氣
極盡聲調之變

靈魂啊，歸來！
來聽讚美的歌聲！

朱唇皓齒
嫚娜娉婷
都是溫順好嫻
美麗大方，儀態萬千
豐滿苗條
和諧歡欣
靈魂啊，歸來！
這裏安樂無邊！

美目巧笑
蛾眉曼曼
容貌秀雅
幼嫩紅顏
靈魂啊，歸來！
這裏平靜安寧！

娉婷浩蕩
秀麗迷人
豐頰貼耳
曲眉彎彎
大方綽約
姣麗施展
細腰秀頸
若鮮卑腰纏
靈魂啊，歸來！
歸來消除思怨！

平易佮俐
動作靈敏
傅粉畫眉
香澤施勻

長袖拂面
留客款款
靈魂啊，歸來！
竟夕侍夜慇勤！
青色植眉
美目媔媔
酒窩秀齒
淺笑嫣然
豐滿苗條
美妙輕盈
靈魂啊，歸來！
任君所便！
大屋寬廣
沙堂秀艷
南方小壇

樓簷水管
欄杆廻廊
宜馴鷹犬
駕車步遊
獵春園林
瓊轂金衡
花飾燦然
茝蘭桂樹
綠滿路邊
靈鬼啊，歸來！
縱情遊玩！
孔雀滿園
鳳凰飛翔
鶤鴻鳴晨
鶖鶬聲聲
鴻鵠浮游

鷫鷞盤旋
靈魂啊，歸來！
鳳凰為你蹁躚！

紅光滿面
血氣旺盛
常調身體
可保壽命
子孫滿朝
爵祿鼎盛
靈魂啊，歸來！
居室安定！

路通千里
百姓如雲
三圭重侯
聽似神明

體恤貧病
孤寡溫存
靈魂啊，歸來！
先後安頓！

鄉鎮千徑
人阜物盛
美政披施
德澤彰明
先威後文
善美昌明
靈魂啊，歸來！
賞罰嚴明！

名聲若日
四海光明
德譽齊天

治理萬民
北至幽陵
南至交阯
西至羊腸
北至海邊
靈魂啊，歸來！
禮士尙賢！
發布善行
禁施暴政
選賢舉才
翦除流氓
忠直在位
似禹施令
豪傑執政
恩澤百姓

靈魂啊，歸來！
國家前途光明！

雄雄赫赫
天德聖明
三公穆穆
登降堂前
諸侯旣至
再立九卿
箭靶旣設
鹿皮張定
執弓挾箭
揖讓頻頻
靈魂啊，歸來！
把三王風尙繼承！

【今　注】

青春受謝①，白日昭只②，
春氣奮發，萬物遽只③。
冥凌浹行④，魂無逃只⑤。
魂魄歸來，無遠遙只⑥！

①青春：春天，春天到來，萬木回青，故曰「青春」。受：接受。謝：凋謝。受謝：指春天代而受之，接受多天的凋謝。
②昭：昭昭，光明貌。只：語末助詞，古代楚地禁咒句尾稱「只」，如〈招魂〉的「些」。
③遽：（音詎）急，這裡是指蘇醒。以上兩句是說，春氣勃發，蟄蟲和草木都急急蘇醒萌動起來。
④冥：幽暗。凌：積冰。冥凌：陰冰，指積雪。浹：霑濕貌。浹行：這裡是指冰水橫流。
⑤魂：魂魄，靈魂。無逃：無處可逃，無處可以藏身。
⑥遠遙：遙遠。無遠遙：無需去遙遠的地方。

【大意】春天受而代之，接受殘多的凋謝，萬木回青。白日和暖地光明照耀。春氣萌動，草木發芽，萬物都急遽地蘇醒起來。陰冰積雪正在融解，冰水橫流。靈魂你無處可逃。魂魄啊回來吧，不要去遙遠的地方！

魂乎歸來⑦！無東無西無南無北只⑧！

東有大海⑨，溺水浟浟只⑩！

螭龍並流⑪，上下悠悠只⑫。

霧雨淫淫⑬，白皓膠只⑭。

魂乎無東！湯谷宋寥只⑮！

⑦乎：感嘆詞，同「啊」。

⑧無東無西無南無北：不要往東，不要往西，不要往南，不要往北。

⑨大海：指神話中東方海外漫無邊際的「歸墟」。

⑩溺水：能將人溺死的水，歸墟乃無底深淵。故以此將靈魂阻嚇，叫他回頭。浟浟：（音悠悠）水流迅疾貌。

⑪螭、龍：無角之龍與有角之龍。並流：一起順着水勢而游。

⑫上下：螭、龍都是神物，出水能飛，入水能游。這裡是指牠們在水中出出進進。悠悠：自由自在的樣子。

⑬霧雨：濃霧夾着細雨。淫淫：綿綿不斷。

⑭皓：白。白皓：白茫茫的意思。膠：粘，連在一起。

⑮湯谷：神話中，東海太陽升起的地方。宋：同「寂」。

【大意】靈魂啊，歸來吧！不要往東，不要往西，不要往南，不要往北！東有無涯的大海，那裡是無底深淵，會溺死人！祇有螭龍在那兒自由自在出出進進。濃霧和着淒涼的細雨連綿不停，祇能看見白茫茫一片。靈魂啊，不要往東方，那兒祇有太陽和扶桑樹，沒有一個人影，那兒寂寥得令人無法忍受！

魂乎無南！
南有炎火千里⑯，蝮蛇蜒只⑰。
山林險隘⑱，虎豹蜿只⑲。
鰅鱅短狐⑳，王虺騫只㉑。
魂乎無南！蜮傷躬只㉒！

⑯炎火：古代神話中，扶南國東，有炎山。（見〔元中記〕）

⑰蝮蛇：身上有黑褐色斑紋，能傷人畜的一種大毒蛇。　蜒：長曲的樣子。

⑱險隘：險阻狹隘。

⑲蜿：盤動的樣子。

⑳鰅鱅：（音禺庸）怪魚，〔山海經〕稱爲「鱅鱅」，狀如犂牛，其聲似豬。　短狐：又叫「蜮」或「射工」。南方怪物，以氣射人。

㉑王：這裡是「大」的意思。　虺：（音悔）大毒蛇。　王虺：猶言「蛇王」。　騫：高擧，這裡是指蛇頭眈眈的樣子。

㉒蜮：鬼域，泛指一切害人的怪物。　躬：身體。

【大意】靈魂啊，不要往南方！南方有火焰千里，黑色斑紋的蝮蛇，又大又長。山林險阻狹隘，虎豹攔在路上。還有形如犂牛，聲音似豬的怪物鰅鱅，和以氣射人的短狐。大虺蟒頭眈眈的等在那裡。靈魂啊，不要往南方，那些鬼域會傷害你的身體！

魂乎無西！
西方流沙㉓，漭洋洋只㉔。
豕首縱目㉕，被髮鬤只㉖。
長爪踞牙㉗，誒笑狂只㉘。
魂乎無西，多害傷只！

㉓流沙：又叫「洹流」，神話中的沙漠，像水一樣流動，風卷黃沙，大霧迷濛八百里，一足踏去，就會下沉。是個十分可怕的地方。
㉔漭：漭漭，水廣遠貌。洋洋：無涯。漭洋洋：漭漭洋洋，這裡是形容八百里流沙似水，無際無涯。
㉕豕：（音始）豬。豕首：指豬頭妖物。豎目：豎起雙目。
㉖被：通「披」。被髮：披髮。鬤：（音襄）髮亂貌。
㉗踞：同「鋸」。踞牙：如鋸的牙齒。
㉘誒笑：（誒音熙）獰笑。狂：瘋狂。

【大意】靈魂啊，不要往西方！西方有像水一樣流動的流沙，漭漭洋洋。那兒有豬首怪物，豎起雙目，披散頭髮，十分可怕。長爪鋸齒，獰笑起來十分瘋狂。靈魂啊，不要往西方！那兒許多害人的東西，會把你傷害！

魂乎無北！

北有寒山㉙，逴龍赩只㉚。

代水不可涉㉛，深不可測只。

天白顥顥㉜，寒凝凝只㉝。

魂乎無往㉞！盈北極只㉟！

㉙寒山：泛指凝冰積雪之山。

㉚逴龍：逴讀「燭」，燭龍，古代神話中，西北海外的鍾山之神。人面蛇身，滿身通紅，亮如火焰。　赩：（音汐）大紅色。

㉛代：北方古國名。代水：水名，這裡泛指北方之水。　涉：渡水。

㉜顥顥：（音皓皓）光白貌，指冰雪寒光閃閃。

㉝凝凝：冰凍貌。

㉞無往：不要去。

㉟盈：滿。

【大意】靈魂啊，不要往北方！北方有冰山。人面蛇身的燭龍，滿身亮如火焰。代水不可渡，深不可測。天白顥顥，寒氣凝凝。靈魂啊，不要去！北極雪地冰天！

以上第一段。舉四方的可怕，以阻赫靈魂，招其歸來。

魂魄歸來！閑以靜只㊱。
自恣荊楚㊲，安以定只㊳。
逞志究欲㊴，心意安只。
窮身永樂㊵，年壽延㊶。
魂乎歸來！樂不可言只！

㊱閑以靜：閑適清靜。
㊲自：自己。　恣：隨意。　荊楚：楚國，楚初建於荊山，故稱。
㊳安以定：安安定定。
㊴逞：滿足。　究：窮盡。　逞志究欲：任心所欲，想要怎樣，就能怎樣，都能滿足。
㊵窮身：終生。
㊶年壽延：添壽延年。

【大意】靈魂歸來！這裡閑適清靜。在自己的國家裡可以隨意，一切安安定定。想要怎樣，就能怎樣，都可以滿足你，而且心意安寧，終生常樂，益壽延年。靈魂啊，歸來！這裡樂不可言！

以上第二段。說明在自己國中，可以安心快樂。懷王已死而盼他延年，是不顧其死之意。

五穀六仞㊷，設菰粱只㊸。

鼎臑盈望㊹，和致芳只㊺。

內鶬鴿鵠㊻，味豺羹只㊼。

魂乎歸來！恣所嘗只㊽！

㊷五穀：稻、稷、麥、豆、麻。　六仞：言積聚之多。

㊸設：陳設。　菰：（音姑）蔬類植物，六穀之一。秋間開花長穗，謂之菰米，又叫雕胡米，色白而滑膩，可作飯。　粱：粟。　菰粱：菰米。

㊹鼎：這裡是指鼎鑊。　臑：（音而）爛，這裡是指煮熟的肉食。　盈望：滿眼的意思。

㊺和：拌。　致：放。　芳：這裡是指香料。

㊻內：裡面，指「滿眼鼎鑊」裡面放的食物。　鶬：又名鶬鶴。　鵠：黃鵠，俗稱天鵝，水鳥，似雁而大。

㊼味：美味，或野味。

㊽豺：豺狼。　羹：雜以肉類及菜蔬的濃湯。

【大意】五穀堆得像山一樣高，還做了菰米飯。望眼全是煮熟的鼎鑊，以及和拌的香料。裡面是鶬鶴、白鴿、黃鵠，還有美味的豺狼羹。靈魂啊，歸來！隨便你的口味！

鮮蠵甘雞㊾，和楚酪只㊿。

醢豚苦狗(51)，膾苴蓴只(52)。

吳酸蒿蔞㊸，不沾薄只㊹。

魂兮歸來！恣所擇只㊺！

㊾蠵：（音希）大龜。甘雞：肥雞。

㊿酪：乳漿。楚酪：楚式的乳酪。

51醢：（音海）肉醬。豚：小豬。醢豚：小豬肉醬。苦狗：醋一名「酸酒」，又名「苦酒」，「苦狗」者「酸狗」也，即是「醋烹狗肉」。「苦」作「枯」而作「肉乾」等解，皆錯。

52膾：細切肉曰膾。這裡用作動詞。苴蓴：（音蛆粕）一名「蘘（音攘）荷」，羌的一種，佐料。膾苴蓴：羌切得又細又碎。以上兩句的意思是說，那些「小豬肉醬」和「醋烹狗肉」，都配上了美味的羌茸。

53蒿蔞：亦叫「蔞蒿」，草名，生水邊或澤中，似艾而濶，嫩莖香脆可食，江東人用來煮魚羹。吳酸蒿蔞：吳式的蒿蔞酸羹。

54沾：濃，汁多。薄：淡，稀薄。

55擇：選擇。

【大意】新鮮的大龜肉加上肥鷄，和上楚國的乳酪。乳豬肉醬和醋烹豬肉，都加上了美味的羌茸。吳式的蒿蔞酸羹，不濃也不淡。靈魂啊，歸來，隨便你選擇！

炙鴰烝鳧㊻，煔鶉陳只㊼。

煎鰿臛雀㊽，遽爽存只㊾。

魂乎歸來！麗以先只⑥⑩！

⑤⑥炙：（音隻）烤，炮肉。鴰：（音括）麇鴰，一作鵠。烝：同「蒸」。鳧：（音扶）野鴨。

⑤⑦煔：（音潛）用流火烤熟。鶉：（音淳）鵪鶉。

⑤⑧鰿：（音卽）鯽魚。臛：（音霍）紅燒，肉類加湯煮而不加蔬菜的烹法。

⑤⑨遽：烈味。爽：清爽之味。存：並存。

⑥⑩麗：美，指美食。先：先動筷子。

【大意】烤麇鴰，蒸野鴨，流火燒鵪鶉，都擺好在桌上。煎鯽魚，燸黃雀，烈味的，和清爽之味的全都有了。靈魂阿，歸來！這些美食，你先動動筷子！

四酎幷孰⑥①，不歰嗌只⑥②。
清馨凍飲⑥③，不歠役只⑥④。
吳醴白蘗⑥⑤，和楚瀝只⑥⑥。
魂乎歸來！不遽惕只⑥⑦！

⑥①酎：（音宙）美酒，重釀之酒。四酎：經過三重釀製的酒，逾年爲四重醇酒。幷：皆。孰：通「熟」。

⑥②歰：（音瑟）同「澀」。嗌：（音益）咽喉。歰嗌：酸而澀喉。

⑥③凍飲：冷飲。

⑥④歠：（音啜）飲。役：〈詩・大雅・生民〉：「禾役穟穟。」〈毛傳〉：「役，列也。」此處借作「列」。

以上兩句是說，清馨的凍飲，不飲的話就讓它們擺在那裡。

⑥⑤醴：有很淺酒味的甜酒。〔釋名〕：「釀之一宿而成醴。」白蘗：（蘗音孽）白色酒麴。

⑥⑥瀝：清酒。楚瀝：楚國清酒。

⑥⑦遽惕：擔心，楚方言。

【大意】 四蒸皆熟，不酸而澀喉。清香的冷飲，不飲的話，就讓它們擺在那兒。吳式的醴酒，用白麴釀製，調和楚國清酒會更覺清冽。靈魂啊，歸來，不必有任何擔心！

以上第三段。描述祭品之盛。先說肴饌之精，次說肴饌之美，再說酒釀之醇。

代秦鄭衞⑥⑧，鳴竽張只⑥⑨。

伏戲駕辯⑦⓪，楚勞商只⑦①。

謳和揚荷⑦②，趙簫倡只⑦③。

魂乎歸來！定空桑只⑦④！

⑥⑧代、秦、鄭、衞：這裡是說吹奏起代秦鄭衞之樂。

⑥⑨竽：（音于）三十六簧笙類樂器。張：指樂聲悠揚而起。

⑦⓪伏戲：即「伏羲」。駕辯：古曲名，相傳爲伏羲所作，哀怨無比。

⑦①勞商：楚曲名。以上兩句是說，奏完「駕辯」，再奏楚曲「勞商」。

⑦②謳：徒歌曰謳，清唱。和：和唱。揚荷：他本作「揚阿」，或「陽阿」（見〔淮南子〕、

(73)趙簫：趙地出產的簫。倡：先奏，猶奏「過門」。

(74)定：校定。 空桑：古琴名。

【大意】演奏代、秦、鄭、衞之樂，竽瑟並起。先奏伏羲的古曲「駕辯」，再奏楚曲「勞商」。徒歌清唱「揚荷」，由趙簫領奏過門。靈魂啊，歸來，「空桑」古琴等你回來校定！

二八接舞(75)，投詩賦只(76)。

叩鐘調磬(77)，娛人亂只(78)。

四上競氣(79)，極聲變只(80)。

魂乎歸來！聽歌譔只(81)！

(75)二八：指十六位跳舞的美女，分成二行，每行八人。 接舞：接連不斷地跳舞。

(76)投：合，指舞蹈配合着詩賦的演唱而表演。

(77)叩：擊。 調：和。 磬：樂器，用玉或石做成。

(78)娛人：奏樂之人，樂工。 亂：極言管弦之盛。

(79)四上：四位吹竽吹笛吹笙吹簫的高手。 競氣：吹管運氣。

(80)極：盡。 聲變：聲調之變。

(81)譔：（音撰）善言，文中是說帶着稱讚的美妙聲音。

【大意】二八美女接連不斷的翩翩起舞，按著節奏在演唱詩賦。叩著金鐘，和著玉磬，管絃極盛，樂工像亂了大籠。四位吹竽吹笛吹笙吹簫的高手，吹管運氣，極盡聲調之變。靈魂啊，歸來，來聽讚美的美妙歌聲！

以上第四段。先說音樂之雅，再說歌舞之盛。

朱唇皓齒(82)，嫭以姱只(83)。
比德好閑(84)，習以都只(85)。
豐肉微骨(86)，調以娛只(87)。
魂乎歸來！安以舒只(88)！

(82)朱唇皓齒：唇紅齒白，是說，這些殉葬的茅束泥糊的芻靈，皆美女也。
(83)嫭：（音戶）美好貌，與姱同義。
(84)比：同是。　德：德性，指女子的溫順。　閑：通嫻：和悅文雅。
(85)習：習慣，很自然的，引作「大方」解。　都：美，讚美之辭。
(86)豐肉：指豐滿厚重。　微骨：指身材苗條。
(87)調：和諧。　娛：娛樂，歡娛。
(88)安：安樂。　舒：舒服，舒適。

【大意】這些美女，唇紅齒白，嬝娜娉婷。同是溫順，和悅嫻雅，大方美麗，儀態萬千。豐滿而苗條，和諧歡樂。靈魂啊，歸來！這裡安安樂樂，舒舒服服！

嫭目宜笑⑧⑨，蛾眉曼只⑨⓪。
容則秀雅⑨①，稺朱顏只⑨②。
魂乎歸來！靜以安只⑨③！

⑧⑨嫭：（音護）美好。嫭目：美目，美好的眼睛。宜笑：巧笑，自然得體之笑。
⑨⓪蛾眉：以蠶蛾的觸鬚細而長曲，喻女子之眉。曼：長。
⑨①容則：容貌，猶言「相貌」
⑨②稺：卽「稚」字。指肌膚嫩滑。朱顏：紅顏。
⑨③靜以安：平靜安寧。

【大意】美目巧笑，蛾眉曼曼。容貌秀雅，嫩幼紅顏。靈魂啊，歸來！安安靜靜，沒有任何煩惱！

姱脩滂浩⑨④，麗以佳只⑨⑤。
曾頰倚耳⑨⑥，曲眉規只⑨⑦。
滂心綽態⑨⑧，姣麗施只⑨⑨。
小腰秀頸，若鮮卑只⑩⓪。
魂乎歸來！思怨移只⑩①！

⑭姱，美。脩：長。姱脩：美麗苗條，指這些茅束的美女。滂浩：浩浩蕩蕩。本是水廣大貌，這裡用來形容茅束的「舸靈」之多。懷王之殯舸靈成千上萬者也。

⑮麗、佳：同義，美麗、漂亮的意思。

⑯曾：通「層」。曾頰：猶言「豐頰」。倚：靠。倚耳：猶言「貼耳」。

⑰曲眉：彎曲的眼眉。規：形容像畫出的弧形一樣。

⑱滂心：胸懷開濶，這裡指大方。綽：綽約。態：姿態。

⑲姣：美悅人意。施：施展。以上兩句是說，這些美女大方綽約，她們會把姣麗向你施展。

⑳若：好像。鮮卑：指鮮卑人腰間纏的大腰帶。

㈩思怨：憂思怨忿。移：除去。

【大意】這些美麗苗條的美女，浩浩蕩蕩，美麗而且漂亮。豐頰貼耳，眉毛彎彎，大方綽約，她們姣姿麗質，將會向你施展。細腰秀頸，個個好像纏著鮮卑女人的腰箍。靈魂啊，歸來！一切憂思和怨恨都會除去！

易中利心⑩，以動作只⑩。

粉白黛黑⑩，施芳澤只⑩。

長袂拂面⑩，善留客只⑩。

魂乎歸來！以娛夕只⑩！

⑩易：和平，平易之易。 中：同「衷」，心的意思。 易中：是說平易在心中。 利：伶俐。 利心：是說有伶俐的慧心。

⑩以動作：從動作上看出來。 以上兩句是說，她們平易近人而且伶俐，從動作上可以看出來。

⑩粉：化粧品，白色，用以傅面。 黛：化粧品，青黑色，用以畫眉。

⑩芳澤：香澤，搽髮用的芬芳的髮油。〔釋名〕：「香澤者，人髮恆枯悴，以此濡澤之也。」

⑩袂：衣袖。

⑩善留客：意思是說，她們樣子款款慇勤，會令客人不想離去。

⑩夕：長夜歡娛。

【大意】這些美女，從動作看來，她們都平易近人而且伶俐。傅粉畫眉，頭髮還搽了香澤。長袖拂面，對客人款款慇勤。靈魂啊，歸來！她們陪你長夜歡娛！

青色直眉⑩，美目婳只⑩。
靨輔奇牙⑪，宜笑嘕只⑫。
豐肉微骨⑬，體便娟只⑭。
魂乎歸來！恣所便只⑮！

⑩青色：指畫眉用的顏料。 直：同「植」。 直眉：植下眼眉。 這句是說，這些美女的眼眉是用筆畫上去的。

⑩婳：（音綿）眼睛美貌。

⑪靨：（音謁）酒窩。靨輔：本意是車輛兩邊之木，這裡是「邊」的意思。靨輔：酒窩邊。奇牙：奇美之牙。

⑫宜笑：巧笑。嗎：（音軒）笑貌。

⑬豐肉微骨：豐滿而苗條。

⑭體：指體態。便娟：輕盈。

⑮恣所便：隨你方便，隨便你想怎樣，就怎樣。

【大意】青色植下眼眉，美目媔媔。笑靨邊其牙似貝，巧笑嫣然。豐滿苗條，體態美好而輕盈。靈魂啊，歸來吧！隨你怎樣都可以！

以上第五段。分三小節，都是描述茅束泥糊用以殉葬的「芻靈」之美。（歷代注家竟把這些「美女」視為真實的「後宮佳麗」，其錯之大，不言而喻。）

夏屋廣大⑯，沙堂秀只⑰。
南房小壇⑱，觀絕霤只⑲。
曲屋步壛⑳，宜擾畜只㉑。
騰駕步遊㉒，獵春囿只㉓。
瓊轂錯衡㉔，英華假只㉕。
茝蘭桂樹㉖，鬱彌路只㉗。

魂乎歸來！恣志慮只⑫！

⑯夏：大。夏屋：大屋，這裡是指「靈屋」。

⑰沙：丹沙。堂：古代宮室，前部稱堂，後部叫室。沙堂：用丹沙塗柱子和橫樑的廳堂。這裡是說，靈屋名廳堂，柱子和橫樑也用丹沙涂過了。秀：很漂亮。

⑱房：室的兩旁稱「房」。南房：向南的房子。壇：祭場，平地上以土填築土台。祭天、祀遠祖，或封拜大將時用之。小壇：文中是指「靈屋」中亦造有「壇」，蓋懷王靈魂的居屋，自應有壇，靈屋乃係模型，靈屋之壇小矣，故稱「小壇」。

⑲觀：樓。霤：（音溜）檐下承水之器。絕霤：絕水的承霤。這句是說，「靈屋」內不但做有樓觀連屋檐上也做有絕水的承霤，設備齊全也。

⑳曲屋：指欄杆廻廊。步壛：（壛音閻）：長廊，供君王散步之用。

㉑宜：適合。擾：（音繞）馴養。〔左傳〕：「乃擾畜龍。」畜：這裡是指動物、鷹犬。

㉒騰車：駕車，乘車。步遊：散步。

㉓獵：獵取，這裡是指觀賞。春：指花卉盛開。圃：園林。春圃：花卉盛開的園林。

㉔瓊：美玉。轂：（音谷）車輪中心圓木。這裡是指車輪。瓊轂：鑲玉的車輪。錯：金涂。衡：車轅前面的橫木。錯衡：金涂的車衡。

㉕英：作形容詞用，美。華：花。英華：美麗的花朵。假：藉。以上兩句是說，車輪和車衡，還雕上美麗的花朵藉以裝飾。

㉖茝：白芷。蘭：蘭草。

⑫⑦鬱：鬱鬱蒼蒼，叢生貌。　瀰路：滿路。

⑫⑧志：私意。　慮：謀思。　恣志慮：隨便你自己想怎樣。

【大意】你看，給你做的大屋有多大，廳堂的柱子和橫樑都用丹沙涂過，多麼漂亮。向南的房子，還給你築了小壇，樓檐上也做了水管，想得眞是週到。欄杆廻廊那邊地方廣濶，可以用來馴養動物或放鷹犬。還可以駕車或徒步游獵園林景色。你坐的那輛輦也擺在那兒，美玉鑲的車輪，金涂的車手橫木，上面還雕刻著美麗的花朵。白芷、蘭草和桂樹，滿路鬱鬱蒼蒼。靈魂啊！歸來，隨便你私意欲爲！

孔雀盈園⑫⑨，畜鸞凰只⑬⓪。

鵾鴻羣晨⑬①，雜鶖鶬只⑬②。

鴻鵠代游⑬③，曼鷫鷞只⑬④。

魂乎歸來，鳳凰翔只⑬⑤！

⑫⑨孔雀：這裡的「孔雀」和以下的鳥雀，也全部指剪紮的。

⑬⓪畜：養。　鸞、凰：鸞鳥和凰鳥，都是五彩鳥，通稱鳳凰。

⑬①鵾：（音昆）又叫鵾雞。　羣晨：早晨羣鳴。

⑬②鶖：（音秋）水鳥，又叫禿鶖。似鶴而大，頭頸無毛。　鶬：鶬雞，又名灰鶴。　雜鶖鶬：雜着禿鶖和鶬雞的鳴聲。

(133)鴻鵠：天鵝。代：迭，互。代游：三三兩兩的游在一起。

(134)曼：連續不斷，指不斷地在水裡翔。鷫鷞：（音肅爽）水鳥，似雁，綠色羽毛。

(135)翔：飛翔。

【大意】你看，園林中到處都是孔雀，還養著鸞鳥和凰鳥。鵾鳥和鴻鳥會羣起鳴晨，其間還雜著禿鶖和灰鶴的叫聲。園林中竟然還有池水，天鵝三兩迭游，鷫鷞在水裡盤旋。靈魂啊，歸來！鳳凰也為你飛翔！

以上第六段。描述屋舍環境之幽雅。先敘屋堂樓壇，車駕園林，再述雀鳥珍禽，招靈魂歸來居住。

曼澤怡面(136)，血氣盛只(137)。

永宜厥身(138)，保壽命只(139)。

室家盈庭(140)，爵祿盛只(141)。

魂乎歸來，居室定只！

(136)曼：指皮膚細嫩。〈天問〉：「平脅曼膚。」澤：潤澤。怡：喜悅。

(137)血氣盛：血氣方剛，意謂還年輕也。以上兩句是說，其實你肌膚潤滑，滿面喜悅，血氣方剛，精神正旺。這些都是奉承的話，目的使靈魂愛聽，使之歸來。

(138)永：常。宜：這裡是珍惜的意思。厥：其。厥身：自己身體。

⑬⁹保壽命：可保長壽延命。以上兩句，勸靈魂珍惜身體，可保延命益壽，目的是使靈魂忘記自己已經死去，使之歸來。

⑭⁰室家：宗室家族，子子孫孫。盈庭：滿屋。

⑭¹爵：官位。祿：俸祿。以上兩句是說，你的王族貴胄，都靠你高位顯祿。靈魂啊，歸來！你的居室安定！

以上第七段。是說王室需要你的扶持，等你的靈魂歸來。

接徑千里⑭²，出若雲只⑭³。

三圭重侯⑭⁴，聽類神只⑭⁵。

察篤夭隱⑭⁶，孤寡存只⑭⁷。

魂乎歸來，正始昆只⑭⁸！

⑭²接徑：連接的道路。這句說，王土之廣。

⑭³出：指百姓出來。若雲：似雲。這句說，我王治下，百姓之多。

⑭⁴圭：上尖下方，諸侯舉行典禮時，手中執的瑞玉。三圭：楚僭王號，其臣故有公、侯、伯爵位。公執桓圭，侯執信圭，伯執躬圭。重侯：猶言「重臣」。

⑭⁵聽：從，聽從。類：似。神：指懷王的靈魂。以上兩句是說，三公重臣聽命於你，把你當神一樣。

⑭⁶察：體恤。篤：病。夭：災。隱：痛。察篤夭隱：體恤貧病疾苦。

⑭⁷孤寡：孤兒寡婦。存：溫存。

⑭⁸正：安，定。昆：後昆，後嗣子孫。

【大意】你的天下很大，道路接連千里，你的人民衆多，百姓出來像雲一樣。三公重臣，都聽從你，把你奉若神明，你體恤人民的貧病疾苦，孤兒寡婦也獲得溫存。靈魂啊，歸來！來安頓前前後後，子子孫孫！

田邑千畛⑭⑨，人阜昌只⑮⓪。
美冒衆流⑮①，德澤章只⑮②。
先威後文⑮③，善美明只⑮④。
魂乎歸來！賞罰當只⑮⑤！

⑭⑨田邑：鄉鎮。畛：（音診）間間小路。
⑮⓪阜、昌：同義，昌盛。
⑮①美：指美政。冒：覆蓋。衆流：指萬民。
⑮②章：同「彰」，彰明。
⑮③先威後文：先武後文，先立威，復以文德撫之。
⑮④明：昌明。
⑮⑤當：得當。人死一了百了。屈原走筆至此，未嘗不感慨萬千，心中必云：上天有眼，賞罰眞是嚴明！

【大意】千條小路直通鄉鎮，楚國人阜物盛，美政覆披萬民。你德澤彰著，先以立威，後以文德教化撫慰，因此善美昌明。靈魂啊，歸來！你的賞罰分明！

名聲若日⑯，照四海只⑰。
德譽配天⑱，萬民理只⑲。
北至幽陵⑳，南交阯只㉑。
西薄羊腸㉒，東窮海只㉓。
魂乎歸來！尚賢士只㉔！

⑯若日：如日之升。
⑰照四海：光照四海。
⑱配天：與天相配。
⑲理：治理。
⑳陵：阜爲土山，大阜曰陵。〔書經〕：「蕩蕩懷山襄陵。」　幽陵：指「幽州」，爲古「九州」之一。約在今河北北部和遼寧一帶。
㉑交阯：同「交趾」，古地名，指五嶺以南。　南交阯：南至交趾。
㉒薄：逼近。　羊腸：山名，在太原晉陽之西北。
㉓窮：至。　海：大海，指東海。
㉔尚：崇。

【大意】你的名聲如日之升，光照四海，德譽與天相配，萬民都接受你的統治。北至幽州，南至交趾，西近羊腸山，東至大海。靈魂啊，歸來！禮士尚賢！

發政獻行⑯，楚苛暴只⑯。
舉傑壓陛⑯，誅譏罷只⑯。
直贏在位⑯，近禹麾只⑰。
豪傑執政⑰，流澤施只⑰。
魂乎歸來！國家爲只⑰！

(165)發：發布。政：指「政令」。獻：善，古通「賢」。〔書經・酒誥〕：「汝劼毖殷獻臣。」獻行：善行。

發政獻行：發布政令，實施善行。

(166)苛暴：苛刻暴虐，這裡指暴政。

(167)舉傑：指舉賢選能。陛：宮殿的台階。壓陛：滿階。滿殿的意思。

(168)誅：翦除。譏：失教之奸僞之徒。罷：乏於德義的無耻之徒。譏罷：指流氓。金代設有「譏察使」。

(169)直：忠直。直贏：指忠直而又才幹有餘之人。在位：居官任職。

(170)近：相似。禹：夏禹，先聖。麾：（音非）旗。這是溢美之辭：好像先聖時代。

(171)豪傑：這裡指明君。

(172)流：流布。澤：指王恩。施：普施。

(173)爲：作爲之爲。不能作「爲了」解。

【大意】你發布政令、實施善行，禁止苛法暴政。舉賢滿殿，翦除姦僞。使忠直在位，簡直就是禹的時代。明君執政，王恩普施。靈魂啊歸來！國家大有作爲！

以上第七段。人死為大，一了百了。惟恐靈魂不敢回來，本段全是溢美之辭。先說三公重臣的愛戴，次說恩澤四海，賢士爭歸，再譽為豪傑執政。目的招喚靈魂歸來。

雄雄赫赫⑭，天德明只⑮。
三公穆穆⑯，登降堂只⑰。
諸侯畢極⑱，立九卿只⑲。
昭質既設⑳，大侯張只㉑。
執弓挾矢㉒，揖辭讓只㉓，
魂乎歸來！尙三王只㉔！

⑭雄雄赫赫：威風八面的樣子。　這裡是說宮中舉行盛典。
⑮明：聖明的意思。
⑯三公：古時輔佐君王的最高地位的官員。周制是「太師、太傅、太保」。西漢是「大司馬、大司徒、大司空」不等。　穆穆：形容令人肅敬的威儀。
⑰登降堂：指三公進入朝堂，再步落陛前，故言「登降」。
⑱諸侯：楚乃大國，這裡是指屬國的諸侯。　畢極：畢至，紛紛到來。
⑲九卿：古時三公之外，中央政府的九位最高級官員，周代之九卿爲「少師、少傅、少保、冢宰、司徒、宗伯、司馬、司寇、司空」。

(180)昭：明，作動詞用。　質：古時，君王選士或與賓客饗樂，樹侯而射之，以取勝負，叫做「射侯」，就是射靶。「侯」就是箭靶。射侯又分為「大射」、「燕射」和「賓射」。「大射」是諸侯有祭祀時，與羣臣射侯，射中的臣子，獲與祭的殊榮，射不中的只能站在一邊觀看。「燕射」是諸侯們無事時，相與射侯，飲饗為樂。「賓射」是諸侯朝會時，與鄰之君一同射侯。而所射的「侯」即「箭靶」中間的一個小方塊中，畫上熊或虎、豹等動物的獸頭以為箭的，這個「的」也就是靶心，就叫「質」。　昭質：明質，就是畫好靶心。　這句是說：畫好靶心，決定射侯。

(181)侯：箭靶。古時「射侯」很講究，靶子用獸皮或布都有規定。天子用熊侯（熊皮做靶子），靶心（質）用白色畫上熊頭；諸侯用麋侯（鹿皮做靶子），靶心用紅色畫鹿頭；大夫以下均用布侯（布做靶子），大夫用朱砂畫以虎豹頭，士用朱砂畫以猪頭。　大侯：天子、諸侯所用之侯，稱為大侯。　以楚王身份所用當是「麋侯」。　張：張掛。大侯張：張掛起鹿皮的箭靶。

(182)矢：箭。

(183)揖：拱手上下左右相禮。　辭讓：謙讓。　揖辭讓：這裡是說發射之前互相拱手謙讓。

(184)尚：崇尚。　尚三王：崇尚三王（堯、舜、禹）之道。

【大意】你威風八面，四海名揚，託蔭天德聖明。三公穆穆，來到陛前。諸侯畢至，再來九卿，於是畫好靶心，決定燕射。張起獸皮，執弓挾箭，客客氣氣，推推讓讓。靈魂啊，歸來！來發揚三王的風尚！

以上末段。最後更提醒他，使他記起自己的顯赫形象，三公九卿羅列，諸侯相偕來朝，等着與你燕射，你一點也沒有失去面子，仍是這樣尊嚴，招喚靈魂歸來。

卜居

〈卜居〉是屈原用第三人稱寫的一首敍事詩。大約寫於懷王二十六年（公元前三〇三年）。文中假託向太卜問卜，問他如何做人自處，清楚地劃出一條忠臣與奸僞、君子與小人的界限。表現了屈原高尚的品德與情操。本篇文辭優美，思想深刻，藝術性極高，對後世影響很大。

屈原已被放逐
三年沒有回過朝廷
竭智盡忠却被讒人蔽障
心煩意亂，不知從何而行
於是去見太卜鄭詹尹——
　我有一點疑難
　請求先生決斷！

詹尹擺好著草
拂去龜殼上的灰塵——
　你有甚麼？
　說來聽聽！
屈原說——
　我應該誠誠懇懇，樸實盡忠？

還是送往迎來，奉承周旋？
應該誅茅除草，勤奮耕耘？
還是游說諸侯，求取虛名？
應該直言不諱，奮不顧身？
還是貪圖富貴，苟且偷生？
應該遠走高飛，保全純眞？
還是阿諛獻媚，强顏歡笑以討好女人？
應該廉潔正直，保持淸白？
還是圓轉油滑，沒有骨氣而貪婪？
應該昂起頭來，像千里之駒？
還是隨波逐流，像水中野鴨以全性命？
應該與駿馬並駕齊驅？
還是跟隨劣馬的脚印？
應該與黃鵠比翼飛翔？

還是和鷄鴨爭食蚯蚓？
怎樣是吉？怎樣是凶？
向何處去？從何處行？
世道混濁不淸！
蟬翼說成重，千鈞說成輕！
黃鐘毀棄不用，瓦鍋響似雷鳴！
讒人囂張跋扈，賢士寂寂無名！
唉！不說也罷！
誰知我的廉潔忠貞？
詹尹放下蓍草辭謝——
尺有時會短，寸有時會長
事物會有缺陷，智者並非事事都明
命運有時無法預料
神明有時也會不靈

用你的本心去想　　　　龜殼蓍草不能知這道些事情
照你的心意去行

【今注】

屈原既放①，三年不得復見②。
竭知盡忠，而蔽鄣於讒③，
心煩意亂，不知所從④。
乃往見太卜鄭詹尹曰⑤：「余有所疑⑥，願因先生決之⑦。」
詹尹乃端策拂龜，曰：「君將何以教之？⑧」

①既放：已被放逐。
②不得：得不到，沒有。　復見：指再回朝廷，再見君王。
③竭知：竭盡才智。　鄣：同「障」。
④不知所從：不知如何是好。
⑤太卜：官名，掌管卜卦之事。　鄭詹：人名。　尹：正，衆官之長。
⑥余：屈原自稱。　疑：疑難。
⑦因：由。　決：決斷。
⑧端：擺正。　策：卜卦用的蓍草。　拂：拭。　龜：卜卦用的龜殼。　拂龜：指拂去龜殼上的灰塵。

【大意】屈原已被放逐，三年來一直沒有回朝中再見君王。他竭盡才智忠君愛國，可是被讒佞之徒蔽障，不得進用。心煩意亂，不知如何是好。於是，往見太卜遯詹尹，說：「我有疑難之處，請求先生決斷一下。」詹尹於是擺正蓍草，拂去龜殼上的灰塵，說：「您有何見教？」

以上第一段，寫屈原問卜。

屈原曰：

「吾寧悃悃款款，樸以忠乎⑨？

將送往勞來，斯無窮乎⑩？

寧誅鋤草茆，以力耕乎⑪？

將游大人，以成名乎⑫？

寧正言不諱，以危身乎⑬？

將從俗富貴，以偷生乎⑭？

寧超然高舉，以保眞乎⑮？

將哫訾栗斯、喔咿儒兒，以事婦人乎⑯？

寧廉潔正直，以自清乎⑰？

將突梯滑稽、如脂如韋，以絜楹乎⑱？

寧昂昂若千里之駒乎⑲？

將氾氾若水中之鳧，與波上下，偷以存吾軀乎⑳？

寧與騏驥亢軛乎㉑？

將隨駑馬之迹乎㉒？

寧與黃鵠比翼乎㉓？

將與雞鶩爭食乎㉔？

此孰吉？孰凶㉕？

何去？何從㉖？

世溷濁而不清㉗！

蟬翼爲重，千鈞爲輕㉘！

黃鐘毀棄，瓦釜雷鳴㉙！

讒人高張，賢士無名㉚！
吁嗟默默兮㉛，
誰知吾之廉貞㉜？」

⑨寧：寧可，應該。　悃悃：（音捆捆）欵欵：誠懇貌。　樸：樸實。　以忠：盡忠。

⑩將：還是。　勞：勞碌之勞，不可作慰勞之勞解。　送往勞來：送往迎來，勞勞碌碌於權貴之間送迎應酬的意思。　斯無窮：老是如此。

⑪誅：翦除。　茆：同「茅」。

⑫游：指游說。　大人：指諸侯，顯赫人物。

⑬正：直。　正言不諱：直言不諱，正言直諫，不避忌諱。　危身：危害自己，意思是指奮不顧身。

⑭從俗富貴：隨着世俗貪圖富貴。　偸：他本作「媮」，「媮」祇通「偸」，傳抄之誤，今更正。　偸生：苟且偸生。

⑮超然：超然世外。　高擧：遠走高飛。　保眞：保全純眞。

⑯哫訾：（音足子）阿諛獻媚。　栗：同「慄」，怕的樣子。　栗斯：怕成這個樣子。　喔咿：（音屋伊）欲言不言，閃爍不定的樣子。　儒兒：柔順曲從。　喔咿儒兒：嬰兒皆强笑取悅，這裡指强顏裝笑。　婦人：暗指懷王的寵姬鄭袖。

⑰自清：保持自己清白。

⑱突梯：圓滑貌。　滑稽：本爲古代流酒器，引申爲爲善於巧言，詞不窮竭。　脂：油脂。　韋：柔皮。　如脂

如韋：像油脂，像柔輭的牛皮一樣。　絜：（音協）本是量圓周，引申爲旋繞。　楹：柱子，屋柱。　絜楹：猶今之俗話「擦皮鞋」、「托大脚」的意思。　全句是說：還是圓轉油滑，像油脂和輭牛皮一樣去擦人家的柱子。

⑲昂昂：出羣拔萃的樣子。　千里駒：駿馬。

⑳汎汎：浮游不定貌。　鳧：野鴨。　與波上下：隨波逐流。　偸：苟且偸安。

㉑騏驥：良馬，駿馬。　亢：同「伉」，並。　軛：（音厄）駕車時，放在牲口頸上的橫木。　亢軛：猶言「並駕齊驅」。

㉒駑馬：劣馬。　迹：脚印。

㉓黃鵠：卽天鵝，亦叫白鳥，因嘴端黃點，故又叫「黃鵠」。古代神話中黃鵠一擧千里。故作者以牠與「騏驥」成對文。　比翼：並翼而飛。

㉔鶩：（音務）鴨。

㉕此：指上文的一十六問。　孰：誰，何。

㉖何去何從：向何處去？從何處行？　這句回應篇首所問。

㉗世：指「世道」。　溷濁不清：指是非顚倒，黑白不分。

㉘蟬翼爲重：蟬的翅膀是輕不過的，却說很重。　鈞：三十斤爲一鈞。　千鈞爲輕：千鈞（三萬斤）是很重的，却說它輕。

㉙黃鐘：本爲音樂上名詞，爲十二律之首。器大，聲音洪亮。　瓦釜：瓦鍋。

㉚高：顯貴。　張：囂張跋扈。　無名：沒有名位，默默無聞。

㉛吁嗟：唉！嘆息之詞。　默默：文中是「不說也罷」的意思。

㉜廉貞：廉潔忠貞。

【大意】屈原說：「我應該誠誠懇懇，樸實盡忠？還是送往迎來，勞勞碌碌，老是應酬於權貴之間？應該翦茅除草，勤力耕耘？還是游說於諸侯顯貴之間，以求一舉成名？應該直言不諱，奮不顧身？還是隨着世俗，貪圖富貴，苟且偸生？應該超然世外，遠走高飛，以保全純眞？還是阿諛奉承，怕成這樣，强顏裝笑，以討好女人？應該是廉潔正直，保持自己清白？還是圓轉油滑，沒有骨氣「去擦人家的皮鞋」？應該昂起頭來像千里之駒？還是浮游不定，像水中的野鴨，隨流逐流，苟且偸安，以存性命？應該與駿馬並駕齊驅？還是跟隨劣馬的脚印？應該與黃鵠比翼高飛？還是與鷄鴨爭食？以上這些，何吉？何凶？我應該向何處去？從何處行？世道混濁，是非顚倒，黑白不分。蟬翼以爲重，千鈞以爲輕。聲音洪亮的黃鐘反而被毀棄，瓦鍋却像雷一般轟鳴。讒人們高官顯爵，囂張跋扈，賢士却無名位，默默無聞。唉！不說也罷！誰知道我的廉潔忠貞！」

以上第二段。是屈原向太卜提出的問題。這些問題包含正反兩面，而正面的其實已被肯定，反面的也早被否定。文中不過是借反面的事物來烘托正面的事物，而達到突出屈原思想的目的。

詹尹乃釋策而謝，曰㉝：

「夫尺有所短，寸有所長㉞，物有所不足，智有所不明㉟，數有所不逮，神有所不通㊱。

用君之心，行君之意㊲，
龜策誠不能知此事㊳。」

㉝釋：放下。　謝：辭謝。
㉞夫：發語詞。
㉟物：任何東西，指事物。　不足：缺陷，不足的地方。　智：智者，聰明人。　不明：不是都明白。
㊱數：數理，命運。　數有不逮：數理有算不到的地方，命運有時會無法預料。　神：神明。　不通：不靈。
㊲君：你，指屈原。
㊳用君之心：用你的本心去想。　行君之意：照你想的去行。
㊴龜策：龜殼和蓍草，指占卜。　誠：實在。　此事：指屈原所問的這些事情。

【大意】詹尹放下蓍草辭謝，說：「尺有時會短，寸有時反而會長。任何東西都有不足之處，智者有些事並不都明白，數也有推算不到的地方，神明有時也會不靈。用你的本心去想，照你想的去行，龜殼蓍草不能知道這些事情。

以上末段。太卜無法作答，說出無法回答這些問題的原因。這些深寓哲理的話，實際已圓滿地回答了屈原提出的問題。

漁父

〔漁父〕是原屈寫的一篇賦。形式新穎，文字精煉而通俗，借漁父的問答以明其志。以駢體對偶句式，自然而生動地把時間、地點、人物、事件，以及人物的思想、性格交代得清清楚楚。〔漁父〕和〔卜居〕的體裁，都較新穎，尤其〔漁父〕更淺白得乎近散文，而所用又都是第三人稱，因而曾被某些人誤以爲不是屈原的作品。

〔漁父〕和〔卜居〕都是楚辭中的重要作品，也都是屈原的作品。文章或可模仿其風格，而屈原文章中顯露的風骨、高尙的品質情操，以及其獨有的神采，至今未有任何人能夠代替。

本篇當寫於〔涉江〕之後，是屈原第二次放逐時期，楚頃襄王十二年(公元前二八七年)的作品。

【今　譯】

屈原已被放逐，流浪江邊，吟哦湖畔，臉色憔悴，形容枯槁。漁父見了問他：「您不是三閭大夫？何以弄成這樣？」

屈原說：「天下皆濁，我獨清，衆人皆醉，我獨醒，所以被放。」

漁父說：「聖人並不執着，而能處世隨和。世人皆濁，何不淈其混水，揚其泥漿？衆人皆醉，何不吃其糟而喝其酒？何以老想孤高，自招放逐？」

屈原說：「我聽說，洗完頭的人必彈彈帽子，洗完澡的人必抖抖衣服。怎能身子乾乾淨淨，被染得骯骯髒髒？寧跳湘江，葬於江魚腹中，怎能清清白白，而蒙上世俗塵埃？」

漁父莞爾而笑，鼓槳而去。唱道——

滄浪之水清喲，
可以洗我纓！
滄浪之水濁喲，
可以洗我足！

竟自去了，不再說話。

【今注】

屈原既放①，遊於江潭②，行吟澤畔③，顏色憔悴④，形容枯槁⑤。漁父見而問之曰⑥：「子非三閭大夫與⑦？何故至於斯⑧？」

①既放：已被放逐。

②遊：遊蕩，流浪。　江：滄浪江，漢水的支流。　潭：水深處。　江潭：指江潭之間。〈史記〉作「江濱」。

③行吟：一邊走，一邊謳吟。　澤畔：湖邊。

④顏：臉。　顏色：臉色。　憔悴：有病態的瘦。
⑤形容：形體和儀容。　枯槁：枯瘦。
⑥漁父：漁翁。　父：對老年男子的尊稱。　之：代詞「他」，指屈原。
⑦子：您。　三閭大夫：楚官名。楚之先祖熊繹，傳下「昭、屈、景」三姓，掌此王族三姓的大夫，叫「三閭大夫」，屈原第二次放逐前任此職位。　與：同「歟」。
⑧何故：怎麼。　斯：此。　何故至於斯：何以弄成這個樣子？

【大意】屈原已被放逐，在滄浪江一帶的江邊和潭邊流蕩，一邊走，一邊在湖澤邊謳吟。臉色憔悴，儀容清癯，身體枯瘦。漁父見了，問他：「您不是三閭大夫嗎？怎麼弄成這個樣子？」

以上第一段。寫屈原被放，行吟澤畔，引起漁父詢問。刻劃出一個遭遇不幸的愛國者的形象，引起人們的無限同情。

屈原曰：「舉世皆濁我獨清⑨，衆人皆醉我獨醒⑩，是以見放⑪。」

漁父曰：「聖人不凝滯於物⑫，而能舉世推移⑬。世人皆濁，何不淈其泥而揚其波⑭？衆人皆醉，何不餔其糟而歠其釃⑮？何故深思高舉⑯，自令放爲⑰？」

屈原曰：「吾聞之，新沐者必彈冠⑱，新浴者必振衣⑲。安能以身之察察⑳，受物之汶汶者乎㉑？寧赴湘流㉒，葬於江魚之腹中㉓，安能以皓皓之白，而蒙世俗之塵埃乎㉔？」

⑨舉世：天下，全世界。皆：都。濁：混濁、汚濁，指追求權勢名利。淸：淸淨。
⑩醉：沉醉，指醉於享樂，不管國家安危。醒：淸醒。
⑪是以：所以。
⑫凝滯：水流不通，這裡是拘泥，執着的意思。物：指事物。漁父聽見屈原說，舉世皆濁，惟其獨淸，衆人皆醉，惟其獨醒，好像把自己說成聖人一樣，故此才有「聖人」並不執着的話。
⑬與世推移：處世隨和的意思。
⑭淈：（音骨）攪亂，攪渾。
⑮餔：食。糟：酒糟。歠：（音啜）飲。釃：（音私）薄酒，卽淡酒，水酒也。
⑯深思：思慮很深，老是想着。高擧：這裡是「孤高」，卽「獨淸」的意思。
⑰自令：自己招致的意思。
⑱新沐者：剛洗完頭的人。彈冠：彈彈帽子，目的是彈去帽子上的灰塵。
⑲振衣：抖動衣服。
⑳察察：潔白。
㉑物：這裡是指外界。汶汶：昏暗不明貌，引申爲蒙受汚染。
㉒湘流：湘江之水。寧赴湘流：寧可去跳湘江。
㉓江魚：江中之魚。
㉔塵埃：塵垢。

【大意】屈原說：「全世界都濁，都在追求權勢名利，只有我才淸，所有人都醉，都沉醉於享樂奉承，只有我才醒，所以被逐。」漁父說：「聖人並不執着，而能處世隨和，隨俗方圓。世人都濁，何不跟着攪亂其泥，揚其泥漿？衆人都醉，何不跟着吃吃酒糟，飲飲薄酒？何以想得很深，老想高風亮節，自招放逐，自討苦吃？」屈原說：「我聽說，剛剛洗過頭的人，必定彈彈帽子，剛剛洗過澡的人，必定抖抖衣服，連衣帽都不許沾有灰塵，我怎能以潔白之身，受外界汚垢沾染？寧可去跳湘水，葬身魚腹，怎能清清白白而蒙受世俗的塵垢？」

以上第二段。借漁父與屈原的對話，說明屈原被放逐的原因，表現屈原寧死也不願同汚合流的高尚品德。

漁父莞爾而笑㉕，鼓枻而去㉖。乃歌曰：「滄浪之水淸兮㉗，可以濯吾纓㉘，滄浪之水濁兮，可以濯吾足。」遂去㉙，不復與言。

㉕莞爾：小笑。
㉖枻：（音意）槳。
㉗滄浪：滄浪江，水名，漢水下游的支流。
㉘濯：洗滌。纓：帽帶。
㉙遂去：竟自去了。

【大意】漁父聽了微微一笑，一邊鼓槳，一邊唱歌：「滄浪的水淸時，可以洗濯我繫帽的帶子；滄浪的水濁時，可以洗濯我的脚。」於是離去，不再和他說話。

以上第三段。漁父勸屈原靈活處事，屈原滿不在乎。漁父無話可說，只得鼓枻離去。

附錄：

〔天問〕錯簡

（數字表示在「順簡」中之次序）

順序	
1	曰遂古之初，誰傳道之？上下未形，何由考之？
2	冥昭瞢闇，誰能極之？馮翼惟像，何以識之？
3	明明闇闇，惟時何爲？陰陽三合，何本何化？
4	圜則九重，孰營度之？惟茲何功，孰初作之？
5	斡維焉繫？天極焉加？八柱何當？東南何虧？
6	九天之際，安放安屬？隅隈多有，誰知其數？
7	天何所沓？十二焉分？日月安屬？列星安陳？
8	出自湯谷，次于蒙汜，自明及晦，所行幾里？
10	夜光何德，死則又育？厥利維何，而顧菟在腹？
15	歧母無合，夫焉取九子？伯強何處？惠氣安在？

9 何闔而晦？何開而明？角宿未旦，曜靈安藏？

27 不任汨鴻，師何以尙之？僉曰何憂，何不課而行之？

28 鴟龜曳銜，鯀何聽焉？順欲成功，帝何刑焉？

31 永遏在羽山，夫何三年不施？伯鯀腹禹，夫何以變化？

32 纂就前緖，遂成考功，何續初繼業，而厥謀不同？

33 洪泉極深，何以窴之？地方九則，何以墳之？

34 應龍何畫？何歷何流？焉有虬龍，負熊以游？

37 鯀何所營？禹何所成？康回馮怒，地何故東南傾？

38 九州何錯？川谷何洿？東流不溢，孰知其故？

39 東西南北，其修孰多？南北順墮，其衍幾何？

11 崑崙縣圃，其凥安在？增城九重，其高幾里？

12 四方之門，其誰從焉？西北辟啓，何氣通焉？

13 日安不到？燭龍何照？羲和之未揚，若華何光？

17 何所冬暖？何所夏寒？焉有石林？何獸能言？

40 雄虺九首，儵忽焉在？何所不死？長人何守？

21 靡蓱九衢，枲華安居？一蛇吞象，厥大何如？

18 黑水、玄趾，三危安在？延年不死，壽何所止？

20 陵魚何所？鬿雀焉處？ 羿焉彃日？烏焉解羽？

35 禹之力獻功，降省下土四方，焉得彼嵞山女，而通于台桑？

36 閔妃匹合，厥身是繼，胡維嗜不同味，而快朝饑？

41 啓代益作后，卒然離蠥，何啓惟憂，而能拘是達？

42 皆歸䠶鞫，而無害厥躬，何后益作革，而禹播降？

43 啓棘賓商，九辯九歌，何勤子屠母，而死分竟地？

23 帝降仁羿，革孽夏民，胡䠶夫河伯，而妻彼雒嬪？

22 馮珧利決，封狶是䠶，何獻蒸肉之膏，而后帝不若？

44 浞娶純狐，眩妻爰謀，何羿之䠶革，而交吞揆之？

29 阻窮西征，巖何越焉？化爲黃熊，巫何活焉？

30 咸播秬黍，莆雚是營，何由并投，而鯀疾脩盈？

24 白蜺嬰茀，胡爲此堂？安得夫良藥，不能固臧？

45 天式縱橫，陽離爰死，大鳥何鳴，夫焉喪厥體？

14 蓱號起雨，何以興之？撰體協脅，鹿何膺之？

16 鼇戴山抃，何以安之？釋舟陵行，何以遷之？

46 惟澆在戶，何求于嫂？何少康逐犬，而顛損厥首？

47 女歧縫裳，而館同爰止，何顛易厥首，而親以逢殆？

48 浞謀易旅，何以厚之？ 覆舟斟尋，何道取之？

49 桀伐蒙山，所何得焉？ 妹喜何肆，湯何殛焉？

25 舜閔在家，父何以鱞？ 堯不姚告，二女何親？

62 厥萌在初，何所億焉？ 璜臺十成，誰所極焉？

19 登立爲帝，孰道尙之？ 女媧有體，孰制匠之？

26 舜服厥弟，終然爲害， 何肆犬體，而厥身不危敗？

88 吳獲迄古，南嶽是止， 孰期夫斯，得兩男子？

50 緣鵠飾玉，后帝是饗， 何承謀夏桀，終以滅喪？

51 帝乃降觀，下逢伊摯， 何條放致罰，而黎民大說？

52 簡狄在臺，嚳何宜？ 玄鳥致貽，女何喜？

53 該秉季德，厥父是臧， 胡終弊于有易，牧夫牛羊？

54 干協時舞，何以懷之？ 平脅曼膚，何以肥之？

55 有易牧豎，云何而逢？ 擊床先出，其命何從？

56 恒秉季德，焉得夫朴牛？ 何往營班祿，不但還來？

57 昏微遵迹，有狄不寧， 何繁鳥萃棘，負子肆情？

58 眩弟並淫，危害厥兄， 何變化以作詐，而後嗣逢長？

59 成湯東巡，有莘爰極， 何乞彼小臣，而吉妃是得？

60 水濱之木，得彼小子，夫何惡之，媵有莘之婦？
61 湯出重泉，夫何罪尤？不勝心伐帝，夫誰使挑之？
76 會朝爭盟，何踐吾期？蒼鳥羣飛，孰使萃之？
77 列擊紂躬，叔旦不嘉，何親揆發，足周之命以咨嗟？
78 授殷天下，其德安施？反成乃亡，其罪伊何？
80 爭遣伐器，何以行之？並驅擊翼，何以將之？
82 昭王成遊，南土爰底，厥利維何，逢彼白雉？
83 穆王巧梅，夫何爲周流？環理天下，夫何索求？
84 妖夫曳衒，何號于市？周幽誰誅？焉得夫褒姒？
85 天命反側，何佑何罰？齊桓九會，卒然身殺！
63 彼王紂之躬，孰使亂惑？何惡輔弼，讒諂是服？
64 比干何逆？而抑沉之！雷開何順？而賜封金！
65 何聖人之一德，卒其異方？梅伯受醢，箕子佯狂！
69 稷維元子，帝何竺之？投之于冰上，鳥何燠之？
70 何馮弓挾矢，殊能將之？既驚帝切激，何逢長之？
71 伯昌號衰，秉鞭作牧，何令徹彼岐社，命有殷國？
72 遷藏就岐，何能依？殷有惑婦，何所譏？

73 受賜茲醢，西伯上告，何親就上帝罰，殷之命以不救？

74 師望在肆，昌何識？鼓刀揚聲，后何喜？

75 武發殺殷，何所悒？載屍集戰，何所急？

81 伯林雉經，維其何故？感天抑地，夫誰畏懼？

66 皇天集命，惟何戒之？受禮天下，又使至代之！

67 初湯臣摯，後茲承輔，何卒官湯，尊食宗緒？

89 勳闔夢生，少離散亡，何壯武厲，能流厥嚴？

68 彭鏗斟雉，帝何饗？受壽永多，夫何悵？

86 中央共牧，后何怒？蠭蛾微命，力何固？

79 驚女采薇，鹿何佑？北至回水，萃何喜？

87 兄有噬犬，弟何欲？易之以百兩，卒無祿！

94 薄暮雷電，歸何憂？厥嚴不奉，帝何求？

90 伏匿穴處，爰何云？荆勳作師，夫何長先？

91 悟過改更，我又何言？吳光爭國，久余是勝！

92 何環閭穿社，以及丘陵，是淫是蕩，爰出子文！

93 吾告堵敖，以不長，何試上自予，忠名彌彰！

屈原年表

紀年				紀事		
紀元前	楚元	歲次	年齡	重大歷史事件	屈原生平活動	作品
三四三	宣王二七	戊寅	一	周顯王致伯於秦，秦公子率諸侯朝周。	戊寅年甲寅月庚寅日（一月廿一日）生	
三四一	二九	庚辰	三	魏將龐涓死於馬陵。		
三三八	威王二	癸未	六	公孫鞅被五馬分屍。		
三三四	六	丁亥	十	楚國吞併越國。		
三三三	七	戊子	十一	蘇秦爲從約長，任六國宰相。		
三二八	懷王元年	癸巳	十六	魏割上郡十五縣予秦，張儀相秦。		
三一九	十	壬寅	二五	秦攻韓，佔鄢陵。	受命詔而昭詩，任「左徒」。 受懷王信任時期。說服懷王改革政治，建立法制。卻受	作〈九歌〉
三一八	十一	癸卯	二六	六國攻秦，懷王爲從約長		作〈橘頌〉
三一七	十二	甲辰	二七	齊大夫使人刺殺蘇秦。秦韓在脩魚會戰，韓軍死八萬人。	出使齊國，聯齊抗秦。	

三一四	十五	丁未	三〇	秦攻魏，取曲澳。	懷王使屈原起草各種法律政令，上官大夫欲奪其稿，屈原受讒被疏。除去「左徒」改任「三閭大夫」。	保守官僚集團猛烈抵制和打擊。
三一三	十六	戊申	三一	張儀至楚，以商於地六百里爲餌，誘懷王與齊絕交。	投閑置散（仍可見懷王）。勸懷王繼續聯齊抗秦，懷王不聽。	作〔離騷〕
三一二	十七	己酉	三二	大將屈匄被擄。再決戰於藍田，又慘敗，從此一蹶不振。	懷王再用屈原，使其出使齊國。齊楚復交。	
三一一	十八	庚戌	三三	欲得張儀而殺之。張儀至，又因鄭袖之言而釋之。秦惠王死，子蕩立，是爲武王。	屈原自齊返國，勸懷王追殺張儀，張儀去遠，追之不及。	
三一〇	十九	辛亥	三四	張儀再爲魏相，病死魏國。		
三〇九	二〇	壬子	三五	懷王聽昭睢之言，復合齊絕秦。齊湣王爲從約長。		
三〇八	二一	癸丑	三六	秦將甘茂伐韓，拔宜陽。		
三〇七	二二	甲寅	三七	秦武王舉鼎暴斃，其異母弟嬴稷繼位，是爲秦昭王。		
三〇六	二三	乙卯	三八	甘茂被妬奔齊。楚、齊、韓締結合縱同盟（以上爲聯齊抗秦時期）。		

三〇五	二四	丙辰	三九	秦大量賄賂楚國，楚再次撕毀齊楚同盟，與秦交好。	楚往秦迎娶，屈原諫而不聽。被放逐於漢北（第一次被放）。	先作〔惜誦〕後作〔抽思〕
三〇四	二五	丁巳	四〇	懷王與秦昭王在黃棘訂立盟約。	第一次放逐之第二年	作〔思美人〕
三〇三	二六	戊午	四一	齊、韓、魏因楚背叛縱約，合爲伐楚。懷王以太子羋橫爲人質，求秦援助。	第一次放逐之第三年。	
三〇二	二七	己未	四二	楚太子殺秦大夫，逃回楚國。	第一次放逐之第四年。	
三〇一	二八	庚申	四三	秦合韓、魏、齊伐楚，殺楚將唐昧，取重丘。	第一次放逐之第五年。	
三〇〇	二九	辛酉	四四	秦伐楚，殺楚將景缺，取襄城。懷王急送太子往齊爲人質，請求和解。	第一次放逐之第六年，被召回，又再一次出使齊國。	
二九九	三〇	壬戌	四五	秦伐楚，取八城。遣書懷王，請會武關。懷王聽信幼子子蘭之言，往，被據往咸陽，要脅割地。楚大夫乃迎太子羋橫於齊，是爲楚頃襄王。	屈原勸懷王勿赴會，懷王不聽。與子蘭發生衝突。	先作〔招魂〕再作〔大招〕
二九八	頃襄王元年	癸亥	四六	秦伐楚，斬首五萬，取十六城。		
二九七	二	甲子	四七	懷王逃亡未遂，被押返咸陽。		

二九六	三	乙丑	四八	懷王病死於秦，秦楚絕交。秦人歸其喪。頃襄王以其弟子蘭爲令尹。	楚人咎子蘭勸王入秦，甚囂塵上，屈原亦嫉之。子蘭使上官大夫搬弄是非。屈原遂被放逐江南（第二次被放）。	作〔遠遊〕
二九三	六	戊辰	五一	秦將白起大敗韓魏聯軍於伊闕，斬首二十四萬，拔五城。	第二次放逐之第四年。	作〔卜居〕
二九二	七	己巳	五二	頃襄王迎婦於秦，以示和好。	第二次放逐之第五年。	作〔天問〕
二八八	十一	癸酉	五六		第二次放逐之第九年。	作〔九辯〕、〔哀郢〕
二八七	十二	甲戌	五七	秦伐魏，取新垣、曲陽。	第二次放逐之第十年。自陵陽入辰溆。	作〔涉江〕、〔漁父〕。
二八六	十三	乙亥	五八	秦伐魏，取安邑，盡逐魏人。再伐韓，戰於夏山。齊滅宋。	第二次放逐之第十一年。	作〔悲回風〕
二八五	十四	丙子	五九	秦伐齊，取九城。齊驕妄伐楚。	第二次放逐之第十二年。	
二八四	十五	丁丑	六〇	燕趙魏韓秦五國聯軍伐齊，燕樂毅爲將，破齊七十餘城。楚將淖齒，殺齊湣王。	第二次放逐之第十三年。	
二八三	十六	戊寅	六一	秦昭王與趙惠文王在穰城相會。秦軍卻攻陷安城，直抵魏都大梁城下。藺相如獻和氏璧。	第二次放逐之第十四年。	
二八二	十七	己卯	六二	秦伐魏，取兩城。	第二次放逐之第十五年。	

二八一	十八	庚辰	六三	楚謀滅周天子，周赧王使東周武往楚，陳以利害止之。	第二次放逐之第十六年。	
二八〇	十九	辛巳	六四	秦伐趙，取代邑、光郎城。秦繞道三百公里，佔領楚國後門黔中郡。全國震動，割漢北及上庸。	第二次放逐之第十七年。	
二七九	二〇	壬午	六五	秦將白起伐楚，取鄢城、鄧縣、西陵。秦昭王與趙惠文王在澠池相會。田單破燕軍。	第二次放逐之第十八年。	
二七八	二一	癸未	六六	秦將白起攻陷郢都，焚燒夷陵。楚遷都陳丘。	第二次放逐之第十九年。自辰溆往東北，至長沙，赴汨羅投江，以身殉國。	先作〔懷沙〕。再作〔惜往日〕。